二十一世纪普通高等教育人才培养“十三五”系列规划教材
ERSHIYI SHIJI PUTONG GAODENG JIAOYU RENCAI PEIYANG SHISANWU XILIE GUIHUA



# 金融学（第二版）

主　编◎王　恒　徐若瑜
副主编◎陈靓秋　郑晓燕

西南财经大学出版社
Southwestern University of Finance & Economics Press
中国·成都

**图书在版编目(CIP)数据**

金融学/王恒,徐若瑜主编. —2版. —成都:西南财经大学出版社,2018.8
ISBN 978-7-5504-3640-4

Ⅰ.①金… Ⅱ.①王…②徐… Ⅲ.①金融学 Ⅳ.①F830

中国版本图书馆CIP数据核字(2018)第173817号

**金融学(第二版)**

主　编:王　恒　徐若瑜
副主编:陈靓秋　郑晓燕

责任编辑:李晓嵩
助理编辑:雷静
封面设计:何东琳设计工作室
责任印制:朱曼丽

| | |
|---|---|
| 出版发行 | 西南财经大学出版社(四川省成都市光华村街55号) |
| 网　址 | http://www.bookcj.com |
| 电子邮件 | bookcj@foxmail.com |
| 邮政编码 | 610074 |
| 电　话 | 028-87353785　87352368 |
| 照　排 | 四川胜翔数码印务设计有限公司 |
| 印　刷 | 郫县犀浦印刷厂 |
| 成品尺寸 | 185mm×260mm |
| 印　张 | 18.5 |
| 字　数 | 400千字 |
| 版　次 | 2018年8月第2版 |
| 印　次 | 2018年8月第1次印刷 |
| 印　数 | 1—3000册 |
| 书　号 | ISBN 978-7-5504-3640-4 |
| 定　价 | 38.00元 |

# 第二版前言

金融学是经济学类的核心课程，也是金融专业的主干课程。本书是基于原货币银行学课程而编写的教材，主要适用于应用型高等院校经济金融类专业及相关专业的专业基础理论课学习。

随着金融在国民经济中的地位日益提高，其作用日益显著，这些变化给金融学高等教育带来了重大而深远的影响，也使得金融学的学习和教学内容处于不断更新和变化中。为了适应新形势下金融业的发展对金融教学的需要，我们编写了这本《金融学》教材。

本教材在框架与结构的安排上力求能适应现代金融发展对人才知识结构的要求，并在编写的过程中力争从以下几个方面突出自身特色：

（1）与时俱进，突出实践性。本教材尽可能地反映国内外金融理论和金融实践的最新发展成果，使教学内容紧跟时代步伐，通过补充附录的形式将最新的研究成果和金融实践介绍给学生。同时，本教材注重介绍我国的实际国情和现实情况，有利于学生更好地理解金融实践，增强实践性。

（2）系统精炼。本教材立足于金融学的基础性内容，强调对金融基本知识、基本理论和基本技能的掌握，注重内容体系的精炼概括，做到简明扼要、重点突出。

（3）针对性强。本教材将金融理论教学、资料介绍和案例分析有机结合，促使学生在掌握金融理论的基础上强化其分析问题和解决问题的能力，以达到应用型高等院校人才培养目标的要求。

本教材共十三章，具体内容如下：

第一章 货币与货币制度；

第二章 信用与利息；

第三章 金融市场；

第四章 金融机构体系；

第五章 商业银行；

第六章 中央银行；

第七章 其他主要金融机构；

第八章 外汇、汇率与国际收支；

第九章 货币供求及其均衡；

第十章 通货膨胀与通货紧缩；

第十一章 货币政策调控；

第十二章 金融发展与金融改革；

第十三章 金融创新与金融监管。

近年来，国内外金融市场的发展日新月异，本教材的内容也与时俱进地做了相应的修订及相关数据的更新。

本教材由王恒负责总纂，撰写分工如下：第一、二、三、五、六、八章由王恒负责；第十一、十二、十三章由徐若瑜负责；第四章由陈靓秋负责；第七、九、十章由郑晓燕负责。

在本书的编写过程中，我们参考了大量的相关文献及研究成果，并且由于时间仓促，书中引用的案例未能一一标明出处，在此谨向有关作者表示感谢。本书的编写得到了西南财经大学出版社的大力支持，在此表示诚挚的谢意。

本书的编写，虽然花了较多的时间和精力，但是由于编者水平有限，难免有纰漏和不足之处，还望广大读者和专家不吝指正。

王恒

2018 年 6 月

# 目录

# 第一章　货币与货币制度

## 第一节　货币的产生与发展

学习金融，首先必须从认识货币开始。在人类历史上，货币已有几千年的历史。现代社会的发展离不开货币，经济的运行必须依靠货币。但是，并不是每个人都能正确地认识货币的本质。对货币本质的认识，实际上就是解决“什么是货币”的问题。

### 一、货币的起源

货币自问世以来，已有几千年的历史。中国古代的先王制币说、交换起源说，西方国家的创造发明说、便于交换说、保存财富说等，或认为货币是圣贤的创造，或认为货币是保存财富的手段，许多法学家甚至说货币是法律的产物。虽然从特定的历史背景来看，多数学说都存在一定的合理成分，但是无一能透过现象看本质，科学地揭示货币的起源。马克思从辩证唯物主义和历史唯物主义的观点出发，采用历史和逻辑相统一的方法观察问题，科学地揭示了货币的起源与本质，破解了货币之谜。

马克思认为，货币是交换发展和与之伴随的价值形态发展的必然产物。从历史角度看，交换发展的过程可以浓缩为价值形态的演化过程。价值形式经历了“简单的价值形式—扩大的价值形式——般价值形式—货币形式”这样一个历史沿革。

#### （一）简单的或偶然的价值形式

这是与人类社会最初的商品交换相对应的，是价值形式发展过程中的原始阶段。当时只是偶尔会有剩余产品，还没有专门的商品生产，交换带有偶然性质。商品的价值只是偶然地通过另一种商品表现出来，所以称为简单的或偶然的价值形式。例如，1 只绵羊=10 千克茶叶。这里 1 只绵羊处于相对价值形式，10 千克茶叶处于等价形式，它们既相互对立又互为条件。10 千克茶叶只是 1 只绵羊的个别等价物，故其价值表现是不充分的。所以说，这种价值形式还只是一种不充分的胚胎形式。

#### （二）总和的或扩大的价值形式

随着社会分工的发展和生产力的提高，人们的剩余产品越来越多，商品交换的需求也逐渐增加，交换已不是偶然发生的而是经常的。价值的表现链不断拉长，处在相对价值形式上的商品的价值不仅表现在某一种商品上，而且表现在一系列其他商品上。举例如下：

$$1\text{只绵羊}=\begin{cases}\text{或 10 千克茶叶}\\ \text{或 15 尺布}\\ \text{或 20 千克米}\\ \text{或 10 捆烟叶}\\ \text{或其他商品}\end{cases}$$

显然，上式比简单、偶然的价值形式要有所进步。因为处于等价形式上的各种商品的使用价值不同，但是都用来实现绵羊的价值，成了绵羊的等价物。同时，交换已不再是偶然的，而是经常发生的。

但是，总和的或扩大的价值形式仍然是不完全的。这是因为：每一种商品都有许多种商品共同表现其价值，各种商品的价值表现又都不一样；商品世界还没有一个统一的价值表现形式，交换过程迂回复杂。还没有一种统一的价值表现形式能够顺利地成为商品交换的媒介，因此必须向一般价值形式过渡。

（三）一般价值形式

一般价值形式，即一切商品的价值共同表现在某一种从商品世界中分离出来而充当一般等价物的商品上。举例如下：

$$\left.\begin{array}{l}\text{或 10 千克茶叶}\\ \text{或 15 尺布}\\ \text{或 20 千克米}\\ \text{或 10 捆烟叶}\\ \text{或其他商品}\end{array}\right\}=1\text{只绵羊}$$

从上式看，与扩大的价值形式相比，似乎只是一个简单换位，但是实际上已发生了质的变化。一是扩大价值形式是一种商品的价值由一系列商品表现，而一般价值形式是一种商品的价值统一地由同一种商品表现；二是扩大的价值形式表现的商品交换是商品与商品直接交换，而一般价值形式表现的商品交换是通过一般等价物媒介的间接交换，即绵羊已不再是普通商品而是媒介商品交换的特殊商品了。

一般价值形式促进了商品交换的发展，克服了物物直接交换的种种困难，但是一般等价形式中交换的媒介物并没有完全固定在某一种商品上，这样妨碍了商品交换的发展。因此，有必要向货币价值形式过渡。

（四）货币价值形式

价值表现形式的最高阶段为一切商品的价值固定地由一种特殊商品来表现，即一般等价物被固定于某种特殊商品上。在长期的演变过程中，黄金、白银取得了这个一般等价物的独占权，故货币价值形式与一般价值形式无本质区别。

## 二、货币的本质

研究货币的本质是个艰难复杂的过程。在马克思以前，有许多人研究过货币，但是由于历史的局限性，往往陷入了混乱之中。亚里士多德把货币看作“中介货物”，古典经济学家亚当·斯密认为货币是“为了克服交换的不灵敏”，还有人认为货币是“商品货币对等的比例"、"天生的"和"法律制定的"等。近代一些西方学者认为，如果一个物件事实上在支付中被普遍接受并普遍被用作支付中介，则不管它的法律地位如何，它就是货币。米尔顿·弗里德曼在他的《自由选择》一书中写道：货币是"一个共同的普遍接受的交换媒介"。萨缪尔森断言："在一万个人中，只有一个人懂得货币问题。"

马克思在批判和继承资产阶级古典政治经济学有关货币理论的基础上，运用历史的和逻辑的方法，以科学的劳动价值理论阐明了货币产生的客观必然性。马克思认为货币本身是一种商品，而且这种商品是其他一切商品的价值表现形式。在人类社会的发展初期，没有商品交换，当然也不存在货币。货币是商品经济发展的产物，随着商品经济的发展，才逐步产生了交换，货币正是从商品世界中分离出的一种商品，固定地作为商品交换的媒介。因此，货币是商品生产和商品交换发展的产物。

### （一）货币是一般等价物

货币是从商品世界中分离出来的、起一般等价物作用的商品。货币出现以后，商品界就分裂为对立的两极：商品和货币。一切普通商品直接代表各种不同的使用价值，而货币则成为价值的直接体现者。货币充当一般等价物有以下两个基本特征：

1. 货币是表现一切商品价值的工具

货币出现以后，商品的价值不再直接地由另一种商品表现出来，而是通过商品和货币的交换表现出来。任何一种商品，只要能够交换到货币，该种商品的价值就能得到表现，生产这种商品的私人劳动就得到了社会承认，属于社会劳动的一部分。所以说，货币是表现、衡量一切商品价值的工具。

2. 货币具有直接同一切商品交换的能力

货币虽来自商品，但是货币与普通商品有明显的不同之处。普通商品以特定的使用价值去满足人们的某种需要，因而不可能同其他一切商品直接交换。而作为价值直接体现者和社会财富直接代表的货币，具有直接地同一切商品交换的能力，因而也成了每个商品生产者所追求的对象。

总之，货币作为一般等价物，是表现、衡量和实现商品价值的工具。货币作为一般等价物的这个特征，是不同社会形态所共有的。

对于货币性质的理解，马克思强调经济范畴只不过是生产方面社会关系的理论表现，即其抽象。货币代表着一种社会生产关系，却又采取了具有一定属性的自然物的形式。可见，货币作为一般等价物，是不同社会形态下货币的共性。货币在历史发展的不同阶段体现了不同的生产关系，这是一定社会形态下货币所具有的特性。

### （二）货币的根源在于商品本身

在远古的原始共同体中，劳动产品归整个共同体所有，由共同体统一分配，所以既不存在商品，也不存在货币。随着社会分工和私有制的出现，不同的生产者分别从事不同产品的生产，从而产生了相互交换劳动产品的需求。由此，也产生出由各种不同具体劳动构成整个社会分工体系，而每个生产者所从事的特定具体劳动则成为整个社会分工体系的一个组成部分。从这一意义上说，社会分工条件下生产者的劳动是具有社会意义的劳动，称之为社会劳动。

由于私有制的产生，一方面，劳动成了每个劳动者的私事，生产什么、生产多少和怎样生产都由他自己决定；另一方面，劳动产品归私人所占有。从这一意义上说，社会分工条件下私人生产者的劳动称为私人劳动。这样就产生了社会劳动与私人劳动的矛盾。交换成为解决这一矛盾的唯一途径。因为存在社会分工，就会存在不同的劳动产品，就会产生互通有无的要求，即产生商品交换的必然。

上述两种分析方法，科学地揭示了货币的本质。从中可以得知：货币是在商品交换过程中，为了适应交换的需要而自发地从一般商品中分离出来的。商品变成货币是商品经济的内在矛盾——私人劳动与社会劳动之间的矛盾发展的产物，交换成为解决这一矛盾的唯一途径，而货币正是适应商品经济发展的需要而自发地产生的。商品变成货币经历了上述四种价值形态的演变，是一个由低级向高级的发展过程。总之，货币是商品经济发展的必然产物，它根源于商品，并伴随着商品经济的发展而自发地产生。

## 三、货币形式的演进

货币随着商品生产和商品交换的发展而发展，在人类发展史上货币形态十分庞杂。在古代，作为货币的有牲畜、盐、茶叶、皮革、酒等。在历史博物馆里，常看到用铜、铁、贝壳、银、金等作为货币。到现代社会，货币形态为纸币、辅币、银行存款和信用卡等。可见，货币是由最早的实物形态，慢慢发展为它的替代物，然后发展到现代的信用货币。我们将货币形态的类型分成以下三种：

### （一）实物货币

实物货币是以自然界存在的某种物品或人们生产的某种物品来充当货币。人类社会最早的商品贸易是“以物易物”。当这种形式无法满足扩大了的商品交换时，人们便选择了价值稳定且具有通用性的商品作为“核心物品”，以与多种商品交换。当这种“核心物品”可交换的商品种类越来越多的时候，它便从普通商品中超脱出来，成为最早的实物货币。

在人类历史上，有许多商品充当过货币。古代欧洲有用牛、羊作为货币的记载，贝币是中国最早的货币之一。但是由于这些实物货币具有笨重、携带运送不便、不能分割、质地不一、易遭损失等缺点，很难作为理想的交易媒介。人们在长期的交换活动中，逐渐运用具有下述条件和特征的实物充当货币，即普遍接受性、价值稳定、价值均质可分性、轻便和易携带性。据此条件和特征，金属货币最为适宜。因此，在近代的货币史中，各国通常把贵金属定为法定货币。

### （二）金属货币

金属货币是指以铜、银、金等作为币材的货币。初期的金属货币以条块形状出现，称为称量货币。近代的金属货币则将金属按一定的成色重量铸成一定的形状使用，称为铸币。金、银、铜、铁等金属材料都作过币材，这些材料价值相对稳定、易分割、便于储藏，更适宜于充当货币。中国是最早使用金属货币的国家，从殷商时代开始，金属货币就成为中国货币的主要形式。但是在中国历史上，流通中的铸币主要是由铁、铜等贱金属铸造的，金、银等贵金属主要是作为衡量价值和贮藏财富的工具。

西方国家使用金、银作为金属货币的历史比较悠久。金属充当货币材料采用过两种形式：

（1）称量货币，是指以金属条块的形式按重量流通的金属货币。这种金属条块在使用时每次都要称其重量，鉴定成色。称量货币在中国历史上使用的时间很长，典型的形态是银两制度。从汉代开始实行银两制度，一直到1933年，国民党政府实行“废两改元”，才从法律上废止了这种落后的货币形式。

（2）铸币，是指铸成一定形状并有国家印记证明其重量和成色的金属货币。铸币的出现，克服了使用称量货币时的种种不便，便利了商品交易。铸币最初形态各异，如中国历史上有仿造贝币而铸造的铜贝、银贝、金贝，有仿造工具铸造的刀币、布币等。由于圆形便于携带，不易磨损，后来铸币的形态逐渐统一为圆形，如秦始皇时铸造的秦半两，这种铸币为圆形，中间有方孔，其型制一直沿用到清末。西方国家的金属铸币采用的是圆形无孔的形式。清朝末年，受流入我国的外国银元的影响，方孔铸币被圆形无孔铸币代替。

金属作为货币材料，特别是当流通中的货币是足值的金属铸币时，货币的价值比较稳定，能够为交换和生产提供一个稳定的货币环境。但是金属货币也有难以克服的弊端，面对日益增长的待交换商品量和保存财富的需求，受金属的贮藏、开采和稀缺性的限制，货币的数量很难保持同步的增长，因此在经济快速发展时期，大量商品往往由于货币的短缺而难以销售或价格下跌，引发萧条。同时金属货币在进行大额远地交易时不便于携带，影响了金属货币的广泛使用。

### （三）纸币货币

纸制货币简称纸币，包括银行券、辅币等执行货币基本职能的货币形态。中国是世界上最早使用纸币的国家。公元10世纪，北宋就开始使用纸币——交子。

银行券随着资本主义银行的发展而首先在欧洲出现，有以下三个特征：

第一，银行券是由银行发行的可以随时兑现的代用货币，是作为代替贵金属货币流通与支付的信用工具。

第二，银行券的发行必须具有发行保证，一般分为黄金保证和信用保证。黄金保证体现为银行的金准备，信用保证则体现发行银行保证兑现的信用度。历史上银行券发行制度曾经有过三种发行准备，即发行额直接限制制度、发行额间接限制制度、最高发行额直接限制制度等。由于银行券有严格的发行准备制度，保证随时兑现，因此具有较好的稳定性。

第三，早期银行券由商业银行分散发行，自中央银行诞生以后，商业银行失去了发行权，银行券的发行成为中央银行的基本职能之一。

银行券是由足值货币向现代信用货币发展的一种中介性、过渡性的货币形态。一方面，银行券完全建立在足值货币的基础上，代表足值货币行使货币的基本职能，并能等价兑换成足值货币，因而明显具有货币的烙印；另一方面，银行券作为不具有十足价值的价值符号，之所以能像足值货币一样发挥货币职能，显然体现了一定的信用关系，具有信用货币的特征。但是由于这种货币要以黄金作为保证和准备，跟不上日益扩大的商品生产和商品交换发展的需要。银行券最终演变为完全脱离金属货币的不可兑现的信用货币。

（四）存款货币

存款货币是指能够发挥货币交易媒介和资产职能的银行存款，包括可以直接进行转账支付的活期存款及定期存款、储蓄存款等形式的各类存款。

存款货币的出现与现代银行的转账结算业务密切相关。人们先把一部分款项存入银行，设立活期存款账户。需要时根据存款余额签发支票，凭支票进行转账结算，通过存款账户间存款的转移完成支付。用存款货币取代现金进行支付，具有快速、安全、方便的优点。在发达的商品经济中，转账结算是一种重要的支付方式，绝大部分的交易都通过存款货币的转移实现支付。

（五）电子货币

电子货币是指以金融电子化网络为基础，通过计算机网络系统，以传输电子信息的方式实现支付功能的电子数据。这些电子数据的取得基于持有人的存款或贷款，因此电子货币可以视为信用货币的一种存在形式。电子货币可以发挥与现金和存款货币同样的功能，并且能够方便地实现与现金的转换。随着信息技术的飞速发展，电子货币具有广阔的发展前景，但电子货币的使用对货币发行与流通必然会产生一系列影响，中央银行在进行货币调控时也将面临更多的问题。

## 第二节　货币的职能

货币的职能是货币本质的具体体现。货币的职能是在商品交换过程中逐渐形成的，具体的有价值尺度、流通手段、贮藏手段、支付手段和世界货币这五种职能。其中，价值尺度职能和流通手段职能是货币的最基本的职能。

### 一、价值尺度

货币在表现商品的价值并衡量商品价值量的大小时，执行价值尺度的职能。这是货币最基本、最重要的职能。作为价值尺度，货币把一切商品的价值表现为同名的量，使它们在质上相同，在量上可以比较。货币之所以执行这种职能，是因为货币本身也是商品，也具有价值。

货币发挥价值尺度的职能具有如下特点：

一是货币将商品的内在价值尺度即劳动时间外在地表现出来。商品价值的大小是由凝结在该商品中的劳动时间来决定的。因此，劳动时间是商品的内在价值尺度。但是商品价值不可能由各单个商品生产者耗费的劳动时间来表现，只能借助于货币外化出来，因此货币是商品的外在价值尺度。

二是货币可以是观念上的货币，但是必须具有十足的价值。因为货币执行价值尺度即商品生产者在给商品规定价格时，只要是想象中的或者是观念上的货币就行了，并不需要有现实的货币，所以货币作为价值尺度是抽象的或观念上的。但是在抽象的或观念上的价值尺度背后，执行价值尺度的货币本身必须具有十足的价值。如果货币没有价值，就不可能用来衡量价值，这就像本身没有重量的东西不可能用来衡量重量一样。

三是货币具有完全的排他性、独占性。因为充当价值尺度的只能是一种商品，只有这样，商品价值才能得以真正统一地表现。

四是货币执行价值尺度职能要通过价格标准这个中间环节来完成。因为不同的商品有不同的价值量，这就要求借助于价格标准来表现数量不等的单位货币。

价格标准是指包含一定重量的贵金属的货币单位。价格是商品价值的货币表现，价值量不同的商品，其价格也就表现为不同的货币量，这就要求货币本身的计量单位在技术上必须首先予以确定。在历史上，价格标准和货币单位曾是一致的，如我国过去长期使用“两”（十六两为一斤）为价格标准，即货币单位；英国以“镑”作为价格标准，也是货币单位。随着社会财富的增长、币材的改变、外国货币的输入及国家铸造重量不足的货币，货币单位名称和货币本身重量单位名称逐渐分离开来了。由于价格标准的存在，价值的体现就有了统一的计量尺度，不同种类和不同数量的商品的价值就很容易进行衡量和比较。货币作为价值尺度可以是观念上的货币，因为货币表现商品的价值只是给商品标价，只要想象中的或者观念上的货币就行了，并不需要有现实的货币。同时，货币在执行价值尺度职能时，具有完全的排他性，因为充当价值尺度职能的只能是一种商品，只有这样商品价值才能得以真正统一的表现。

## 二、流通手段

货币在商品交换过程中发挥媒介作用时，执行流通手段的职能。货币作为价值尺度，证明商品有没有价值、有多大的价值；作为流通手段，货币实现这种价值。与物物交换不同，商品生产者先将自己的商品换成货币，然后再以货币换得自己所需要的商品。每一次交换都通过这种商品—货币—商品（即W—G—W）的形式，这就是商品的流通。商品流通是个系列过程：一种商品形态变化的过程，是第一种商品形态变化的结束，又是第二种商品形态变化的开始。货币不断地在这种交换中起媒介作用，这种作用就是流通手段。W—G是商品转化为货币，而G—W在市场经济条件下一般是容易实现的。

货币执行流通手段职能，具有以下特点：

第一，必须是现实的货币。因为商品生产者出卖商品所得到的货币是现实的货币，才证明他的私人劳动获得社会承认，成为社会劳动的一部分。这里货币充当商品交换的媒介不能是观念上的，必须是现实的货币。

第二，不需要有足值的货币，可以用货币符号来代替。

第三，货币包含有危机的可能性。在货币发挥流通手段职能的条件下，交换过程分裂为两个内部相互联系而外部又相互独立的行为，即买和卖。于是这两个过程在时间上和空间上分开了。

作为流通手段的货币，最初是金属条块，但是每次流通都需要鉴别真假，测其成色，进行分割。由此，货币从金银条块发展到铸币。铸币就是国家按照一定成色、重量和形状铸造的货币，它的出现使得商品流通更加便利。但是因铸币会在流通过程中不断地磨损，使其实际价值低于名义价值，而仍然按照其名义价值流通，这就意味着在货币流通中隐藏着这种可能性，可以用其他材料作为价值符号象征其来代替金属货币执行铸币的职能。于是，没有价值的货币符号——纸币就出现了。可见，作为流通手段的货币的币材形式的变化，主要是由货币作为流通手段，币材形式只是一种媒介的特征所决定的。

我国人民币具有流通手段职能。人民币是我国唯一合法的通货，代表一定的价值量与各种商品相交换，使各种商品的价值得以实现。人民币的流通具有普遍的接受性、垄断性和独占性。随着信用制度的发展，货币执行流通手段职能的一些领域逐渐被支付手段所代替。

### 三、贮藏手段

当货币由于各种原因退出流通界，被持有者当作独立的价值形态和社会财富的绝对化身而保存起来时，货币就停止流通，发挥贮藏手段职能。

执行贮藏手段的货币，必须既是现实的货币，又是足值的货币。在金属货币发挥贮藏手段职能时可起到自发的调节货币流通量的作用。当流通中需要更多的货币时，贮藏中的货币会重新进入流通领域；当流通中的货币量过多时，多余的金属货币会退出流通领域成为贮藏货币。价值贮藏对货币流通起着“蓄水池”的作用，自发调节着流通中的货币量。因此，在金属货币流通的条件下，货币流通基本上能够保持正常和稳定。

现代经济中纸币成为价值符号，本身没有内在价值，也不能兑现金银，因此不具有典型意义上的贮藏手段的职能。当强制流通的纸币投入流通后，就滞留在流通中，不能完全退出流通。货币所有者把现钞暂时沉淀在手中，是潜在的购买手段或待实现的购买力；把现钞存在银行，则又通过银行的信贷活动投入生产和流通。在纸币所代表的价值基本上能保持稳定的前提下，货币所有者无论是手持沉淀现钞，还是把它存入银行变成存款，都发挥了积累或储蓄手段的作用。

### 四、支付手段

当货币作为价值运动的独立形式进行单方面转移时，货币执行了支付手段职能。例如，货币用于偿还债务、缴纳税金、支付工资、支付租金等所执行的职能，即为支付手段职能。

由于商品经济的发展，商品出现了赊销和延期支付的情况，这就使得商品使用价值的让渡与商品价值的实现在时间上分离开来了。卖者成了债权人，而买者则成了债务人，货币则作为独立的价值形式进行单方面转移支付，以清偿债务，结束信用交易行为。这时商品流通早已结束，只剩下单独的货币流通，因此货币不是执行流通手段职能，而是执行支付手段职能。执行支付手段职能的货币同执行流通手段职能的货币一样，都是处于流通过程中的现实货币。随着经济的不断发展，货币作为支付手段，不仅在商品赊销、预付货款、清偿债务方面，而且还在银行信贷、财政收支、工薪租金、消费信用、国际收支等领域，发挥着越来越大的作用。支付手段的形式也越来越多样化，有现金、存款、各类票据、各种结算凭证以及信用卡、电子货币等。可以认为，作为信用经济的现代经济，就建立在支付手段的基础上。

在我国，人民币执行支付手段职能，在范畴和数量上都大大超过了货币作为流通手段的职能。人民币的支付手段职能，绝大部分是通过银行的非现金实现的，表现为存款货币的流通是以银行为中心的货币循环。这种循环既反映了银行与各单位信用关系的消长，同时也反映了一些单位利用银行的贷款或存款来向另一些单位购买商品或劳务，即货币发挥支付手段职能。因此，存款货币的流通具有二重性，既是货币流通的过程，又是信用活动的过程。现实生活中，这两个过程又是交织在一起的，发挥支付手段职能的货币同发挥流通手段职能的货币一样，也是处于流通过程中的现实的货币，所谓流通中的货币指的就是这两者的总体。

### 五、世界货币

随着国家贸易的发展，货币超越了国界，在世界市场上作为一般等价物发挥作用时，就执行着世界货币的职能。按照马克思对典型金本位条件下世界货币的科学论述，货币充当世界货币，就必须脱掉自己的“民族服装”，还原成金银的本来面目。

商品流通决定货币流通。随着商品流通越出国界，扩大到世界范围，货币的职能也随之发展，超越了国内的流通领域，在国际市场上执行世界货币的职能。货币发挥世界货币的职能，主要表现在以下三个方面：一是作为国际的支付手段，用来支付国际收支的差额，这是世界货币的主要作用；二是作为国际的购买手段，用来购买国外商品；三是作为国际资本和一般财富转移的手段，用于投资、对外援助、战争赔款等。

在当代，由于世界各国普遍采用了不兑现的信用货币制度，世界货币不再由贵金属垄断充当，一些经济发达国家的纸币由于可以自由兑换、币值较稳定，在国际经济交往中又被人们乐于接受，就替代黄金来执行世界货币的职能。目前，能够充当世界货币、实现货币自由兑换的只有少数国家的货币或区域性货币，如美元、欧元和日元等，在国际发挥着作为国际货币的职能。此外，国际货币基金组织分配的特别提款权、在国际货币基金组织的储备头寸以及外汇凭证如票据、银行存款凭证、国际信用卡等，作为国际可接受的流动资产，在不同范围和不同条件下，也执行着世界货币的职能。

## 第三节　货币制度的形成及构成要素

### 一、货币制度的概念及其形成

货币制度简称币制，是一个国家以法律形式确定的该国货币流通的结构、体系与组织形式。其目的是保证货币和货币流通的稳定，使之能够正常地发挥各种职能。货币制度主要包括货币金属、货币单位以及货币的铸造、发行和流通程序与准备制度等。一个国家或地区为了保持其货币流通的正常和稳定，通常要对货币制度制定、颁布一系列的法律和规定。

### （一）铸币流通

在前资本主义社会，世界各国先后出现了铸币流通。所谓铸币，是指国家铸造的具有一定形状、重量和成色（即贵金属的含量），并标明面值的金属货币。最初的金属货币是以条块形状流通的，每次交换都必须鉴定成色，权衡重量，然后按交易额的大小来进行分割。这样十分不便，一是金属货币的原始状态携带不便，二是由于分割困难往往引起交易纠纷。在这种情况下，一些富商大贾在自己铸造的金属条块上加盖自己的印戳并标明重量和成色，于是这块金属货币就成为以该富商大贾以信誉为保证的铸币。这种以个人信誉为保证的铸币在流通过程中受到各方面因素的制约，带有很大的局限性。因此，以后又逐步演变为由国家来铸造铸币。为了规范管理和促进经济的发展，国家对流通中的金属货币作出强制规定，形成了各国的货币制度。

货币制度是伴随着金属铸币的出现而开始形成的。早期铸币具有以下特点：第一，铸币材料价值较低。这种状况与前资本主义社会商品经济不够发达有关。在中国的封建社会中，曾经广泛使用铜钱，而银基本上是以块状按其重量流通使用的。欧洲在封建社会主要是用银作为货币材料，也使用铜币，或用铜掺和银铸成不同成色的合金币。第二，铸币的铸造分散，流通混乱。人类使用金属铸币大约有 3 000 多年的历史。欧洲在封建社会没有统一的民族国家，各个封建主统治着所属的独立的城堡，各自有自己独立的管理机构，并以此分别铸造货币，在各自独立的城邦流通着不同的铸币。中国虽然自秦以来就形成了统一的多民族国家，但是也未形成现代社会那种统一的货币制度，铸币的铸造极其分散，造成名目繁多、形式杂乱、成色重量不一等情况。第三，铸币不断变质，即重量减轻，成色降低。在封建割据的条件下，封建诸侯为了扩张自己的权力，掠夺他人的财富，必然不断进行战争，这就需要增加军费支出。同时，统治者为了满足自己奢华的生活需要以及对内维护自己的统治，也要增加财政支出。由于铸币铸造权属于封建统治者，通过降低铸币成色、减低铸币重量的方式实行铸币变质，就成为统治者解决财政困难的一种手段。

随着资本主义生产的发展和商品流通的扩大，分散和紊乱的货币流通越来越成为资本主义经济和信用发展的障碍。因此，当资产阶级在各国取得政权后，随着资本主义经济的发展，必然需要一个统一的、稳定的货币制度。

### （二）货币制度的形成

货币制度的一些要素在前资本主义社会就陆续产生了。但是系统的货币制度是在资本主义经济制度产生之后才形成的。这些规定包括以下几个方面的内容：一是建立以中央银行为唯一发行机构的统一和集中的货币发行体系，垄断货币发行；二是就相对稳定的货币单位做出相应的规定，以保证货币制度的稳定；三是就贵金属充当币材并能自发调节流通中的货币量做出规定。西方国家政府在资本主义上升时期为克服货币流通混乱的状况，将已颁布的本位货币金属、货币单位以及货币铸造、发行和流通程序与发行准备等法令和条例集中起来制度化的过程，就是资本主义货币制度的形成过程。

## 二、货币制度的构成要素

在前资本主义时期，金属货币流通在相当长一段时期内占有重要地位，但是当时货币流通极其混乱，不利于资本主义生产和流通的发展。为了清除这种障碍，资产阶级在取得政权后先后颁布了有关货币流通的法令和规定，改变了货币流通的混乱的状况，在实施各种法令和法规的过程中逐步建立了统一的、完整的资本主义货币制度。货币制度一般由以下四个要素构成：

### （一）确定货币材料

货币材料简称币材，是指用来充当货币的物质。规定货币材料是货币制度最基本的内容。在金属货币流通条件下，货币金属是整个货币制度的基础，确定不同的金属作为货币材料，就构成不同的货币本位。如确定以白银作为币材，就是银本位制；确定以黄金作为币材，就是金本位制；确定以黄金和白银同时作为币材，就是金银复本位制。一个国家在一定时期内选择哪种币材是由国家规定的，但是这种选择受客观经济条件的制约。目前世界各国都已实行不兑现的信用货币制度，因此各国货币制度也不再对币材做出具体规定。

### （二）规定货币单位

规定货币单位即规定货币单位的名称和每一货币单位所包含的“值”。例如，英国的货币单位定名为“镑”，根据 1816 年 5 月的金币本位法案的规定，1 英镑含成色 11/12的黄金 123.274 47 格令（合 7.97 克）。美国的货币单位定名为“元”，根据 1934 年 1 月的法令的规定，1 美元含纯金 13.714 格令（合 0.888 671 克）。当今世界范围流通的都是信用货币，货币不再规定含金量，货币单位与其价格标准逐渐融为一体。

### （三）规定货币的铸造、发行和流通程序

一国的通货通常分为主币和辅币，主币即本位币。主币和辅币各有不同的铸造、发行和流通程序。

1. 本位币

本位币是一国的基本通货。在金属货币流通的条件下，本位币是指用货币金属按照国家规定的货币单位所铸成的铸币。本位币是一种足值的铸币，具有无限法偿能力。本位币有其独特的铸造、发行与流通程序，其特点如下：

（1）自由铸造。在金属货币流通的条件下，本位币可以自由铸造。所谓的自由铸造有两方面的含义：一方面，每个公民都有权把货币金属送到国家造币厂请求铸成本位币；另一方面，造币厂代公民铸造本位币，不收费用或只收很低的造币费。本位币的自由铸造具有十分重要的经济意义。首先，自由铸造可以使铸币的名义价值和实际价值保持一致。铸币的实际价值是指铸币本身的金属价值。由于公民可以随时把货币

金属送到国家造币厂请求铸成铸币，所以铸币的名义价值就不能高于其实际价值，否则就必须用法律手段来规定其名义价值。又由于持有铸币的人可以随时将它熔化为金属块，铸币的名义价值就不能低于铸币的实际价值，否则人们就会将铸币熔毁，退出流通领域。其次，本位币的自由铸造可以自发地调节货币流通量，使流通中的货币量与货币需要量保持一致。当流通中的货币量不足时，公民会把所持有的金属块送往造币厂铸成铸币，投入流通；当流通中的货币量过多时公民又会自发地将铸币熔化成金属块，退出流通。

（2）无限法偿。本位币具有无限的法定支付能力，即无限法偿。本位币是法定作为价格标准的基本通货。根据法律规定，在货币收付中无论每次支付的金额多大，用本位币支付时，收款人不得拒绝接受，故称为无限法偿币。

2. 辅币

辅币是本位币以下的小额货币，供日常零星交易和找零之用。辅币在铸造、发行与流通程序上具有以下特点：

（1）辅币用较贱的金属铸造。因为辅币的面额较小，因此使用贱金属铸造辅币，可以节省流通费用。

（2）辅币是不足值的铸币。

（3）辅币可以与本位币自由兑换。辅币的实际价值虽然低于名义价值，但法律规定，辅币可以按固定比例与本位币兑换，这样就保证了辅币可以按名目价值流通。

（4）辅币实行限制铸造。所谓限制铸造，即只能由国家来铸造。由于辅币的实际价值低于其名义价值，铸造辅币就会得到一部分铸造收入，所以铸造权由国家垄断，其收入归国家所有。同时，因为辅币是不足值的，限制铸造也可以防止辅币排挤本位币。

（5）辅币是有限法偿货币。国家对辅币规定了有限的支付能力，即在每一次支付行为中使用辅币的数量受到限制，超过限额的部分，收款人可以拒绝接受。例如，美国规定，10 分以上的银辅币每次支付限额为 10 元；铜镍所铸造的分币，每次支付限额为 25 分。但是向国家纳税或向银行兑换时不受数量的限制。

### （四）确定发行准备制度

货币发行的准备制度是指货币发行者在发行货币时须以某种金属或某几种形式的资产作为发行货币的准备，从而使货币的发行与某种金属或某些资产建立起联系和制约关系。这是货币制度的一项重要内容，是一国货币稳定的坚实基础。在金属货币流通条件下，准备制度主要是建立国家的黄金储备，这种黄金储备保存在中央银行或国库。其用途有三个：第一，作为国际支付的准备金；第二，作为扩大和收缩国内金属流通的准备金；第三，作为支付存款和兑换银行券的准备金。当今世界各国均实现不兑现的信用货币流通制度，金银已退出货币流通领域，黄金准备的后两个作用已经消失。黄金作为国际支付准备金的作用依然存在，形式却发生了变化，当一个国家出现国际收支逆差时，可以在国际市场上抛售黄金，换取自由外汇，以平衡国际收支。

目前，各国中央银行发行的信用货币虽然不能再兑换黄金，但仍然保留着发行准备制度。各国准备制度不同，但是归纳起来，作为发行准备金的有黄金、国家债券、商业票据、外汇等。

## 第四节　货币制度的演变

从货币制度的发展历史来看，早期的货币制度比较杂乱，且各国的差异也较大。资本主义产生以后，货币制度才逐步得以完善和规范，从其存在的具体形式看，主要经历了银本位制、金银复本位制、金本位制、不兑现的信用货币制度四大类型。

### 一、银本位制

银本位制就是以白银作为本位货币的一种金属货币制度。银本位制又分为银两本位和银币本位。银两本位是以白银的重量单位作为价格标准，实行银块流通的货币制度。银币本位则是以一定重量和成色的白银，铸成一定形状的本位币，实行银币流通的货币制度。在银本位制度下，银币可以自由铸造和自由融化，并具有无限法偿的效力，白银或银币可以自由输出、输入。

银本位制是最早实行的货币制度之一。在纪元前及纪元初期，欧洲许多国家如英国、法国、意大利等，均曾有银币流通。16~19 世纪，银本位制在世界许多国家盛行。我国也是最早实行银本位制的国家，但是主要是实行银两本位，而由国家法律确认实行银币本位，即清朝宣统二年（1910 年）颁布的《币制条例》。该条例规定了以圆为单位，重七钱二分，定银圆为国币，并确定成色，禁止各省自由铸造，将铸造权统归中央。但是当时实质上是银圆与银两混用。直到 1933 年 4 月，国民党政府才“废两改元”，公布《银本位币铸造条例》，将银圆的重量减少、成色降低，改为 1 圆银币重 26.697 1 克，每圆含纯银 23.493 448 克。这种银圆可以自由铸造，无限制使用。这时，银圆才成为真正的本位货币。

19 世纪后期，世界白银产量猛增，使白银的市场价格发生强烈波动，呈长期下跌趋势。白银价格的起伏不稳，既不利于国内货币流通，也不利于国际收支，影响一国经济的发展，加之银币体重价低不适合巨额支付，从而导致许多实行银本位制的国家都先后放弃了这种货币制度。例如，在我国，1935 年 11 月 4 日国民党政府实行“法币改革”，在我国废止了银本位制，从银本位制改行金汇兑本位制。

### 二、金银复本位制

金银复本位制是由国家法律规定的以金币和银币同时作为本位币，均可自由铸造，自由输出、输入，同为无限法偿的货币制度。金银复本位制是资本主义发展初期最典型的货币制度。在这一时期，商品生产和流通进一步扩大，对金和银的需求量都大幅增加。

金银复本位制按金银两种金属的不同关系又可分为平行本位制、双本位制和跛行本位制。

(一) 平行本位制

平行本位制是金币和银币按其实际价值流通，其兑换比率完全由市场比价决定，国家不规定金币和银币之间的法定比价。由于金币和银币的市场比价经常变动，这就使得不同货币表示的商品价格也随之经常发生变化。货币作为价值尺度，要求本身价值稳定，本身价值不稳定的货币商品充当价值尺度，会造成交易紊乱，因此使得这种平行本位制极不稳定。

(二) 双本位制

为了克服金币与银币比价的频繁波动的缺陷，一些国家以法律形式规定了金银的比价，即实行双本位制。双本位制是金银复本位制的主要形式。但是，用法律规定金银比价，这与价值规律的自发调节作用相矛盾，于是就出现了“劣币驱逐良币”的现象。所谓“劣币驱逐良币”，这一规律又称“格雷欣法则”，就是当金币与银币的实际价值与名义价值相背离时，实际价值高于名义价值的货币（即良币）被收藏、熔化而退出流通领域，而实际价值低于名义价值的货币（即劣币）则充斥市场。“劣币驱逐良币”一语出自16世纪英国政治家与理财家汤姆斯·格雷欣给英国女王的改铸铸币的建议，后来被英国经济学家麦克劳德在其著作《经济学纲要》中加以引用，并命名为“格雷欣法则”。

为什么在金银复本位制下，会发生“劣币驱逐良币”现象呢？我们知道，货币按其本性来说是具有排他性、独占性的。法律有关金银两种金属同时作为货币金属的规定是与货币的本性相矛盾的。在金银两种货币各按其本身所包含的价值同时流通（平行本位制）的条件下，市场上的每一种商品都必然会出现两种价格，一种是金币价格，另一种是银币价格。这两种价格的对比关系又必然会随着金银市场比价的变化而变化。这样，就必然使市场上的各种交换处于非常混乱和困难的境地。为了克服这种困难，资本主义国家用法律规定了金银的比价（双本位制）。但是，这种规定又与价值规律的自发作用发生矛盾，因而不可避免地出现“劣币驱逐良币”的现象。

“劣币驱逐良币”规律曾在美国货币史上有所表现。美国于1791年建立金银复本位制，以美元作为货币单位，规定金币和银币的比价为1：15，但当时法国等几个实行复本位制的国家规定金银的比价为1：15.5，也就是说，在美国金对银的法定比价低于国际市场的比价。这样人们可以在美国取得一盎司黄金，把它输送到法国去换取15.5盎司的白银，然后又将15盎司的白银运回美国，在美国购买1盎司黄金，剩下半盎司的白银，除了弥补运输费用以外，还可以得到一笔利润。于是黄金很快就在美国的流通界消失了，金银复本位制实际上变成了银本位制。1834年，美国重建金银复本位制，金银的法定比价重新定位1：16，而当时法国和其他实行复本位制的国家规定的金银比价仍然是1：15.5，这时就出现了相反的情况。由于美国银对金的法定比价定得比国际市场的低，因此金币充斥美国市场，银币却被驱逐出流通领域，金银复本位制实际上又变成了金本位制。

(三) 跛行本位制

在金银复本位制向金本位制过渡时，曾出现过一种跛行本位制，在这种制度下，法律规定金币和银币都可以成为本位币，两者之间有兑换比率，但是金币可以自由铸造，而银币却不能自由铸造。实际上，银币已经降到了金币附属的地位。由于银币实行限制铸造，使银币的实际价值与其名义价值无法保持一致，银币的名义价值唯有取决于银币和金币的法定兑换比率。事实上，跛行本位制只是由金银复本位制向金本位制过渡时期的一种特殊的货币制度。

## 三、金本位制

金本位制是指以黄金作为本位货币的一种制度。其形式有以下三种：

### （一）金币本位制

金币本位制是典型的金本位制。在这种制度下，国家法律规定以黄金作为货币金属，即以一定重量和成色的金铸币充当本位币。在金币本位制条件下，金铸币具有无限法偿能力。其主要特点有三个：一是金币可以自由铸造和自由熔化，具有无限法偿能力。二是价值符号包括辅币和银行券可以自由兑换为金币，使各种价值符号能够代表一定数量的黄金进行流通，以避免出现通货膨胀现象。三是黄金可以自由地输出、输入国境。由于黄金可以在各国之间自由转移，从而保证了世界市场的统一和外汇汇率的相对稳定。

金本位制是资本主义自由经济发展阶段的一种货币制度。最早从金银复本位制过渡到金币本位制的是英国。英国政府于1816年颁布法令，正式采用金币本位制。金币本位制是一种相对稳定的货币制度，这种货币制度使得货币的国内价值与国际价值相一致，外汇行市相对稳定，不会发生货币贬值现象，因此对资本主义国家经济发展和对外贸易的扩大起到了积极的促进作用。但是随着资本主义经济的发展，资本主义国家之间的矛盾加剧，这种货币制度的稳定性日益受到削弱并最终终结。首先，由于资本主义各国发展不平衡性的加剧，引起世界黄金存量的分配极其不平衡，到1913年年末，美、英、法、德、俄5国占有世界货币黄金存量的2/3。黄金存量的绝大部分集中在少数强国手里，削弱了其他国家金铸币流通的基础。其次，因为少数强国为了准备进行帝国主义瓜分殖民地的战争，一方面用黄金购买军火，另一方面大量发行纸币以弥补财政赤字，这就不能保证价值符号的自由兑现，因此削弱了价值符号对金币自由兑换的基础。最后，一些国家从本国的利益出发，用关税壁垒限制贸易往来，影响了黄金在国际的流通，限制了黄金在国际上的自由输出入。第一次世界大战后，金币本位制遭到破坏，导致许多国家放弃了金本位制。

### （二）金块本位制

金块本位制也称“生金本位制”，是在一国内不准铸造、不准流通金币，只发行代表一定金量的银行券（或纸币）来流通的制度。金块本位制虽然没有金币流通，但是在名义上仍然为金本位制，并对货币规定含金量。例如，法国1928年的《货币法》规定，法郎的含金量为0.065克纯金，并规定有官价。实行金块本位制的国家虽然不允许自由铸造金币，但是允许黄金自由输出、输入，或外汇自由交易。银行券是流通界的主要通货，但是不能直接兑换金币，只能有限度地兑换金块。例如，英国在1925年规定，银行券每次兑换金块的最低数量为 1 700 英镑；法国 1928 年规定必须至少有 21. 5 万法郎才能兑换黄金，从而限制了黄金的兑换范围。

金块本位制实行的条件是保持国际收支平衡和拥有大量用来平衡国际收支的黄金储备。一旦国际收支失衡，大量黄金外流或黄金储备不足支付时，这种虚弱的黄金本位制就难以维持。1930 年以后，英、法、比利时、荷兰、瑞士等国在世界性经济危机袭击下，先后放弃了这一制度。

(三) 金汇兑本位制

金汇兑本位制又称“虚金本位制”。在这种制度下，国家并不铸造金铸币，也不允许公民自由铸造金铸币。流通界没有金币流通，只有银行券在流通，银行券可以兑换外汇，外汇可以兑换黄金。

这种制度在名义上仍为金本位制，与金块本位制有相同点。第一，本国货币规定有含金量。第二，本国货币与某一实行金币本位制或金块本位制国家的货币保持一定的固定比价，并将黄金、外汇存放在这个国家作为外汇基金，通过市场买卖维持固定比例。第三，银行券是流通中的主要通货，可以兑换外汇，其外汇可以在挂钩国家兑换黄金。金汇兑本位制实际上是一种附庸性质的货币制度。

早在 19 世纪末，帝国主义国家的殖民地就实行过这种货币制度。例如，印度在 1893 年、菲律宾在 1903 年先后实行金汇兑本位制。第一次世界大战结束后，德国、意大利等战败国为整顿币制，把向别国借来的贷款作为外汇基金，把本国货币与英镑、美元等挂钩，保持固定比价，即实行金汇兑本位制。

金汇兑本位制和金块本位制都是一种残缺不全的本位制，实行的时间不长，终于在 1929—1933 年世界性经济危机的冲击下崩溃了。从此，除个别国家外，资本主义世界各国与金本位制告别，实行不兑现的信用货币制度。

## 四、不兑现的信用货币制度

不兑现的信用货币制度是 20 世纪 70 年代中期以来各国实行的货币制度，是指以不兑换黄金的纸币或银行券为本位的货币制度。不兑现的信用货币制度的特点有：第一，不兑现的信用货币一般是由中央银行发行的，并由国家法律赋予无限法偿的能力。第二，货币不与任何金属保持等价关系，也不能兑换黄金，货币发行一般不以金银为保证，也不受金银数量的限制。第三，货币通过信用程序投入流通领域。货币流通是通过银行的信用活动进行调节，而不像金属货币制度那样由铸币自身进行自发的调节。银行信用的扩张，意味着货币流通量增加；银行信用的紧缩，意味着货币流通量的减少。第四，这种货币制度是一种管理货币制度。一国中央银行或货币管理当局通过公开市场政策、存款准备金率、贴现政策等手段，调节货币供应量，以保持货币稳定；通过公开买卖黄金、外汇，设置外汇平准基金，管理外汇市场等手段，保持汇率的稳定。第五，货币流通的调节构成了国家对宏观经济进行控制的一个重要手段，但是流通界究竟能够容纳多少货币量，则取决于货币流通规律。当国家通过信用程序所投放的货币超过了货币需要量，就会引起通货膨胀，这是不兑现的信用货币流通所特有的经济现象。第六，流通中的货币不仅指现钞，银行存款也是通货。随着银行转账结算制度的发展，存款通货的数量越来越大，现钞流通的数量越来越小。

### 五、我国现行的货币制度

我国现行的货币制度较为特殊。由于我国目前实行“一国两制”的方针，1997年、1999年中国香港和中国澳门回归祖国以后，继续维持其原有的货币金融体制，从而形成了“一国多币”的特殊货币制度。目前不同地区各有自己的法定货币：人民币是中国内地的法定货币，港元是中国香港地区的法定货币，澳门元是中国澳门地区的法定货币，新台币是中国台湾地区的法定货币。各种货币各限于当地流通，人民币与港元、澳门元之间按市场供求决定的汇价进行兑换，澳门元与港元直接挂钩，新台币主要与美元挂钩。

人民币是中国内地的法定货币，由中国人民银行于1948年12月1日开始发行。人民币主币的“元”是我国经济生活中法定计价、结算的货币单位。人民币属于不兑现的信用货币，以现金和存款货币两种形式存在，现金由中国人民银行统一发行，存款货币由银行体系过业务活动进入流通。中国人民银行依法实施货币政策，对人民币总量和结构进行管理和调控。

## 第五节 当代信用货币的层次划分

### 一、信用货币层次划分的意义和依据

当代信用货币是由现金和银行存款组成。现金包括了中央银行发行的现钞与金属硬币，而现金的使用量在整个社会的交易额中所占的比重很小。存款货币是指能够发挥货币交易媒介功能的银行存款，既包括能够进行转账支付的活期存款、企业定期存款，也包括居民的储蓄存款等。虽然各种存款都代表了一定的社会购买力，但是它们在购买能力上是有区别的。现金和活期存款可以直接用于交易支付，其他存款要变成购买能力必须经过一些手续，而且中央银行对现金和各项存款的控制能力是不同的。中央银行在进行货币量统计时，既要考察货币量统计的全面性和准确性，又要兼顾中央银行调控货币量的需要。因此，对货币进行层次划分具有一定的现实意义。

当前各国划分货币层次的标准和依据是货币的流动性。流动性是指金融资产在不损失价值或损失很少的情况下变现的能力。根据货币流动性由强到弱的变化，货币的范围也由小到大，不同货币被划分为不同的层次。但是由于金融创新，信用工具层出不穷，各种信用工具的流动性在不断地变化，因此货币层次的划分只能相对准确。金融制度越发达，金融产品越丰富，货币层次越多，金融创新速度越快，货币层次修订的速度也就越快。

### 二、国际货币基金组织关于货币层次的划分

按照国际货币基金组织的统计口径，货币层次划分如下：

（一）M0（现钞）

M0 是指流通于银行体系以外的现钞和铸币，即居民手中的现钞和单位的备用金，不包括商业银行的库存现金。本层次货币可以随时作为流通手段和支付手段，购买力最强。

（二）M1（狭义货币）

M1 = M0+银行的活期存款

由于银行的活期存款随时可以成为支付手段，因此同现钞一样具有很强的流动性。M1 作为现实的购买力，对社会经济生活影响巨大，因此许多国家都把控制货币供应量的主要措施放在这一层次，使之成为国家宏观调控的主要对象。

（三）M2（广义货币）

M2 = M1+准货币

准货币指银行存款中的定期存款、储蓄存款以及各种短期信用工具（如银行承兑汇票、国库券等）。准货币虽然不是真正意义上的货币，但是准货币经过一定手续后，能够转化为现实的货币，从而加大货币的供应量。M2 的出现，使货币范围更加扩大，对金融制度和货币流通也产生了较大影响。特别是近些年来，随着金融创新的不断深化，一些金融发达国家出现了把货币供应量调控的重点从 M1 向 M2 转移的趋势。

## 三、我国货币层次的划分

我国中央银行从 1994 年开始对货币层次进行划分，并按照货币层次对货币量进行统计。目前我国货币划分为以下三个层次：

M0 = 流通中的现金

M1 = M0+可开支票的活期存款

M2 = M1+企业单位的定期存款+城乡居民的储蓄存款+证券公司的客户保证金存款+其他存款

## 四、货币的计量

对货币量的统计和分析可以从不同的角度进行。

（一）狭义货币量和广义货币量

狭义货币量是指货币层次中的现金和银行活期存款。狭义货币量反映了社会最直接的购买力，是中央银行在制定和实施货币政策时监测和调控的主要指标。广义货币量是指狭义货币量加准货币。广义货币量反映了社会的潜在购买能力，广义货币量所统计的货币范围要大于狭义货币量。运用这两个指标可以从货币结构的角度分析货币流通状况。

（二）货币流量和货币存量

货币流量指一国在某一时期内各经济主体所持有的现金和存款货币的总量，表现为一定时期内（通常为一年）的货币流通速度与现金、存款货币的乘积。货币存量指一国在某一时点上各经济主体所持有的现金和存款货币的总量。这两个指标可以反映不同时段的货币流通状况。

（三）货币总量与货币增量

货币总量指货币数量的总额。货币总量可以是某一时点上的货币存量，也可以是某一时期内的货币流量。货币增量指不同时点上的货币存量的差额，通常是指今年与上年相比的增加额。这两个指标可以反映货币量的变化幅度，综合运用这些指标可以比较全面地考察货币的流通状况。

## 本章小结

1. 关于货币的起源，国内外有不同的学说。马克思用劳动价值理论科学地阐述了货币产生的客观必然性。马克思认为，货币是交换发展和与之伴随的价值形态发展的必然产物，是商品经济内在矛盾发展的必然产物，是价值形式的必然产物。

2. 货币是商品，货币的根源在于商品本身，这是为价值形式发展的历史所证实的结论。但是货币不是普通的商品，而是固定地充当一般等价物的特殊商品，并体现一定的社会生产关系。这就是货币的本质规定。

3. 货币是价值尺度和流通手段的统一，是从商品中分离出来的固定的充当商品交换媒介的一般等价物，是伴随着商品经济的生产和发展逐渐产生和演变到现在的状态的。

4. 货币制度是一个国家关于货币发行、流通和组织程序的立法。经历了银本位、金银复本位、金本位和信用货币制度四种，信用货币制度是发展的最高形态。货币制度的构成要素是：规定货币材料，规定货币单位，规定货币的铸造、发行和流通程序以及确定准备制度等。

5. 所谓货币层次的划分，是把流通中的货币量主要按照其流动性的大小进行相应排列、分成若干层次并用符号代表的一种方法。货币量层次划分的目的是为了把握流通中各类货币的特定性质、运动规律以及它们在整个货币体系中的地位，进而探索货币流通和商品流通在结构上的依存关系和适应程度，以使中央银行拟定有效的货币政策。各国对货币量层次的划分以及每一个货币层次包含的内容都不尽相同，而且还随着时间的推移进行相应调整。

## 复习思考题

1. 为什么说货币的本质是一般等价物？
2. 简述货币制度的含义及其构成要素。
3. 典型的金本位制具有哪些特点？它在历史上对资本主义的发展起了什么作用？
4. 你认为人民币是否具有贮藏手段的职能？

5. 什么是纸币本位制？有何特点？应如何理解我国的“一国四币”制度？

6. 货币层次划分的依据是什么？

## 附录一　地区货币和跨国货币制度

一、“一国两制”下的地区货币制度

根据《中华人民共和国中国人民银行法》第十六条的规定和《中华人民共和国人民币管理条例》第三条的规定，中华人民共和国的法定货币是人民币。香港和澳门虽然已经回归祖国，但是根据《中华人民共和国香港特别行政区基本法》和《中华人民共和国澳门特别行政区基本法》的规定，港元和澳门元分别是香港特别行政区和澳门特别行政区的法定货币。人民币和港元、澳门元的关系，是在一个国家的不同社会经济制度区域内的流通的三种货币，隶属于货币管理当局各自按自己的货币管理方法发行和管理货币。

1. 香港的货币制度

1997 年 7 月 1 日，我国政府恢复了对香港行使主权，香港特别行政区成立。我国的货币制度改为实行一个主权国家两种社会制度下的两种货币、两种货币制度并存的货币制度。在内地仍然实行人民币制度，在香港实行独立的港币制度，在货币发行、流通与管理等方面分别自成体系，人民币和港币分别作为内地和香港的法定货币在两地流通。由于香港仍然实行资本主义制度，因此按照我国目前的外汇管理规定，港币仍然视同于外汇，港币在内地以外币对待，同样人民币在香港也以外币对待的。

根据《中华人民共和国香港特别行政区基本法》的规定，港元为香港的法定货币，港币的发行权属于香港特别行政区政府，中国银行、汇丰银行、渣打银行为港币发行的指定银行，港币的发行必须有百分之百的准备金。

香港于 1935 年设立了外汇基金，作为法定货币的保证，并负责管理纸币的发行事宜。银行首先要向外汇基金购买负债证明书，然后才获授权去发行港元纸币。从 1983 年 10 月 17 日开始，外汇基金实行了一些发行纸币的新措施，规定港元与美元挂钩，以 1 美元兑换 7.8 港元的固定汇率进行交换，该汇率称为联系汇率，而三家发行纸币的银行必须以美元根据上述汇率向外汇基金购入负债证明书，然后才可以发行证明书上所列明的等值的港元。

在现行的港元发行制度下，香港发行纸币是有 100%同等币值的美元储备作为支持的，这些储备存放在外汇基金内。因此，如果发行纸币的银行要增加纸币的流通数量，银行会向外汇基金缴纳同等币值的美元；相反，如果银行要减少港元纸币的流通数量，外汇基金同样会将同等价值的美元支付给银行。

2. 澳门的货币制度

1999 年 12 月 20 日，我国恢复了对澳门行使主权，澳门特别行政区成立。由于澳门仍然实行资本主义制度，因此按照我国目前的外汇管理规定，澳门货币仍然视同于外汇，澳门货币在内地以外币对待，同样人民币在澳门也以外币对待。

澳门元为澳门特别行政区的法定货币。澳门货币发行权属于澳门特别行政区政府，中国银行、大西洋银行为澳元发行的指定银行。澳门货币的发行必须有百分之百的准备金，澳门货币的发行制度和准备金制度由法律规定。澳门特别行政区政府可授权指定银行行使或继续行使发行澳门货币的代理职能。澳门特别行政区不实行外汇管制政策，澳门元自由兑换。澳门特别行政区的外汇储备由澳门特别行政区政府依法管理和支配。澳门特别行政区政府保障资金的流动和进出自由。

澳门元目前采用与港元挂钩的办法来衡量其币值，实行与港元挂钩并间接与美元挂钩的固定汇率制，从而使其币值保持稳定。为了维护及提高澳门货币的信用地位和可兑换性，澳门元实行完全的储备基础，这是澳门货币制度的重要内容。这一制度在维护澳门经济金融稳定发展中发挥了积极作用。

二、跨国货币制度

人类社会进入20世纪末21世纪初，随着经济和金融全球一体化的发展，地区性货币一体化现象十分引人注目，超国家主权的跨国货币制度开始诞生，欧元是典型代表。

1998年5月3日，欧盟特别首脑会议在布鲁塞尔闭幕。会议最终确认了欧盟11个成员国成为欧元创始国，这11个国家是比利时、德国、西班牙、法国、爱尔兰、意大利、卢森堡、荷兰、奥地利、葡萄牙和芬兰。为了保证单一货币的顺利实施，欧洲中央银行也于1998年7月1日正式成立。欧洲中央银行同意发行欧元，制定和执行统一的货币政策和汇率政策，并依据《稳定和增长条约》对各成员国的金融管理进行监管。1999年1月1日，欧元正式启动，标志着欧洲货币一体化质的飞跃。欧元从问世到最终取代上述各国货币，经历了三个阶段：第一个阶段，1999年1月1日欧元成为会计或电子交易单位。11国货币与欧元的比价不可撤销地确定下来。第二阶段，2002年1月1日欧元纸币和硬币开始流通。欧元与成员国货币同时流通。第三阶段，2002年7月1日欧元正式成为欧盟11国唯一的法定货币，成员国货币停止流通。

欧元的诞生对欧洲和世界经济产生了深远的影响，对加快世界经济一体化和货币一体化进程起到了积极的作用。但是欧元作为人类历史上跨国货币制度的创新，在单一货币和新汇率制度运行、跨国中央银行的运作等方面还存在着不少困难和障碍，有待在实践中逐步加以克服。

在欧元的启发下，世界各大洲都出现了建立跨国货币制度的动向。在南美洲，秘鲁和厄瓜多尔试图实行以美元为基础的经济；被誉为“欧元之父”的罗伯特·蒙代尔在2000年4~5月的巡回演讲中，大力倡导巴西、阿根廷、乌拉圭和巴拉圭建立南美共同货币。在非洲，西非经济共同体6国领导人于2000年4月21日签署协议，准备建立统一货币。在亚洲，经历1997年亚洲金融危机之后，为了稳定亚洲的货币环境，一些国家和地区也提出建立“亚元”的构想等。但是跨国的货币制度必须建立在各国经济、政治制度接近，生产力发展水平相近，各国货币政策、经济政策和价值观念趋同的基础上，因此需要一个较长的发展和磨合过程。可以预见，一个主权国家内部的货币制度发展成为跨国的货币制度，地区性的跨国货币制度发展成为全球性的跨国货币制度将是货币制度发展的趋势。

## 附录二 战俘营里的货币

第二次世界大战期间，在纳粹的战俘集中营里流通着一种特殊的商品——香烟。当时的红十字会设法向战俘营提供了各种人道主义援助物品，如食物、衣服、香烟。

由于数量有限，这些物品只能根据平均主义的原则在战俘之间进行平均分配，无法顾及每个战俘的特定偏好。但是人与人之间的偏好显然是有所不同的，有人喜欢巧克力，有人喜欢奶酪，还有人则可能更想得到一包香烟。因此，这种平均分配显然是缺乏效率的，战俘有进行交换的需要。

但是即便在战俘营这样一个狭小的范围内，物物交换也显然非常的不方便，因为这要求交换双方恰巧都想要对方的东西，也就是所谓的需求的双重巧合。为了使交换能够更加顺利地进行，需要有一种充当交易媒介的商品，即货币。那么在战俘营中，究竟哪一种物品适合充当交易媒介呢？许多战俘都不约而同地选择香烟来扮演这一角色。战俘们用香烟来计价和交易，如 1 根香肠值 10 支香烟，1 件衬衣值 80 支香烟，替别人洗 1 件衣服则可以换得 2 支香烟……有了这样一种计账单位和交易媒介之后，战俘之间的交换就方便多了。

香烟之所以会成为战俘营中流行的“货币”，是与香烟自身的特点分不开的。香烟容易标准化，而且具有可分性，同时也不易变质。这些正与人们对货币的要求相一致。当然，并不是所有的战俘都吸烟，但是只要香烟成了通用的交易媒介，用香烟可以换到自己想要的东西，自己吸不吸烟又有什么关系呢？我们现在愿意接受别人付给我们的钞票，并不是因为我们对这些钞票本身有什么偏好，而仅仅是因为我们相信，当我们用钞票来买东西时，别人也愿意接受。

# 第二章 信用与利息

## 第一节 信用的产生与发展

信用和货币一样，是个古老的经济范畴。信用是商品经济发展到一定阶段的产物。信用制度的产生和深入发展促进了商品经济的飞速发展，并使现代商品经济进入到以多种信用参与者、信用形式和信用工具为纽带而连接在一起的信用经济阶段。

### 一、信用的含义与特征

#### （一）信用的含义

信用一词源于拉丁文“Credo”，意思为信任、相信、声誉等。信用在英语中是“Credit”，意思为信任、赊账、信贷等。汉语中的信用的意思为履行承诺而取信于人。日常生活中信用主要是指诚实守信、遵守诺言的意思。

经济学中，信用是与商品生产和货币经济相联系的范畴，是一种体现特定经济关系的借贷行为。从某种意义上讲，这个信用也包含了相信、信任，表示的是债权人对债务人偿还能力的信任。

信用的产生同商品生产、货币经济，特别是货币的支付手段职能有着密切的关系。信用是商品货币经济发展到一定阶段的产物。当商品交换出现延期支付和货币执行支付手段职能时，信用就产生了。

#### （二）信用的特征

信用作为商品货币经济的范畴，不论其形式如何，都具有以下共同特征：

1. 信用是有条件的借贷行为

信用资金的借贷不是无偿的，而是以还本付息为条件的。信用关系一旦建立，债务人将承担按期还本付息的义务，债权人将拥有按期收回本息的权利。利息额的多少与本金额大小及信用期限的长短密切相关。一般来讲，本金越大，信用期限越长，需要支付的利息就越多。

2. 信用是价值运动的特殊形式

价值运动的一般形式是通过商品的直接买卖关系来实现的。在传统的商品交换关系中，一手交钱，一手交货，双方是对等的交换。当交易结束后，买卖双方便没有任何的经济关系。在信用活动中，只有商品或货币的使用权让渡，没有改变所有权。只有当债务方还本付息以后，信用关系才结束。因此，信用是价值的单方面的转移，是价值运动的特殊形式。

3. 信用关系是债权债务关系

从本质上说，信用关系是债权债务关系，信用行为就是借贷行为。在信用行为中，商品和货币的所有者因为让渡商品或货币的使用权而成为债权人，商品或货币的需要者成为债务人。

## 二、信用的产生与发展

信用作为一种借贷行为，其产生、发展同商品货币经济紧密相连。商品货币经济的发展，特别是货币支付手段职能的发展是信用赖以存在和发展的坚实基础。

### （一）信用的产生

从历史上看，原始社会的末期就产生了信用活动。当时由于社会生产力的发展，原始社会出现了两次社会大分工。这两次社会大分工使得当时人们的劳动生产率有了显著的提高，于是就产生了剩余产品，从而使得交换日益频繁。社会分工的发展和商品交换的扩大加速了原始社会私有制的产生。

随着生产力的不断发展，商品货币关系也日益发展起来。商品货币关系的发展，产生了货币的支付手段职能。商品的买卖关系能够做到赊购赊销，因此形成了商品卖出者的债权和商品买入者的债务，信用也就由此而产生。

### （二）信用的发展

自原始社会末期，信用经历了高利贷信用、资本主义信用和社会主义信用三种形式。前两种信用均属于生产资料私有制占统治地位的信用。高利贷信用是原始的、古老的信用形态，借贷资本是现代资本运动形态。社会主义信用是以银行信用为主体的全社会信用资金的运动形式。

1. 高利贷信用

高利贷是以极高的利率为特征的借贷活动，最早产生于原始社会末期。在奴隶社会和封建社会得到了广泛发展，成为占统治地位的信用形态。

原始公社末期已经出现了私有制和贫富分化的现象，富裕家庭占有大量财富，贫困家庭为了维持生活和生产的需要，不得不向富裕家庭借债，并被迫接受支付高额利息的要求，这就给高利贷的产生和发展创造了条件。高利贷最初是部分地以实物形式出现，随着商品货币关系的发展，货币借贷才逐渐成为高利贷的主要形式，并出现了专门从事货币贷放的高利贷者。

高利贷在奴隶社会和封建社会得到广泛的发展。这是因为高利贷作为生息资本的特殊形式，是同小生产即自耕农和小手工业者占优势的情况相适应的。小生产者拥有少量的财产作为借款的保证，同时他们的经济基础又十分薄弱，遇到天灾人祸就无法维持生计。小生产者的广泛存在是高利贷信用存在和发展的经济基础。旧中国的高利贷十分活跃、名目繁多，华北地区盛行“驴打滚”，江浙一带有“印子钱”。

虽然高利贷阻碍、破坏了生产力的发展，使得再生产难以发展，但是高利贷也有其积极的历史作用。首先，高利贷的高额利息使得无数小生产者被剥削殆尽，只有靠出卖劳动力维持生活；其次，高利贷者积累了大量的资本，为资本的积累和转化为生产资本创造了条件。然而高利贷虽然对资本主义生产方式的形成提供了有利条件，但是高利贷对它赖以生存的基础——小生产占优势的旧生产方式竭力给予维护。高利贷的这种保守作用必然阻碍高利贷资本向生产资本转化，而且高利贷的高额利息使得资本家无利可图，成了资本主义发展的障碍。新兴资产阶级与高利贷者展开了激烈的斗争。随着资本主义信用组织的出现以及资本主义银行的产生，资本主义信用才代替了高利贷信用。

2. 资本主义信用

资本主义信用主要是指借贷资本的运动。借贷资本的形成与资本主义生产过程有着密切的联系。在产业资本的循环过程中，由于种种原因会产生一部分闲置的资本，而同时也会有资本家需要补充货币资本，这样就形成了对借贷资本的需求，闲置资本就变成了借贷资本。

借贷资本与高利贷都是生息资本，但是它们之间有很大的区别。借贷资本主要来源于资本家，还包括社会各阶层的部分货币收入。借贷资本主要用于生产领域，生产更多的剩余价值；高利贷资本主要是奴隶主和封建主用于维持自己的消费。

资本主义信用加速了资本的周转，同时也促进了资本主义经济的迅速发展。由于资本主义信用使得社会财富越来越被少数资本资本家掌握，加深了资本主义生产方式所固有的矛盾，为社会主义生产方式取代资本主义生产方式创造了物质条件。

3. 社会主义信用

社会主义信用体现着社会主义的生产关系，摒弃了资本主义的剥削性质。就信用的本质来看，社会主义信用仍然是一种借贷关系，是以偿还为条件的价值运动形式。因此，社会主义信用的运动形式与借贷资本的运动形式是完全相同的。

信用作为商品经济的重要组成部分，总是受到特定生产方式的制约，同时又反映着一定的生产关系并为其服务。在当今发达的商品经济中，信用发挥的作用越来越大。信用虽产生于商品经济，但其本身从属于分配范畴，信用造成了价值的单方面转移，是价值量的再分配。信用能够使有限的资金投入到效益好、发展快、对国民经济促进作用大的产业中去。同时，国家也可以通过对银行信用的控制调节货币的投放量，实现宏观经济的协调稳定发展。

## 第二节　信用形式

各国的现代信用主要有以下五种形式。

### 一、商业信用

#### （一）商业信用及其特征

商业信用（Commercial Credit/Business Credit）是指在工商企业之间买卖商品时，

卖方以商品形式向买方提供的信用。赊销是商业信用中最为典型的形式，它实际包含着两种同时发生的经济行为，即商品买卖与货币借贷。在商品买卖完成的同时，买方因无法实时支付货款而对卖方承担了相应的债务，并且商品的所有权由卖方转移给了买方，就如同现款交易一样。而在此之后，就如同买方向卖方借款一样，买卖双方只存在相应的货币金额的债权债务关系，而且这种关系并不会受到买方通过赊销方式购入的商品的销售情况的任何影响。

商业信用的良性发展，对商品流通和经济发展起着重要的促进作用。企业之间稳定、顺畅的联系，是商品生产正常进行的必然要求，也是经济发展的内在要求。紧密联系具有供销关系的上下游企业，可以在资金短缺而无法顺畅交易时，使商业信用介入，让中断的商业链条重新连接起来，促进了生产和流通的顺畅进行。

尽管如此，商业信用也存在一定的局限性。首先，商业信用在规模上存在局限性。商业信用以商品买卖为基础，其规模会受到商品买卖数量的限制，而且生产企业不可能超出所售商品量向对方提供商业信用，这决定了商业信用在规模上的界限。其次，商业信用存在方向上的局限性。商业信用通常是由卖方提供给买方，由上游企业提供给下游企业，一般很难逆向提供，相互之间没有买卖关系的生产企业，通常不容易发生商业信用。最后，商业信用在期限上存在限制。其期限一般较短，通常只能用来解决短期资金融通的需要。商业信用的局限性，决定了其流通范围的局限性，它作为支付凭证时也会受到一定的限制。

#### （二）商业票据

商业票据是在商业信用中被广泛使用的表明买卖双方债权债务关系的凭证，是商业信用中卖方为保证自己对买方拥有债务索取权而保有的书面凭证。商业票据主要分为商业汇票和商业本票两种。

商业票据可以经债权人背书后转让流通，从而使其具有了流通和支付的职能。在这一意义上，商业票据在背书转让过程中，事实上发挥着货币的职能。商业票据因此也被称为商业货币，并被纳入广义信用货币的范畴之内。商业票据需经背书后才能转让流通，背书（endorsement）是指商业票据的债权人转让票据时在其背面签字以承担连带责任的行为。因此，一张商业票据的背书人信用等级越高，参与背书的人数越多，该商业票据接受方所面临的信用风险也就越低。

### 二、银行信用

#### （一）银行信用及其特征

银行信用（Bank Credit）是银行或其他金融机构以货币形态提供的信用。银行信用是伴随着现代资本主义银行的产生，在商业信用基础上发展起来的。与作为直接融资范畴的商业信用不同，银行信用属于间接融资的范畴，银行在其中扮演着信用中介的角色。

与其他信用形式相比，银行信用具有三个突出特点：第一，银行信用可利用社会各部门的闲置资金，银行通过吸收存款积聚巨额的可贷资金，充分利用银行体系的信用创造功能，资金贷放可以达到非常大的规模；第二，银行信用是以货币形态提供的，可以独立于商品买卖活动，具有广泛的授信对象；第三，存贷款作为银行信用，在数量和期限上都相对灵活，可满足存贷款人在数量和期限上的多样化需求。

（二）银行信用与商业信用

商业信用的出现先于银行信用，但其局限性使其难以满足资本主义社会化大生产的需要。银行信用及其内在特性，则使其克服了商业信用的局限性。首先，在资金提供规模方面，银行不仅能满足小额资金需求，还能满足大额信贷资金需要。其次，在信贷资金提供的方向性上，拥有闲余资金者都能够在银行存款，而需要资金者只要符合信贷条件都可能获得银行的贷款支持。银行联系资金供求双方，促进储蓄向投资转化，他们完全不必受商业信用上下游关系的限制。最后，就银行信用的期限而言，存款期限可短可长，贷款亦是如此。

银行信用在资金提供规模、资金流向与范围、借贷期限三个方面都克服了商业信用的固有局限，因而逐步成为经济中占主导地位的信用形式。

银行信用相对于商业信用尽管有诸多优势，但其发展却不会排斥商业信用。恰恰相反，银行信用通常与商业信用有着极为密切的联系，前者通常是在后者的基础上产生和发展起来的。如银行通过办理商业票据贴现和抵押贷款，为商业汇票提供承兑服务等业务介入商业信用领域，不仅促进了商业信用的发展，也为银行信用的良性发展奠定了坚实基础。

## 三、国家信用

（一）国家信用的含义

国家信用（State Credit）是指政府作为一方的借贷活动，即政府作为债权人或者债务人的信用活动。

国家信用是一种很古老的信用形式。在历史上，政府除了作为债务人从民间借款外，也会作为债权人发放贷款。而在现代经济活动中，国家信用主要表现为政府作为债务人而形成负债。现代经济中政府的职能得到了空前强化，政府不仅作为最重要的经济部门参与经济活动，而且还作为宏观经济的调控者干预经济。政府在履行经济职能时，如果财政收入无法满足财政支出的需要，就要借助国家信用来筹集资金，特别是当政府通过财政政策干预经济时，通常会主动利用国家信用筹集资金，以增强政府干预经济的能力。

（二）国家信用的形式

在现代经济中，国家信用的形式主要有内债和外债两种。内债是对国内的负债，外债则是对其他国家的负债。在现代社会，国家信用主要包括中央政府债券、地方政府债券和政府担保债券三种形式。

中央政府债券亦称国债（National Debt），是一国中央政府为弥补财政赤字或筹措建设资金而发行的债券。根据期限的不同，国债可区分为短期国债和中长期国债。短期国债又称国库券（Treasury Bills），是指期限在1年或者1年以下的国债，发行国库券的主要目的是调节年度内的财政收支不平衡。中长期国债是指期限超过1年的国债，其中期限在10年或者10年以下的通常称为中期国债（Treasury Notes），又称国库票据；而期限在10年以上的则称为长期国债（Treasury Bonds），亦称国库债券。中央政府发行中长期国债，是为了缓解长期财政赤字压力，或者为公共建设筹集资金。

地方政府债券是指由地方政府发行的债券，通常也称市政债券。由于购买市政债券的利息所得通常会享有免缴地方所得税的优惠，对那些边际税率较高的投资者而言，市政债券通常会有很大的吸引力，即使其利率相对较低也会受到欢迎。

政府担保债券是指政府作为担保人而由其他主体发行的债券，政府担保主体通常是政府所属的企业或者那些与政府相关的部门。政府担保债券的信用等级仅次于中央政府债券，因为其发行人一旦失去了偿还能力，则由中央政府代其偿还债券的本息。其利率水平一般与市政债券相当，但不享受利息免税的优惠。

## 四、消费信用

### （一）消费信用及其主要形式

消费信用又称消费者信用，是工商企业、银行和其他金融机构提供给消费者用于消费支出的一种信用形式。随着生产力的快速发展和人民生活水平的提高，市场消费品的供给结构也在不断变化，一些价格昂贵的耐用消费品逐步成为居民生活必需品。对那些并不富裕的居民和家庭而言，往往很难在短期内靠自身收入去购买这些耐用消费品，而对兼有投资品和消费品双重属性的住房尤其如此，如果仅依靠居民当前积累的财富去全款购买，则只会有很少一部分居民和家庭具有购买能力，整个社会的购买力会大幅下降。为提高居民对高价格耐用消费品和住房的购买能力，消费信贷应运而生。

目前，消费信用主要包括赊销、分期付款和消费信贷三种形式。赊销是工商企业对消费者提供的短期信用，即消费者以延期付款的方式进行购买，到期后一次付清货款。分期付款就是指消费者购买消费品或享受相关服务时，只需支付一部分货款，然后按合同条款分期支付其余货款的本金和利息。消费贷款是银行及其他金融机构采用信用放款或抵押放款方式对消费者发放的贷款。消费贷款的期限一般比较长，最长可达30年，属于长期消费信用。

### （二）消费信用的作用

消费信用的发展，能在很大程度上有效地解决耐用消费品供给快速增加与居民当期购买能力相对不足的矛盾，这对于促进耐用消费品生产，帮助居民提前实现较高质量的生活水准，促进现代科技发展和生产力水平的提高，促进产品更新换代等，都具有非常重要的作用。在宏观层面，消费信用的重要意义集中体现在其对宏观经济的调节作用上；在微观层面，消费信贷则是帮助个人实现生命周期内合理安排财物的最有效途径。

1. 消费信用与宏观经济调节

消费信用是扩大有效需求、促进商品销售的一种有效手段。一方面，调整消费信用的总量和规模，可以在总需求不足、经济面临滑坡时适当增加消费信用规模，在经济过热、商品供不应求时适当控制消费信用规模，即我们可以通过调节总需求中的消费需求，来实现对总供求的调节。另一方面，通过调节消费信用的投向，我们还可以针对某些领域和部门进行结构上的调节，从而起到促进或者限制某些领域或经济部门发展的作用。

2. 消费信用与生命周期内的财务安排

金融学所要解决的核心问题，是研究人们在不确定的环境中如何进行资源的时间配置。我们通常都会面临如何在生命周期内有效地进行财务安排的问题。一般来说，我们可通过储蓄来应对未来支出的不确定性，即通过延迟当期消费的方式来满足未来消费的资金需求。但我们还会面临当期财富积累水平不足、收入水平不高时需要进行大额消费支出的问题，如果等到财富积累和收入水平足够高时才去消费，则生活质量会受到严重影响，甚至会失去最佳的消费时机。此时，消费信贷介入为我们提供了将未来的预期收入用于当前消费的有效途径，为我们在生命周期内合理地进行财务安排提供了可能。

3. 消费信用可能导致的负面影响

消费信用具有诸多好处和便利，但其发展也需要遵循信贷的基本规律，如果盲目地、过度地发展，也会给正常经济生活带来不利影响。消费信用过度发展，很容易导致以下三个方面的负面影响：短期内会掩盖供求矛盾，向生产者传递错误信息从而导致产能过剩；很容易导致信用膨胀和通胀压力；会透支消费者未来的购买力，导致坏账风险并增加社会不稳定因素。

## 五、国际信用

### （一）国际信用的内涵

国际信用是指一切跨国的借贷关系和借贷活动。国际信用体现的是国与国之间的债权和债务关系，直接表现为资本在国家间的流动，是国际经济联系的一个重要方面。对债权国来说，国际信用意味着资本的流出，而对债务国而言，国际信用则意味着资本的流入。一般来说，西方发达国家在国际信用中往往扮演着债权国的角色，而发展中国家往往是引进外资的债务国。但随着某些发展中国家经济的快速发展，它们在大量利用外资的同时，也拥有了大量的对外债权，某些发展中国家甚至表现为对外的净债权。

### （二）国际信用的主要形式

国际信用大体上可以划分为两大类：国外借贷和国外直接投资。

1. 国外信贷

国外借贷（Foreign Loan）是指一国与该国之外的主体之间进行的借贷活动，其基本特征是在国内主体与国外主体之间形成债权债务关系。国外借贷主要包括出口信贷、国际商业银行贷款、外国政府贷款、国际金融机构贷款、国际资本市场融资和国际融资租赁等。

2. 国外直接投资

国外直接投资（Foreign Direct Investment，FDI）是指一国居民直接对另一个国家的企业进行生产性投资，并由此获得对投资企业的管理控制权。直接投资的方式主要包括：在国外开办独资企业，包括设立分支机构、子公司等；收购或合并国外企业，包括建立附属机构与东道国企业合资开办企业，对国外企业进行一定比例的股权投资；利用直接投的利润在当地进行再投资。

## 第三节　信用工具

信用工具也称金融工具，是以书面形式发行和流通、借以保证债权人或投资人权利的凭证。信用工具是资金或资本的载体，借助这个运载工具实现资金或资本由供给者转移到需求者。信用工具是重要的金融资产，是金融市场上的重要交易对象。

### 一、信用工具的特征

信用工具种类繁多，但是各种信用工具一般都具有以下四个特征：

#### （一）偿还性

偿还性是指信用工具的债务人按期还本付息的特征。信用工具一般都载明期限，债务人到期必须偿还信用凭证上记载的债务。但是也存在例外，如股票虽然没有偿还期限，股票持有者可以通过股票市场转让股票收回投资；封闭式基金在运行期间要分红派息，运行期满要进行清算；开放式基金要随时允许持有者按净值赎回。

#### （二）流动性

流动性是指金融工具在金融市场上迅速变为现金而不致遭受损失的能力。一般来说，金融工具的流动性与偿还期限成反比，偿还期越短，流动性越强；偿还期越长，流动性越差。但是一个国家的金融市场如果比较发达，一些盈利水平高的金融工具即使偿还期比较长，往往也具有很强的流动性，很容易在金融市场出售。另外，金融工具的流动性与发行者的资信程度成正比，发行者信誉越高，流动性越强；反之，流动性越差。

#### （三）收益性

收益性是指信用工具定期或不定期给投资者带来收益的能力，这是信用的目的。信用工具的收益有两种：一种是固定收益，如利息、股息等；另一种是即期收益，即利用市场价格的变动出售信用工具获得的收益。实际收益是指名义收益或当期收益扣除因物价变动而引起的货币购买力下降后的真实收益。各种收益工具的收益率不同，一般情况下，期限短、流动性强、风险小的信用工具收益率相对较低；而期限长、流动性差、风险较大的信用工具收益率相对较高。

（四）风险性

风险性是指投入的本金和预期收益遭受损失的可能性。为了获得收益提供信用，同时必须承担风险。风险主要有违约风险、市场风险、政治风险以及流动性风险。违约风险一般称为信用风险，是指信用工具发行者不按合同履约或公司破产等因素造成信用工具持有者遭受损失的可能性。市场风险是指由于市场各种经济因素发生变化，如市场利率变动、汇率变动、物价波动等各种情况造成信用工具价格下跌，从而遭受损失的可能性。政治风险是指由于政策变化、战争、社会环境变化等各种政治情况直接或间接引起的信用工具遭受损失的可能性。

信用工具多种多样，有不同的划分标准。按期限的长短划分，可分为短期信用工具和长期信用工具；按发行者的性质划分，可分为直接金融工具和间接金融工具；按是否与实际信用活动直接相关，可分为基础性金融工具和衍生金融工具。

## 二、信用工具的分类

经济生活中，信用工具的形式多种多样，也有多种分类方法，最常见的是按时间长短分为短期信用工具和长期信用工具。

（一）短期信用工具

短期信用工具是指期限在一年或一年以下的票据和信用证等信用工具。主要有以下几种：

1. 商业票据

商业票据是在商业信用基础上产生的，用来证明交易双方债权债务关系的书面凭证，包括商业汇票和商业本票两种。

（1）商业汇票。商业汇票是由债权人签发的要求债务人按约定的期限向指定的收款人或持票人无条件支付一定款项的命令书。由于商业汇票是债权人签发的，必须经过债务人承兑后才能生效。经过承兑的汇票，称为承兑汇票。凡由债务人承兑的商业汇票称为商业承兑汇票；由银行受债务人委托承兑的汇票，称为银行承兑汇票。

（2）商业本票。商业本票又称期票，是债务人向债权人签发的，承诺在约定的期限内无条件支付一定款项的债务凭证。商业本票是由债务人签发的，因而无须承兑。

商业票据在流通转让时，转让人需要在票据背后签字，即“背书”。背书人与出票人同样对票据有支付责任。同时，企业还可以将未到期的票据贴现给银行，从而取得现款。

2. 银行票据

银行票据是在银行信用的基础上，由银行签发的或由银行承担付款义务的信用凭证。银行票据包括银行汇票、银行本票和银行支票。

（1）银行汇票。银行汇票是汇款人将款项交存银行后由银行签发给汇款人持往异地支取现金或办理转账的汇款凭证。

（2）银行本票。银行本票是由银行签发的，承诺银行在见票时无条件支付确定的金额给收款人或持票人的票据。银行本票可以代替现金流通，具有见票即付的功能。银行本票分为定额本票和不定额本票两种。

（3）银行支票。银行支票是银行的存款人签发的，要求银行从其活期存款账户上支付一定金额给持票人或指定人的票据。支票一般有现金支票、转账支票、普通支票和划线支票。支票是在银行信用基础上产生的，见票即付。签发支票金额以存款为限，禁止签发空头支票。

3. 信用证

信用证是银行根据其存款客户的请求，对第三者发出的，授权第三者签发以银行或存款人为付款人的汇票。信用证包括商业信用证和旅行信用证两类。

（1）商业信用证。商业信用证是在商业交易中银行受客户的委托开出的证明客户有支付能力并保证付款的信用凭证。商业信用证是建立在银行信用基础上的一种支付方式，常用于国际贸易货款的结算。

（2）旅行信用证。旅行信用证是银行为方便旅行者出国旅行在国外支取款项所发行的信用凭证。旅行者在出国前将款项交存银行，并留下印鉴或签字，由银行开给旅行信用证，旅行者在旅行途中凭信用证向指定银行支取款项。

4. 信用卡

信用卡是银行发行的，凭以向特约单位购物、消费和向银行支取现金且具有消费信用的特制载体卡片。信用卡涉及发卡银行、特约单位、持卡人三方。持卡人凭卡可在本地或异地特约单位购买商品和支付费用，还可以凭卡向发卡银行或代理机构透支现金。接受信用卡的特约单位每天营业终了向发卡银行索偿款项，发卡银行定期与持卡人进行清算。

5. 国库券

国库券也叫短期政府债券，在西方国家是指国家财政当局为弥补国库短期收支差额而发行的一种短期债务凭证。国库券一般偿还期在一年以内，以年度内的预算收入作为还本付息的担保，采取无记名形式发行，无须经过背书就可以转让流通。由于国库券期限短、信誉好、流动性强，在金融市场上颇受投资者青睐。

### （二）长期信用工具

长期信用工具是指期限在一年以上的信用工具。长期信用工具主要包括股票、债券和基金券，也称为有价证券，即具有一定的票面金额，代表财产所有权或债权，并能取得一定收入的凭证。

1. 股票

股票是股份公司发给股东证明其投资入股并凭以领取股息的凭证。股票是资本市场上借以实现长期投资的工具。股票投资者即为股份公司的股东，在法律上参与企业管理，分享公司的利益，同时也要分担公司的责任和风险。投资者购买股票后不能退股，但是可以通过股票市场转让股权，收回股本。

股票的种类很多，按股东权益的不同，可分为普通股和优先股；按股票是否记名，可分为记名股票和无记名股票；按股票上是否标明金额，可分为有票面金额股票和无票面金额股票；按股票投资主体的不同，可分为国家股、法人股、个人股和外资股等。

股票是代表财产所有权的有价证券，能给持有者带来股息、红利等收益。股票的市场价格也称股票行市，从理论上讲主要取决于两个因素：一个因素是预期股利收益，它与股票行市成正比；另一个因素是市场利率，它与股票行市成反比。当然，这只是决定行市的一般规律，实际的股票价格很不稳定，具有极高的灵敏性，除了公司本身的经营状况外，其他诸如股票的供求关系、国家的政治局势、政府的经济政策、投资者的心理状态等多种因素均可影响股票行市。

2. 债券

债券是债务人向债权人出具的，承诺在一定时期支付约定利息和到期偿还本金的债务凭证。债券按不同的方式可以划分为不同的种类。按发行主体的不同，可分为政府债券、公司债券和金融债券。

（1）政府债券。政府债券是政府为筹措资金而发行的债务凭证。政府债券信誉高、安全性强、风险小，通常被称为“金边债券”，是资本市场的重要金融工具。

（2）公司债券。公司债券是企业按照法律程序发行的，约定在一定期限还本付息的债务凭证。企业债券的风险较大，因此其利率要略高于其他债券。为保证投资人权益，各国对公司债券的发行和流通都有具体的规定。

（3）金融债券。金融债券是银行或其他金融机构为筹集中长期资金而向社会发行的债务凭证。金融债券具体的种类有固定利率债券、浮动利率债券、贴水债券、累进利息债券等。

（三）基金券

基金券是一种性质介于股票和债券之间的收益凭证。基金券是证券基金组织向社会公开发行的，证明持有人按其持有份额享有资产所有权、收益分配权、剩余财产分配权的证券凭证。作为长期信用工具的基金券主要有两种形式：一种形式是开放式投资基金，也称变动式投资基金。基金证券数量从而基金资本可因发行新的基金证券或投资者赎回本金而变动。这种基金的组织者可根据市场变化、资本价值变化、投资者要求等因素，发行新的基金证券，使基金规模扩大；基金持有人也可根据市场状况、自己的投资取向变化等，要求基金管理机构将证券赎回。另一种形式是封闭式投资基金，又称固定式投资基金。基金证券投资的数量一旦发行完毕，在规定的时间内（即封闭期），基金资本规模就不再扩大或缩小。在公募的条件下，封闭式基金的证券一般可以在交易市场挂牌交易，投资者若想将所持有的基金证券变现，可将基金券卖出。

## 第四节　利息与利息率

### 一、利息的含义及其来源

利息是与信用相伴随的一个经济范畴，是信用关系中债务人支付给债权人的报酬。利息随着信用行为的产生而产生，信用关系中借款者除要按规定的时间偿还本金外，还要为使用资金支付一定的代价，即利息。

马克思认为，利息来源于剩余产品或利润的一部分，是剩余价值的特殊转化形式。这说明利息是由劳动者创造的价值的一部分。利息与利润之间有一定的量的关系。由于利息是利润的一部分，所以利润就成为利息的最高界限。对全社会而言，平均利润就是利息的最高界限。由于利息与利润之间存在量的关系，利息也就成为反映使用借贷资金投资效率高低和货币资金使用是否合理的一个标志。

## 二、利息率及其计算

利息率是借贷期限内所形成的利息额对本金的比率。利息率是计量借贷资本增值程度的数量指标，通常用百分比来表示。

利息率的计算公式为：

$$利息率=\frac{利息额}{借贷资金额}\times100\%$$

### （一）按照表示方法不同，利息率可以分为年利率、月利率与日利率

年利率、月利率和日利率，也称年息、月息和日息。习惯上我们用百分比来表示年利率，用千分比来表示月利率，用万分比来表示日利率。年利率与月利率及日利率之间的换算公式为：

年利率＝月利率×12＝日利率×360

### （二）按照计算方法不同，利息率可以分为单利和复利

在计算利息额时，有两种方法：一种是单利法；另一种是复利法。

按单利法计算利息时，不论借贷期限长短，仅按本金计算利息，上期本金新生利息不作为计算下期利息的依据。单利法的计算公式为：

$$I=P\cdot r\cdot n$$

$$S=P(1+n\cdot r)$$

按复利法计算利息时，可将上一期本金所生利息计入本金，一并计算下一期利息，即每期都是按上期本利和来计息，逐期滚算，俗称“利滚利”。复利法的计算公式为：

$$I=P[(1+r)^n-1]$$

$$S=P(1+r)^n$$

其中：I 为利息额；P 为本金；r 为利息率；n 为借贷期限或计息次数；S 为本金与利息之和，又称本利和。

例如，一笔期限为 3 年、年利率为 6%的 100 万元的贷款。

按单利法计算，利息总额和本利和分别为：

$I=1\ 000\ 000\times6\%\times3=180\ 000$（元）

$S=1\ 000\ 000\times(1+3\times6\%)=1\ 180\ 000$（元）

按复利法计算，利息总额和本利和分别为：

$S=1\ 000\ 000\times(1+6\%)^3=1\ 191\ 016$（元）

$I=1\ 191\ 016-100\ 000=191\ 016$（元）

从上述结果可以看出，在利率相同的情况下，按复利计息，可多得利息 11 016 元。

## 三、决定和影响利率水平的因素

### （一）平均利润率是决定利率的基本因素

由于利息是利润的一部分，因此利润率是决定利率的首要因素。根据市场法则，等额资本要获得等量利润，通过竞争和资源的流动，一个经济社会在一定时期内会形成一个平均利润率。这一平均利润率是确定各种利率的首要依据，是利率的最高界限，否则借款人会因无利可图而不愿意借用货币资金。当然，在一般情况下，利率也不会低于零，否则贷款人会因无利可图而不愿意让渡资金的使用权。因此，利率通常在平均利率和零之间波动。

### （二）影响利率变化的因素

1. 借贷资金的供求关系

虽然从理论上讲，利率既不会高于平均利润率，也不会低于零，但是实际上决定某一时期某一市场上利率水平高低的是借贷资金市场上的供求关系，即利率是由借贷资金供求双方按市场供求状况来协商确定的。当借贷资金供大于求时，利率水平就会下降；当借贷资金供不应求时，利率水平就会提高，甚至高于平均利润率。

2. 预期通货膨胀率

在信用货币流通条件下，通货膨胀是一种经常的现象。通货膨胀使借贷资金本金贬值，会给借贷资金所有者带来损失。为了弥补这种损失，债权人往往会在一定的预期通货膨胀率基础上来确定利率，以保证本金和实际利息额不受到损失。当预期通货膨胀率提高时，债权人会要求提高贷款利率；当预期通货膨胀率下降时，利率一般也会相应下调。

3. 中央银行货币政策

自从 20 世纪 30 年代凯恩斯主义问世以来，各国政府都加强了对宏观经济的干预。政府干预经济最常用的手段是中央银行的货币政策。中央银行采用紧缩政策时，往往会提高再贴现率或其他由中央银行所控制的基准利率；而当中央银行实行扩张政策时，又会降低再贴现率或其他基准利率，从而引起借贷资金市场利率跟着进行相应调整，进而影响整个市场利率水平。

4. 国际收支状况

一国的国际收支状况对该国的利率水平也有重要影响。当一国国际收支平衡时，一般不会变动利率。当一国国际收支出现持续大量逆差时，为了弥补国际收支逆差，需要利用资本项目大量引进外资，金融管理当局就会提高利率。当一国国际收支出现持续大量顺差时，为了控制顺差，减少通货膨胀的压力，金融管理当局就可能会降低利率，减少资本项目的外汇流入。当然也会使本国的借贷资金利率水平发生变化。

除了以上因素外，决定一国在一定时期内利率水平的因素还有很多。例如，在经济高涨时期，管理当局大多会提高利率；在经济衰退时期，管理当局又大多会降低利率。一国的利率水平还与该国货币的汇率有关，当本币贬值时，会导致国内利率上升。

此外，借贷期限长短、借贷风险大小、国际利率水平高低、一国经济开放程度等，都会对一国国内利率产生重要影响。因此，对利率水平的变动必须综合分析各种因素，才能找出利率水平变动的主要原因。

## 四、利率的种类

### （一）根据利率形成的方式不同，可以分为市场利率、官方利率与公定利率

市场利率是指由市场供求关系和风险收益等因素决定的利率。一般来说，当资金供给大于需求时，市场利率会下降；当资金供给小于需求时，市场利率会上升。并且当资金运用的收益较高，资金运用的风险也较大时，市场利率也会上升；反之则会降低。因此，市场利率能够较真实地反映市场资金供求与运用的状况。

官方利率是指由一国货币管理当局或中央银行所确定的利率。官方利率是由货币管理当局根据宏观经济的运行状况和国际收支状况及其他状况来决定的，可用作调节宏观经济的手段。因此，官方利率往往在利率体系中发挥着指导性作用。

公定利率是指由非政府部门的金融机构或行业协会等按协商的办法所确定的利率，如香港银行公会定期公布并要求会员银行执行的存贷款利率等。公定利率只对参加该协会的金融机构有约束作用，而对其他金融机构没有约束作用。

### （二）根据利率在借贷期内是否调整，可以分为固定利率与浮动利率

固定利率是指在整个借贷期限内，利率水平保持不变的利率。在物价稳定的条件下，固定利率具有简便易行、便于借贷双方进行成本收益核算的优点。固定利率适合于短期资金借贷，如果借贷期限较长，市场变化难以预测，使用固定利率就会使借贷双方承担利率变化的风险。当未来利率上升时，债权人要承担利率损失的风险；当未来利率下降时，债务人则要承担利息成本较高的风险。

浮动利率是指在借贷关系存续期内，利率水平可随市场变化而定期变动的利率。浮动利率水平变动的依据和变动的时间长短都由借贷双方在建立借贷关系时设定。在国际金融市场上，多数浮动利率都以伦敦银行间同业拆借利率（LIBOR）为参照规定其上下浮动的幅度。这种浮动幅度是按若干个基点来计算的，通常每隔 3 个月或 6 个月调整一次。实行浮动幅度对借贷双方来说，计算成本、收益的难度要大些，并且对借贷双方利率管理的技术要求也比较高。但是实行浮动利率的借贷双方所承担的利率风险也比较小。浮动利率适合于在市场变动较大，而借贷期限又较长的融资活动中实行。

### （三）根据是否剔除通货膨胀的因素，可以分为名义利率与实际利率

名义利率是指没有剔除通货膨胀因素的利率，实际利率是指剔除通货膨胀因素的利率，因此实际利率又可理解为是在物价不变、货币购买力也不变的条件下的利率。

如果以 r 代表实际利率，i 代表名义利率，p 代表通货膨胀率，则实际利率的计算有以下两种方式：

$$r=\frac{1+i}{1+p}-1$$

$r=i-p$

前一种计算方式比较精确，多用于核算实际成本和实际收益；后一种计算方式比较直观，多用于估算成本、收益及理论阐述之中。运用这两种计算方式的结果有一定的差异。

例如，如果某银行发放一笔为期1年的贷款，其利率为9%，当年的国内通货膨胀率为4%，按前一种方式计算，实际利率为4.808%，而按后一种方式计算，实际利率为5%，两者相差0.192%。如果贷款金额较大，则按两种方式计算的实际成本和实际收益就有较大的差异——如果该贷款金额为1 000万元，则差额为1.92万元。

（四）根据金融机构对同类存贷款利率制定不同，可以分为一般利率与优惠利率

优惠利率贷款的授予对象大多为国家政策扶持的项目，如重点发展行业、部门及对落后地区的开发项目等。在国际借贷市场上，低于伦敦银行间同业拆借利率的贷款利率被称为优惠利率。存款的优惠利率大多用于争取目标资金来源。例如，我国曾经实行的侨汇外币存款利率就高于普通居民外币存款利率。此外，各银行为了争取大额稳定的资金来源，也会给某些大额存款户以高于市场一般水平的利率。

（五）按照借贷期限长短的不同，可以分为长期利率与短期利率

长期利率与短期利率的划分，通常以1年为标准。凡是借贷期限满1年的利率为长期利率，不满1年的则为短期利率。

## 五、利率变动对经济的影响

利率是货币当局调节宏观经济、实现货币政策目标的重要手段，利率变动对整个经济运行有一定的影响。

（一）利率变动对资金供求的影响

在市场经济中，利率是一个重要的经济杠杆，这种杠杆作用首先表现在对资金供求的影响上。利率对资金盈余者持有资金的机会成本大小起决定性作用。当利率提高时，意味着人们持有资金的机会成本增大，资金盈余者贷出资金的动力也增大。利率水平的变动对资金短缺者的借贷行为也有着重要影响。当利率提高时，意味着人们借贷的成本增大，资金短缺者借款的负担也加重，他们的借款需求就会受到制约。当利率下降时，借款人的借款需求会扩大，但是资金盈余者的资金供给却会受到抑制。

（二）利率变动对宏观经济的影响

从宏观上看，居民的全部收入可分为储蓄和消费两个部分。储蓄代表社会资金供给。在收入水平一定的情况下，储蓄的多少取决于消费倾向。如果居民的消费倾向高，则收入中用于消费的部分大，储蓄就少；如果居民的消费倾向低，则收入中用于消费的部分就少，储蓄就多。居民的消费倾向除了与目前收入水平、未来收入预期、物价水平及消费观念等有关外，还受到利率水平的影响。当利率下降时，有利于刺激消费增加，使人们的消费倾向增大；当利率上升时，会抑制人们的消费欲望。可见，利率变动会影响全社会的消费水平，进而影响全社会的储蓄，即资金供给。

再从厂商投资来看，投资代表着社会资金需求。由于利率高低能直接影响厂商投资成本，降低利率可使厂商投资成本下降，提高利率则使厂商投资成本增加。因此，利率变动会影响全社会的投资即资金需求。

可见利率变动对宏观经济有着重要影响。至于是促进经济增长还是造成经济萎缩，则要具体分析，而不能简单地认为提高或降低利率一定会促进经济增长或一定会使经济增长受到制约。因为经济最终是否增长还要看影响经济的各种因素综合作用的结果，利率只是其中一个非常重要的作用变量，而不是全部作用变量。

（三）利率变动对国际收支的影响

当一国国际收支出现严重不平衡时，即出现大量持续逆差或大量持续顺差时，一国金融管理当局就有可能通过变动利率来调节国际收支，特别是当国际收支不平衡的原因主要在于资本项目时，中央银行通过调整利率水平能取得明显的效果。当发生严重逆差时，可将本国短期利率提高，以吸引外国的短期资本流入，减少或消除逆差；当发生过度顺差时，可将本国利率水平调低，以限制外国资本流入，减少或消除顺差。

国际收支出现严重不平衡会给一国经济带来不利影响。例如，长期的巨额逆差会使一国货币贬值，从而削弱一国对外国商品、劳务和技术等的购买力，进而影响国内经济的发展；长期的巨额顺差则会使本国面临较大的通货膨胀压力，此外还可能给顺差国带来较大的外交压力。因此，不管是发达国家或是发展中国家，当其面对国际收支巨额不平衡时，都会采取措施予以缓解经济压力，变动利率是一个有效的手段。

（四）利率变动对稳定物价的影响

利息率的高低直接影响银行的信贷总规模，而信贷规模又直接决定货币供给量。当流通中的货币量超过货币需要量时，调高利率可以收缩信贷规模，减少货币供给量，促使物价稳定。在商品经济中，国民收入分配都是以货币形式进行的价值分配，客观上存在着分配后形成的有支付能力的社会需求与商品供应量在总量和结构上不适应的可能性，潜藏着危及物价稳定的因素。利用利率杠杆可以把待实现的购买力以存款形式集中到银行，并在总量和结构上进行调节，以实现供求平衡和物价稳定。

## 六、利率发挥作用的渠道

利率变动能够对经济产生影响。这种影响是通过利率变化进而影响整个国民经济活动的。因此，中央银行就可以根据宏观经济运行的状况及其货币政策目标，通过采取一些措施影响利率水平，进而影响社会的投资与储蓄总额。使人们的投资行为和储蓄行为符合实现货币政策目标的要求。

中央银行常会采取的措施有直接调整由中央银行所控制的法定存款准备金率、调整再贴现率、进行公开市场业务操作等。

中央银行可主动调高或降低再贴现率，以此来影响商业银行和其他金融向中央银行取得再贷款的成本。当中央银行提高再贴现率时，会使商业银行和其他金融机构的再贷款成本上升，金融机构为了实现其既定的利润目标，就会相应提高贷款利率，从而使市场利率水平上升；反之，中央银行降低再贴现率，则会使市场利率水平降低。

此外，商业银行和其他金融机构还可以根据中央银行变动再贴现率这一举措来预测市场资金供给状况和中央银行的货币政策趋向。一般来说，中央银行提高在贴现率表明中央银行要实行紧缩政策，或表明市场资金供应比较紧张，商业银行就会收缩信贷，减少贷款供给。这又会导致市场利率进一步提高，从而抑制投资需求，刺激储蓄增长。当中央银行降低再贴现率时，商业银行和其他金融机构则会扩大贷款。

中央银行也可通过公开市场业务操作来影响利率水平。当中央银行持续大量买进有价证券时，一方面会导致市场上对有价证券的需求增加，从而使有价证券的价格上升；另一方面又会使商业银行的超额准备增加，导致贷款扩大，从而使利率水平下降。当中央银行大量卖出有价证券时，一方面导致有价证券价格下降，另一方面又会引起利率水平上升。

## 第五节　我国的利率市场化改革

### 一、利率市场化的含义

利率市场化是指通过市场和价值规律机制，在某一时点上由供求关系决定的利率运行机制，是价值规律作用的结果。利率市场化强调在利率决定中市场因素的主导作用，强调遵循价值规律，真实地反映资金成本与供求关系，灵活有效地发挥利率的经济杠杆作用。

根据我国经济发展的客观要求，利率市场化已成为我国利率管理体制改革的中心内容。近年来，我国金融企业制度改革进展加快，如存款准备金制度的改革和完善、中央银行管理体制的改革、全国同业拆借市场的建立、取消贷款利率浮动上限等。但是从总体来看，对国家控制的利率体系触动较小。这是因为尽管利率市场化是我国利率管理体制改革的方向，有其必要性，但是同时利率市场化的改革存在一定的风险，必须具备一定的条件。

### 二、利率市场化的作用

#### （一）利率市场化是建立社会主义市场经济的需要

在市场经济条件下，价格随供求变动，并通过后者调节资源配置和利益分配，是一种最一般、最基础、最有效的安排。利率是资金的价格，自然也不能例外。

#### （二）利率市场化是优化资金配置的客观要求

优化资金配置是利率主要的功能。过去由于我国实行严格的利率管制，使得利率不能很好地反映资金供求，利率丧失了价格信号的功能。利率市场化使利率真正成为信贷资金的价格，从而引导资金由效益低的部门流向效益高的部门，实现资金资源的合理配置，最终促进经济的发展。

(三)利率市场化是中国金融业开放的客观要求

中国金融与国际金融接轨的条件之一就是以利率和汇率为中心的金融商品价格形成市场化。由于中国金融机构缺乏管理利率波动带来的市场风险的经验，与外资机构普遍存在较大的差距。在开放的市场经济条件下，逐步放松利率管制，将有利于完善金融机构自主经营机制，提高竞争力。

## 三、我国利率市场化的进程

我国利率市场化改革从目标的提出到逐步实施，大体上经过了以下几个阶段：

(一)利率市场化改革目标提出和改革准备阶段(1993 年年底至 1995 年)

1993 年 11 月，党的十四届三中全会通过的《关于建立社会主义市场经济体制若干问题的决定》指出，中央银行按照资金供求状况及时调整基准利率，并允许商业银行存贷利率在规定的幅度内自由浮动。1993 年 12 月，《国务院关于金融体制改革的决定》又明确提出，中国人民银行制定存、贷款利率上下限，并进一步理顺存款利率、贷款利率和有价证券利率之间的关系；各类利率要反映期限、成本、风险的区别，保持合理利差，逐步形成以中央银行利率为基础的市场利率体系。由此可见，我国利率改革的方向是进一步加快利率市场化进程，改革利率管理体制，加大利率市场化部分，并逐步形成更多的市场利率行为主体，建立以资金供求为基础，以中央银行存、贷款利率为基准利率，以同业拆借利率为金融市场基础利率，各种利率保持合理利差和分层次传导的利率体系，并为逐步实现整个利率体系的市场化奠定基础。

《国务院关于金融体制改革的决定》的发布是我国开始新一轮金融体制改革的标志。利率市场化改革在这一轮改革中做出了规划，但是并未在 1994 年年初的一系列配套改革措施中实施。因为对于利率市场化改革的步骤和风险各方面还存在着不同的判断，利率市场化改革还处于准备阶段。事实上，考虑到中国的具体国情，如金融市场发育程度、货币当局的监管能力、相关法规的建设等，中国的利率市场化改革选择了渐进式的方式，即在放开政府利率管制上是渐进式的。

为推进利率市场化改革进程，在利率改革的外部环境方面，我国于 1994 年在金融、投资、财政、税收、外汇五大领域的改革取得重大进展。新成立了三家政策性银行，把专业银行的政策性贷款同商业性贷款分离，促进了专业银行向商业银行的转化。财税改革使我国财政收入稳定增长，外汇改革使汇率成为宏观经济政策中的有效工具。1995 年，《中华人民共和国中国人民银行法》《中华人民共和国票据法》和《中华人民共和国商业银行法》的颁布标志着我国金融领域内的法制建设也取得了重大进展。这一段时期利率政策的变化是：1993 年取消了 8 年期储蓄存款利率档次，规定了定活两便存款利率，规范了存款利率的计息规则等。1994 年中国人民银行决定重新授予专业银行和各金融机构利率浮动权，规定流动资金贷款利率上浮幅度为 20%，下浮幅度为 10%。1995 年中央银行首次调整利率时，主要通过启动中央银行基准利率关系，不同时调整再贷款利率和金融机构的存款利率，中央银行利率起到调节商业银行经营成本，进而影响信用扩大程度的作用。同时，把其他利率如同业拆借利率最高限和贷款利率与中央银行基准利率挂钩，改善了中央银行基准利率体系。

（二）利率市场化改革推进阶段（1996年年初至2000年9月）

1996年6月，中国人民银行明确规定，银行间同业拆借市场利率由拆借双方根据市场资金供求自主确定，从而正式放开了银行间同业拆借利率，为利率市场化迈出了具有开创性意义的一步。其后债券市场利率和银行间市场国债、政策性金融债的发行利率也分别放开，我国利率市场化改革进入了实施阶段。在此阶段，利率市场化改革采取了以下措施：

1. 放开同业拆借市场利率

1996年1月3日，15家商业银行总行之间的同业拆借市场开始试运行。1996年3月1日之后，35个城市的各家商业银行分行及其他非银行金融机构通过当地的融资中心参与全国同业拆借业务。于是两级同业拆借市场的构架基本形成：一级网络由15家商业银行总行和35家融资中心组成，35个城市的各商业银行分行及其他非银行金融机构参与二级网络的交易。全国银行同业拆借市场统一联网运行，使资金在全国范围内自由流动，在全国范围内形成了一个统一的同业拆借利率。最初国家对同业拆借利率设定最高限，即以同档次利率加2.88%为最高限。1996年6月1日，取消了该利率的最高限，其高低由拆借双方根据市场资金供求状况自主确定，中央银行只间接调控市场利率。从同业拆借市场成立后一年里同业拆借利率的运行情况看，放开同业拆借利率并没有出现利率混乱，而是随着两次利率下调逐步降低。同业拆借利率按市场机制形成，表明利率市场化改革的第一步基本上是成功的。

2. 中央银行公开市场操作的利率实现了市场化

1990年4月9日，中国人民银行首次向14家商业银行总行买进2.9亿元国债，表明了我国中央银行的公开市场业务正式启动。中央银行的公开市场业务以回购为主要形式，其回购方式实行市场招标，利率由市场决定。虽然这一利率还不能像再贷款基准利率那样引导市场利率变化，但是其形成是商业银行根据资金供求自主决定的，能够在一定程度上起到间接调节商业银行对基础货币需求的作用。这一利率形成机制是深化利率市场化改革的条件。

3. 国债发行利率市场化

1996年，国债发行在1995年8月试验的基础上正式引入了价格竞争的招标方式，一年期以内的国债实行发行利率市场招标，改变了过去国债发行利率计划制订的局面，走出了国债发行利率市场化的第一步。但是还存在一些问题，主要是国债具有安全性最高、流动性最好的特点，其收益率应是最低的，但是1996年国债市场招标利率与同期银行贷款利率相同，而且随着利率下调其收益率不断提高。尽管如此，国债发行利率市场化是利率市场化改革的重要方面。

在推进利率市场化改革的过程中，中央银行还加大了用利率手段调控宏观经济的力度。从1996年5月到1999年，中央银行频繁运用利率手段，共进行了7次降低利率的调整，利率调整在发挥货币政策作用的同时，也提高了人们对利率变动的适应性与敏感性，这为今后利率市场化改革的深入做好了进一步的准备。

### （三）利率市场化改革实质性进展阶段（2000年9月以后）

1. 境内外币利率管理体制的改革

2000年9月21日，经国务院批准，中国人民银行组织实施了境内外币利率管理体制的改革。一是放开外币贷款利率，各项外币贷款利率及计算结息方式由金融机构根据国际市场的利率变动情况以及资金成本、风险差异等因素自行确定。二是放开大额外币存款利率，300万（含300万）以上美元或等额其他外币的大额外币存款利率由金融机构与客户协商确定。

2002年3月，中国人民银行将境内外资金融机构对境内中国居民的小额外币存款统一纳入境内小额外币存款利率管理范围。2003年7月，境内英镑、瑞士法郎、加拿大元的小额存款利率放开，由各商业银行自行确定并公布。小额外币存款利率由原来国家制定并公布7种减少到4种。

2003年11月，小额外币存款利率下限放开。商业银行可根据国际金融市场利率变化，在不超过中国人民银行公布的利率上限的前提下，自主确定小额外币存款利率。赋予商业银行小额外币存款利率的下浮权，是推进存款利率市场化改革的有益探索。

2004年11月，中国人民银行在调整境内小额外币存款利率的同时，决定放开1年期以上小额外币存款利率，商业银行拥有了更大的外币利率决定权。

随着境内外币存、贷款利率逐步放开，中资商业银行均制定了外币存贷款利率管理办法，建立了外币利率定价机制。各行还根据自身的情况，完善了外币贷款利率的分级授权管理制度，如在国际市场利率基础上，各商业银行总行规定了其分行的外币贷款利率的最低加点幅度和浮动权限，做到了有章可循、运作规范。商业银行的利率风险意识和利率风险管理能力得到不断加强。

2. 人民币贷款利率市场化迈出重要步伐

2003年以来，中国人民银行在推进贷款利率市场化方面迈出了重要的三步。

第一步：2003年8月，中国人民银行在推进农村信用社改革试点时，允许试点地区农村信用社的贷款利率上浮不超过贷款基准利率的2倍。

第二步：2004年1月1日，中国人民银行决定将商业银行、城市信用社的贷款利率浮动区间上限扩大到贷款基准利率的1.7倍，农村信用社贷款利率的浮动区间上限扩大到贷款基准利率的2倍，金融机构贷款利率的浮动区间下限保持为贷款基准利率的0.9倍不变。同时，明确了贷款利率浮动区间不再根据企业所有制性质、规模大小分别制定。

第三步：2004年10月29日，中国人民银行报经国务院批准，决定不再设定金融机构（不含城乡信用社）人民币贷款利率上限。考虑到城乡信用社竞争机制尚不完善，经营管理能力有待提高，容易出现贷款利率“一浮到顶”的情况，因此仍对城乡信用社人民币贷款利率实行上限管理，但是其贷款利率浮动上限扩大为基准利率的2.3倍。所有金融机构的人民币贷款利率下浮幅度保持不变，下限仍为基准利率的0.9倍。至此，我国金融机构人民币贷款利率已经基本过渡到上限放开，实行下限管理的阶段。

与此同时，贷款利率浮动报备制度初步建立，各商业银行和城乡信用社通过报备系统，定期向人民银行反馈贷款利率的浮动情况。利率浮动情况报备制度的建立，既有利于主管部门及时掌握全国范围内的利率浮动情况，提高决策的科学性和准确性，也有利于金融机构建立集中统一的数据采集、分析系统，完善自身的利率管理体系，将贷款利率管理融入经营管理的大局中去。

3. 人民币存款利率市场化

改革开放初期，信托投资公司和农村信用社都曾进行过存款利率浮动的试点，这是中国存款利率市场化的初次尝试。在取得一些经验的同时，也出现了一些问题，如在金融机构缺乏财务约束的情况下，往往是经营状况不好的机构高息揽存，引起存款搬家、利率违规等问题。

为探索存款利率市场化途径，兼顾金融机构资产负债管理的需要，1999 年 10 月，中国人民银行批准中资商业银行法人对中资保险公司法人试办五年期以上（不含五年期）、3 000 万元以上的长期大额协议存款业务，利率水平由双方协商确定。这是存款利率市场化的有益尝试。

2002 年 2 月和 12 月，协议存款试点的存款人范围扩大到全国社会保障基金理事会和已完成养老保险个人账户基金改革试点的省级社会保险经办机构。2003 年 11 月，国家邮政局邮政储汇局获准与商业银行和农村信用社开办邮政储蓄协议存款。放开长期大额协议存款利率为存款利率市场化改革积累了经验，同时培育了商业银行的存款定价意识，健全了存款利率管理的有关制度。改革实践使“先长期大额，后短期小额”“存款利率向下浮动，管住上限”的存款利率市场化的思路更加明确和清晰。

2004 年 10 月 29 日，人民银行报经国务院批准，决定允许金融机构人民币存款利率下浮。即所有存款类金融机构对其吸收的人民币存款利率，可在不超过各档次存款基准利率的范围内浮动，但存款利率不能上浮。至此，人民币存款利率实行下浮制度，实现了“放开下限，管住上限”的既定目标。放开金融机构人民币存款利率下限是进一步推进利率市场化改革的重要步骤，对于中国金融机构管理水平的提高和资本市场的发展具有积极意义，

2012 年 6 月 7 日，中国人民银行决定，自 2012 年 6 月 8 日起下调金融机构人民币存贷款基准利率。金融机构一年期存款基准利率下调 0. 25 个百分点，一年期贷款基准利率下调 0. 25 个百分点；其他各档次存贷款基准利率及个人住房公积金存贷款利率相应调整。自同日起：①将金融机构存款利率浮动区间的上限调整为基准利率的 1. 1 倍；②将金融机构贷款利率浮动区间的下限调整为基准利率的 0. 7 倍。

2013 年 7 月 19 日，经国务院批准，中国人民银行决定，自 2013 年 7 月 20 日起全面放开金融机构贷款利率管制。

2014 年 11 月 22 日，中国人民银行决定结合推进利率市场化改革，将金融机构存款利率浮动区间的上限由存款基准利率的 1. 1 倍调整为 1. 2 倍；其他各档次贷款和存款基准利率相应调整，并对基准利率期限档次作适当简并。

2015 年 3 月 1 日，中国人民银行决定结合推进利率市场化改革，将金融机构存款利率浮动区间的上限由存款基准利率的 1. 2 倍调整为 1. 3 倍。

2015 年 5 月 11 日，中国人民银行决定结合推进利率市场化改革，将金融机构存款

利率浮动区间的上限由存款基准利率的1.3倍调整为1.5倍。

2015年8月26日，中国人民银行决定，放开一年期以上（不含一年期）定期存款的利率浮动上限，活期存款以及一年期以下定期存款的利率浮动上限（1.5倍）不变。

2015年10月23日，随着存款利率上限完全放开，我国实现了银行存贷款利率的市场化。

### 四、推进我国利率市场化的主要思路

利率市场化最终要放开对普通存贷款利率的管制。西方发达国家实现利率市场化的一般步骤是：先实现货币市场利率的市场化，然后将已经完成利率市场化的货币市场与普通存贷款市场进行对接。由于我国目前货币市场发展尚不成熟，要按照这种一般模式可能需要很长一段时间。从目前我国利率管理体制和政策的实际情形看，应该按照以下思路去推进利率市场化：

第一，放松对商业银行的利率管制与培育货币市场并举，提高货币市场上形成的利率信号的导向作用；

第二，在放松商业银行不同货币的利率管制中，应当先放松对外币利率的管制，后放松对人民币利率的管制；

第三，对商业银行的不同业务品种，应当依据不同市场主体对于利率信号的敏感程度，遵循先批发、后零售的顺序，先放开贷款、后放开存款；

第四，对于存款，先放开大额存款、后放开小额存款；

第五，在放松贷款利率管制的进程中，及时扩大利率浮动幅度、逐步简化利率种类；

第六，在贷款利率制定权安排方面，先由各商业银行总行根据企业信用评级确定全行统一的利率标准，等条件成熟后，再将贷款利率制定权逐级下放；

第七，在银行利率的安排上，先放开国有商业银行以外的银行的利率，再放开国有商业银行的利率。

## 本章小结

1. 信用是指一种借贷行为，是以偿还和付息为条件的特殊的价值运动形式，是从属于商品货币关系的一个经济范畴。信用关系的建立一般应具有三个基本构成要素：一是由借贷双方构成的债权债务关系；二是价值作相向运动形成的时间差；三是保证债权债务关系确立的凭据——信用工具。信用的古老形式是高利贷，在资本主义制度建立后，高利贷被现代信用形式所取代。信用的职能主要有分配职能、调节职能、提供和创造货币的职能。

2. 现代信用形式的种类繁多。如果按信用的主体划分，有商业信用、银行信用、国家信用、消费信用、民间信用、租赁信用、国际信用等具体形式。商业信用是现代信用的基础，银行信用是现代信用的主要形式。

3. 信用工具也称金融工具，是在信用活动中产生的，用以证明债权债务关系、资金所有权关系的具有法律效力的凭证。金融工具具有期限性、流动性、风险性、收益性的特点。金融工具的种类很多，本章主要介绍短期信用工具和长期信用工具。

4. 从债权人的角度来说，利息是资金所有者因让渡货币的使用权而从借款人处取得的超过本金部分的一种报酬；从债务人的角度来说，利息是借款人获得货币使用权的一种代价，我们通常称之为借贷资金的“价格”。利率是借贷期限内所形成的利息额对本金的比率。利率有年利率、月利率和日利率。在计算利息额时，有两种方法，即单利法和复利法。平均利润率是决定利率的基本因素，影响利率变化的因素主要有借贷资金的供求关系、预期通货膨胀率、中央银行货币政策和国际收支状况。金融市场中的利率有多种形式。利率在国民经济中发挥着重要的作用。

5. 一国的利率体制即一国对利率的管理制度总和，包括利率政策、利率决定机制及利率变动幅度的有关规定。利率管理制度是否适当，直接关系到利率的杠杆作用是否得以充分发挥。一国采取什么样的利率体制，与该国的经济发展状况及历史原因有关。目前，世界各国采取的利率体制主要有两种类型：一种是利率管制；另一种是利率市场化。我国利率体制改革的方向是利率市场化。

6. 利率市场化是指通过市场和价值规律机制，在某一时点上由供求关系决定的利率运行机制，是价值规律作用的结果。利率市场化强调在利率决定中市场因素的主导作用，强调遵循价值规律，真实地反映资金成本与供求关系，灵活有效地发挥利率的经济杠杆作用。

## 复习思考题

1. 什么是信用？信用有哪些具体形式？
2. 什么是利率？如何对利率进行分类？
3. 分析影响利率的主要因素有哪些。
4. 分析决定利率的主要理论和影响因素。
5. 请结合我国利率市场化改革的进程，分析说明我国利率市场化采取渐进式改革的必要性。

### 附录　个人信用记录——您的“经济身份证”

身份证的使用越来越广泛，出行、住宿、办事都需要身份证提供身份证明，帮助您顺利完成各种手续。如果没有身份证的帮助，您会觉得诸事不便、寸步难行。现在，中国人民银行组织商业银行建立的全国集中统一的个人征信系统已经正式运行，为5亿多人建立了“经济身份证”——个人信用记录，它全面记录个人的信用活动，客观反映个人的信用状况。

判断一个人讲不讲信用要看其实际行动。行动需要客观记录，没有记录，人们就无从了解他的过去，也就无从推断他的将来。在个人征信系统里，客观记录了一个人过去的信用活动，主要包括三类信息：第一类是基本信息，包括个人的信用活动信息、证件号码、家庭住址、参加社会保险和公积金等信息；第二类是个人的信用活动，包括贷款、信用卡、担保、电信缴费、公共事业缴费等信息；第三类是个人的公共信息，包括欠税、法院判决等信息。

在信用体系发达的国家，个人信用记录应用非常广泛，在贷款、租房、买保险甚至求职时都会用到。一份良好的信用记录会给个人带来许多实惠，他可以享受到更低的贷款利率，获得更高的信用额度，可以更加方便地办理各种手续，由此信用也变成一笔切实的财富。

在我国，个人征信系统已经覆盖全国，当您去银行申请贷款时，银行的工作人员会在您的授权下查询您的信用记录。如果记录显示有借款未及时归还或有费用没有按时缴清，您申请新的贷款就会有麻烦。如果信用记录良好，您就能够更顺利地获得贷款，甚至还能获得一些优惠。当然，对于银行来说，信用记录只是进行贷款审查与管理的重要参考，银行还会通过其他渠道对个人的信用状况进行全面调查和核实。

资料来源：中国人民银行. 金融知识国民读本［M］. 北京：中国金融出版社，2007.

# 第三章　金融市场

## 第一节　金融市场概述

### 一、金融市场的概念与特性

#### （一）金融市场的概念

金融市场就是通过各种交易方式，促使金融产品在供求双方达成交易的场所，或者说是金融商品的供求双方运用市场机制，通过交易进行融资活动的流通领域。

金融市场有广义和狭义之分。广义金融市场是指实现货币借贷、票据办理及有价证券买卖的市场，包括存款、贷款、信托、租赁、保险、票据抵押与贴现、股票与债券买卖等全部金融活动。狭义金融市场通常是指票据、有价证券发行和买卖的市场。

金融市场上资金的运动具有一定规律性，即资金总是从盈余的地区和部门流向短缺的地区和部门。

#### （二）金融市场的特性

与普通商品市场相比，金融市场有其自身的特性。

1. 交易对象具有特殊性

普通商品市场上的交易对象是具有各种使用价值的普通商品，而金融市场上的交易对象则是形形色色的金融资产。

2. 交易商品的使用价值具有同一性

普通商品市场上交易商品的使用价值是千差万别的，而金融市场上交易对象的使用价值则往往是相同的，即给金融工具的发行者带来筹资的便利，并给金融工具的投资者带来投资收益。

3. 交易价格具有一致性

普通商品市场上的商品价格是五花八门的，而金融市场内部同一市场的价格有趋同的趋势。

4. 交易活动具有中介性

普通商品市场上的买卖双方往往是直接见面，一般不需要借助中介机构，而金融市场的融资活动大多要通过金融中介来进行。

5. 交易双方地位具有可变性

普通商品市场上的交易双方的地位具有相对的固定性，如个人或家庭，通常是只买不卖，商品生产经营者通常是以卖为主。金融市场上融资双方的地位是可变的，此时可能因资金不足而成为资金需求者，彼时又可能因为资金有余而成为资金供应者。

## 二、金融市场的分类

### （一）按融资期限分类

按融资期限，金融市场可分为短期市场与长期市场。短期市场亦被称作为货币市场，通常是指期限在一年以内的短期融资场所，其作用主要是调节临时性、季节性、周转性资金的供求，主要是由短期借贷市场、拆借市场、票据市场、国库券市场、可转让大额定期存单市场、回购市场等构成。长期市场亦被称作为资本市场，一般是指期限在一年以上的长期融资市场，其作用主要是调节季节性、营运性资金供求，主要由银行中长期存贷款市场、长期债券市场和股票市场所构成。

### （二）按融资方式分类

按融资方式，金融市场可分为直接金融市场与间接金融市场。直接金融市场是指不需要借助金融中介而进行的融资市场。间接金融市场是指需要借助金融中介来进行融资的市场。

### （三）按交易层次分类

按交易层次，金融市场可分为一级市场与二级市场、初级市场与次级市场、发行市场与流通市场。一级市场、初级市场与发行市场是指通过发行新的融资工具以融资的市场。二级市场、次级市场与流通市场是指通过买卖现有的或已经发行的融资工具以实现流动性的交易市场。

### （四）按交易对象分类

按交易对象，金融市场可分为资金市场、外汇市场、黄金市场、证券市场和保险市场。资金市场是指以本国货币表示的资金作为买卖对象的市场，存贷款市场是这类市场的典型代表；外汇市场是指以外国货币、外国有价证券、外国支付凭证等作为交易对象的市场；黄金市场是指以黄金作为交易对象的市场；证券市场是指以股票、债券等有价证券作为交易对象的市场；保险市场是指进行各种保险和再保险业务的市场。

### （五）按交易方式分类

按交易方式，金融市场可分为现货市场与期货市场。现货市场是指当期就发生款货易手的市场，其重要特点是一手交钱一手交货。期货市场是指交易成立时不发生款货易手，而是在交易成立后约定日期实行交割的市场，它把成交与分割分离开来，这就给投机者提供了方便。

### （六）按交易场所分类

按交易场所，金融市场可分为有形市场与无形市场。有形市场也被称为场内市场，是指有固定场所的市场，是有组织、制度化了的市场。无形市场也被称为场外市场，是指没有固定交易场所的市场，其交易大量是通过经纪人或交易商的电传、电报、电话、网络等洽谈成交的。

（七）按功能分类

按功能，金融市场可分为综合市场和单一市场。综合市场是指功能比较齐全、完备的市场，既有货币市场，也有资本市场、外汇市场和黄金市场；既有现货市场，也有期货市场；既是国内市场，又是国际市场。这样的市场一般只有在少数发达国家才能见到。单一市场是指仅有某些交易功能和交易对象的市场，其多存在于欠发达的国家和地区。

（八）按区域分类

按区域，金融市场可分为国内市场和国外市场。在金融市场发育的早期，或许对于大多数欠发达国家来说，其金融市场多表现为国内市场，其交易以本国货币为主，参与者以本国居民为主。随着国际交往的扩大，一些国家为了筹资和投资的需要，常常参与国外金融市场的交易。另外，一些国家的货币大量流向国外，在当地进行融资活动，形成了国外货币的金融市场，如欧洲货币市场、亚洲美元市场等离岸金融市场。

## 三、金融市场的构成要素

（一）交易主体

金融市场的交易主体是指金融市场的参与者。按交易行为的性质，金融市场的交易主体可分为供应主体与需求主体。前者是资金盈余者；后者是资金短缺者。按空间结构，金融市场的交易主体可分为居民主体与非居民主体。前者是来自于国内的融资主体，包括国内的政府、企业以及家庭或个人；后者是来自于国外的融资主体，具体可分为国外的政府、国外的企业以及国外的家庭或个人。按专业化程度，金融市场交易主体可分为专业主体与非专业主体。前者是专门从事金融活动的融资主体，如银行、信托投资公司、保险公司、证券公司、财务公司、城乡信用合作社等；后者是非专门从事金融活动的融资主体，如采用公司形式的经济实体、追求消费最佳效果和投资收益最大化的家庭或个人、以筹集资金调节财政收支状况为参与目的的政府及其行政机构等。

（二）交易对象

金融市场的交易对象或交易载体是货币资金。但是在不同的场合，这种交易对象的表现是不同的。在信贷市场，货币资金作为交易对象是明显的，它表现了借贷资金的交易和转让。在证券市场，直接交易的是股票或债券，交易对象似乎转换了。但是从本质上讲，交易的仍然是货币资金。因为有价证券是虚拟资本，本身不具有价值和使用价值，人们取得这些金融工具不具备实质性意义；只有货币才具有价值和一般的使用价值，人们通过交易取得货币才能投入再生产。所以通过有价证券的交易，从另一方面反映了货币资金的交易。

（三）交易工具

货币资金的交易需要有一种凭证，以其为载体，才能推动资金安全运转，以书面形式发行和流通。交易工具是证明金融交易金额、期限、价格的书面文件，对债权债务双方的权利和义务具有法律约束意义。金融工具一般具有广泛的社会可接受性，随时可以流通转让。不同的金融工具具有不同的特点，能分别满足资金供需双方在数量、期限和条件等方面的不同需要，在不同的市场上为不同的交易者服务。

### （四）交易价格

由于融资场所和融资工具种类繁多，因此交易价格也就各异，比较有代表性的价格如下：

1. 资金价格

人们习惯于把利息视为资金的价格。这种认识有其合理之处：利息与普通商品一样既具有价值，也具有使用价值，且使用价值的重要性是对他人的；普通商品的价值运动是相向运动，而资金的价值运动是价值单方面转移；普通商品的使用价值是千差万别的，而资金的使用价值是统一的；普通商品的使用价值会随商品的消费而消失，而资金的使用价值不但会被保存下来，还会增加；普通商品价格围绕价值波动，有一个轴心，而利息的波动则没有这个轴心；普通商品遵循的是等价规律，而资金所遵循的是不等价规律。

2. 证券价格

证券价格主要包括股票价格和债券价格。从理论上看，股票价格主要由其本身带来的收入和当时的市场利率这两个因素所决定，和其本身所带来的收入成正比，和市场利率成反比。用公式表示为：

股票价格=预期股息收入/市场利率

债券价格确定的基础是本金和利息。在此基础上根据收益资本化理论和现值理论确定。但是由于受市场利率预期和还本付息方式的影响，债券价格的确定方法多种多样。

3. 外汇价格

外汇价格是指一国货币兑换成别国货币的比率。有两种表示方法：一种是直接标价法，又称应付标价法，是指以一定单位的外国货币（1、100、10 000）兑换成若干本国货币的标价方法。目前包括中国在内的世界上大多数国家都采用这种方法。另一种是间接标价法，又称应收标价法，是指以一定单位的本国货币（1、100、10 000）兑换成若干外国货币的标价方法。目前只有英、美两国采用间接标价法。美元除对英镑实行直接标价法外，对其他货币均实行间接标价法。

4. 黄金价格

由于黄金既具有普通商品的属性，也具有特殊商品的属性，因此黄金价格的确定既不完全等同于普通商品，也不完全等同于金融商品。黄金作为普通商品时，其价格主要取决于其内在价值；黄金作为特殊商品时，其价格主要取决于黄金货币化的程度。

## 四、金融市场的功能

### （一）资本积累的功能

在社会总储蓄向总投资的转化过程中，必须借助于金融市场这个中介进行转化。因为在社会资金的供给者与需求者之间，在资金供求的时间、数量和供求方式之间，往往难以取得一致。通过金融市场的介入，通过直接融资和间接融资方式，可以使社会资金流动成为可能。对于资金积累者，可以通过发行信用工具的办法集中大量的资本；对于资金供给者，提供了有利的资金使用场所。因而金融市场既是投资的场所，又是融资的场所。这是因为金融市场创造了多样的金融工具并赋予金融资产以流动性。法规齐全、功能完善的金融市场可以使资金的需求者方便经济地获得资金，使资金的供应者获得满意的投融资渠道。因而借助于金融市场，可达到社会储蓄向社会投资转化的目的。

### （二）资源配置的功能

在金融市场上，随着金融工具的流动，相应地发生了价值和财富的再分配。金融是物资的先导，随着金融资产的流动，带动了社会物资资源的流动和再分配，将社会资源由低效部门向高效部门转移。市场信息的变化和金融工具价格的涨跌，都给人以启示，引导人们放弃一些金融资产而追求另外一些金融资产，使资源通过金融市场不断进行新的配置。

### （三）调节经济的功能

在经济结构方面，人们对金融工具的选择，实际上是对投融资方向的选择，这种选择的结果，必然发生优胜劣汰的效应，从而达到调节经济结构的目的。在宏观调控方面，政府实施货币政策和财政政策离不开金融市场。存款准备金、利率的调节要通过金融市场来进行，公开市场业务更是离不开金融市场。以增减国债方式实施的财政政策，同样要通过金融市场来实现。

### （四）反映经济的功能

金融市场是国民经济的信号系统。金融市场反映着微观经济的运行状况，同时金融市场也反映着宏观经济的运行状况。国家的经济政策，尤其是货币政策的实施情况、银根的松紧、通货膨胀的程度以及货币供应量的变化，均会反映在金融市场之中。由于金融机构有着广泛而及时的信息收集、传播网络，国内金融市场同国际金融市场连为一体，可以及时了解世界经济发展的动向。

## 五、现代金融市场的特点

### （一）金融市场全球化

随着全球经济一体化趋势的日益增强，世界各国主要金融市场之间的相互联系、相互合作变得更加密切，并逐步形成了统一的全球性金融市场。金融市场全球化主要体现在以下几个方面：一是金融交易活动已突破地域范围的限制，跨国、跨地区的金融交易日渐增多；二是全球昼夜24小时联通交易已经实现；三是金融管制放宽。各国金融法令的制定也相互协调、趋于一致，从而使资金可以比较自由地在各国金融市场上流动。

（二）融资活动证券化

20世纪80年代以前的金融市场活动以银行信贷形式为主。自20世纪80年代以来，国际债务危机的发生导致银行信贷日渐缩减，融资活动趋向证券化。证券融资方式与银行信贷方式相比有着独特的优点，如流动性强、变现能力强、程序规范程度高、风险可以通过套期保值等手段来规避等。证券化代表了融资方式的发展趋势。

（三）金融创新多样化

在现代金融市场中，金融创新产品应不再是大众化的，而应是有针对性的。根据客户的筹资期限、规模、可容忍的风险度等方面的不同要求来“量身定做”。这样的创新产品更能满足客户的要求，提高产品的竞争力。这也是各大金融中介机构适应竞争的一种重要手段。当前电子技术的迅猛发展和金融工程理论的日趋成熟促使金融创新活动更加蓬勃发展。

（四）金融业务多元化

面对客户越来越高的要求和来自同行业的竞争压力，各金融机构必须不断突破原有的经营服务范围和方式，开拓新型业务，提供创新服务，以满足不同层次客户的各种要求，从而使金融机构成为多元化经营的综合性机构。这种金融业务多元化趋势给现代金融市场增添了新的活力。

## 第二节　货币市场

货币市场也称短期资金交易市场，是指以短期金融工具为媒介而进行的1年期以内的资金交易活动的总称。货币市场与资本市场一起，共同构成完整的金融市场。

货币市场的主要功能是调剂暂时性的资金余缺。另外，货币市场也是中央银行进行公开操作，贯彻货币政策意图的主要场所。其特点有：第一，融资期限短。最短的只有半天或一天，最长不超过1年。第二，融资目的是解决短期资金周转的需要。资金需求一般用于满足流动资金的临时不足。第三，参与者主要是机构投资者。由于货币市场的融资期限短，交易额较大，一般个人投资者难以涉及。第四，金融工具具有较强的“准货币”性。该市场交易活动所使用的金融工具期限短，具有高度的流动性，风险小，故称为货币市场。

货币市场按交易内容和方式，可分为同业拆借市场、短期借款市场、商业票据市场、可转让大额定期存单市场、国库券市场、债券回购市场等子市场。

## 一、同业拆借市场

### （一）同业拆借市场的形成

同业拆借市场是指各类金融机构之间进行短期资金拆借活动所形成的市场。同业拆借市场的形成与中央银行实行存款准备金制度有关。根据1913年美国政府制定的联邦储备金法的规定，作为联邦储备体系的会员银行，必须按规定的比率向联邦储备银行提交存款准备金，而不能将全部存款都用于放款、投资及其他营利性业务。会员银行在联储银行账户上的存款，超过法定存款准备金后的部分，为会员银行的超额存款准备金。如果会员银行的库存现金和在联邦储备银行的存款没有达到法定存款准备金比例或数额要求，联邦储备银行将采取较严厉的措施予以惩罚或制裁。为此会员银行都在中央银行保持一部分超额存款准备金，以随弥补法定存款准备金的不足。由于会员银行的负债结构及余额每日都在发生变化，在同业资金清算过程中，会经常出现应收款大于应付款而形成资金寸头的盈余，或者出现应收款小于应付款而形成资金头寸的不足，表现在会员银行在中央银行的存款，有时不足以弥补法定存款准备金的不足形成缺口，有时则会大大超过法定存款准备金的要求形成过多的超额储备存款。因此，各商业银行都非常需要有一个能够进行短期临时性资金融通的市场，同业拆借市场也就由此应运而生。1921年，纽约首先出现了会员银行之间的储备头寸拆借市场。随着存款准备金制度逐渐被其他国家所采用，以及这些国家的金融监管当局对商业银行流动性管理的加强，使同业拆借市场在越来越多的国家得以形成和迅速发展。

### （二）同业拆借市场的特点

1. 进入市场的主体有严格的限制

必须是金融机构或指定的某类金融机构，非金融机构（包括工商企业、政府部门及个人）和非指定的金融机构均不能进入此市场。

2. 融资期限较短

多为1日或几日的资金临时调剂，是为解决头寸临时不足或头寸临时多余所进行的资金融通。

3. 交易手段比较先进

交易主要是采取电话洽谈的方式进行，主体上是一种无形的市场。洽谈达成协议后，就可以通过各自在中央银行的存款账户自动划账清算，或向资金交易中心提出供求和进行报价，由资金交易中心进行撮合成交，并进行资金交割划账。因而同业拆借交易手续比较简便，交易成交的时间较短。

4. 交易额较大

在同业拆借市场上进行资金借贷或融通没有单位交易额限制，一般也不需要以担保或抵押品作为借贷条件，完全是一种协议和信用交易关系，双方都以自己的信用担保，都严格遵守交易协议。

5. 利率由供求方议定

同业拆借市场上的利率可由双方协商，讨价还价，最后议价成交。因此，同业拆借市场上的利率是一种市场利率，或者说是市场化程度较高的利率。

（三）同业拆借市场的参与者

一般来讲，能够进入市场的必须是金融机构，但各个国家以及各个国家在不同的历史时期，对参与同业拆借市场的金融机构也有不同的限定。例如，有些国家允许所有金融机构进入同业拆借市场进行短期融资；有些国家则只允许吸收存款并向中央银行交纳存款准备金的金融机构进入同业拆借市场；有些国家只允许吸收存款、向中央银行缴纳存款准备金的商业银行进入同业拆借市场。

1. 资金需求者

在同业拆借市场拆入资金的多为大的商业银行，其原因是：一方面，商业银行作为一国金融组织体系中的主体力量，承担着重要的信用中介和支付中介职能，所需的资产流动性及支付准备金也比较多。同时，大的商业银行是中央银行金融宏观调控的主要对象，其在运营过程中会经常出现准备金头寸、清算头寸及短期资金不足的情况。另一方面，商业银行资金实力强、信誉高，因此可以在同业拆借市场上得到资金的融通，而在我国，政策性银行、农业信用社、财务公司、信托投资公司、保险公司、证券公司以及基金公司、外资金融机构等都是同业拆借市场的参与者。

2. 资金供给者

在同业拆借市场上扮演资金供给者或拆出者角色的，主要是超额储备的金融机构，包括大的商业银行、地方中小商业银行、非银行金融机构、境外代理银行以及境外银行在境内的分支机构。另外，外国的中央银行也经常成为拆借市场的资金供给者或拆出着。在我国，国有商业银行与其他商业银行（包括股份制商业银行和城市商业银行）是拆借资金的最大融出者。

3. 中介机构

当供求双方直接面议和交易的成本高于通过中介，或当拆入方拆入资金数额较大，需要多个拆出方提供资金，或拆入、拆出双方市场上的资金供求和信息及拆解行情不甚了解时，则需要通过中介机构来介入供求双方的交易，以提高交易的效率，降低交易的成本。同业拆借的中介大体上分为两类：一类是专门从事拆借市场中介业务的机构，如融资公司、拆借经纪商或经营商等；另一类是兼营机构，多由大的商业银行承担。

（四）同业拆借市场利率

同业拆借市场利率是货币市场的核心利率，其确定和变化要受制于银根松紧、中央银行的货币政策意图、货币市场其他金融工具的收益率水平、拆解期限、拆入方的资信程度等多方面因素。在一般情况下，同业拆借利率低于中央银行的再贴现利率或再贷款利率。否则，资金需求者可向中央银行申请贷款。当然也有例外，当中央银行实行从紧的货币政策，金融机构向中央银行申请贷款较为困难，只能从同业拆借资金以应急需要，会出现同业拆借利率高于再贴现率或再贷款利率的现象。

在国际货币市场上，银行间同业拆借利率是一种重要的金融市场基准利率，很大程度上决定着商业银行的存贷款利率。目前比较典型的、有代表性的同业拆借利率有三种，即伦敦银行同业拆借利率（LIBOR）、新加坡银行同业拆借利率（SIBOR）和香港银行同业拆借利率（HIBOR）。

### （五）我国同业拆借市场的发展

1984 年，中国人民银行专门行使中央银行职能后，鼓励金融机构利用资金的行际差、地区差和时间差进行同业拆借。于是，一些地区的金融机构开始出现同业拆借活动，但拆借量很小，没有形成规模市场。

1986 年是我国同业拆借市场真正启动的一年。1 月，国务院颁布《中华人民共和国银行管理暂行条例》，对银行间资金的拆借作出了具体规定。从此，同业拆借在全国各地迅速开展起来。1988 年，部分地区金融机构违反资金拆借的有关规定，超过自己承受能力大量拆入资金，致使拆借资金到期无法清偿，拆借市场秩序混乱，国务院决定对同业拆借市场秩序进行整顿。1990 年，中国人民银行下发了《同业拆借管理试行办法》，第一次用法规形式对同业拆借市场管理作了比较系统的规定。1992 年至 1993 年，受当时经济金融环境的影响，同业拆借市场又出现了严重的违规现象，影响了银行的正常运营，扰乱了金融秩序。1993 年 7 月，中国人民银行根据国务院整顿拆借市场的要求，把规范拆借市场作为整顿金融秩序的一个突破口，出台了一系列措施，再次对拆借市场进行整顿，撤销了各商业银行及其他金融机构办理同业拆借业务的代理中介机构，规定了同业拆借的最高利率，拆借秩序开始好转。

1996 年 1 月，全国统一的同业拆借市场网络开始运行，标志着我国同业拆借市场进入一个新的规范发展时期。1996 年 6 月，中国人民银行放开了对同业拆借利率的管制，拆借利率由拆借双方根据市场资金供求状况自行决定，由此形成了全国统一的同业拆借市场利率——CHIBOR。1998 年之后，中国人民银行不断增加全国银行间同业拆借市场的交易成员，保险公司、证券公司、财务公司等金融机构陆续被允许进入银行间同业拆借市场交易，市场交易量不断扩大，拆借期限不断缩短，同业拆借市场已经成为金融机构管理流动性的重要场所。

2007 年 1 月 4 日，上海银行间同业拆借利率（SHIBOR）的正式运行，标志着中国货币市场基准利率培育工作的全面启动。经过几年建设，SHIBOR 被确立为货币市场基准利率，在反映市场资金供求状况，为金融产品定价提供基准参考标准、促进金融机构提高自主定价能力、完善货币政策传导机制等方面发挥日益重要的作用。

## 二、回购协议市场

### （一）回购协议与回购协议市场

回购协议是指证券持有人在卖出一定数量证券的同时，与证券买入方签订协议，双方约定在将来某一日期由证券的出售方按约定的价格再将其出售的证券如数赎回。从表面上看，回购协议是一种证券买卖，但实际上是以证券为质押品而进行的短期资金融通。证券的卖方以一定数量的证券进行质押借款，条件是一定时期内再购回证券，且购回价格高于卖出价协，两者的差额即为借款的利息。证券作为质押品主要是国库券、政府债券或其他有担保债券，也可以是商业票据、大额可转让定期存单等其他货币市场工具。

与上述证券交易方向相反的操作被称为逆回购协议，即证券的买入方在获得证券的同时，与证券的卖方签订协议，双方约定在将来某一日期由证券的买方按约定的价格再将其购入的证券如数返还。实际上，回购协议和逆回购协议是一个事物的两个方面。同一项交易，从证券提供者的角度看是回购，从资金提供者的角度看是逆回购，一项交易究竟是被称为回购还是逆回购主要取决于说话者站在哪一方的立场上。

协议市场就是指通过回购协议进行短期资金融通的市场。

### （二）回购协议市场的参与者及其目的

回购协议市场的参与者十分广泛，中央银行、商业银行等金融机构、非金融企业都是这个市场的重要参与者，在美国等一些国家，甚至连地方政府也参与这个市场的交易活动。

中央银行参与回购协议市场的目的是进行货币政策操作。在市场经济较为发达的国家或地区，回购协议是中央银行进行公开市场操作的重要形式。同样的货币政策目标，中央行可以通过买卖政府债券实现，也可以通过回购协议实现。回购协议交易对债券市场的冲击小于直接买卖债券对市场的冲击，而且由于回购协议是自动清偿的，因此当经济形势出现新的变动时可以使中央银行具有更强的灵活性去适应新的变化。

商业银行等金融机构参与回购协议市场的目的是在保持良好流动性的基础上获得更高的收益。因为同业拆借通常是信用拆借，无担保的特性使得中小银行难以从同业拆借市场上及时拆入自己所需的临时性资金，而回购协议的证券质押特征则解决了这个问题。证券公司等非银行类金融机构是回购协议市场的重要参与者，它们既可以用所持有的证券作为担保来获得低成本的融资，也可以根据对市场利率的预期进行回购与逆回购的投资组合来获利。

非金融企业参与回购协议市场既可以使它们暂时闲置的资金在保证安全的前提下得到高于银行存款利率的收益，也可以使它们以持有的证券组合为担保获得急需的资金。

广泛的市场参与者使回购协议市场交易量巨大。以我国回购市场为例，1997 年 6 月银行间债券回购市场设立，全年交易额为 307 亿元。此后，市场交易额呈几何级数增长，2017 年全国质押式回购交易额达到 5 882 606 亿元，远远高于同年同业拆借市场 789 811 亿元的交易额。

### （三）回购协议的期限与利率

回购协议的期限从 1 天到数月不等，期限只有 1 天的称为隔夜回购，1 天以上的称为期限回购协议。最常见的回购协议期限在 14 天之内。

在回购协议的交易中，回购利率是交易双方最关注的因素。约定的回购价格与售出价格之间的差额反映了借出资金者的利息收益，它取决于回购利率的水平。回购利率与证券本身的年利率无关，它与证券的流动性、回购的期限有密切关系。完全担保的特点决定了回购利率通常低于同业拆借利率等其他货币市场利率。

## 三、票据市场

本节所介绍的票据市场是一个涵盖中西方票据范畴的广义的票据市场，包括商业票据市场、银行承兑汇票市场、票据的贴现市场及中央银行票据市场。

### （一）商业票据市场

中西方对商业票据的界定存在一定的差异。我国的《票据法》将商业票据视为商业信用中签发的、表明买卖双方债券债务关系的凭证，强调商业票据的签发以真实的商品交易为基础，是商品交易支付和结算的工具。相关的票据行为，如汇票承兑、贴现等形成银行承兑汇票市场、票据贴现市场等。在以美国为代表的大多数西方发达国家，商业票据被界定为一种由企业开具的无担保、可流通、期限短的债务性融资本票。由于无担保，所以只有信誉卓越的大公司才有资格发行商业票据。商业票据的期限较短，在世界最发达的美国商业票据市场上，商业票据的期过 270 天，在大多数国家通常为 20~45 天。

### （二）银行承兑汇票市场

银行承兑汇票是在票据承兑的基础上出现的。承兑是指商业汇票到期前，汇票付款人或指定银行确认票据记明事项，承诺在汇票到期日支付汇票金额给汇票持有人并在汇票上签名盖章的票据行为。如果是银行在汇票上签名盖章，承诺在汇票到期日承担最后付款责任，则此汇票为银行承兑汇票。

### （三）票据贴现市场

票据贴现市场可以看作是银行承兑汇票的流通市场。贴现利息的计算公式为：

贴现利息 = 汇票面额 x 实际贴现天数 x 月贴现利率÷30

实际获得的贴现金额 = 汇票面额 - 贴现利息

如果在此张银行承兑汇票到期前贴现银行也出现了融资需求，则贴现银行可以将这张银行承兑汇票向其他金融机构进行转让。转让给其他商业银行，叫转贴现；转让给中央银行，叫再贴现。

总之，票据的贴现直接为企业提供了融资服务；转贴现满足了商业银行等金融机构间相互融资的需要；再贴现则成为中央银行调节市场利率和货币供给量，实施货币政策的重要手段。

### （四）中央银行票据市场

中央银行票据是中央银行向商业银行发行的短期债务凭证，其实质是中央银行债券。大多数中央银行票据的期限在 1 年以内。中央银行发行票据的目的不是筹集资金，而是减少商业银行可以贷放的资金量，进而调控市场中的货币量。因此，发行中央银行票据是中央银行进行货币政策操作的一项重要手段。

## 四、大额可转让定期存单市场

大额可转让定期存单是由商业银行发行的具有固定面额、固定期限的可以流通转让的存款凭证。大额可转让定期存单市场就是发行与流通转让大额可转让定期存单的市场。

### （一）大额可转让定期存单市场的产生与发展

大额可转让定期存单市场首创于美国。1961 年 2 月，为了规避“Q 条例”对银行存款利率的限制，抑制银行活期存款数量因通货膨胀的发生而持续下降的局面，花旗银行开始向大公司和它的客户发行大额可转让定期存单。这种存单与普通定期存款相比区别在于：存单面额大，不记名，存单的二级市场非常发达，交易活跃。大额可转让定期存单将活期存款和定期存款的收益性合为一体，从而吸引了大批客户。1970 年，伴随着美国通货膨胀持续上涨，美国国会取消了对大额可转让定期存单的利率限制，从而使这种存单成为美国商业银行筹集信贷资金的重要工具。此后，许多国家纷纷效仿美国建立大额可转让定期存单市场，促进了此市场在全世界范围内的发展。

### （二）我国的大额可转让定期存单市场

1986 年下半年，中国银行和交通银行开始发行大额可转让定期存单，之后逐渐扩展到所有的商业银行。1989 年，中国人民银行制定相应的管理办法，对大额可转让定期存单的期限、面值、利率、计息办法和转让问题作出了统一规定。当时我国的大额可转让定期存单普遍具有面额小、利率高于同期限的定期存款利率、购买者绝大部分是城乡居民个人的特点，存单流动性很差，始终未能形成二级市场。1998 年中国人民银行停止了大额可转让定期存单的发行，市场消失。2015 年 6 月，为拓宽商业银行等存款类金融机构负债产品市场化定价范围，推进利率市场化改革，中国人民银行制定了《大额存单管理暂行办法》，我国的大额可转让定期存单市场重新恢复运行。

## 五、国库券市场

国库券（Treasury Securities）是指国家财政当局为弥补国库收支不平衡而发行的期限不超过 1 年的短期政府债券。通常包括 3 个月、6 个月和 12 个月三个品种。在大多数国家的货币市场上，国库券都是第一大交易品种。

国库券的债务人是国家，其还款保证是国家财政收入，因此国库券几乎不存在信用违约风险，是金融市场上风险最小的信用工具。国库券的发行通常采用贴现方式，即发行价格低于国库券面值，票面不记明利率，国库券到期时，由财政按面值偿还。发行价格采用招标方法，由投标者公开竞价而定，故国库券利率代表了合理的市场利率，反映出货币市场资金供求状况。

国库券在市场发行时，需要通过专门的机构进行，这些机构通常被称为一级自营商。一级自营商往往由信誉卓著、实力雄厚的大型商业银行或投资银行组成。一级自营商的资格由政府认定。

国库券的转让可以通过贴现或买卖方式进行。国库券具有信誉好、期限短、利率优惠等优点，是短期资金市场中最受欢迎的金融工具之一，在二级市场能顺利地转让流通，迅速变为现金。在国外，国库券市场非常活跃，不仅是投资者的理想场所，还是政府调整国库收支的重要基地，是中央银行进行公开市场业务操作以调节货币信用的重要场所。

## 第三节 资本市场

资本市场是指融资期限在1年以上的金融工具为媒介进行长期性资金交易活动的市场。资本市场主要包括股票市场、中长期债券市场和长期银行信贷市场。资本市场工具的主要交易对象是股票和中长期债券。

### 一、股票市场

#### （一）股票发行市场

1. 股票发行审核制度

从世界范围考察，股票发行审核制度主要有以下两种模式：

（1）注册制。注册制是发行人在准备发行证券时，必须将依法公开的各种资料完全、准确地向证券主管机关呈报并申请注册。证券主管机关的权利仅在于要求发行人提供的资料不包含任何不真实的陈述和事项，如果发行人未违反上述原则，证券主管机关应准予注册。注册制的理论依据是“太阳是最好的防腐剂”，因此注册制并不禁止质量差、风险高的证券上市。注册制能否很好地发挥作用，关键在于是不是所有的投资者在投资以前都能掌握发行人公布的所有信息，以及能否根据这些信息作出正确的投资决策。

（2）核准制。核准制是指发行人在发行证券时，不仅要以真实状况的充分公开为条件，而且必须符合有关法律和证券管理机关规定的必备条件，证券主管机关有权否决不符合规定条件的证券发行申请。核准制遵循实质管理原则，在信息公开的条件下，把一些不符合要求的低质量发行人拒之于证券市场之外。核准制比较适合于证券市场历史不长、投资者素质不高的国家和地区。

2. 股票发行方式

在成熟市场上，股票发行大多采用竞价的方式。在我国，股票发行方式则经历了一个不断探索的过程。1991年和1992年采用限量发售认购证方式，1993年开始采用无限量发售认购证方式及与储蓄存款挂钩方式，此后又采用过全额预缴款、上网竞价、上网定价等方式。在总结经验的基础上，中国证监会规定目前国内股票的发行方式是网下向配售对象累计投标询价与网上资金申购定价发行相结合的方式。

3. 股票发行价格

股票发行价格有以下三种确定方式：

（1）平价发行，也称为等额发行或面额发行，是指发行人以票面金额作为发行价格。由于股票上市后的交易价格通常要高于面额，面额发行能使投资者得到交易价格高于发行价格所产生的额外收益，因此绝大多数投资者都乐于认购。

（2）溢价发行，即发行人按高于面额的价格发行股票。溢价发行可使公司用较少的股份筹集到较多的资金，并可降低筹资成本。溢价发行又可分为时价发行和中间价发行两种方式。时价发行也称市价发行，是指以同种或同类股票的流通价格为基准来确定股票发行价格。当一家公司首次发行股票时，通常都会根据同类公司（产业相同、经营状况相似）股票在流通市场上的价格表现来确定自己的发行价格。当一家公司增发新股时，则会按已发行股票在流通市场上的价格水平来确定发行价格。中间价发行是指以介于面额和时价之间的价格来发行股票。我国股份公司对老股东配股时，基本上都采用中间价发行。

（3）折价发行，即以低于面额的价格出售新股，按面额打一定折扣后发行股票。折扣的大小主要取决于发行公司的业绩和承销商的能力。

目前，西方国家的股份公司很少有按折价发行股票的。在我国，根据《中华人民共和国公司法》的规定，股票发行价格可以按票面金额，也可以超过票面金额，但不得低于票面金额。

4. 影响股票发行价格的因素

影响股票发行价格的主要因素有以下几点：

（1）净资产。净资产是决定股价的基石，每股净资产增加，股价可能上升；反之，则有可能下降。

（2）盈利水平。每股税后利润越高，发行价格可能越高。

（3）发展潜力。其他因素存而不论，公司的发展潜力越大，发行价格可能越高。

（4）发行数量。若本次股票发行数量较大，为了能保证销售期内顺利地将股票全部出售，取得预定金额的资金，价格应适当定得低一些；反之，股票价格可定得高一些。

（5）行业特点。一般来说，朝阳产业的发行公司股票发行价格定得高一些，而夕阳产业的发行公司股票发行价格定得低一些；特殊企业，如金融企业的股票发行价格定得高一些，而普通企业的股票发行价格定得低一些。

（6）股市状态。若股市处于熊市，定价太高则无人问津；若股市处于牛市，股价即使定得高一些，也能推销得出去。

### （二）股票流通市场

1. 场外市场

场外交易是指在股票交易所交易大厅以外进行的各种股票交易活动的总称。场外交易的英文是“Over The Counter（OTC）”，直译为“店头交易”或“柜台交易”等，场外交易是其意译。场外市场包括：

（1）店头市场。店头市场亦称柜台交易。这是场外交易最主要的和最典型的形式。店头市场在证券商的营业点内，由购销双方当面议价进行交易。店头市场上的交易对象，既有小公司的股票，也有大公司的股票；既有上市股票，也有非上市股票。店头市场交易的参与者主要是证券商和客户。

（2）第三市场。第三市场是在股票交易所外专门买卖上市股票的一种场外交易形式。第三市场出现于20世纪60年代的美国，近年来发展很快。原因主要是股票交易所不仅对参与者、上市股票有严格的要求，而且还有最低佣金比率限制，不允许随意降低佣金，这就使大批量的股票交易代价非常昂贵。同样的股票在第三市场交易的佣金要比在交易所交易便宜一半。因此，那些非交易所会员的证券商和大额投资者就在股票交易所之外买卖这些上市股票，以减轻大宗股票交易的费用负担。

（3）第四市场。第四市场是指买卖双方绕开证券经纪商，彼此间利用电信手段直接进行大宗股票交易的市场。参与该市场股票交易的都是一些大公司、大企业。在美国，第四市场主要是一个计算机网络，想要参加第四市场交易的客户可以租用或加入这个网络，各大公司把股票的买进价和卖出价都输入电子计算机系统。客户在购买或出售股票时，可以通知计算机系统，计算机屏幕上即可显示出各种股票的买进或卖出价格，一旦客户对某种股票的价格满意，就可以通过终端设备商谈交易。近年来，随着现代通信技术与电子计算机在证券交易机构的广泛运用，柜台市场、第三市场与第四市场已逐渐合并为一个全国统一的场外交易体系，因而上述划分方法已逐渐失去了原有的意义。

2. 场内市场

场内市场专指股票交易所。在证券交易所，除可设立“一板”以外，还可设立“二板”，旨在为那些不符合“一板”上市要求而具有高成长性的中小型企业和高科技企业等开辟直接融资渠道。其营业期限、股本大小、盈利能力、股权分散程度等上市条件与“一板”不同。一般来说，“二板”的上市要求比“一板”宽一些。场内交易的直接参与者必须是交易所的会员，既可以是经纪人，也可以是证券商。但股票的买卖双方不能进入交易所，只能委托证券商或经纪人代为买卖。

股票在场内交易需要经过以下若干程序：

（1）选择股票上市推荐人，上市推荐人可以是主承销商，也可以是其他的证券商，但必须是证券交易所的会员。

（2）在上市推荐人的协助下，制作股票上市所需的材料。

（3）向证券交易所提出申请，并提供有关材料。

（4）证券交易所的上市审查委员会对公司提出的申请及有关材料进行审查后，批准公司的上市申请。

（5）公司与证券交易所签订股票上市协议书，确定股票上市日期。

（6）公司发布股票上市公告书。

（7）公司向证券交易所缴纳股票上市费。

（8）股票挂牌买卖。

股票在场内交易必须符合规定的条件。修订后的《中华人民共和国公司法》和《中华人民共和国证券法》规定，股份有限公司申请其股票上市必须符合下列条件：

（1）股票经国务院证券管理部门批准已向社会公开发行；

（2）公司股本总额不少于人民币 3 000 万元；

（3）具有持续盈利能力，财务状况良好；

（4）持有股票面值达人民币 1 000 元以上的股东人数不少于 200 人；

（5）公司在最近 3 年内无重大违法行为，财务会计报告无虚假记载；

（6）国务院规定的其他条件。

股票在场内交易主要采用以下方式：

（1）现货交易。现货交易是指交易双方在成交后立即交割，或在极短的期限内交割的交易方式。现货交易是实物交易，买方交割时须支付现款，是买方的投资行为。

（2）期货交易。期货交易是指交易双方在成交后按照期货协议规定条件远期交割的交易方式，其交易过程分为预约成交和定期交割两个步骤。

（3）股指期货交易。股指期货交易是在股票期货交易的基础上派生出来的一种交易方式，其做法与股票期货交易相似，不同的是股指期货交易不是以单个股票价格作为交易的对象，而是以股票价格指数作为交易的对象。

（4）期权交易。期权交易又称选择权交易，是投资者在给付一定的期权费后，取得一种可按约定价格在规定期限内买进或卖出一定数量的金融资产或商品的权利，买卖这一权利的交易即为期权交易。期权交易中将期权划分为买进期权（看涨期权）和卖出期权（看跌期权）两种。

（5）信用交易。信用交易又称垫头交易，是指交易人凭自己的信誉，通过交纳一定数额的保证金取得经纪人信任，进行债券买卖的交易方式。信用交易可分为保证金买长和保证金卖短两种。保证金买长是指当某种证券行市看涨时交易人通过交纳一定数额的保证金，由经纪人垫款代其购入证券的交易方式。保证金卖短是指当某种证券行市看跌时，交易人通过交纳一定数额的保证金，由经纪人代其向市场抛售的交易方式。

场内市场股价波动受多种因素影响，主要影响因素如下：

（1）政治因素。从国际范围来看，区域性或世界性的战争、国与国之间外交关系的突变，甚至某些重要国家执政党的更迭等都有可能对国家股票价格的变动产生影响。从国内情况来看，政府的某些政策措施，如政府对公共事业的规定、政府税制、外援法案、预算开支、关税变动、国会各种议案、一个国家的经济发展计划等，都会影响股票价格的变动。

（2）经济周期。在正常情况下，经济从萧条到景气的周期性循环将带动股票价格周期性变动，并且股价的变动要先于经济周期的变动。

（3）利率。股价变动要“看利率的脸色行事”，当市场利率上升时，股价往往下跌；反之，股价则会上涨。

（4）货币供给量。当货币供应量增加时，用于购买股票的资金相应增多，因而股票会上涨；反之，则会产生相反的结果。

（5）公司的盈利状况。当公司盈利增加时公司会增加派息或者增加公积金，会提高投资者对该股票的需求量，从而推动股票价格上升。

（6）市场竞争与兼并。一个公司要达到支配另一个公司的目的，必须收购足以控制该公司的股份，这就会使该公司股票的需求明显增加，从而使股票价格迅速上涨。有时候兼并与反兼并同时进行，股票价格会上涨到惊人的程度。

（7）股票的供求。当求大于供时，股票价格上升；反之，则股票价格下跌。

（8）操纵。在股票市场上，一些资金实力很强的投机者往往可以凭借自己的资金实力，以人为的力量掀起股票的波动。

（9）市盈率。市盈率等于股价与每股税后利润的比值。通常情况下市盈率越高，股价上涨空间越小；市盈率越低，股票上涨空间越大。

（10）公众心理。公众的心理也会对股票价格产生影响，特别是中小投资者，其对信息的掌握不够全面，因而缺乏预期判断能力，心理波动很大，甚至某些传闻或谣言也会使投资者盲目购进或抛售股票，引起股票的暴涨暴跌。

## 二、长期债券市场

### （一）长期债券市场的品种结构

1. 长期政府债券

长期政府债券是中央政府和地方政府发行的长期债券的总称。因其具有安全性高、税赋优惠及流动性强等优点，使之获得了“金边债券”的美誉，并被社会各阶层广泛持有。因为发行主体的不同，长期政府债券具体分为以下两种：

（1）长期中央政府债券。长期中央政府债券发行主体是中央政府，也正因为其发行主体是中央政府，所以也被称为国债。1987 年以来，我国中央政府发行过名目繁多的国债，如有国家重点建设债券、国家建设债券、财政债券、特种债券、保值债券、基本建设债券、转换债券等。国债的名称虽多，但都可以把它们归纳为凭证式国债和记账式国债两大类。目前，凭证式国债的发行量约占 40%，记账式国债发行量约占 60%。

（2）长期地方政府债券。长期地方政府债券是地方政府根据本地区经济发展和资金需要状况，以承担还本付息责任为前提，向社会筹集资金的债务凭证，简称地方债券。按用途不同划分，长期地方政府债券通常分为一般债券和专项债券。前者是指地方政府为缓解其资金紧张或解决临时经营资金不足而发行的长期债券；后者是指为筹集资金建设某项具体工程而发行的长期债券。对于一般债券的偿还，地方政府通常以本地区的财政收入作为担保，而对于专项债券，地方政府往往以项目建成后取得的收入作为保证。在许多国家，长期地方政府债券不同程度地受到中央政府的限制，因此在一定程度上限制了其发行的自由度。

2. 长期公司债券

长期公司债券是公司对外借债而发行的期限在 1 年以上的债务凭证。由发行债券的公司对债券持有人作出承诺，在一定时间按票面载明的本金、利息予以偿还。因其具有较高的收益性，且风险程度适中，因而成为以资金稳定增值为目标的各类长期性金融结构，如保险公司和各类基金的重要投资对象之一。

3. 长期金融债券

长期金融债券是金融机构为筹集期限在 1 年以上的资金而向社会发行的一种债务凭证。由于这类债券资信程度高于普通公司债券，具有较高的安全性和流动性，因而成为个人和机构投资的重要投资品种。我国目前的长期金融债券主要由政策性金融债券和金融次级债券组成，并主要通过全国银行间债券市场发行。2005 年 6 月 1 日起施行的《全国银行间债券市场金融发行管理办法》，就政策性银行、商业银行、企业集团财务公司及其他金融机构等金融机构法人在全国银行间债券市场发行金融债券的申请与核准、发行、登记、托管与兑付、信息披露、法律责任等方面提出了明确规定。

（二）长期债券的发行

1. 长期债券的发行方式

长期债权可以采用集团认购、招标发行、非招标发行和私募发行四种方式。

集团认购是指有若干家银行、证券公司或养老保险基金等组成承销团包销全部长期债券。德国和日本很长时间以来一直采取集团认购的方式发行长期国债。我国从1991年以来采取的承购包销的国债发行方式也属于集团认购。

招标发行是指发行者通过招标的方式来决定长期债券的投资者和债券的发行条件。其优点是发行人可以通过招标方式降低成本，承购人可以通过投标表示自己所能够接受的条件。美国和大多数欧洲国家发行长期债券基本上都是采取招标的方式。目前各国采取的招标方式主要有三种做法：一是以价格竞争的常规招标方式。采用这种方式发行时，发行人预定息票利率，接受投标人提出买价投标，按投标人所报买价自高向低的顺序中标，直至满足预定发行额为止。二是以收益率竞争的荷兰投标方式。采用这种方式招标时，发行人事先不通告票面利率，由投标人以收益率投标，按照投标人所报的收益率从低至高中标，直至满足预定发行额为止。三是定率公募方式。这种方式是按已确定的票面利率及发行价格，以希望认购额投标，再按其比例将预定发行额分摊给各投标人。

非招标发行是指债券发行人与债券承销商或投资银行直接协商发行条件，以便寻求最适合发行人的需要和现行市场状况。

私募发行是指向特定的少数投资者发行债券。

2. 影响长期债券发行价格的因素

长期债券发行价格，也就是长期债券的发行利率，其确定主要考虑的因素如下：

（1）市场利率。长期债权的发行价格与市场利率呈同方向变化，市场利率上升，长期债券发行人必须相应提高发行利率，才能如期完成债券发行计划；反之，市场利率下降，长期债券发行人可以相应降低发行利率。

（2）市场供求关系。当长期债券市场供过于求时，债券发行价格下降；反之，债券发行价格上涨。

（3）社会经济发展状况。经济高涨时期，债券发行人对资金的渴求增加，必然导致债券发行价格上升；反之，债券发行人对资金的需求减少，导致长期债券价格下降。

（4）财政收支状况。财政资金紧张，政府会通过发行政府债券弥补财政赤字，这样会带动社会资金紧张，促使长期债券发行价格上升；反之，财政资金宽松，会推动长期债权发行价格下降。

（5）货币政策。如果中央银行实施紧缩的货币政策，会导致资金偏紧、债券发行价格上升；反之，中央银行实施宽松的货币政策，则会导致长期债券发行价格下降。

（6）国际利差和汇率的影响。当本国货币升值时，国外资金会流入本国市场，会增加对本币债券的需求；当本国货币贬值时，国内资金又会转移至国外而减少对本币债券的投资。同样，投资者也对本国市场利率与外国市场利率加以比较，资金会流向利率高的国家或地区，导致国内债券市场供求关系的变化。

### （三）长期债券的交易

1. 长期债券的交易方式

长期债券既可以在证券交易所交易，也可以在店头市场、第三市场和第四市场等场外市场交易。如果在证券交易所交易，可采用现货交易、期货交易、期权交易和信用交易四种方式。另外，还有一种交易方式是在卖出（或买入）债券的时候，事先约定到一定期间后按规定的价格再买回（或卖出）同一名称的债券，在美国称回购协议交易，在日本称现先交易，其实质与同业拆借一样是一种短期资金的借贷交易，债券在此充当担保。如果在场外交易，除可采取前述的现货交易、回购交易等方式以外，还可采用远期交易方式。债券远期交易是指交易双方约定在未来某一日期，以约定价格和数量买卖标的债券的行为。2005 年 6 月 15 日《全国银行间债券市场债券远期交易管理规定》开始生效，标志着债券远期交易正式在我国债券市场推出。

2. 长期债券转让价格的确定

长期债券的转让价格与股票一样是长期债券未来收益的现值，受持有期、计息方式等条件的影响。长期债券的未来收益是其本息之和，由于一般情况下长期债券的面值、票面利率和期限都是发行时确定的，因此长期债券的期值是一个确定的量。长期债券的价格就是将其期值按一定条件折算成的现值，也就是投资者为得到未来收益而在今天愿意付出的代价。长期债券的理论价格由三个主要变量决定：一是长期债券的期值。可根据票面金额、票面利率和期限计算。二是债券的待偿期限。从债券发行日或交易日至债券到期日的期限。三是市场收益率或称市场利率。

### （四）长期债券的偿还

1. 定期偿还

定期偿还是在经过一定期限后，每过半年或一年偿还一定金额的本金，到期时还清余额的偿还方式。这一般适用于发行数量巨大、偿还期限长的债券。其具体方法有两种，一种是以抽签方式确定并按票面价格偿还；另一种是从二级市场上以市场价格购回债券。为增加债券的信用和吸引力，有的公司还专门建立偿还基金，用于债券的定期偿还。

2. 任意偿还

任意偿还是债券发行一段时间（称为保护期）以后，发行人可以任意偿还债券的一部分或全部的偿还方式。其具体操作可根据早赎或以新偿旧条款，也可在二级市场上购回予以注销（买入注销）。投资银行往往是具体偿还方式的设计者和操作者，在债券偿还的过程中，投资银行有时也为发行者代理本金的偿还。

# 第四节 金融衍生工具市场

20世纪90年代以来，全球几乎每一场金融风暴都与金融衍生工具有关。2007年美国次贷危机正是由相关金融衍生品这一金融创新链条的过度膨胀而引发。基于1万多亿美元的次级贷款，美国衍生金融市场创造出了超过2万亿美元的次级债（MBS），并进一步衍生和创造出超万亿美元的担保债务凭证和数十万亿美元的信用违约掉期，金融创新的规模呈几何级数膨胀。由此，数量庞大的担保债务凭证和信用违约掉期使房价处于极其敏感的临界点上，一旦房价发生波动，就必然产生一系列连锁和放大反应，从而给持有相关金融创新产品的金融机构造成巨大冲击。由此可见，金融衍生品市场如果运用不当，很可能成为金融市场最大的风险之源。

## 一、衍生金融市场概述

### （一）衍生金融市场的含义

衍生是英文“derivatives”的中文意译，其原意是派生的意思。金融衍生市场是一种以证券市场、货币市场、外汇市场为基础派生出来的金融市场，是利用保证金交易的杠杆效应，以利率、汇率、股价的趋势为对象设计出大量的金融产品进行交易，以支付少量保证金及签订远期合同进行互换、掉期等金融派生产品的交易市场。由于许多金融衍生品交易在资产负债表上没有相应科目，因而也被称为资产负债表表外交易（简称表外交易）。

金融衍生产品的共同特征是保证金交易，即只要支付一定比例的保证金就可以进行全额交易，不需要实际上的本金转移，合约的了结一般也是采用现金差价结算的方式进行，只有在满期日以实物交割方式履约的合约才需要买方交足贷款。因此，金融衍生产品交易具有杠杆效应。保证金越低，杠杆效应越大，风险也就越大。

### （二）衍生金融工具的种类

1. 按照基础工具种类的不同，金融衍生工具可以分为股权式衍生工具、货币衍生工具和利率衍生工具

股权式衍生工具是指以股票指数为基础工具的金融衍生工具，主要包括股票期货、股票期权、股票指数期货、股票指数期权以及上述合约的混合交易合约。

货币衍生工具是指以各种货币作为基础工具的金融衍生工具，主要包括远期外汇合约、货币期货、货币期权、货币互换以及上述合约的混合交易合约。

利率衍生工具是指以利率或利率的载体作为基础工具的金融衍生工具，主要包括远期利率协议、利率期货、利率期权、利率互换以及上述合约的混合交易合约。

2. 按照交易场所的不同，金融衍生工具可以分为场内交易的工具和场外交易的工具

场内交易又称交易所交易，指所有的供求方集中在交易所进行竞价交易的交易方

式。这种交易方式具有交易所向交易参与者收取保证金，同时负责进行清算和承担履约担保责任的特点。期货交易和部分标准化期权合同交易都属于这种交易方式。

场外交易又称柜台交易，指交易双方直接成为交易对手的交易方式。这种交易方式有许多形态，可以根据每个使用者的不用需求设计出不同内容的产品。掉期交易和远期交易是具有代表性的柜台交易的衍生产品。

3. 按照产品形态的不同，金融衍生工具可以分为远期、期货、掉期和期权四大类

远期合约和期货合约都是交易双方约定在未来某一特定时间，以某一特定价格买卖某一特定数量和质量资产的交易形式。远期合约是根据买卖双方的特殊需求由买卖双方自行签订的合约。期货合约是期货交易所制定的标准或合约，对合约到期日及其买卖的资产的种类、数量、质量做出了统一规定。因此，期货交易流动性较高，远期交易流动性较低。

掉期合约是一种交易双方签订的在未来某一时期相互交换某种资产的合约。或者说，掉期合约是当事人之间签订的在未来某一期间内相互交换他们认为具有相等经济价值的现金流的合约。较为常见的是利率掉期合约和货币掉期合约。掉期合约中规定的交换货币是同种货币，为利率掉期；是异种货币，则为货币掉期。

期权交易是买卖权利的交易。期权合约规定了在某一特定时间，以某一特定价格买卖某一特定种类、数量、质量原生资产的权利。期权合同有在交易所上市的标准化合同，也有在柜台交易的非标准化合同。

## 二、衍生金融市场的功能

金融衍生工具是市场经济和金融市场发展到相当程度的产物，集中体现了当代金融创新的理念和方法。无论是什么样的金融衍生产品，一诞生就很容易获得很强的生命力，促进金融市场更有效率。其原因可以从衍生金融工具的其他功能上得以反映。

### （一）金融产品定价

在金融衍生工具交易中，市场主体根据市场信号和对金融资产的价格走势进行预期，反复进行金融衍生产品的交易，形成供求平衡，较为准确地揭示了作为衍生产品基础的金融资产的价格。

### （二）风险管理

套期保值是衍生金融市场上的主要交易方式。交易主体通过衍生工具的交易实现对已持有资产头寸的风险对冲，将风险转移给愿意且有能力承担风险的投资者。

### （三）获利手段

对于投机者和套利者而言，金融衍生工具的出现为其提供了更多的盈利机会。他们可以利用衍生产品交易的杠杆作用实现巨额投资回报。当然，这是建立在承担巨大风险的基础之上的。对于经纪商而言，复杂的产品、技术性很强的合约，使他们逐渐具备衍生金融市场的专业优势，经纪人可借此为一般投资者提供咨询、经纪服务，获取手续费和佣金收入。

### （四）资源配置

金融衍生工具市场扩大了金融市场的广度和深度，从而扩大了金融服务的范围和基础金融市场的资源配置作用。一方面，金融衍生工具市场以金融资金为标的物，达到了为金融资产避险增值的目的；另一方面，金融衍生工具市场是从基础金融市场派生而来的，衍生工具的价格在很大程度上取决于对基础金融资产价格的预期。这一功能客观上有利于基础金融工具市场价格的稳定，有利于增强基础金融资产市场的流动性。

金融衍生工具的发展及其广泛运用在带来正面效应的同时，也不可避免地会产生负面影响。首先，金融衍生工具的全球市场应用加大了整个国际金融体系的系统风险。其次，金融衍生工具的应用效果之一虽然是增加了风险管理的手段，但是同时又加大了金融业的风险。最后，金融衍生工具的应用加大了金融监管的难度。1997 年的亚洲金融危机以及 2007 年爆发的由美国次级债引发的全球性金融危机中，金融衍生品市场都扮演了推波助澜甚至是危机发源地的角色。

## 三、金融远期市场

### （一）金融远期市场的内涵

金融远期合约是最基础的金融衍生产品，是指合约双方同意在未来日期按照固定价格交换金融资产，承诺以当前约定的条件在未来进行交易的合约，指明买卖的商品或金融工具种类、价格及交割结算的日期。远期合约条件是为买卖双方量身定制的，通过场外交易达成。远期合约规定了将来交换的资产、交换的日期、交换的价格和数量，合约条款因合约双方的需要不同而不同。买方为了防止利率或外汇、股票等金融资产价格上升，使持有金融资产成本提高，而与卖方签订远期合约，固定金融资产价格，若金融资产价格真的上升了，其差额由卖方补给买方，买方就锁定了成本；反之卖方为了防止债务或外汇、股票等金融资产价格下降造成损失，与买方签订远期合约，固定金融资产价格，若金融资产价格真的下降了，其差额由买方补给卖方，卖方就锁定了成本。

远期合约在签署之前，双方可以就交割地点、交割时间、交割价格、合约规模、标的物的品质等细节进行谈判，以便尽量满足双方的需求，因此具有较大的灵活性，这是远期合约的主要优点。但是远期合约也有明显的缺点：首先，由于远期合约没有固定的、集中的交易场所，不利于信息交流和传递，不利于形成统一的市场价格，市场效率较低。其次，由于每份远期合约千差万别，这就给远期合约的流通造成了较大不便，因此远期合约的流动性较差。最后，远期合约的履约没有保证，当价格变动对一方有利时，对方有可能无力或无诚意履行合约，因此远期合约的违约风险较高。

### （二）金融远期市场的分类

金融远期合约按基础资产的性质划分，可分为远期利率协议、远期外汇合约和远期股票合约。

1. 远期利率协议

远期利率协议是指交易双方约定在未来某一日期，交换协议期间内一定名义本金基础上分别以合同利率和参考利率的金融合约。在这种协议下，交易双方约定从将来某一确定的日期开始在某一特定的时期内借贷一笔利率固定、数额确定，以具体货币表示的名义本金。远期利率协议的买方是名义借款人，如果市场利率上升，其按协议上确定的利率支付利息，可避免利率风险；但是若市场利率下跌，仍然必须按协议利率支付利息，就会受到损失。远期利率协议的卖方是名义贷款人，其按照协议确定的利率收取利息，若市场利率下跌，将会受益；若市场利率上升，则会受损。远期利率协议的买方支付以合同利率计算的利息，卖方支付以参考利率计算的利息。

2. 远期外汇合约

远期外汇合约是指外汇买卖双方在成交时先就交易的种类、数额及交割的期限等达成协议，并用合约的形式确定下来，在规定的交割日双方再履行合约，办理实际的收付结算。远期外汇合约的主要目的是规避风险，不论是有收入的出口企业，还是有远期外汇支出的进口企业，都可以签立远期外汇合约，按约定的价格在将来到期时进行交割，避免进口产品成本上升和出口减少的损失。

3. 远期股票合约

远期股票合约是指在将来某一特定日期按特定价格交付一定数量单只股票或股票组合的协议。有些公司非常看好本公司未来的股价走势，因此在制定股票回购协议时就采用这种远期股票合约的形式，即承诺在未来某个日期按某个协议价格（高于交易达成时的股票价格）买回本公司的股票，以此向市场传达对本公司的信心。其中，有些公司对自身过度自信，没有采取其他行动保护股价下跌可能带来的后果，远期股票合约到期时公司股价暴跌，而又不得不执行该回购协议，给公司造成了巨大的损失。

## 四、金融期货市场

### （一）金融期货市场的内涵

金融期货市场是买卖金融期货合约的场所。金融期货合约是在交易所达成的标准化的、受法律约束并规定在将来某一特定地点和时间交收某一特定商品的合约。用于交易的金融商品合约的数量、质量、交货时间和地点等都是既定的，唯一的变量是价格。期货价格是在一个有组织的期货交易所的交易厅内，通过类似于拍卖的交易形式产生的。由于期货合约是标准合约，在市场上可多次转让，每次转让需议定价格，这就使得买卖双方可以用一张合约去交换另一张合约，以对冲签约者交割实际现货的责任。在金融期货市场中，买进（卖出）合约后又卖出（买进）等量同性的合约，称平仓或了结。

### （二）金融期货市场的分类

金融期货市场种类很多，以期货合约标的物为标准可分为利率期货、货币期货和股票指数期货。

1. 利率期货

利率期货指以利率为标的物的期货合约。利率期货主要包括以长期国债为标的物的长期利率期货和以两个月短期存款利率为标的物的短期利率期货。利率期货价格与实际利率呈反方向变动，即利率越高，债券期货价格越低；利率越低，债券期货价格越高。

2. 货币期货

货币期货指以汇率为标的物的期货合约。货币期货是适应各国从事对外贸易和金融业务的需要而产生的，目的是借此规避汇率风险，1972 年美国芝加哥商业交易所的国际货币市场推出第一张货币期货合约并获得成功。其后，英国、澳大利亚等国相继建立货币期货的交易市场，货币期货交易成为一种世界性的交易品种。目前国际上货币期货合约交易涉及的货币主要有英镑、美元、日元、瑞士法郎、加拿大元、澳大利亚元以及欧元等。

3. 股票指数期货

股票指数期货指以股票指数为标的物的期货合约。股票指数期货是目前金融期货市场最热门和发展最快的期货交易。股票指数期货不涉及股票本身的交割，其价格根据股票指数计算，合约以现金清算形式进行交割。

股指期货除具有金融期货的一般特点外，还具有自身的特点。股指期货合约的交易对象既不是具体的实物商品，也不是具体的金融工具，而是衡量各种股票平均价格变动水平的无形的指数。一般商品和其他金融期货合约的价格是以合约自身价值为基础形成的，而股指期货合约的价格是股指点数乘以人为规定的每点价格形成的。股指期货合约到期后，合约持有人只需交付或收取到期日股票指数与合约成交指数差额所对应的现金，即可了结交易。比如投资者在 20 000 点的点位买入 1 份恒生指数期货合约后，一直将其持有到期。假设到期日恒生指数为 21 000 点。则投资者无须进行与股票相关的实物交割，而是采用收取 5 万元现金[(21 000-20 000)×50]的方式了结交易。这种现金交割方式也是股指期货合约的一大特点。

### （三）金融期货市场的经济功能

金融期货市场有多方面的经济功能，其中最基本的功能是套期保值和发现价格。

1. 套期保值

套期保值是指投资者通过购买相关的金融期货合约，在金融期货市场上建立与其现货市场相反的头寸，并根据市场的不同情况采取在期货合约到期前对冲平仓或到期履约交割的方式，实现其保值，规避风险的目的。

从整个金融期货市场看，套期保值、规避风险功能之所以能够实现，主要有三个原因：一是众多的实物金融商品持有者面临着不同的风险，可以通过达成对各自有利的交易来控制市场的总体风险。例如，进口商品担心外汇汇率上升，而出口商担心外汇汇率下跌，他们通过进行反向的外汇期货交易，即可实现风险的对冲。二是金融商品的期货价格与现货价格一般呈同方向变动关系。投资者在金融期货市场建立了与金融现货市场相反的头寸之后，金融商品的价格发生变动时，则必然在一个市场获利，而在另一个市场受损，其盈亏可全部或部分抵消，从而达到保值、规避风险的目的。

三是金融期货市场通过规范化的场内交易，集中了众多愿意承担风险而获利的投机者。他们通过频繁、迅速地买卖对冲，转移了实物金融商品持有者的价格风险，从而使金融期货市场的规避风险功能得以实现。

2. 发现价格

金融期货市场的发现价格功能是指金融期货市场能够提供各种金融商品的有效价格信息。在金融期货市场上，各种金融期货合约都有着众多的买者和卖者。他们通过类似于拍卖的方式来确定交易价格。这种情况接近于完全竞争市场，能够在相当程度上反映出投资者对金融商品价格走势的预期和金融商品的供求状况。因此，某一金融期货合约的成交价格，可以综合地反映金融市场各种因素对合约标的商品的影响程度，有公开、透明的特征。

## 五、金融期权市场

### （一）金融期权市场的内涵

金融期权市场是交易金融期权的场所。金融期权也称金融选择权，是以期权为基础的金融衍生产品，是指以金融商品或金融期货合约为标的物的期权交易。具体来说，金融期权是指购买者在向出售者支付一定费用后，就获得了能在规定期限以内某一特定价格向出售者买进或卖出一定数量的某种金融商品或金融期货合约的权利。金融期权是赋予其购买者在规定期限内按双方约定的价格（简称协议价格或执行价格）购买或出售一定数量某种金融资产（称为潜含金融资产或标的资产，如股票、外币、短期和长期国库券以及外币期货合约、股票指数期货合约等）的权利的合约。

### （二）金融期权市场的分类

金融期权市场种类繁多，按不同的分类标准可以分为不同的期权市场。

1. 按期权权利性质划分，期权可分为看涨期权和看跌期权

看涨期权是指赋予期权的买方在预先规定的时间以执行价格从期权卖方手中买入一定数量的金融工具权利的合同。为取得这种购买的权利，期权购买者需要在购买期权时支付给期权出售者一定的期权费。看跌期权是指期权购买者拥有的一种权利，在预先规定的时间以敲定价格向期权出售者卖出规定的金融工具。为取得这种卖的权利，期权购买者需要在购买期权时支付给期权出售者一定的期权费。

2. 按期权到期日划分，期权可分为欧式期权和美式期权

欧式期权是指期权的持有者只有在期权到期日才能执行期权。美式期权则允许期权持有者在期权到期日前的任何时间执行期权。

3. 按敲定价格与标的资产市场价格的关系划分，期权可分为价内期权、平价期权和价外期权

价内期权是指如果期权立即执行，买方具有正的现金流（这里不考虑期权费因素），该期权具有内在价值。平价期权是指如果期权立即执行，买方的现金流为零。价外期权是指如果期权立即执行，买方具有负的现金流。

4. 按交易场所划分，期权可分为交易所交易期权和场外交易期权

交易所交易期权是指标准化的期权合约，它有固定的数量，在交易所以正规的方式进行交易。场外期权也叫柜台式期权，是指期权的卖出者为满足某一购买者特定的需求而产生的，他在买卖双方之间直接以电话等方式达成交易。

5. 按基础资产的性质划分，期权可分为现货期权和期货期权

现货期权是指以各种金融工具本身作为期权合约之标的物的期权。期货期权是指以各种金融期货合约作为期权合约之标的物的期权。

### （三）金融期权市场的功能

1. 保值避险功能

保值避险是期权的一项基本功能。现以外汇卖出保值看涨期权为例加以说明。假定美国 A 公司的账户上有一笔欧元的余额，6 个月以内（即本会计年度期末），A 公司将把欧元兑成美元，即期汇率为 1 美元 = 0.9 欧元。A 公司为减少可能的损失，卖出 6 个月期欧元看涨期权，协定价为 1 美元 = 0.9 欧元，权利金为 2.5%。作为 A 公司的收益，若汇率不变或上涨，期权购买者必然放弃执行合约，权利金即为卖方的收入；若欧元汇率下跌，买方执行合约，期权卖方则必须以 1 美元兑 0.9 欧元的汇价卖出欧元，买入美元，从而出现汇兑损失，但是可由权利金的收入而抵消一部分损失，达到保值防险的目的。

2. 盈利功能

期权的盈利主要是期权的协定价和市价的不一致而带来的收益。这种独特的盈利功能是吸引众多投资者的主要原因之一。例如，投资者 A 判定某种股票在 3 个月内价格上涨，如果每股现价 20 元，则买进 5 000 股需要付款 100 000 元，但是投资者没有足够的资金或认为投资 100 000 元风险太大，于是采用购买看涨期权的方式，每股 3 个月的期权费只有 1 元，支付 5 000 股的期权费为 5 000 元，协定佣金为 1%，即 1 000 元，投资者共支付了 6 000 元。如果 3 个月内股票下跌至 10 元，投资者最多损失 5 000 元；如果 3 个月内股票上升至 30 元，可获利 50 000 元，扣除 6 000 元投资成本，净盈余 44 000元，这充分说明期权交易具有盈利功能。

3. 激励功能

激励功能是股份制公司利用期权的盈利功能而延伸出来的一项功能。一些公司所有者往往用股票期权作为激励经营管理人员的工具，他们给予经营管理人员较长期限内的该公司的买入期权，合约规定的买入价与当时的股价比较接近。这样公司经营管理人员只要努力工作使企业效益不断提高，股票价格也会随之上扬，股票买入期权的价格同样会上升，经营管理人员便可从中获利。因为规定的期限较长，所以这种激励方式通常有较好的持久性，可防止经营管理人员的短期行为。

4. 投机功能

“骑墙套利”策略是外汇投机者经常使用的一种方法。所谓“骑墙套利”，是指同时买入协定价、金额及到期日都相同的看涨期权和看跌期权。但是这种策略是有限的（即两倍的权利金），无论汇率向哪个方向变动，期权买方的净收益一定是某种倾向汇

率的差价减去两倍的权利金。也就是说，只要汇率波动较大，即汇率差价大于投资成本，无论汇率波动的方向如何，期权买方即投资者均可受益。

## 六、金融互换市场

### （一）金融互换市场的内涵

金融互换市场是经济主体进行金融互换交易的场所。金融互换是指两个或两个以上的经济主体按共同商定的条件，在约定的时间内，交换一定的金融合约。金融互换市场交易的主体一般由互换经纪商、互换交易商和直接用户构成，在互换中可以把中介人去掉，交易仍然成立，而且双方的收益更多，但是由于风险的存在，故需要中介人。金融互换是一种按需定制的交易方式。互换的双方既可以选择交易额的大小，也可以选择期限的长短。典型的金融互换交易合约上通常包括以下几个方面的内容：交易双方、合约名义金额、互换的货币、互换的利率、合约到期日、互换价格、权利义务、价差、中介费用等。

### （二）金融互换市场的分类

金融互换市场依据互换金融工具的不同可分为利率互换市场、货币互换市场和股权互换市场，其中前两种在金融互换市场中占主要地位。

1. 利率互换市场

利率互换也叫利率掉期，是一种互换合同，该合同双方同意在未来的某一特定日期以未偿还贷款本金为基础，相互交换利息支付。利率互换的目的是减少融资成本。如一方可以得到优惠的固定利率贷款，但是希望以浮动利率筹集资金，而另一方可以得到浮动利率贷款，却希望以固定利率筹集资金，通过互换交易，双方均可获得希望的融资形式。由于资金有不同的计算方式，所以即使是同种货币，也可以进行交换，而且正因为同种货币，本金的交换也就没必要，只需进行利息部分的交换就可以。利息也是同种货币，故连利息的金额交换也没有必要，只需支付利息差额就可以。

2. 货币互换市场

货币互换是指以一种货币表示的一定数量的资金以及在此基础上产生的利息支付义务，与另一种货币表示的相应的资本额以及在此基础上产生的利息支付义务进行相互交换。因此，货币互换的前提是要存在两个在期限与金额上利益相同，而对货币种类需要相反的交易伙伴，然后双方按照预定的汇率进行资金互换，完成互换后，每年按照约定的利率和资本额进行利息支付互换，协议到期后，再按原约定汇率将原资金换回。这样，通过货币互换，可以使得交易双方达到降低融资成本，解决各自资产负债管理需求与资本市场需求之间的矛盾。

# 本章小结

1. 金融市场是资金融通的工具。其功能是多方面的，基本功能是满足社会再生产中的投融资需求。

2. 金融市场的基本要素包括交易主体、交易客体、交易工具和交易价格。

3. 金融工具是能够证明债权债务关系或所有权关系并据以进行货币资金交易的合法凭证。金融工具具有期限性、流动性、风险性、收益性。

4. 货币市场又称为短期资金交易市场，主要是为了解决短期资金周转的需要，包括几个子市场。

5. 资本市场又称长期资金融通市场，主要是为了解决长期的资本性资金的需求。资本市场可以按照不同的标准进行分类，其中股票市场与债券市场、发行市场与流通市场的分类方法最为重要。金融衍生品市场是一种以证券市场、货币市场、外汇市场为基础派生出来的金融市场。金融远期合约是最基础的金融衍生产品，是指合约双方同意在未来日期按照固定价格交换金融资产，承诺以当前约定的条件在未来进行交易的合约，指明买卖的商品或金融工具种类、价格及交割结算的日期。金融远期合约按基础资产的性质划分，可分为远期利率协议、远期外汇合约和远期股票合约。

6. 金融期货市场是买卖金融期货合约的场所。金融期货合约是指交易双方在金融市场上以约定的时间和价格，买卖某种金融工具的具有约束力的标准化合约。金融期货市场种类很多，以期货合约标的物为标准分为利率期货、货币期货和股票指数期货。

7. 金融期权也称金融选择权，是指以金融商品或金融期货合约为标的物的期权交易。金融期权按期权权力性质划分，可分为看涨期权和看跌期权；按期权到期日划分，可分为欧式期权和美式期权；按敲定价格与标的资产市场价格的关系不同，可分为价内期权、平价期权和价外期权；按交易场所划分，可分为交易外交易期权和场所交易期权；按基础资产的性质划分，可以分为现货期权和期货期权。

8. 金融互换是指两个或两个以上的经济主体按共同商定的条件，在约定的时间内交换一定金融工具的金融合约。金融互换市场依据互换金融工具的不同可分为利率互换市场、货币互换市场和期权互换市场。

## 复习思考题

1. 金融工具的基本特征是什么？其金融产品的发行价格如何确定？
2. 如何正确认识金融市场的地位与功能？
3. 如何对金融市场进行分类？
4. 同业拆借市场有哪些基本特征？
5. 金融市场由哪些要素组成？其各自的特点如何？
6. 我国公司上市需要具备哪些条件？

### 附录一　国资委：央企做金融衍生品亏损“实在令人痛心”

央企投资金融衍生品引起国资委的高度关注。国资委副主任李伟日前在“企业国有产权管理工作暨产权交易机构工作会议”上表示，根据初步统计，目前有28家中央企业在做各种金融衍生品业务，有盈有亏，亏损居多。

中航油是中国航空油料集团公司（简称中航油集团）的海外控股子公司，2001 年中航油在新加坡交易所主板上市，净资产增加到 1.5 亿美元，成为新加坡股市的耀眼明星，被称为中国国企“走出去”的模范。

2003 年 3 月底，中航油开始从事投机性场外石油期权交易，基本上是购买“看涨期权”，出售“看跌期权”。2003 年第四季度，中航油错估石油价格趋势，调整期权策略，卖出买权并买入卖权。这种组合策略是基于未来价格走势下跌的判断，一旦价格上升，会产生巨额亏损，风险极大。

2004 年第一季度，国际油价飙升，中航油潜亏 580 万美元，进行第一次挪盘。随着油价的持续升高，潜亏继续增加。6 月、9 月，中航油进行了第二次、第三次挪盘。到 10 月，公司账面亏损已达 1.8 亿美元，公司现金全部耗尽，也无银行愿为其提供备用信用证。处于困境的中航油只得于 10 月 8 日向中航油集团告知从事期权交易和发生亏损的情况，并于 10 月 9 日书面请求母公司提供 1.3 亿美元的支持。10 月 20 日，中航油获贷款 1.08 亿美元，进行补仓。截至 11 月 29 日，中航油亏损总额高达 5.54 亿美元，只得于次日向新加坡最高法院申请破产保护。

2006 年，中国五矿、国储铜也先后陷入衍生品泥潭。进入 2008 年，中国国航、东方航空、中信泰富与国际金融机构签订了多份远期保值合同。目前，亏损最大的是中国国航，截至 2008 年年底，国航套期保值全年浮亏 74.7 亿元人民币，为其过去两年利润的总和。东方航空紧随其后，套期保值浮亏 62 亿元人民币，为其 2007 年利润的 10 倍。2008 年 12 月初，中信泰富披露在过去两年中分别与花旗集团、美洲银行、摩根斯坦利和德意志银行等 13 家金融机构共签下 24 款外汇累计期权合约，因澳元兑美元大幅度下跌导致其澳元累计认购期权合约损失约 186 亿港元。这些国企签订套期保值合约的动机一种是基于大宗商品价格的看涨，另一种是基于分散汇率或指数风险的期权合约。

国资委统计，因参与衍生品交易，23 家央企亏损高达数百亿元。

资料来源：邢飞. 国资委：央企做金融衍生品亏损“实在令人痛心”[N]. 北京晨报，2009-05-06.

## 附录二 期权交易案例

这里以外汇期权交易为例说明期权交易方式。某期权购买者支付保险金 1 万美元，向期权出售者购买了一个“英镑买入期权”。他得到了这样一种权利：在未来 3 个月内任何时间，可以按 1 英镑兑 1.80 美元的汇率，从期权出售手者手中买入 100 万英镑。在 3 个月内，可能过会有三种情况出现：

第一中情况是英镑升值。假定英镑汇率升到 1 英镑兑 1.85 美元，这时期权购买者按照 1 英镑兑 1.80 美元的协议价，用 180 万美元从期权出售者手中买入 100 万英镑。加上 1 万美元保证金，他购入 100 万英镑实际上花费了 181 万美元。如果没有购买“英镑买入期权”，则要花费 185 万美元。因此，期权购买者是有利可图的。期权出售者呢？他只能执行义务，出售英镑只能按 1 英镑兑 1.80 美元的协议价，而不能按 1 英镑兑 1.85 美元的市场价。因此，期权出售者除了从 1 万美元的保险金中得到一定的补偿外，仍然损失 4 万美元。

第二种情况英镑贬值。假定英镑汇率跌到 1 英镑兑 1.75 美元，这时期权购买者不执行期权合约，而直接从外汇市场上购买英镑，他购买 100 万英镑花费 175 万美元，虽然损失 1 万美元的保险金，但是比按期权协议交易需花费的 180 万美元还少花 4 万美元。期权出售者也获得了 1 万美元保险金的好处。

第三种情况是英镑兑美元的汇率不变。假定市场价还是 1 英镑兑 1.80 美元，与协议价相同。这时期权购买者可执行期权合约，从期权出售者手中购买英镑，也可以不执行期权合约，而直接从外汇市场上购买英镑，因为价格都是一样的。这样期权购买者损失了保险金 1 万美元，期权出售者则获得了 1 万美元保险金的收益。

总之，就是出现最不利的情况，期权购买者的最大损失也不超过购买保险金的费用。如果要进行外汇保值，那么与汇率风险可能造成的损失相比，保值的代价（保险金的支出）是较小的。

## 附录三　信用衍生品带来的金融风险

信用衍生品是指用来分离和转移信用风险的各种工具的技术的总称。从狭义上而言，信用衍生品是一种用来交易信用风险的金融合约，当信用事件发生时，提供与信用有关的损失保险。

2000 年，由于累积多年的互联网泡沫破裂，美国经济陷入衰退。为了拯救美国经济，时任美联储主席格林斯番从 2000 年 5 月开始连续 11 次降息，将联邦基准利率从 6.5%下降至 2003 年 6 月的 1%。但是随着美联储大幅度降低利率，按揭贷款不断上升，次级债规模不断扩大，次级债的发行推动了金融机构的房地产按揭贷款规模。据统计，2006 年，“ALT-A”和次级贷款产品总额超过 4 000 亿美元，约占美国房地产按揭贷款的 40%以上。若从 2003 年算起，“ALT-A”和次级按揭贷款总额超过 2 万亿美元，这为次贷危机的爆发埋下了伏笔。

随着按揭贷款规模的不断扩大，房地产价格大幅度上升。2003—2006 年 4 年间美国平均房价涨幅超过 50%，1995—2006 年房价翻了一番多。由于房地产市场泡沫过大，自 2004 年 6 月开始，美联储又连续加息 17 次，联邦基金利率从 1%提至 5.25%。2006 年 6 月以后，美国房地产价格出现负增长，抵押品价值下降，加重了购房者的还贷负担，美国住房市场大幅降温。截至 2009 年 2 月，美国标普房地产（S&P/Case-Shiller）住房价格指数 10 综指和 20 综指分别比最高值下跌 31.6%和 30.7%。

次级贷款及其金融衍生品的发展是建立在低利率和高房价这个外部大环境的基础上的，然而一旦这个基础发生了改变，抵押资产价值就会缩水，危机就会产生，而且会波及整个链条。由于资产支持证券的反复衍生和杠杆交易，房地产市场的波动将使这些信用衍生品市场及相关的金融市场产生更为剧烈的波动，从而一级市场上的次级贷危机演变成了二级市场上的次级债危机。由于全球很多机构投资者持有美国次级债券，因此金融危机迅速波及全球股市，美国股市连续出现较大跌幅。

从危机发展到现在的情况来看，危机的涉及面已远远超过了银行体系能够控制的范围。危机不断扩散到不同金融主体和金融市场，从贷款机构到养老基金、投资银行、保险公司、对冲基金，从银行间贷款市场到股票市场，从美国国内市场危机到全球金融市场危机。国际货币基金组织（IMF）2009 年 4 月发表的《全球金融稳定报告》估计，在这轮全球的金融危机中，全球各国折损预计将达到 4.1 万亿美元。其中，美国成为损失最大的国家，预计损失将超过 2.7 万亿美元。国际货币基金组织认为银行将承担所有损失的 2/3，其余损失则由保险公司、养老保险基金、对冲基金等承担。

此次金融危机以利率的不断上升和房价持续下跌为导火索，其根源是由于相关衍生产品包装过度以及金融机构财务杠杆过高，放大了金融市场风险。房价与利率的波动则产生一系列连锁反应，造成市场的整体波动，演变为全球性危机。此外，在进行一系列金融创新的同时，美国金融监管体系缺位。美国的金融监管体制存在重大缺陷，没有及时跟上金融形势和金融创新的发展。

# 第四章　金融机构体系

## 第一节　国际金融机构体系概述

国际性金融机构主要包括两大类，即全球性的金融机构和区域性的金融机构。

### 一、国际货币基金组织

（一）组织概况

国际货币基金组织（International Monetary Fund，IMF）是根据1944年7月联合国国际货币金融会议通过的《国际货币基金组织协定》建立的政府间的国际金融机构。国际货币基金组织于1945年12月31日正式成立，1947年3月正式营业，同年11月15日成为联合国的一个专门机构。国际货币基金组织总部设在美国华盛顿。成立初期，国际货币基金组织的会员只有39个，截至2016年，已增至189个。

（二）政治宗旨

根据《国际货币基金组织协定》的规定，国际货币基金组织的宗旨如下：

（1）建立一个永久性的国际货币机构，通过会员在国际货币问题上的磋商和协作，促进国际货币合作；

（2）促进国际贸易的扩大与平衡发展，以达到和维持高水平的就业和实际收入，并增加会员的生产能力；

（3）促进汇率稳定，维持会员之间有秩序的外汇安排，避免竞争性的外汇贬值；

（4）协助会员之间建立经常性交易的多边支付体系，取消妨碍国际贸易发展的外汇管制；

（5）在具有充分保障的前提下，向会员提供临时性的融通资金，以增强其信心，协助其改善国际收支状况，避免采取有损于本国和国际经济繁荣的措施；

（6）根据以上目标，缩短会员国际收支平衡的时间，并减轻其程度。

（三）组织机构

1. 理事会

理事会是国际货币基金组织的最高权力机构，由会员各选派一名理事和一名副理事组成。理事通常由各国的财政部部长或中央银行行长担任，副理事多为各国外汇管理机构负责人。理事会通常每年召开一次年会。其主要职能是批准接纳新会员、修订协定条款、调整基金份额、决定会员退出国际货币基金组织，讨论决定有关国际货币制度等重大问题。

2. 执行董事会

执行董事会是理事会下属的负责处理日常业务的工作机构，由24人组成，其中6人由基金份额最多的会员（美、英、德、法、日和沙特阿拉伯）指派，中国和俄罗斯分别作为单独选区各指派执行董事1名，其余16人由其他会员按地区划分为16个选区通过选举产生。执行董事会推选总裁1人，作为国际货币基金组织的最高行政领导人，并兼任执行董事会主席。总裁可以出席理事会，但是无投票权。总裁任期5年，下设副总裁1人，协助总裁工作。

3. 临时委员会

临时委员会是国际货币基金组织的重要决策机构，于1974年10月成立，由执行董事相对应的会员选派国际货币基金组织的理事或同等级别的人员组织。该委员会的主要职能是就一些全球经济重大问题，如国际货币体系改革和世界开发援助等向理事会提出报告或建议。临时委员会每年举行两次会议，在多数情况下，临时委员会做出的决定就等于理事会的决定。

（四）资金来源

1. 会员缴纳的份额

会员缴纳的基金份额是国际货币基金组织最主要的资金来源。会员缴纳的份额性质上相当于股份公司的入股金，会员一旦缴纳即成为国际货币基金组织的财产。这些份额作为会员的共同国际储备资产，可用来解决其国际收支不平衡时的短期资金需要。会员缴纳份额的办法是：份额的25%以黄金、外汇缴纳，75%以会员本国货币缴纳，存放于本国中央银行，在国际货币基金组织需要时可以随时动用。

2. 借款

借款是国际货币基金组织的另一资金来源。《国际货币基金协定》授权国际货币基金组织，在其认为有必要时，可通过与会员协商，向会员借入资金，作为其补充资金。

3. 信托基金

国际货币基金组织于1976年1月决定，将其持有黄金的1/6（2 500万盎司）出售，以所获得的溢价利润和会员捐款作为信托基金，向低收入的会员提供优惠贷款。

（五）主要业务

除对会员的汇率政策进行监督，与会员就经济、金融形势进行磋商和协调外，国际货币基金组织的主要业务活动是向会员提供贷款和各种培训、咨询业务。

国际货币基金组织的贷款与一般政府贷款或国际商业贷款有以下显著的不同：

（1）贷款对象仅限于成员政府；

（2）贷款的目的限于帮助会员调节国际收支不平衡，用于贸易和非贸易的经常项目支付，但是近几年也增设了一些用于经济结构调整与经济改革的贷款；

（3）贷款期限限于短期贷款，1~5年不等；

（4）贷款规模一般与成员向国际货币基金组织缴纳的份额成正比例关系；

（5）贷款利率按贷款期限和额度的累进递增收取；

（6）计价货币是特别提款权，利息也用其支付。

## 二、世界银行集团

世界银行集团（Word Bank Group，WBG）是世界上最大的国际金融机构。世界银行集团包括世界银行、国际金融公司、国际开发协会、多边投资担保机构和国际投资争端解决中心五个机构，主要致力于以贷款和投资的方式向其会员尤其是发展中国家的经济发展提供帮助。

### （一）世界银行（International Bank for Reconstruction and Development，IBRD）

1. 世界银行的建立

世界银行又称国际复兴与开发银行，是根据1944年7月1日布雷顿森林会议上通过的《国际复兴开发银行协定》建立的政府间的国际金融机构。世界银行于1945年12月正式成立，1946年6月开始营业，总部设在美国华盛顿，目前有会员184个。世界银行与国际货币基金组织是密切联系和相互配合的两个国际金融机构，凡是参加世界银行的国家，都必须参加国家货币基金组织，但是参加国际货币基金组织的国家不一定参加世界银行。两者都是联合国的专门机构，每年这两个机构的理事会都联合召开年会。

2. 世界银行的宗旨

根据《国际复兴与开发银行协定》第一条的规定，世界银行的宗旨是：对用于生产目的投资提供便利，以协助会员的复兴与开发，并鼓励不发达国家的生产与资源开发；通过保证或参与私人贷款和私人投资的方式，促进国际贸易的长期平衡发展，维持国际收支的平衡；与其他方面的国际贷款配合，提供贷款保证等。总之，世界银行的主要任务是通过向会员提供中长期资金，解决会员第二次世界大战后恢复和发展经济的部分资金需要，促进会员的经济复兴和发展，并协助发展中国家发展生产、开发资源，从而起到配合国际货币基金组织贷款的作用。

3. 世界银行的组织机构

世界银行的组织机构与国际货币基金组织相似，也有理事会和执行董事会。

理事会是世界银行的最高权力机构，其组成与基金组织理事会相同。理事会的主要职责是：批准接纳新会员；增加或减少世界银行资本；停止会员的资格；决定 世界银行净利润的分配以及其他重大问题。

执行董事会是负责办理世界银行日常业务的机构，行使由理事会授予的职权，其组成与国际货币基金组织执行董事会相同。执行董事会的主要职责是：调整世界银行政策，以进一步适应不断变化的客观实际；决定行长提出的贷款建议；向理事会提出财务统计报告、行政预算、世界银行业务和政策年报；向理事会提交需要审议的其他事项等。

世界银行也是按股份公司的原则建立起来的金融机构。凡会员都必须认购世界银行的股份，权利的分配也按认股的多少来进行。每个会员的投票权也是由基本投票权

（250 票）和每认缴股金 10 万美元加 1 票加总计算。美国持股最多，享有最大的表决权，目前美国拥有的投票权约占总数的 17%。

4. 世界银行的资金来源

世界银行的资金来源主要有四个：会员实际缴纳的股金；在国际金融市场上借款；利润收入；债权出让。

5. 世界银行的主要业务活动

世界银行的一项主要业务活动是向会员提供贷款。截至 2002 年 6 月底，世界银行累计提供贷款 4 624 笔，金额为 3 714. 72 亿美元。世界银行的贷款政策如下：

（1）贷款对象限于会员，而且只向会员政府或由政府、中央银行担保的机构提供贷款。

（2）贷款国确实不能以合理条件从其他方面取得资金。

（3）只有当申请贷款的项目被世界银行认为在经济技术上可行，并且有助于借款国经济发展时，贷款才会被批准。

（4）贷款只会给有偿还能力的会员。

（5）贷款必须专款专用。

（6）贷款使用不同的货币对外发放，但是以会员用本币缴纳的股本发放贷款时，则必须征得该会员的同意。

世界银行的另一项主要业务活动是向会员提供技术援助，这种技术援助往往与世界银行的贷款结合起来，帮助借款国进行项目的组织与管理，以提高资金使用效率。

### （二）国际金融公司（International Finance Corporation，IFC）

1. 国际金融公司的建立

国际金融公司既是世界银行的附属机构，同时又是独立的国际金融机构。由于世界银行的贷款是以会员政府为对象，对私人企业的贷款必须由政府担保，而且世界银行只能经营贷款业务，不能参与股份投资或为会员的私人企业提供其他种类的有风险的投资，这在一定程度上限制了世界银行业务的发展。为了扩大对私人企业的国际融资，美国在 1951 年提出在世界银行下设立国际金融公司的建议。国际金融公司于 1956 年 7 月正式成立，总部设在美国华盛顿，目前有 175 个会员。

2. 国际金融公司的宗旨

国际金融公司的宗旨是为会员中的发展中国家的私人企业提供没有政府担保的各种投资，用于新建、改建或扩充原有企业的生产能力，以促进发展中国家经济的发展；联合国内外投资者与有经验的管理专家，寻求和创造投资机会，努力促成良好的投资环境，促进外国私人资本在发展中国家的投资；推动发展中国家资本市场的发展。

3. 国际金融公司的组织机构

国际金融公司的组织机构和管理办法与世界银行相同。国际金融公司的正副理事、正副执行董事、总经理分别由世界银行的正副理事、政府执行董事和行长兼任。根据国际金融公司协定的规定，公司成员必须是世界银行的成员，但是世界银行成员不一定要参加国际金融公司。

4. 国际金融公司的资金来源

国际金融公司的资金主要来源于：会员认缴的股金；从世界银行借款；业务收益和收益留存。

5. 国际金融公司的主要业务

国际金融公司的主要业务是对会员私营企业提供长期贷款。贷款对象主要是亚洲、非洲、拉丁美洲的发展中国家，资金投向主要是制造业、加工业、开采业、建材业、纺织业以及公用事业和旅游业等。另外，国际金融公司还贷款给当地的开发金融机构，通过联合投资活动，组织工业发达国家的资本输出。除了贷款外，国际金融公司还可以提供其他各种金融工具和金融服务，包括股份投资、准股份投资、银团贷款、风险管理和融资中介等。

### （三）国际开发协会（International Development Association，IDA）

1. 国际开发协会的建立

国际开发协会于1960年9月24日正式成立，同年11月开始营业，总部设在美国华盛顿。国际开发协会成立时有68个会员，现已增加到163个成员。国际开发协会和国际金融公司一样，都是世界银行的附属机构，但是在法律上和财务上又是各自独立的金融机构。

2. 国际开发协会的宗旨

国际开发协会的宗旨是：对落后国家给予条件较宽、期限较长、负担较轻并可用部分当地货币偿还的贷款，以促进经济发展、生产和生活水平的提高。这种贷款具有援助的性质。

3. 国际开发协会的组织机构

国际开发协会的正副理事、正副执行董事以及办事机构各部门的负责人都由世界银行相应的负责人兼任，国际开发协会与世界银行也是“一套人马、两块牌子”。

4. 国际开发协会的资金来源

国际开发协会的资金来源包括：会员认缴的资本；补充资金和特别基金捐款；世界银行拨款；利润。

5. 国际开发协会的贷款业务

（1）贷款对象：主要为贫困的发展中国家。根据新的标准，只有人均国民生产总值在885美元以下的会员才能获得国际开发协会的贷款，而且一般只贷款给会员政府。目前，有79个国家有资格获得国际开发协会的贷款。

（2）贷款用途：人力资源开发（教育、供水、卫生、人口与营养）；农业和农村开发；电力、交通、运输等开发。

（3）贷款特点：期限长，可长达35~40年；不收利息，每年只收0.75%的手续费；有较长的宽限期，还款负担轻；偿还贷款时可以全部或一部分用于本国货币。由于国际开发协会的贷款条件特别优惠，故其贷款被称为“软贷款”，而世界银行的贷款一般称为“硬贷款”。

（4）贷款程序：国际开发协会贷款程序与世界银行贷款程序相同。

（四）多边投资担保机构（MIGA）

多边投资担保机构成立于1988年4月，截至2002年已有157个国家加入。多边投资担保机构的宗旨是：开展对外国私人投资在会员的非商业风险的担保；对有兴趣的会员提供有关投资的信息技术援助和咨询服务，帮助会员改善投资环境，提高对外来投资的吸引力，推动成员相互间进行以生产为目的的投资，特别是向发展中国家的投资，以促进其经济的增长。

多边投资担保机构主要对以下四类非商业风险提供担保：

（1）由于投资所在国政府对货币兑换和转移的限制而造成的转移风险；

（2）由于投资所在国政府的法律或行动而造成投资者丧失其投资的所有权及控制权的风险；

（3）投资者无法进入主管法庭或这类法庭不合理地拖延或无法实施已做出的对投资者有利的判决，或政府撤销与投资者签订的合同而造成的风险；

（4）武装冲突和国内动乱而造成的风险。

自1990年开始，多边投资担保机构开始在我国开展业务，通过提供投资担保及投资咨询服务等方式，帮助我国改善投资环境，完善外国投资法规，促进外国投资流入我国。截至1997年5月底，该机构已为外商在我国投资项目签署了22份担保合同，提供了1.02亿美元的非商业性风险担保，直接带动了近50亿美元的外商对华投资。

（五）国际投资争端解决中心（ICSID）

国际投资争端解决中心成立于1966年，目前有134个成员。国际投资争端解决中心成立的目的是通过为国际投资争端提供一个协调和仲裁的国际机构，以促进东道国与外国投资者之间建立相互信任的关系，从而鼓励国际投资。许多与国际投资有关的协议都规定以国际投资争端解决中心作为仲裁机构。

## 三、国际清算银行

国际清算银行（The Bank for International Settlement）是根据1930年1月20日签订的“海牙国际协定”，由英、法、德、意、瑞士、比利时和日本等国的中央银行以及代表美国银行业利益的摩根银行、纽约花旗银行和芝加哥花旗银行于同年5月17日在瑞士的巴塞尔联合成立的。创建国际清算银行的最初目的是为了解决第一次世界大战所造成的国际债务的清算支付和资金转移。第二次世界大战后，国际清算银行的职能开始演变，在国际清算中越来越多地充当受托人或代理人，为国际金融活动尤其是各国中央银行的合作提供便利。

截至1995年5月25日，国际清算银行正式成员有33家中央银行，其中欧洲27家，其余6家是美国、日本、加拿大、南非、土耳其和澳大利亚中央银行。但是事实上，世界上多数国家的中央银行都与国际清算银行建立了业务联系。中国人民银行于1984年与国际清算银行建立业务联系。此后，中国人民银行每年都派代表团以客户身份参加国际清算银行年会。1996年9月，中国加入国际清算银行。

## 四、区域性金融机构

### （一）亚洲开发银行

亚洲开发银行是西方国家与亚太地区发展中国家合办的政府间的金融开发机构。亚洲开发银行于1966年11月在日本东京成立，同年12月正式营业，总部设在菲律宾首都马尼拉。亚洲开发银行成立之初有34个国家和地区参加，1988年年底增加到57个，其中亚太地区41个。亚洲开发银行的管理机构由理事会、董事会和行长组成。理事会是亚洲开发银行的最高权力机构，由各成员委派正、副理事各一名组成，负责接纳新成员、变动股本、选举董事和行长、修改章程等。董事会是亚洲开发银行的执行机构，由理事会选出的12名董事组成，其中8名为亚太区域的代表，4名为其他区域的代表。除日、美和中国董事外，其他董事均代表几个国家或地区。行长必须是本地区成员公民，由理事会选举产生，任期5年。我国在1986年2月恢复在亚洲开发银行的合法席位，1987年被选为董事国。

亚洲开发银行的宗旨是：通过集中亚太地区内外的金融和技术资源，向其成员提供贷款与技术援助，帮助协调成员在经济、贸易和发展方面的政策，促进亚太地区的经济发展。其主要业务是向亚太地区加盟银行的成员的政府及其所属机构、境内公私企业以及与发展本地区有关的国际性和地区性组织提供贷款。

亚洲开发银行的资金来源主要是成员认缴的股本、借款、发行债券以及某些国家的捐款所设立的几个特别基金和营业利润。其贷款对象是亚太区域发展中成员，主要用于农业、能源、运输、通信和供水等部门。贷款分为普通贷款和特别基金贷款两种。前者主要提供给经济较好的成员，贷款期为10~25年，年利率7.5%；后者属长期低利率优惠贷款，主要对象是较贫困的低收入成员，贷款期为25~30年，贷款不计利息，只收1%的手续费。

### （二）非洲开发银行

非洲开发银行是非洲国家政府合办的互助性国际金融机构，成立于1963年9月，1966年7月正式营业，总部设在科特迪瓦的阿比让。截至2001年年底，非洲开发银行共有77个成员，其中本地区53个，外地区24个。

非洲开发银行的宗旨是：向非洲会员提供资金支持和技术援助，充分利用非洲大陆的人力和自然资源，为会员的经济和社会发展服务；协助非洲大陆制订发展的总体规划，协调各国的发展计划，以期达到非洲经济一体化的目标。非洲开发银行的主要业务是向成员提供普通贷款和特别贷款。普通贷款是该行用其普通股本资金提供的贷款和担保偿还的贷款，特别贷款是用该行规定专门用途的特别基金开展的优惠贷款，条件比较优惠，期限较长，最长可达50年，不计利息。

非洲开发银行的资金来源主要是会员认缴的股本，此外还有国际金融市场的贷款、发达国家的捐款以及银行的经营利润。

### （三）泛美开发银行

泛美开发银行是由美洲及美洲以外的国家联合建立的向拉丁美洲国家提供贷款的

国际金融机构，成立于1959年12月，1960年10月1日正式营业，截至1987年年底有成员45个。

泛美开发银行的宗旨是：动员美洲内外资金，为拉丁美洲成员经济和社会的发展提供项目贷款和技术援助，以促进拉丁美洲经济的发展和“泛美体系”的实现。该行的资金来源主要是成员认缴的股本、通过发行债券在国际金融市场筹措的资金以及由几个成员存放在泛美开发银行并由泛美开发银行管理的社会进步信托基金。泛美开发银行的资金主要用于成员的项目贷款，期限一般为10~25年，利率为筹资成本加上0.5%的利差。特别业务基金用于成员长期低息的项目贷款，期限20~40年，宽限期5~10年，利率为1%~4%。

（三）欧洲中央银行

欧洲中央银行是根据1992年《马斯特里赫特条约》的规定于1998年7月1日正式成立的，其前身是设在德国法兰克福的欧洲货币局。欧洲央行的职能是：维护货币的稳定，管理主导利率、货币的储备和发行以及制定欧洲货币的政策。其职责和结构以德国联邦银行为模式，独立于欧盟结构和各国政府之外。

欧洲中央银行是世界上第一个管理超国家货币的中央银行。独立性是欧洲中央银行的一个显著特点，欧洲中央银行不接受欧盟领导机构的指令，不受各国政府的监督。欧洲中央银行是唯一有资格允许在欧盟内部发行欧元的机构，1999年1月1日欧元正式启动后，12个欧元国政府便失去了制定货币政策的权利，而实行欧洲中央银行制定的货币政策。

欧洲中央银行的组织机构主要包括执行董事会、欧洲央行委员会和扩大委员会。执行董事会由行长、副行长和4名董事组成，负责欧洲央行的日常工作。由执行董事会12个欧元国的央行行长共同组成的欧洲央行委员会，是负责确定货币政策和保持欧元区内货币稳定的决定性机构。欧洲央行扩大委员会由央行行长、副行长以及欧盟15国的央行行长组成，其任务是保持欧盟中欧元国家与非欧元国家接触。

欧洲央行委员会的决策采取简单多数表决制，每个委员只有一票。制定货币政策的权力虽然集中了，但是具体执行仍由各欧元国央行负责。各欧元国央行仍保留自己的外汇储备。欧洲央行只拥有500亿欧元的储备金，由各成员央行根据本国在欧元区内的人口比例和国内生产总值的比例来提供。

## 第二节 中国金融机构体系的建立及发展

### 一、我国历史上的金融机构体系

据史料记载，早在周朝时期我国就出现了从事货币信用业务的金融机构。唐朝时期，金融业逐渐发展起来，出现了兼营银钱的机构，如邸店、质库等。后来又有了宋朝专营银钱交易的钱馆、钱铺，明朝的钱庄、钱肆，清朝的票号和汇票庄等。这些金融机构虽然还不是真正意义上的银行，但是已具备了银行的一些性质。

中国出现真正意义上的银行是在近代外国资本主义入侵之后。1845年，英国丽如银行（后改称东方银行）在香港、上海设立分行。随后英、美、法、德、俄、日等许多国家争相来华设立银行，到1935年外国在华银行已多达53家、153个机构。但是，我国第一家民族资本银行——中国通商银行直至1897年才在上海设立。

国民党统治时期，国民党政府和四大家族的“四行二局一库”在全国金融体系中占据了垄断地位。所谓“四行”，是指中央银行、中国银行、交通银行和中国农业银行；所谓“二局”，是指邮政储金汇业局和中央信托局；所谓“一库”，就是中央合作金库。此外，还有不少地方政府办的官僚资本银行、民族资本银行和其他非银行金融机构，如钱庄、信托公司、保险公司、证券行、证券交易所和票据交换所等。

与此同时，中国共产党领导下的革命根据地和解放区也先后建立了自己的银行，发行了自己的货币。1931年11月，中央苏区在瑞金建立了最早的苏维埃共和国国家银行。抗日战争和解放战争时期，在各主要抗日根据地和解放区，相继建立了陕甘宁边区银行、晋察冀边区银行、西北农民银行、北海银行、华北银行、华中银行、中州农民银行、南方人民银行、长城银行、内蒙古银行、关东银行、东北银行等金融机构。

## 二、新中国金融机构体系的建立与发展

新中国金融机构体系的建立与发展大致经历了以下几个阶段：

### （一）1948—1953年，初步形成阶段

1948年12月1日，在原华北银行、北海银行和西北农民银行的基础上，合并建立了中国人民银行，并发行了人民币。随后，原来各解放区的银行逐步改组为中国人民银行的分支机构，形成了大区分行体制，划分为西北区行、东北区行、华东区行、华北区行、中南区行、西南区行六大区行。

新中国成立初期的中国金融机构体系是以中国人民银行为核心，通过合并解放区银行、没收官僚资本银行、改造私人银行与钱庄以及建立农村信用社等途径建立起来的。到1953年前后，我国已基本上建立了以中国人民银行为核心和骨干、少数专业银行和其他金融机构为辅助与补充的新中国金融机构体系。这种体系适应了当时的革命和建设事业发展的需要。

### （二）1953—1978年，“大一统”的金融体系

1953年，中国开始实施经济建设第一个五年计划，参照苏联模式，逐步建立起了高度集中统一的计划经济体制，之后这种体制不断强化。金融体系作为整个经济体制的一个重要组成部分，在这期间也随之走向高度集中统一。在这一时期，1955年3月成立的中国农业银行于1957年撤销，1963年10月再次成立，1965年又合并于中国人民银行。直至20世纪70年代末，在农村虽然建立了大量的信用合作社，但是后来演变成为中国人民银行在农村的基层机构。1954年9月，交通银行改建为中国人民建设银行，其任务是在财政部领导下专门对基本建设的财政拨款进行管理和监督，实际上并不经营存、贷款业务，因而成为财政部下属机构。1949年，中华人民共和国政府接管中国银行，中国银行只经办中国人民银行所划出的范围及其确定的对外业务。有一段

时间中国银行直接成为中国人民银行办理国际金融业务的一个部门。1949 年成立的中国人民保险公司最初隶属于中国人民银行，1952 年划归财政部，1959 年又转交中国人民银行国外局，全面停办国内业务，专营少量国外业务。

这样，1953—1978 年年末改革开放以前，全国金融机构一步一步地走向了中国人民银行“大一统”的道路，中国人民银行实际上成为我国唯一的银行，垄断了几乎所有的金融业务。中国人民银行的分支机构按行政区划逐级遍布全国各地，各级分支机构按总行统一的计划办事；中国人民银行既是金融行政管理机关，又是具体经营银行业务的金融机构；中国人民银行的信贷、结算、现金出纳等业务活动的开展，全都服从于实现国家统一计划的任务与目标。

### （三）1979—1983 年，金融机构改革初期

党的十一届三中全会以后，党中央把全党工作的重点转移到经济建设上来，开始对我国经济体制进行了一系列改革。在金融机构改革中，打破长期存在的只有中国人民银行一家金融机构的格局，先后恢复和建立了独立经营的专业银行，包括中国农业银行、中国建设银行、中国银行，这些银行与中国人民银行一起构成了多元化银行体系。在这种多元化银行体系下，各家专业银行有明确的分工，对促进经济发展起到了一定的积极作用。但是当时对银行增多以后，如何集中统一、加强宏观控制注意不够，整个金融领域缺乏一个统一的指导和调度，出现了“四龙治水，群龙无首”的问题。此外，中国人民银行既经营信贷业务，又负责货币发行的“一身二任”的做法，不利于人民银行发挥中央银行的职责，对金融全局进行调控和履行金融行政管理的职责。因此，为了在搞活经济的同时加强宏观金融的控制，客观上需要建立一个有权威性的中央银行来专门管理全国金融活动，制定和推行货币政策。

### （四）1983—1993 年，金融机构体系初具规模

为加强银行分设后的金融宏观控制，完善已有的金融机构，我国从 1983 年起在金融机构方面进行了如下的改革：

第一，1983 年 9 月，国家决定中国人民银行专门行使中央银行的职能，负责管理全国的金融事业。另外，1984 年 1 月，我国专设中国工商银行承办原来由中国人民银行负责的信贷及城镇储蓄业务。

第二，1986 年以后，我国又增设了交通银行、中信实业银行这样的综合性银行以及像广东发展银行、招商银行、兴业银行这样的区域性银行。同时，我国还设立了一些非银行金融机构，如中国人民保险公司、中国国际信托投资公司、城市信用社和农村信用社。经过几年的改革，我国建立起了以中国人民银行为核心、专业银行为主体、其他金融机构并存的新的金融机构体系。

### （五）1994 年至今，新型金融机构体系的提出与建设

1994 年，为适应建立社会主义市场经济体制的需要，更好地发展金融在国民经济中宏观调控和优化资源配置的作用，国务院决定改革现行金融体制。改革的目标是建立在中央银行宏观调控之下的政策性金融与商业性金融分离、以国有商业银行为主、

多种金融机构并存的金融机构体系。

第一，建立了国家开发银行、中国农业发展银行、中国进出口银行三家政策性银行，将各专业银行原有的政策性业务与经营性业务分开。

第二，在政策性业务分离出去之后，原国家各专业银行开始逐渐向国有商业银行转化，并以此为基础，建立起我国的商业银行体系。1994 年后，我国的商业银行体系包括国有独资商业银行和其他商业银行，如交通银行、中信实业银行、中国光大银行、华夏银行、招商银行、上海浦东发展银行、深圳发展银行、广东发展银行、兴业银行、城市合作银行等。进入 1998 年后，城市合作银行陆续更名为城市商业银行，如 1998 年 7 月，北京城市合作银行更名为北京商业银行，同年 10 月，原上海城市合作银行更名为上海银行。

第三，中国的非银行金融机构发展迅猛，以农村信用社为代表的合作金融机构获得了恢复和发展。1997 年以前，农村信用社由中国农业银行管理，之后农村信用社从中国农业银行独立出来，朝农业合作银行方向发展。1980 年，中国人民保险公司恢复国内保险业务。1988 年 3 月和 1991 年 4 月，中国平安保险公司和中国太平洋保险公司先后建立。1979 年 10 月，中国国际信托投资公司成立。1981 年 12 月，专营世界银行等国际金融机构转贷款业务的中国投资银行成立。自 1983 年上海成立上海市投资信托公司开始，各省市相继成立了一大批地方性的信托投资公司和国际信托投资公司。1990 年 12 月和 1991 年 7 月，上海和深圳证券交易所相继建立，之后经营证券业的证券机构和基金组织不断增加。1992 年 10 月，中国证券委员会和中国证券监督管理委员会成立。1998 年 11 月，中国保险监督管理委员会成立。2003 年 3 月，中国银行业监督管理委员会成立。证券业、保险业和银行业的监管职能相继从人民银行的职能中剥离出来。

第四，境外金融机构数量不断增多。自 1979 年第一家海外银行在北京开设办事机构以来，中国的境外金融机构数量不断增多，设立地点正从特区和沿海大中城市向内地大中城市扩散。1996 年，中国开始向外资银行有限度地开放人民币业务。同时，中国商业银行和保险公司在境外设立的金融机构也不断增加。

## 第三节　中国的金融机构体系

经过近 40 年的改革开放，中国大陆的金融机构体系已由过去长期实行的“大一统”银行体制逐步发展成为多元化的金融机构体系。目前中国大陆的金融机构体系由两大部分组成：一是存款类金融机构，二是非存款类金融机构，并以存款类金融机构为主体。

### 一、以银行为主体的存款类金融机构

中国大陆的存款类金融机构分为货币当局（中央银行）和其他存款类金融机构两部分。后者包括：①中国工商银行、中国农业银行、中国银行、中国建设银行、交通

银行等大型商业银行；②中信银行、光大银行、华夏银行、广东发展银行、深圳发展银行、招商银行、上海浦东发展银行、兴业银行、民生银行、恒丰银行、徽商银行、浙商银行、渤海银行等全国性和区域性的股份制商业银行；③城市商业银行；④农村商业银行、村镇银行和外资商业银行；⑤中国农业发展银行、中国进出口银行和国家开发银行；⑥中国邮政储蓄银行；⑦合作性金融机构；⑧财务公司。

## 二、非存款类金融机构

1. 保险机构

中国大陆的保险机构包括保险集团和控股公司、财产险公司、人身险公司、专业再保险公司、保险资产管理公司、外资保险公司及其代表处、全国性和区域性保险专业代理机构、保险经纪机构、保险公估机构。

2. 证券机构

中国大陆的证券机构包括银行间债券市场信用评级机构、保荐机构、证券公司、证券咨询机构、有金融功能的中国金融期货交易所、上海黄金交易所、上海期货交易所、具有证券从业资格的会计师事务所、资产评估机构、证券交易所、基金管理公司、基金托管银行、基金销售机构、基金销售支付结算机构。另外，我国还有经国家外汇管理局批准的可参与证券市场投资的合格境外机构投资者与合格境内机构投资者。

3. 金融资产管理公司

中国的金融资产管理公司带有典型的政策性金融机构特征，是专门为接收和处理国有金融机构不良资产而建立的。1999 年 4 月 20 日，中国大陆首家经营商业银行不良资产的全国性金融资产管理公司——中国信达资产管理公司成立，随后华融、长城、东方三家全国性融资产管理公司相继成立。

4. 小额贷款公司和贷款公司

小额贷款公司是经中国银行业监督管理委员会批准，由自然人、企业法人与其他社会组织投资设立，以服务“三农”为宗旨，不吸收公众存款，只能在本县（市、区）行政区域内从事小额贷款业务和小企业发展、财务、管理等咨询业务的有限责任公司或股份有限公司。贷款公司是经中国银监会依据有关法律、法规批准，由境内商业银行或农村合作银行在农村地区成立的专门为县域农民、农业和农村经济发展提供贷款服务的非银行金融机构。

5. 其他非存款类金融机构

主要有信托投资公司、金融租赁公司、汽车金融公司、消费金融公司、典当行、货币经纪公司、期货公司、信贷市场评级机构、征信公司、信用担保机构、信用咨询机构。

## 三、互联网金融

近年来，在大数据、云计算、移动互联网等信息技术发展的推动下，中国大陆的互联网金融快速发展。目前中国大陆的互联网金融由传统金融机构和非金融机构组成。传统金融机构主要是对已有金融业务进行互联网运作创新及电商化创新、APP 开发等；

非金融机构则主要是指利用互联网技术从事金融业务的电商企业，如 P2P 模式的网络借贷平台、众筹模式的网络投资平台、理财类模式的手机理财 APP 及第三方支付平台等。

互联网金融是互联网技术和金融功能有机结合的新业态，本质上仍然是金融。互联网技术创新，有利于提高金融服务效率，降低交易成本，满足多元化投融资需求，提升金融服务的普惠性和覆盖性。但互联网金融不仅没有改变金融运作的特性，而且在风险隐蔽性、传染性、突发性和较强的负外部性特征方面表现得更加明显，因其覆盖面大导致风险波及面更广，扩散速度更快。因此，规范互联网金融的发展已成为社会各界的共识。2016 年 3 月 25 日国务院批准成立了中国互联网金融协会，将行政监管与行业自律相结合的互联网金融管理体制的建设向前推进了一大步。

### 四、中国香港特别行政区的金融机构体系

1997 年，香港回归祖国后，在“一国两制”方针和《中华人民共和国香港特别行政区基本法》的指导下，继续维持其原有的货币金融体制。香港金融机构体系颇具特色，以国际金融资本为主体，银行、外汇、黄金、证券、保险、期货、共同基金等多种金融机构并存。

香港金融监管机构主要是金融管理局、证券及期货事务监察委员会与保险业监理处，它们分别负责监管银行、证券与期货及保险与退休计划等行业。

金融管理局是香港政府架构中负责维持货币及银行体系稳定的机构。金融管理局的职能虽与中央银行大致相同，但由于它不发行钞票，不是政府的银行，故而被称为准中央银行。香港政府保险业监理处作为主要的监理机构对保险业实行审慎监管。香港证券及期货事务监察委员会是香港证券、金融投资及商品期货买卖活动的最高管理机构。香港存款保障委员会负责管理存款保险计划。此外，香港政府还充分发挥金融同业公会的作用，在香港的银行、保险、证券等行业中实行以政府部门为主、同业公会自律为辅的金融监管体制。

香港有其独特的货币发行安排。港元是由香港政府通过法律授权某些信誉卓著、实力雄厚的大商业银行发行的。目前发行港元的三家银行是汇丰银行、中国银行、渣打银行。

香港有各类金融机构。目前香港银行机构实行三级管理制度，其银行分为持牌银行、有限制牌照银行、接受存款公司三类机构。这三类机构均可吸收公众存款，其中持牌银行占有优势地位。

香港的保险机构包括保险公司、保险代理商和作为香港保险顾问联会及香港专业保险经纪协会成员的保险经纪人，主要经营一般保险和长期保险两类业务。

香港的证券机构主要有香港联合交易所集团、参与香港联合交易所与期货交易所交易的持牌法团、未参与交易所交易的持牌法团、未参与交易所交易的注册机构、香港认可集体投资（基金）计划。

除了上述金融机构，香港还设有外汇基金投资有限公司、香港按揭证券有限公司、香港银行同业结算有限公司、香港交易及结算所有限公司等多种金融机构。

## 五、中国澳门特别行政区的金融机构体系

澳门金融业主要由银行和保险机构构成。20 世纪 80 年代以后，以银行为主体的澳门金融业已成为澳门经济的四大支柱产业之一。澳门回归祖国之后，在“一国两制”方针指导下，仍维持其原有的金融体制和金融机构体系。

澳门不设中央银行，其主管金融事务的机构是经济财政司下辖的金融管理局，主要职责是：协助行政长官制定与实施货币、金融、外汇、保险等政策，规划和监督本地区的货币、金融、外汇、保险等市场活动，确保本地区货币的内部均衡和对外的可兑换性，执行管理中储备库及外汇、其他对外支付工具的职能，维护本地区金融体系的稳定。

澳门货币为澳门元，其代理发钞机构是大西洋银行和中国银行澳门分行。目前澳门元与港元实行联系汇率制度。

澳门的银行机构包括在澳门注册成立的银行（含 1 家邮政储全局）、外地注册银行的分行、可从事有限银行业务活动的金融公司、从事发行及管理电子货币储值卡业务的其他信用机构。除了 2 家离岸银行，澳门的其他银行都是零售银行，持有全能牌照。澳门的邮政储金局是邮电司下属的一个信用机构，主要吸收邮政储蓄，大部分资金用于公务员的福利贷款，小部分运用于房屋优惠基金，帮助市民购买经济房屋。

澳门银行业的同业组织是澳门银行公会，它是自律性的民间组织，旨在加强银行之间的联系、协调与自律。澳门银行公会也制定利率协议，与香港不同的是，该利率协议不具有法律效力，各银行可以自行做出调整，但一般不会偏离协议利率。

澳门的保险机构有人寿保险公司、非人寿保险公司、获许可的保险中介人。

澳门还有一些在金融管理局监管下的其他类型金融机构，包括兑换店、兑换柜台、现金速递公司、金融中介业务公司、其他金融机构的代表办事处（信用卡公司）、开放式退休基金、获准在澳门宣传及销售的外地投资基金。

## 六、中国台湾地区的金融机构体系

台湾地区的金融体系包括正式的金融体系与民间借贷两部分。正式的金融体系分为金融中介机构与金融市场机构，其中金融中介机构依据能否创造货币这个准则又可分为货币金融机构和其他金融机构。

台湾地区的货币金融体系由“行政院金融监督管理委员会”及“中央银行”共同管理。为稳定金融体系，台湾地区设有“中央存款保险公司”和金融控股公司。

台湾地区的货币机构包括“中央银行”与存款货币机构，其中存款货币机构包括台湾的一般银行、中小企业银行、外国银行在台分行、信用合作社、农会信用部等。一般商业银行是台湾地区主要的存款机构，包括商业银行、储蓄银行、开发银行、农业、不动产信用银行、输出入银行。中小企业银行主要为中小企业提供金融服务。农会信用部、渔会信用部等基层合作金融机构的职能主要是调剂会员资金，促进农、渔业发展。

台湾地区的金融市场机构包括证券投资基金、办理有价证券融资融券的证券商、

证券自营商、证券承销商、证券投资信托公司、证券投资顾问公司、证券金融公司、证券金融相关单位、票据交换所、期货商等期货业机构。

此外，台湾地区还有信用卡公司、产物保险公司、再保险公司、保险合作社、人寿保险邮政公司储汇处、票券金融公司、中央存款保险公司等周边金融机构。

## 本章小结

1. 广义的金融机构不仅包括所有从事金融活动的组织，而且包括金融市场的监管组织。上述的服务可概括为信用中介、支付中介、降低交易成本、提供金融服务便利并创造金融资产、改善信息不对称并控制风险、调节经济六大功能。

2. 按照不同的标准，金融机构可划分为不同的类型，如金融监管机构与接受监管的金融企业、存款性金融机构与非存款性金融机构、政策性金融机构与非政策性金融机构、直接金融机构与间接金融机构、银行与非银行金融机构、本国金融机构、外国金融机构、国际金融机构。

3. 非银行金融机构包括保险公司、信托公司、财务公司、证券公司、租赁公司、信用合作社、养老或退休基金、投资基金等。非银行金融机构越来越成为金融机构体系中的重要组成部分。

4. 我国的金融体系在计划经济时期是“大一统”的国家银行体系。改革开放后，经过一系列的改革，目前我国已形成了一个以中央银行为核心，商业银行主体，政策性银行、非银行金融机构、外资金融机构并存的合理分工、相互竞争的现代金融体系。

## 复习思考题

1. 简述各国金融机构体系的一般构成。
2. 在市场经济国家的金融体系中为什么需要一个中央银行？
3. 中央银行的制度类型有哪些？
4. 商业银行的职能及组织形式是什么？
5. 简述我国现行金融机构体系的基本情况。

## 附录　美国金融监管体系改革中几个重大理论问题

一、以金融监管体系重大改革来重建美国金融体系

美国金融危机让美国以及全球进入严重的经济衰退，而且这种经济衰退尽管已经见底但在短期内要恢复是根本不可能的。那么，这次金融危机为什么会造成美国以及全球经济的严重衰退呢？最根本的原因就是20多年来逐渐形成的美国金融体系突然崩溃，美国经济的核心金融服务业出现了重大问题。美国金融体系突然崩溃，其中的原因很多，但是新的金融运作体系没有相应的监管制度同样是重要的原因之一。因此，为了帮助美国经济重新站起来并得以复苏，就得对美国金融监管架构进行全面检讨与

改革，以此来重塑美国的金融体系。

2009年6月17日，美国总统巴拉克·奥巴马公布了美国联邦政府制定的，由奥巴马政府于2009年6月17日公布的名为《金融监管改革：新基础》（*Financial Regulatory Reform*：*A New Foundation*，又称《金融白皮书》）的改革蓝图。这份长达88页的改革方案从机构、市场、消费者保护和国际合作等多个角度，对美国金融监管体系做出了较为彻底的改革，其中包括将美联储打造成为“系统风险监管者”、设立全新的消费者金融保护机构监管金融消费产品以及对对冲基金和私募基金实施监管。6月15日，美国财政部长盖特纳和白宫国家经济委员会主任萨默斯在《华盛顿邮报》上撰文指出，这次美国金融监管系统改革的主要目的就是要弥补旧金融体系的漏洞，并确保未来不会再次发生类似于当前的金融危机。奥巴马也表示，美国金融监管体系就在于要改变当前这种监管体系的落后现状，并修补引发本次大规模金融危机的体系漏洞。也就是说，每一次美国重大金融监管制度改革都是与金融危机的爆发相关联。1929—1933年经济大萧条之后出台的《格拉斯—斯蒂格尔法案》，奠定了美国金融业近70年来分业经营的基础；2000年互联网泡沫的破灭以及2001年安然与世通破产的会计丑闻，直接催生了重塑上市公司内部治理机制与证券市场监管体系的《萨班斯—奥克斯利法案》；2007年以来的美国金融危机的爆发也促使美国对金融监管体系改革与重建，奥巴马政府公布金融监管制度改革的蓝图，就是希望重建未来若干年内美国金融市场乃至全球金融监管新框架。从《金融白皮书》所推出的金融改革蓝图来看，为了弥补旧监管体系的漏洞，并确保未来不会再次发生类似的金融危机，美国金融监管体系改革主要是从以下几个方面入手：首先，银行的资本、流动性以及杠杆率将受到严格监管，严格控制风险，防止经济动荡。其次，对冲基金必须在政府处进行注册，大型对冲基金将要受到联邦政府的监管。最后，抵押贷款以及其他消费产品将被监管，有毒资产将受到全球透明性法规的监管。这次美国金融监管制度改革旨在从监管理念、监管机构、监管手段、监管体系国内外协调等方面全面改革现有金融监管体系。也就是说，美国金融改革的蓝图将赋予美联储拥有更大的权力监管金融机构、金融产品以及金融市场交易，美联储也可能有权对大型金融机构设定资本以及流动性要求。对美联储来说，获得上述监管权力意味着其成为改革后美国金融监管体系中的系统风险监管者。这也是美联储职权在过去几十年中所经历的最大变动。创立一个由美国财政部领导的金融服务监管委员会，帮助弥补在监管方面的空白，促进政策的协调以及识别新出现的风险。成立消费者金融保护局，目的是保护美国消费者和投资人免受信用卡公司、银行和按揭市场不法行为的侵害。还希望其制定的许多新的标准能够与海外国家的新政策相协调，以创立一个相容的监管架构，具体举措包括制定相似的信用衍生产品监管规定，在对大型跨国金融机构进行监管方面签署跨境协议，以及与海外监管机构进行更好的合作。

一般来说，任何制度的改革都是一种利益重新分配，特别是重大的制度改革更是重大的利益分配。为了保证金融监管制度重大改革的顺利进行，就得协调好相关的利益关系，就得寻求其改革的理论基础。

二、美国金融危机产生的根源与实质

对于美国金融危机产生的根源，最近讨论的文献很多，众说纷纭。不过，最主要观点可以归结为几个方面，如宽松的货币政策、通过信用消费为购房者提供过度的流动性、房地产泡沫破裂、金融衍生工具泛滥、金融监管不足、评级机构评级虚假性、人性贪婪、全球经济失衡等。但是，美国金融危机应该从金融体系内在性的不稳定来探讨这种危机的根源。

从20世纪70、80年代开始，随着全球不少国家金融管制的放松，以及金融技术及网络技术的革命，全球金融体系发生了显著的变化，特别是美国金融体系更是发生了一场巨大的革命。这场革命主要表现传统银行信贷方式向新的信贷方式转变。因为从传统的银行信贷模式来看（范奥德，2007），商业银行是利用债务（通常是存款）发放并持有贷款，关注的信用风险管理以及如何将异质性资产转化为同质性债务等。美国这场金融革命后形成的新的信贷模式则是从证券化的市场获得融资，即银行资金不是来自个人存款而是直接来自证券市场。拉尔（Lall）等人（2006）对这次金融革命给出了一对更为学术化的概念，即高度关系型的金融交易及非关系型的金融交易。这次美国信贷市场的革命就是一场高度关系型金融交易向高度非关系性金融交易的转变。这种非关系性金融交易不仅使得金融机构与金融组织出现根本性的变革，而且也让整个金融交易方式与运作模式发生了很大的改变。它由传统的零售并持有为主传统的银行模式改变为“创新产品并批发”为主导新的银行信贷模式，或全球性信贷金融已经从传统银行主导的模式演变为隐藏在证券借贷背后类似为一个“影子银行体系”的金融制度安排（格罗斯，2009）。这种信贷融资体系没有传统银行的组织结构却行使着传统银行信贷运作的功能。可以说，这种金融交易方式的重大变化不仅改变个人与企业所面临的借款与储蓄的机会，也改变金融从业者的职业生态，改变了整个金融市场的信用基础，从而形成一种与传统完全不同的金融体系。因此，金融市场的系统性风险的形成与表现方式也就不一样。但是当金融市场的行为方式及信贷基础发生根本性的变化之后，如果没有相应的监管制度安排，如果没有一套适应于这种金融体系的法律及制度规则，也就无法形成一套如何来规避新金融风险的方式，金融危机爆发也就不可避免。可以说，这次美国金融危机就是在这样的一个背景下爆发的。

影子银行（Shadow Banking）就是把银行的贷款证券化，通过证券市场获得信贷资金或信贷扩张的一种融资方式（黄元山，2008）。这种新的融资方式把传统银行的信贷关系演变为隐藏在证券化中的信贷关系。这种信贷关系看上去像传统银行但仅是行使传统银行的功能而没有传统银行的组织机构，即类似一个影子银行体系存在。在影子银行中，金融机构的融资来源主要是依靠金融市场的证券化，而不是如传统银行体系那样，金融机构的作用主要是把储蓄转化为投资，融资的来源主要是存款。影子银行的证券化最为主要的产品就是住房按揭贷款的证券化。它也包括了资产支持商业票据、结构化投资工具、拍卖利率优先证券、可选择偿还债券和活期可变利率票据等多样化的金融产品与市场（克鲁格曼，2009）。住房按揭贷款的证券化是影子银行的核心所在。

影子银行的实质就是以住房按揭贷款的证券化等方式行使着传统银行的功能，但是没有传统银行的组织形式。这种证券化产品先有抵押支持债券（MBS），然后有CMO、CDO、CDS等一系列的证券化产品。这些产品的特征是投资银行将购自贷款银行不同性质的按揭贷款放入一个资产池，再依据资产的收益与风险加以分类、切割、信用加强、重新包装等程序，转换成小单位证券卖给不同的投资者。在按揭贷款证券化后，由于银行无须持有贷款至到期为止，这样贷款银行既可把贷款的各种风险转移出去而激励贷款银行的信贷规模快速扩张，也可以调整债权的期限结构使长期债权得以流动。同时，在基础资产风险锁定的情况下，证券化不仅使得借款人的借款成本降低，增加了借款人申请贷款的便利，也因为投资产品增加有助于分散投资者风险。但是从CMO出现开始，住房按揭证券化债券产品变得越来越复杂且越来越多。后来的CDO产品也就是在此基础上形成了，并由此衍生出一系列的证券化金融衍生工具。

一般来说，无论是CMO还是CDO，其产品创新的重点是要让这些产品的总价值高于尚未加以重组证券的市值，这是证券发行商的投资银行获利的空间。因此，投资银行往往会以高薪聘请金融工程师来设计各种不同的证券化衍生产品来满足不同的投资者需要。在设计这些金融衍生产品时，基本上假定金融风险是呈正态分布的，这样证券化产品就能够通过复杂的金融数理模型来分散与管理风险。对于投资银行来说，由于其了解产品特性，也了解交易部门市场的变化，因此其对风险与市场状况十分敏感，但是对于投资者来说，则是处于严重的信息不对称状态。还有发行证券商在设计证券化产品时，为了增加利润及提高杠杆率，往往会将这组按揭贷款资产抽离到一个特殊目的的法人主体（Special Purpose Entity，SPE），通过法人主体来运作证券化产品。这样法人主体可以就利用短期融资购买中长期债券把金融杠杆不断地放大，信用、流动性及利率等风险也就在这个过程中被无限放大。

由于此类证券化产品设计得十分复杂，由于这些产品存在严重的信息不对称，投资银行为了吸引投资者，希望通过信用内部增级与外部信用增级来增加证券化产品的信用度。比如请信用评级机构评级与保险公司给这些产品的风险担保。由于这些产品新颖、复杂以及信用评级机构与保险公司在产品设计时就参与其事，由于相关的利益关系，从而在这些产品在评级时往往会偏离其应该扮演的中立裁判角色，从而让这些严重证券化包装的衍生产品卖给投资者。而法人主体的证券化产品通过信用内部增级（评级公司评级）和外部信用增级（保险公司担保）之后，在投资银行为中心的场外交易系统卖给各种不同投资者如对冲基金、保险公司、退休基金、银行等。而这种投资银行为中心的场外交易市场不仅杠杆率高，而且监管松散或无法受到证券交易规则监管，从而该证券化产品得到快速发展。影子银行就是通过上述的途径与方式让资本市场上的传统机构债券投资者及对冲基金的钱源源不断地直接流入美国住房消费者手上。

影子银行之所以能够在短期内迅速发展，就在于影子银行采取了一系列的所谓的金融创新，突破了现有的银行监管制度与体系，把金融衍生品的设计建立在不存在的假定之上，并形成一套高风险的运作方式。比如说，影子银行中的证券化产品基本上都是通过高度数学化模型计算风险而设计出来的，即这些资产的品质如果能够维持在模型的安全范围内或房价在上升，那么影子银行不仅能够有效运作，而且这种证券化按揭产品表面上也能够分散风险，但是房价上涨假定不成立或房价下跌时，这种广泛分散的风险则会把其中的风险无限放大。由于影子银行大量采取的是以产品创新及批发的模式，即负债方由短期的商业票据来提供流动性资金并通过资产和负债的长短错配来获得利差收益，加之没有谨慎监管的场外交易，就容易导致这类金融机构追求过高的杠杆率而形成巨大的潜在风险。

从上述影子银行的内在性质来看，近10多年来，这种融资体系的变革，造就了美国经济以及2001年之后楼市的虚假繁荣。在繁荣期间，买房人、贷款银行或贷款中介机构、各大投资银行、对冲基金、评级机构等全部大赚特赚，皆大欢喜。在这种情况下，影子银行的规模迅速扩大，其风险也就越积越多。由于影子银行各种工具与产品都是依靠货币市场的短期票据来购买大量风险高而流动性较低的长期资产，并通过这种方式无限放大的信用扩张，这就使得影子银行如传统银行挤兑时一样不堪一击。而在这种情况下，传统银行可以通过央行最后贷款人制度及存款保险等机制来降低这种风险，但是影子银行则没有这种保护机制。还有由于影子银行在证券化的过程中每一步都存在着较大风险及信用丧失，因此随着影子银行扩张链条的无限延伸，其风险也在无限的放大。当影子银行这种无限扩张链条某一个环节出现问题或风险暴露出来时，整个影子银行体系就立即会土崩瓦解了。正如格罗斯所指出的那样，影子银行体系利用杠杆和金融创新，在25年来给全球经济扩张注入了巨大能量，给全球金融市场给出了无节制的信贷扩张，但是正是影子银行的运作风险的内在性也摧毁了美国金融体系，给美国以及全球经济带来严重的衰退。因此，美国金融监管体系的改革就是要重建美国的金融体系，把美国经济带出影子银行的阴影。

三、金融监管的目的

一般来说，金融监管的目的就是要建立起公平公正的市场、保护投资者利益以及防范系统性的金融风险。不过从传统的监管理念来看，这三个目标可归结到一点，就是对单个的金融机构市场准入有最低资本要求。比如说，《巴塞尔协议》的第一支柱就是最低资本充足率的要求。资本要求是银行监管的根基，而监管机构采取资本要求的根本原因就是维护单个被监管的金融机构的偿付能力，保护债权人的利益。也就是说，在传统的监管理论来看，在债权人与债务人的委托代理关系中，要保护债权人的利益，对代理人行为的限制主要是通过资本要求来现实的，因此资产风险的高低在于资本要求的规模大小。但是“9·11事件”的发生以及电子银行的出现，特别是这次美国金融危机所引起的金融体系的动荡，对传统的金融监管理念提出了巨大的挑战，即《巴塞尔协议》所提出的对监管的资本要求根本上无力应对这次美国金融危机。因为如果以单个金融机构的偿付能力为基础，也就无法确保整个金融体系稳定。

如果金融监管目的是为了确保金融体系的稳定，那么以风险资本要求为基础的传统金融监管体系则无力实现这个目标（莫里斯，等，2009）。因为从金融市场的基本特性来看，任何一个单个金融机构（特别是大型的金融机构）所采取的行动都会产生巨大的溢出效应或存在经济行为的外在性，这种外在性会影响其他金融机构的利益。在这种情况下，金融体系稳定性便具有公共产品的性质。与其他公共品一样，当市场失灵时，往往会导致公共产品的供给缺乏效率。在这种情况下，每一个金融机构行为看上去是正常合理的，但是实际可能导致整个金融市场的无效率。这就是哈丁所指出的“公地悲剧”的问题。

哈丁指出，在一个公共产权的牧场放牛，每一个放牛者都会选择过度放牧。因为在共有产权的牧场，放牧者可将放牧的收益归自己而让放牧的成本由全体放牛者来承担。由于每一个放牧者都会过度放牧，这必然会导致整个牧场的资源很快就耗尽从而导致“公地悲剧”。金融市场的稳定性同样是一块“公地”。它是无形资产，产权界定非常困难。如果没有一个特定组织来制定游戏规则并保证这些游戏规则有效执行，那么就必然产生金融市场的“公地悲剧”。因为金融市场的每一个当事人都有可能会过度地使用这个金融体系的资源，直至这个金融体系的资源耗尽为止。而金融监管的目的则是制止这种“公地悲剧”出现的一种方式。

从这次美国金融危机所发生的事件来看，传统的违约风险管理机制都是针对特定交易对象而设立的，如果金融市场出现问题，就可用所要求的资本来应对。但是这次金融危机中华尔街五大投资银行突然倒闭或被接管，并非是这些投资银行的资本没有达到所要求的标准，而是由于它的贷款人不再向它提供贷款，而让这些投资银行陷入流动性困境的。比如说，雷曼兄弟银行倒闭引起了美国国际集团（AIG）陷入极度风险之中，这并不是因为美国国际集团在很多交易上是雷曼兄弟银行交易对家，而是因为雷曼兄弟银行倒闭令各种COS价格飙升，作为COS的大庄家的美国国际集团立即因无能力支付而处于巨大亏损之中。当两大金融机构先后出事，整个市场立即认为所有金融机构都面临问题，最终连货币市场也无人问津，金融市场流动性枯竭。资产市场的流动性消失之后，各金融机构套现出现重重困难，从而使得整个金融体系立即崩溃。这些就是整个金融市场系统性风险突然爆发的结果。

但是金融市场系统性风险为什么会突然爆发？为什么爆发之后会发展到如此不可收拾的地步？就如第二部分所做的详细的分析，就是影子银行的体系下金融交易过度、金融衍生工具过度盛行、金融杠杆率过高、金融创新过度、没有受监管的对冲基金过度发展等过度使用金融体系的结果，就如“公地悲剧”一样。因此，如何来减少以及避免“公地悲剧”的出现成了这次美国金融监管体系改革最为核心的问题。也就是说，这次美国金融监管体系最为重大的改革就是要改变传统的监管理念，即金融监管的目的不仅是要确保单个金融机构的偿付能力，更重要的是要确保金融体系的整体稳定，要加强流动性的监管，减少金融机构特别是特大金融机构对金融体系的过度使用。

因此，从《金融白皮书》的内容来看，美联储将被赋予权力来监管美国规模最大、最具系统关联性的“一类金融控股公司”，而这些可能对整个系统构成威胁的机构本身也将因此在资本金和流动性方面面临更高的要求。此外，美联储还首次肩负起对美国市场上对冲基金和私募基金实施监管的责任。美联储对金融市场的监管并非单个金融机构所面临的风险实施监管，而对整个金融体系可能面临的系统性风险进行监管。这些正好切中这次金融危机的要害。

因为我们可以看到，这次美国金融危机的根源就在于现有金融机构通过--系列的所谓金融创新从而形成了一个与传统金融体系完全不同的影子银行体系。其实，影子银行盛行也是与1988年《巴塞尔协议》推出后的“监管套利”有关（巴茨，等，

2008）。这种影子银行的核心就是通过一系列的金融产品、金融工具、金融市场的创新来突破既有金融监管体系，以便在这种无监管的过度金融交易过程中利润最大化。无论几大投资银行还是大量对冲基金涌出都是如此。可以说，无论是CDO还是CDS等金融产品的出现，还是大量场外交易存在；无论是国际大宗商品的炒作，还是国际原油价格坐过山车，基本上是与这些金融机构的出现和炒作有关。但是目前五大投资银行消失了，而大量的对冲基本则死灰复燃。最近无论是国际油价短期内快速飙升、国际金融市场汇率巨大的波动，还是大宗商品的价格突然上涨都是与这些对冲基金疯狂的炒作有关。在美国，对冲基金具有绝对优势，因此要保证美国以及国际金融市场的稳定并减少其风险，就得把对冲基金等金融机构纳入金融监管的范围内。正因为美国对冲基金强势，奥巴马的金融改革仍然阻力重重。

从改革蓝图可以看到，这次金融监管改革的目的就是要改变以风险导向的资本要求为基础的传统监管模式，而是要保证整个金融体系稳定。有针对性地对某种金融机构实施原始杠杆率限制，用流动性要求来限制资产组合的构成，而不是仅仅约束其规模大小。这些都是当前美国金融监管体系改革的核心，也是美国提振美国金融市场信心，保证美国金融市场体系稳定的关键所在。可以说，这次美国金融监管制度改革成败就在于这种监管理念改变，就在于对这些大型对冲基金制定什么样的市场规则，让这些对冲基金在什么样的范围内运作。比如说，对金融机构管理层的薪酬标准的设定、对金融机构杠杆率设置上限的预防性规则的设定等都是这次金融监管制度改革的重要方面。但是把这些金融机构纳入监管范围或加强对这些金融机构的监管，也引起华尔街等相关利益者以金融市场的竞争力为幌子强烈反对这种改革。这种利益博弈的结果如何还得拭目以待。

当然，这里还有一些重大理论问题，就是在美联储获得上述的巨大监管权力，成为金融监管体系中的系统风险监管者后，美联储将面临不少问题。尽管在改革蓝图中建议成立以财政部部长牵头的金融服务监管委员会形成制衡机制，但是学界对“超级监管者”权力过大的反对声仍然很多。因此，美国国会在此问题上还没有达成共识。这些都将是美国金融监管体系改革后面临的新问题。

资料来源：易宪容. 美国金融监管体系改革中几个重大理论问题[J]. 经济学研究，2010（1）.

# 第五章　商业银行

## 第一节　商业银行概述

商业银行是现代金融业的代表机构，也是现代金融机构体系中的主体。商业银行是商品货币高度发展的产物，是从货币经营业发展而来的，商业银行的演进经历了从货币经营业到早期银行、现代银行的发展过程。

### 一、商业银行的起源与发展

#### （一）商业银行的起源

最早的现代商业银行产生于英格兰，因此我们就从英文中“银行”（Bank）一词说起。其实，英文中 Bank 来源于意大利语 Banca，原意是指商业交易所用的长凳子和桌子。英文 Bank 原意是指存放钱财的柜子，后来就泛指专门从事货币存、贷和办理汇兑、结算业务的金融机构。汉语中的“银行”是指专门从事货币信用业务的机构。

近代银行起源于文艺复兴时期的意大利，当时的意大利处于欧洲各国国际贸易的中心地位。早在 1272 年，意大利的佛罗伦萨就出现了一个巴尔迪银行。1310 年，佩鲁齐银行成立。1397 年，意大利又设立了麦迪西银行，10 年后又出现了热那亚乔治银行。当时的这些银行都是为了方便经商而设立的私人银行，比较具有近代意义的银行则是 1587 年设立的威尼斯银行。

此后，世界商业中心由意大利移至荷兰以及欧洲北部。1609 年，荷兰成立阿姆斯特丹银行。1621 年，德国成立纽伦堡银行，1629 年又成立了汉堡银行。这些银行除了经营货币兑换、接受存款、划拨款项等业务外，也发放贷款。这时所经营的贷款业务仍带有高利贷性质，而且贷款对象主要是政府和拥有特权的企业，大多数商业资本家仍得不到信用支持。

与此同时，在英国出现了通过金匠业发展而来的银行。1653 年，英国建立了资本主义制度，英国的工业、商业都迅速发展，需要有可以提供大量资金融通的专门机构与之相适应。金匠业以自己的信誉作担保，开出代替金银条块的信用票据，并得到了人们的广泛接受，具有流通价值，便产生了更具有现代意义的银行。1694 年，英国政府为了同高利贷作斗争以维护新兴资产阶级发展工商业的需要，同时也是为了英法战争筹款的需要，设立了一家专门为战争筹款的机构，由 1 286 名商人以股份制的形式筹集了 120 万英镑，成立了英格兰银行。英格兰银行成立以后就向工商企业发放低利率的贷款，英格兰银行的成立，标志着现代银行的诞生。

（二）商业银行的发展

1. 商业银行的形成途径

西方国家商业银行产生的社会条件和发展环境各不相同，归纳起来主要有以下两条途径：

（1）从旧的高利贷银行转变而来。早期的银行是在资本主义关系还未建立时成立的，当时贷款的利率非常高，属于高利贷形式。随着资本主义生产关系的建立，高利贷因利息过高影响资本家的利润，制约着资本主义的发展。此时的高利贷银行面临着贷款需求锐减的困境和关闭的威胁。不少高利贷银行顺应时代的变化，降低贷款利率，转变为商业银行。这种转变是早期商业银行形成的主要途径。

（2）按资本主义组织原则，以股份公司形式组建而成的现代商业银行。大多数商业银行都是按照这一方式建立的。最早建立起资本主义制度的英国，也最早建立资本主义的股份制银行——英格兰银行。

2. 商业银行的发展模式

尽管各国商业银行产生的条件不同，且经过几个世纪的发展，商业银行的经营业务、服务范围发生了巨大的变化，但是纵观世界商业银行的发展过程，基本都遵循着两种模式。

（1）英国式融通短期资金模式的商业银行。这一模式深受“实质票据论”的影响和支配，资金融通有明显的商业性质，因此主要业务集中于短期的自偿性贷款。银行通过贴现票据发放短期贷款，一旦票据到期或承销完成，贷款就可以自动收回。这种贷款由于与商业活动、企业产销相结合，所以期限短、流动性高，商业银行的安全性就能得到一定的保证，并获得稳定的利润。但是其不足之处在于使得商业银行的业务发展受到一定的限制。

（2）德国式综合银行模式的商业银行。与传统模式的商业银行相比，综合式的商业银行除了提供短期商业性贷款以外，还提供长期贷款，甚至可以直接投资股票和债券，帮助公司包销证券，参与企业的决策与发展，并为企业提供必要的财务支持和咨询服务。这种综合式的商业银行有“金融百货公司”之称，有利于银行开展全方位的业务经营活动，充分发挥商业银行的经济核心作用，但是会增加商业银行的经营风险。

## 二、商业银行的概念

商业银行是现代金融体系的主体，距今已有300多年的历史，是一国银行体系中最重要的金融机构。早期的商业银行主要吸收短期存款，并相应发放短期商业贷款，商业银行由此而得名。随着资本主义经济的发展，商业银行也在不断发展演变，其经营对象远远超出了传统的业务范畴，现代意义上的商业银行是具有信用创造功能、以经营存放款和办理结算业务为主要业务、以获取利润为主要经营目标的综合性金融机构。

在西方金融体系中，商业银行是某一类银行的抽象化的一般概念，具体到某一家银行时一般并不直接称为商业银行，如美国的国民银行、英国的存款银行、日本的城市银行、法国的信贷银行等都属于商业银行，但是都没有直接命名为商业银行。可见商业银行是一个总体抽象概念，不是指某一家或某几家银行，而是指具有某种共同职能和特征的一类银行。

## 三、商业银行经营的特殊性

从银行的产生和发展来看，银行经营的商品是单一形态的货币，因而银行是一种特殊的企业。虽然它与一般的工商企业一样也追求利润，也存在经营风险，但是具有不同于一般工商企业的特殊利益和风险。

### （一）来自资本高杠杆率的特殊利益

在经营过程中，银行不需投入很多的自有资本即可进行经营，并可获取可观的收益，资本的财务杠杆率非常高。在资本高杠杆率的作用下，银行作为信用中介，以其所拥有的巨额信贷资本、兼有理论知识和丰富经验的大量专业管理人才，在业务经营活动中创造出了丰厚的收益。但随着银行同业以及非银行金融机构的发展和竞争能力的增强，银行业生存发展的环境越来越艰险，风险也越来越大。为了强化银行业抵御风险的能力，高杠杆率带来的特殊利益正在受到限制。

### （二）银行的特殊风险

作为经营货币信用的特殊企业，银行与客户之间并非一般的商品买卖关系，而是一种以借贷为核心的信用关系，这种关系在经营活动中不是表现为等价交换，而是表现为以信用为基础、以还本付息为条件的借贷，即银行以存款方式向公众负债，以贷款方式向企业融通资金。银行经营活动的这种特殊性，在激烈的竞争中产生出特殊的风险。

1. 信用风险

信用风险是指借款人不能或不愿按期偿还贷款而使银行遭受损失的可能性。银行发放贷款的资金来源主要是公众的存款，如借款人不能按期偿还贷款，银行只能用自有资金去抵偿信用风险所造成的损失。

2. 经营风险

银行的资产业务是运用资金的业务，负债业务是吸收资金的业务，当银行资产与银行负债的安排在总量上或期限结构上出现失衡时，会直接造成银行的经营风险。

3. 公信力风险

银行能吸收不同期限和不同数量的资金，是基于公众对银行的信任。银行一旦失去公众的信任，银行资金来源肯定会出现问题。

4. 竞争风险

企业常借助于产品差别来增强自身的竞争力，但在当代，电子技术已广泛应用于银行业务研发之中，并且信息传播速度日益加快，银行业很难以产品的差别在金融业中永远保持领先地位。因此，银行业在经营、管理、价格以及其他方面将面临更为广泛的竞争。

## 四、商业银行的职能

商业银行的特殊性质决定了商业银行的基本职能，一般来说商业银行具有以下几个主要职能：

### （一）信用中介

信用中介是指商业银行通过负债业务，将社会上的各种闲散资金集中起来；通过资产业务，将所集中的资金运用到国民经济各部门中去。作为存款金融中介机构，银行对资金多余单位和资金短缺单位都提供金融服务，为借贷活动充当信用中介，这是银行最基本的职能。银行的信用中介职能对经济的发展起着极大的推动和促进作用。银行的信用中介职能将社会各方面的闲置货币集中起来，并将其转化为现实的生产和流通资本，使闲置货币得到充分有效地运用，从而减少闲置货币在社会总资本中的份额，促进经济发展。

### （二）支付中介

支付中介职能是指商业银行利用活期存款账户为客户办理各种货币结算、货币收付、货币兑换和转移存款等业务活动。在执行支付中介职能时，商业银行是以企业、团体或个人的货币保管者、出纳或支付代理人的资格出现的。由商业银行充当支付中介，为客户进行非现金结算，大大减少了现金的使用，节省了社会流通费用，加速了结算过程和货币资金的周转，起到了促进扩大再生产的作用。借助于支付中介职能，商业银行成为国民经济活动中的现金出纳中心和转账结算中心。

### （三）信用创造

信用创造是指商业银行利用其吸收活期存款的条件，通过发放贷款、从事投资业务而衍生出更多的存款，从而扩大货币供应量。商业银行的信用创造包括两层意思：一方面，现代商业银行产生后，打破了贵金属的垄断，创造了银行券和支票等信用流通工具，既节约了流通费用，又能及时满足经济发展对于流通手段和支付手段的需要。另一方面，借助于支票流通和非现金结算制度，银行的信用活动还可以创造出大量的派生存款，从而使银行可以超过自身资本和吸收的存款数额来扩大贷款规模。通过其信用创造的制约机制，商业银行成为调节宏观经济的杠杆。中央银行可以通过货币政策工具的使用，有力地影响商业银行信用创造的规模，从而有效地调控全社会的货币供应量，影响整个社会的经济活动水平。

### （四）金融服务

商业银行的金融服务职能是指商业银行通过自身的业务活动为满足全社会对货币的各种需要而提供多样化的服务。商业银行联系面广、信息灵通，特别是电子计算机的广泛应用使商业银行具备了为客户提供更好的金融服务的技术条件。社会化大生产和货币流通专业化程度的提高又使原本属于企业自身的货币业务也交由银行代理，如发放工资、催收贷款、代理支付等。因此，随着商业银行业务领域的不断扩展，与客户的联系日益密切，商业银行在整个国民经济中的影响也越来越大。

## 五、商业银行的类型

就历史的观点而论，商业银行大致可以说是遵循两大主流传统发展的，即职能分工型模式和全能型模式。

### （一）职能分工型模式

职能分工型商业银行又称分离型商业银行，其特点是在法律规定下金融机构具有明确的分工只能分别专营某种金融业务。有的专营长期金融业务，有的专营证券业务或信托、保险等业务。在这种模式下，商业银行主要经营银行业务，特别是短期工商信贷业务。这类商业银行的类型是在20世纪30年代资本主义经济危机之后形成的，并以英国、美国、日本为代表。

### （二）全能型模式

全能型商业银行又称综合性商业银行，其特点是可以经营一切银行业务，即可以办理各种存款、贷款及证券业务或其他业务。这类商业银行的设置以德国最为典型。

20世纪70年代以来，上述两种类型的商业银行经营业务的范围和界限开始有所突破，职能分工型商业银行开始向综合化方向发展。其原因在于：在金融业竞争日益激烈的条件下，商业银行面对其他金融机构的挑战，利润率不断降低，这就促使商业银行必须从事更广泛的业务活动以加强竞争实力。此外，随着负债业务结构不断向长期、稳定的方向发展，银行业逐渐从事长期信贷和长期投资活动。在此形势发展之下，实行职能分工型商业银行的国家也逐步放宽对商业银行业务分工的限制。

## 六、商业银行的组织制度

商业银行的组织制度是一个国家用法律形式所确定的该国商业银行体系、结构及组成这一体系的原则的总和。目前，各国商业银行产生和发展的经济条件不同，因而组织形式也存在一定的差异。世界上商业银行的组织制度主要有以下四种类型：

### （一）单元银行制

单元银行制又称单一银行制，是指商业银行业务由各个相互独立的银行本部经营，不设立或不允许设立分支机构。每家商业银行既不受其他商业银行的控制，也不得控制其他商业银行。这种银行制度以美国为典型代表。

这种银行制度的优点是有利于自由竞争，防止银行垄断；有利于银行和地方经济的融合；银行具有较高的独立性和自主性，业务经营的灵活性也较大；银行管理层较少，有利于银行内部的经营管理。其缺陷是银行规模较小，经营成本高，不易取得规模经济效益，抗风险能力差；使银行易受该地区、该行业经济发展状况的影响；业务发展和金融创新受限制；作为金融监管部门要面对大量的金融机构，从而削弱了金融监管的效果。

### （二）总分行制

总分行制是指法律上允许在总行以外，在国内外其他地区设立分支机构的一种银行制度。这种银行一般在大城市设立总行，在中心城市设立分支机构，所有分支机构统一由总行领导。这种银行制度以英国为典型，目前世界上大多数国家都实行这种银行制度。

与其他银行制度相比，总分行制优点十分明显，即分支机构多、分布广，便于吸收存款、扩大经营规模、增强银行实力；大量的分支机构便于资产在地区和行业上的分散，降低放款的平均风险，提高银行的安全性；银行规模较大，易于采用现代化设备，提供多种便利的金融服务，取得规模效益；银行总数少，便于金融监管当局的监管。

当然，总分行制也有一定缺点，即不利于自由竞争，该制度容易造成大银行对小银行的吞并，形成金融垄断，使小银行处于不平等的竞争地位；银行规模过大，内部层次结构较多，加大了银行内部的控制难度。但是总的来看，总分行制更能适应现代经济发展的需要，因而成为目前各国普遍采用的一种银行制度。

（三）持股公司制

持股公司制又称集团银行制，是指一个集团成立持股公司，再由该公司收购或控制两家以上的若干独立的银行而建立的一种银行制度，这些独立银行的业务和经营决策由持股公司控制。

持股公司制的优点是能够有效地扩大资本总量，增强银行的实力，提高抵御风险和参与市场竞争的能力，弥补单元银行制的不足。但是实行持股公司制的缺点在于容易形成银行业的集中和垄断，不利于银行之间开展竞争，并在一定程度上限制了银行经营的自主性，不利于银行的创新活动，阻碍了银行业的发展。

（四）连锁银行制

连锁银行制又称联合银行制，是指由一个人或某一个集团购买若干独立银行的多数股份，进而控制这些独立银行的业务和经营决策。这种控制可以通过持有股份、共同指导或法律允许的其他方式完成。连锁银行的每个成员都有自己的独立法人地位，拥有自己的董事会，但是由于受控于同一人或集团，因此还有统一的决策机构。

连锁银行制与持股公司制具有一定相似之处，但是也有区别。连锁银行制不设置持股公司，而是通过若干家银行互相持有对方股票，互相成为对方股东方式结成连锁关系。连锁银行虽然表面上是独立的，但是在业务上互相融合、互相支持，常常调剂余缺、互通有无，而且其控制权往往掌握在同一财团手中，成为实质上的分支银行制。这两种银行制度都以美国最为典型。

## 第二节　商业银行的主要业务

商业银行在金融机构中经营范围最广泛、业务量最大、业务种类最丰富。总的来看，商业银行的业务可分为负债业务、资产业务、中间业务和表外业务。

## 一、负债业务

商业银行的负债业务是银行融通资金、筹措经营资本和资金的业务，也就是形成其资金来源的业务。负债业务决定商业银行资金来源的规模和结构，从而决定商业银行资金运用的规模和结构。负债业务是资产业务的基础和前提。商业银行的负债主要包括自有资本、存款负债和借入负债三种类型。

### （一）自有资本

自有资本又称银行资本或资本金，是指银行为了正常营运而自行投入的资金，代表股东对银行的所有权。自有资本是商业银行实力强弱的标志之一，也是商业银行经营发展和业务扩展的基础。自有资本的多少还体现商业银行资本实力对债权人的保障程度。在现代商业银行中，自有资本往往是其资金来源的一小部分，但是其作用巨大，可以减少商业银行的经营风险，维持商业银行业务的正常经营和使商业银行保持适度的资产规模。银行以什么形式获得的资金可以被认定为是银行资本金呢？在过去较长的时期内，银行资本金的标准是由各国政府金融监管部门定义的。随着金融国际化进程的推进，巴塞尔委员会颁布的《巴塞尔协议》（《关于国际银行的资本衡量和资本标准》）的思想逐步被世界上大多数国家认可，成为各国政府定义国际银行资本金的统一标准。《巴塞尔协议》规定：国际银行的资本金由一级资本（核心资本）和二级资本（附属资本）构成。一级资本由股本、资本盈余、法定公积和未分配利润构成；二级资本由债务性资本构成，具体细节可由各国政府自行定义。

商业银行的资本包括两部分：一是商业银行在开业注册登记时所载明的银行经营规模的资金。各国的中央银行均规定商业银行开业时注册资本金必须要达到的一定数额，如我国中央银行目前规定，设立商业银行、城市合作银行的注册资本最低数额分别为 1 亿元、10 亿元，而设立城市信用社的注册资本金最低数额为 100 万元。二是商业银行在业务经营过程中通过各种方式补充的资本金，如股份制银行通过发行股票增资扩股、国家银行通过国家财政注入资金等。

从严格意义上讲，银行资本应属净值，不应算在负债之内，而将其列入负债方只是为了表明它与各种负债共同构成了银行的资金来源，我们不能因此而将银行的债权与所有权相混淆。

### （二）存款负债

存款是商业银行最主要的资金来源，也是商业银行最主要的负债。存款为银行提供了绝大部分资金来源，并为实现银行各职能活动提供了基础。按照传统的存款划分方法，商业银行的存款分为活期存款、定期存款和储蓄存款。

1. 企业活期存款

活期存款是存款人可以随时存入和提取的存款。存款人可以在自身的存款额度内随时签发支票，或进行日常支付和结算。活期存款存取数量大、流通速度快、支付频繁，银行需要付出大量的人力物力，因此西方商业银行对活期存款一般不支付利息，活期存款是商业银行的“专利业务”，是商业银行创造存款货币的基础。

2. 企业定期存款

定期存款是指存款人在银行存款时先约定存款期限，到期才能提取本金和收取利息的存款。若存款人提前支取必须承担相应的利息损失。定期存款一般采用记名、存单方式存取。定期存款具有较高的稳定性，是商业银行吸收外来资金中较可靠的部分，可用于中长期贷款业务，因此各国商业银行均给予较高的利息。

3. 居民储蓄存款

储蓄存款一般是个人或非营利单位为积蓄货币，取得利息收入而采用的一种凭存折或存单提取的存款方式，包括活期储蓄存款、定期储蓄存款等。对储蓄存款一般要支付利息，在商业银行负债业务中，居民储蓄存款是最普遍、最重要的业务之一。其特点是易变性强，对于通货膨胀、经济波动的敏感性高，如果出现挤兑，容易引发危机。

### （三）借入负债

商业银行在自有资本和存款不能满足放款需求时，或银行资金的流动性不足时，可以通过各种借款主动寻求资金，因此借款是商业银行的主动负债。商业银行借入资金主要有以下渠道：

1. 向中央银行借款

商业银行向中央银行借款的形式主要有两种：一种是直接借款，即再贷款。再贷款是指商业银行以政府债券等信用等级较高的证券作为抵押担保，向央行贷款获得资金融通的融资行为。央行提供的再贷款以短期为主，主要是用于解决商业银行调剂头寸、补充储备等需要。另一种是间接借款，即再贴现。在市场经济发达的国家，由于商业票据和贴现业务的广泛流行，再贴现成为商业银行向中央银行借款的主要渠道；在商业票据信用不普及的国家，商业银行主要采取再贷款的形式向中央银行借款。

2. 向其他金融机构借款

向其他金融机构借款又称为同业拆借，是指金融机构之间的短期资金融通，主要用于日常资金周转，是解决短期资金余缺、调剂法定准备头寸而相互融通资金的重要方式。

3. 向国际金融市场借款

国际金融市场特别是欧洲货币市场交易量大，资金来源充裕，借款手续简单，资金流动性强，受政府管制少，调拨资金灵活，利差小。商业银行很愿意采用这种借款渠道，尤其是在国内信贷资金紧张时，向国际金融市场借款是商业银行重要的资金来源。

4. 向社会公众借款

商业银行发行中长期金融债券借入资金，主要是适应中长期投资和放款的资金需要或作为附属资本的来源。向社会公众借款是商业银行以发行人的身份直接向货币所有者举借债务并承担债券利息的融资方式。这种渠道获得的资金来源稳定，但是资金成本较高，增大了银行经营的风险。

## 二、资产业务

资产业务是运用资金的业务，通过对这种业务运作状况的考察，能反映出银行资金的存在形态及银行所拥有的对外债权。商业银行的资产业务按资金运用方式可分为现金资产、信贷资产和证券投资。

### （一）现金资产

现金资产是商业银行应付客户随时提现的资产准备，通常被称为存款准备金。现金资产包括库存现金、存放在中央银行的准备金、存放同业的现金和结算中占用的现金。现金主要为满足商业银行日常管理工作中客户提存、营业支出等需要，是商业银行经营中必不可少的资产组成部分，是银行信誉的基本保证。现金资产不能给银行带来收益，且保管费用较高，因此商业银行一般都把现金资产控制在法律规定的最低标准之内。

### （二）信贷资产

信贷资产是银行发放的各种贷款。贷款是商业银行取得利润的主要途径，是商业银行与客户保持良好关系的重要条件，也是商业银行最主要的资产，一般占商业银行总资产的50%~70%。

1. 商业银行的贷款种类

商业银行贷款业务活动十分复杂，为了便于经营，通常依据贷款期限、贷款用途、贷款的保障程度和贷款质量等对其进行分类。

（1）按贷款期限不同，贷款可分为短期贷款、中期贷款和长期贷款。短期贷款是指贷款期限在1年以内的贷款；中期贷款是指贷款期限在1~5年的贷款；长期贷款是指贷款期限在5年以上的贷款。

（2）按照贷款用途不同，贷款可分为工商贷款、不动产贷款和消费贷款。工商贷款是指发给工商企业的贷款，是商业银行最主要的贷款；不动产贷款是指以土地、房地产等不动产作抵押而发放的贷款；消费贷款是指贷放给个人消费者满足其消费需求（大多为高档耐用消费品）的贷款，消费贷款按用途不同又可分为住房贷款、汽车贷款、助学贷款和度假旅游贷款等。

（3）按照贷款的保障程度不同，贷款可分为信用贷款、担保贷款和抵押贷款。信用贷款是指银行完全凭借客户的信誉、无须提供抵押物或第三者保证等任何担保而发放的贷款；担保贷款是指商业银行凭借客户与担保人的双重信誉而发放的贷款；抵押贷款是指商业银行凭借客户提供的一定的有价值的资产作为抵押而发放的贷款。

（4）按照贷款质量不同，贷款可分为正常贷款、关注贷款、次级贷款、可疑贷款和损失贷款五类。正常贷款是指借款人能够履行借款合同，有充分把握按时足额偿还本息的贷款；关注贷款是指贷款的本息偿还仍正常，但是存在一些可能对偿还贷款产生不利影响的贷款；次级贷款是指借款人的还款能力出现明显问题，依靠正常收入已无法保持足额偿还本息的贷款；可疑贷款是指借款人无法足额偿还本息，即使执行抵押或担保，也肯定要造成一部分损失的贷款；损失贷款是指采取了所有可能的措施和一切必要的法律程序之后，本息仍无法收回，或只能收回极少部分的贷款。

2. 贷款的原则

贷款原则是银行在办理贷款业务时遵循的一些基本原则。我国目前的贷款原则是安全性、流动性和盈利性。所谓安全性，就是商业银行发放的贷款必须要保证本金的安全。流动性，即商业银行发放的贷款必须保证有足够的流动性，确保到期收回，这样既可以满足客户提存的需要，又可以满足客户的借款需要。盈利性，即商业银行发放的贷款必须保证盈利。

在西方国家，为了保证贷款的安全与盈利，银行非常重视对借款人信用情况的调查与审查，根据实践总结出了一套评价标准，即“5C”标准。

（1）品德（Character），即借款人是否具有偿还债务的意愿和能否严格履行合同，过去是否有一些不良的品德记录。

（2）才能（Capacity），即借款人的才干、经验、判断能力、业务素质优劣等。没有才能容易导致投资失败，贷款的安全性较低。

（3）资本（Capital），即借款人资本的数量和真实性。借款人如果资本雄厚，则贷款的风险较小。

（4）担保或抵押品（Collateral），即贷款申请人用作还款保证的抵押物。有担保或抵押品的贷款比信用贷款风险要小得多。

（5）经营环境（Condition），即借款人的行业在整个经济中的发展趋势、政局变化、经济周期、同业竞争情况。此外，对企业自身的经营状况，如技术水平、劳资关系和购销条件也应考虑在内。

### （三）证券投资

证券投资是商业银行购买有价证券来获取一定收益的资产业务。其目的或是为了以后按高价出售谋取投机利润，或是为了获取利息、股利和取得对企业的控制权，还可能是为了增加银行资产的流动性，降低风险性。因此，商业银行持有的短期证券资产又被称为“第二准备金”。

## 三、中间业务

中间业务是指商业银行不动用或较少动用自己的资金，以中间人的身份替客户办理收付和其他委托事项，提供各类金融服务并收取手续费的业务。商业银行的中间业务主要包括结算业务、代理业务、信息咨询业务、信托业务和租赁业务等。

### （一）结算业务

支付结算是商业银行代客户清偿债权债务、收付款项的一种传统的中间业务。其特点是业务量大、风险小、收益稳定。现代结算业务主要有代收业务、汇兑业务、信用证业务和信用卡业务。

代收业务是商业银行受客户委托，代替客户收进货币凭证和商品结算凭证的业务。商业银行办理该业务时，只收取一定的佣金。当客户从他人手中收到其他银行的支票时，客户可以转交给自己的开户行，委托其从付款行代收。客户也可以将有价证券交给商业银行，委托其代收利息和股利等。在异地或国际贸易中，商品发售者可以将凭证交由商业银行，委托其代理收款。

汇兑业务是客户把款项交付商业银行，再由商业银行将款项支付给异地收款人的一种业务。银行在汇兑业务中可以占用客户一部分资金，因为从客户把款项交给银行起，到外地银行把款项付给收款人止，中间总有一段时间间隔。在这段时间内，银行就可占用汇款，尽管占用的时间一般较短，但是汇兑周转额一般很大，银行还是能有一定收益的。

信用证业务是顾客委托商业银行根据其所指定的条件，向卖主支付货款的业务。主要为异地买卖，特别是国际贸易领域使用最为广泛的一种中间业务。

信用卡是指商业银行签发的证明持有人信誉良好，可以在指定的场所进行记账消费的一种信用工具。银行作为发卡人时，信用卡消费的操作程序是：银行与商场约定，接受持卡人凭信用卡购物；持卡人刷卡消费后，由商店向银行收款；银行于每个月内的固定日期向持卡消费者收款。信用卡业务具有“先消费、后存款”的特点。发卡银行通常还为持卡人规定一个透支限额。信用卡业务的推广不仅可以提高银行信誉，而且可以吸收大量低成本的存款，推动了个人金融服务的中间业务的发展。由于信用卡业务还能增加银行手续费收入并从特约商场处收取销售回扣，只要业务有一定规模，就能为商业银行带来源源不断的收益。

### （二）代理业务

代理业务是指商业银行接受政府、企业、其他银行或非金融机构以及居民的委托，以代理人的身份代表委托人办理一些经双方议定的经济事务的业务。银行经营代理业务一般不动用自己的资产，不垫付资金，不参与收益分配，只收取手续费，因而风险程度较低。代理业务种类繁多，包括代理收付款项、代理融通、代理行等。

代理融通是指商业银行接受客户委托，以代理人的身份代为收取应收账款，并为委托者提供资金融通的一种中间业务。代理行业务是商业银行的部分业务由指定的其他商业银行代为办理的一种业务。国内、国际的商业银行都可成为代理行。由于代理行业务和设立分支机构差不多，因而可以避免地域和法规的限制。代理行关系一般是双向的，即两家商业银行之间互为代理关系。

### （三）信息咨询业务

信息咨询业务是商业银行以转让、出售信息和提供智力服务为主的中间业务。一般而言，商业银行的分支机构多，网络覆盖面广，拥有业务规模和业务范围的优势，在信息获取方面具有得天独厚的优势。商业银行通过所持有的大量账户，对资金流量的信息进行分析，因此对市场商情变化有着灵敏的反映，再加上商业银行先进的电脑设备和齐备的人才，使得商业银行成为一个名副其实的信息库。商业银行可以根据客户的需要，提供各种咨询服务，并视情况收取服务费用。信息咨询业务充分发挥了商业银行所固有的资源优势，极大地拓宽了银行的业务范围，增加了银行的收入。

### （四）信托业务

信托业务是商业银行作为受托人，为了委托人的利益，代为管理、营运或处理托管财产的业务。商业银行受委托的财产十分广泛，包括资金、遗产、公益金、有价证券、动产和不动产等。商业银行信托部虽然是商业银行的一个业务部门，但是委托财产并非商业银行的资产，商业银行在其业务中仅仅收取手续费和佣金。商业银行通过开展信托业务可以实现对巨额资本的控制，并把信息集中于商业银行。

### （五）租赁业务

租赁业务是指商业银行不通过货币借贷，而是通过出租昂贵设备等生产资料来开展信用业务，其实质是所有权和使用权之间的一种借贷。租赁主要分为两大类：经营性租赁和融资性租赁。商业银行从事的多为融资性租赁，即客户需要添购或更新大型设备、仪器，因资金不足，由商业银行出资购买这些设备，客户使用这些设备并按时缴纳租金，商业银行通过租金逐步收回资金。在租赁期间，物品所有权属于商业银行，使用权归于承租人。租赁期满，承租人对租赁物品有退租、续租或留购的选择。由于租期大致相当于设备折旧寿命，租金总额相当于设备价款、贷款利息和管理手续费之和，承租人通常在租期满后象征性地付款取得设备的所有权。租赁业务很复杂，只有较大的商业银行才有实力经营，但是近年来租赁业务的发展较为迅速。

## 四、表外业务

表外业务是由商业银行从事的不列入资产负债表内，而且不影响资产与负债总额的业务。表外业务的特点是服务与资金的分离，是银行提供的非资金服务。在多数情况下，银行只是充当中介人，为客户提供保证。

表外业务与中间业务都是独立于资产负债业务之外的业务，两者的主要区别在于承担的风险不同。表外业务在一定条件下可以转化为表内业务，因而承担一定风险。中间业务则一般没有资产负债方面的风险，完全处于中间人的地位或者是服务者地位。

传统的表外业务主要有以下几类：

### （一）贷款承诺

贷款承诺是商业银行的主要表外业务，也是一项传统的业务。贷款承诺是指银行在诺在一定时期内或者某一时间按照约定条件提供贷款给借款人的协议。在美国，80%的工商贷款是根据贷款承诺进行的。贷款承诺在承诺内容实施前是表外业务（只收取承诺费），而在承诺内容实施之后就转化为表内业务。

### （二）担保

担保是指合同双方的第三者（担保人）应合同一方（委托人）的要求，向合同的另一方（受益人）出具书面担保，保证对委托人的债务或应履行的合同义务承担损失的赔偿责任。由银行出具书面担保称为“银行担保”。银行出具担保要收取一定的担保费用。银行担保一般有以下四种形式：

1. 投标担保

投标担保是根据招标人的要求而由投标人委托保证人出具的担保。这是为了防止投标人在开标前撤回投标以及在中标后对标价反悔而不愿履约。招标人在招标条件中规定了担保金额占货物价值的百分比，一般为5%~10%。担保金额既可以付现，也可以用银行的书面担保来代替。如果投标人中标后对标价反悔，招标人就有权凭投标担保书向担保银行索赔。

2. 履约担保和质量担保

履约担保主要是被担保人即担保书的受益人在委托人不履行其买卖合同中规定的义务时，保证对由此而产生的一切损失进行赔偿。因此，履约担保的金额通常比投标担保大，一般担保金额占全部货款的20%左右。这种担保的目的主要在于促使委托准时交货。质量担保的目的主要在于保证委托人递交的货物在质量上与合同条款相符。

3. 还款担保

还款担保是在购买大型设备时，制造商一般要求购货方预付一定比例的货款，为了防止制造商不能按期交货，购货方请求银行担保制造商归还预付款。

4. 承兑担保

承兑担保是指企业发行商业票据是为了取得信誉或提高原有的信用等级，请求银行担保承兑，银行接受担保实际上就是承担了该商业票据发行人到期不能承兑时，银行要对持票人履行承兑的义务。

## 第三节 商业银行的经营与管理

### 一、商业银行经营管理的原则

尽管各国商业银行在制度上存在一定的差异，但是在业务经营上，各国商业银行通常都遵循安全性、流动性和盈利性原则。

#### （一）安全性原则

所谓安全性，主要是指商业银行的资产、收入、信誉以及所有经营生存发展条件免遭损失的可靠性程度。商业银行的特点在于其经营资金极其依赖于从外部借入，因此安全性对于商业银行非常重要。安全性既体现在全部资产负债的总体经营上，也体现在每项个别业务上。安全性不仅关系到商业银行的盈利，而且关系到商业银行的存亡。商业银行倒闭往往不是因为盈利不足，而是因为其安全性遭到破坏。

#### （二）流动性原则

流动性是指商业银行的资产在不损失价值的情况下的变现能力和足以应付各种支付的能力。商业银行的流动性体现在资产和负债两个方面。资产的流动性是指商业银行持有的资产能够随时得以偿付或在不贬值的条件下确有销路。负债的流动性是指商业银行能够轻易地以较低成本随时获得所需要的资金。

作为特殊的金融企业，保持适当的流动性的必要性表现在：第一，流动性是客户存款和银行的其他借入资金随时提取和按期归还的要求；第二，流动性是满足社会上不同时期产生的多种贷款需求；第三，流动性是弥补银行资金运动的不规则性和不确定性缺陷的要求；第四，流动性是预防投资风险的要求。

在银行的业务经营过程中，并不是流动性越高越好。事实上，过高的资产流动性会使银行失去盈利机会甚至出现亏损；过低的流动性则可能使银行出现信用危机、客户流失、丧失资金来源，甚至会因为挤兑导致银行倒闭。因此，商业银行必须保持适度的流动性。这种“度”是商业银行业务经营的生命线，是商业银行业务经营成败的关键。这种“度”既没有绝对的数量界限，又需要在动态的管理中保持，这就要求银行经营管理者及时果断地把握时机和做出决策。当流动性不足时，要及时补充和提高；当流动性过高时，要尽快安排资金运用，提高资金的盈利能力。

银行为了更好地实现流动性管理的目标，通常用一些指标来衡量和反映银行的流动性状况，这些指标可分为三大类：一是资产类流动性指标，如现金资产比率、流动资产比率和贷款占总资产的比率等；二是负债类流动性指标，如股权占总资产的比率、存款占总资产的比率、预期存款变动率等；三是资产负债综合类流动性指标，如贷款占存款的比率、流动性资产与易变性负债的差异、存款增长率与贷款增长率之间的差异等。在经营管理中，银行必须对各种指标综合分析，并相互印证，从而对流动性状况做出正确的判断，并进行相应的调整。

通常情况下，衡量流动性的主要指标有以下几个：

1. 现金资产率。

$$现金资产率=\frac{现金资产}{流动资产（或称储备资产）}\times 100\%$$

这一指标是指现金资产在流动资产中所占的比率。现金资产包括现金、同业存款和中央银行的存款，这部分资产流动性强，能随时满足流动性的需要，是银行预防流动性风险的一级储备。流动性资产又称储备资产，是指那些流动性较强，可以预防流动性风险的资产，包括现金资产和短期有价证券。

2. 贷款对存款的比率。

$$贷款对存款的比率=\frac{贷款}{存款}\times 100\%$$

贷款对存款的比率是指存款资金被贷款资产所占用的程度。这一比率高，说明银行存款资金被贷款占用比例高，急需提取时难以收回，银行存在流动性风险。这一指标的缺点是没有考虑存款和贷款的期限、质量和收付方式，因此该指标衡量流动性的可靠性需要得到其他指标的印证。

3. 流动性资产对全部负债或全部贷款的比率。

$$流动性资产对全部负债或全部贷款的比率=\frac{流动性资产}{全部负债}\times 100\%$$

$$=\frac{流动性资产}{贷款总额}\times 100\%$$

这一比率越高，说明流动性越充分。其中，前者反映负债的保障程度，后者反映银行资金投放后的回收速度。比率越高说明银行还本付息的期限越短，既可满足客户提现的要求，又可用于新的资产上。这一指标存在一定的操作难度，也忽略了负债方面流动性的因素。

4. 超额准备金

超额准备金是相对于法定准备金而言的。法定准备金是按中央银行规定的比例上交的部分，法定准备金比率是指法定准备金占总准备金的比率。银行总准备金减去法定准备金就是超额准备金。因为超额准备金的现实保障感极强，可以随时使用，其绝对值越高，表示流动性越强。这一指标的缺陷在于体现银行的流动性范围比较狭窄，往往不能全面正确地说明银行的流动性水平。

### （三）盈利性原则

商业银行的盈利性是指商业银行盈利能力的大小。与其他股份制企业一样，商业银行需要尽可能扩大其赚取利润的能力才能满足股东的要求。商业银行盈利能力的大小不仅会直接影响股东红利的分配和股票市场价值的变动，而且对商业银行的信誉和实力有着明显的影响。能否盈利直接关系到商业银行的生存与发展，是商业银行从事各种活动的动因。充足的盈利可以扩充商业银行的资本，扩大经营，增强商业银行信誉，提高商业银行的竞争实力。

安全性、流动性、盈利性既有统一的一面，又有矛盾的一面。一般来说，安全性与流动性是正相关的，即流动性较强的资产，风险较小，安全有保障。但是安全性、流动性与盈利性往往有矛盾，即流动性强、安全性好则盈利性一般较低；盈利性较高的资产，往往流动性较差、风险较大。因此，商业银行在其经营过程中经常面临两难选择：为增强经营的安全性、流动性，就要把资金尽量投放在短期周转的资金运用上，这就会影响到商业银行的盈利水平；为了增加盈利，就要把资金投放于周转期较长但是收益较高的贷款和投资上，这就会使流动性和安全性下降。对安全性、流动性、盈利性的矛盾和统一，商业银行经营的总方针就是谋求安全性、流动性、盈利性尽可能合理地搭配协调。安全性、流动性、盈利性的相对地位是：盈利性为银行的目标，安全性是一种前提要求，而流动性是银行的操作性或工具性要求。商业银行经营的总方针，就是在保证安全性的前提下，通过灵活调整流动性来提高盈利性。

分析商业银行的盈利水平，通常用以下衡量标准：

1. 利差收益率

$$\text{利差收益率}=\frac{\text{利息收入}-\text{利息支出}}{\text{盈利资产}}\times 100\%$$

这一指标是反映银行盈利能力的重要指标。因为银行的收入主要来自盈利资产，所以利差收益率越大，银行盈利水平越高。

2. 银行利润率

$$\text{银行利润率}=\frac{\text{净收益（或净利润）}}{\text{总收入}}\times 100\%$$

这一指标反映银行的全部收入中有多少作为利润留在银行，是反映银行经营环境和管理能力的指标，用以考察银行的全部支出水平。

3. 资产收益率

$$资产收益率=\frac{净收益}{资产总额}\times100\%$$

这一指标是反映银行资产总体盈利水平或资产结构状态的主要指标，即反映资产的获利能力，代表一家银行的经营水准。

4. 资本盈利率

$$资本盈利率=\frac{净收益}{资本总额}\times100\%$$

这一指标反映了银行资本经营活动中的效率，说明银行资本对利润增加的贡献能力。由于用这一指标可以测算出股本盈利率，因而也是银行股东最关心的指标。

## 二、商业银行资产负债管理的基本原理

怎样才能实现流动性、安全性和盈利性“三性”协调统一的要求，既是商业银行要解决的一个经营管理的实际问题，也是商业银行经营管理需要解决的理论问题。随着各个历史时期经营条件的变化，西方商业银行经营管理理论经历了资产管理、负债管理和资产负债管理的三个阶段。资产负债管理的基本原理如下：

### （一）对称性原理

对称性原理是指资产与负债在规模、结构和偿还期限上相互对称与统一平衡，双方保持一定的对称关系。比如长期负债用于长期资产，短期负债用于短期资产。这里所说的对称是一种原则上和方向上的对称，不是要求银行的资产与负债逐笔对应。具体来看，主要有两种对称：一种是总量对称，即要求资产规模与负债规模相互对称，实现总量平衡；另一种是结构对称，即要求资产与负债在期限上相互匹配。

### （二）目标替代原理

目标替代原理是指商业银行在经营实践中，不应固守某个目标，而应将流动性、安全性和盈利性三个经营目标合理选择、相互补充、相互替代，最终使银行总效用保持最大。

### （三）适度规模原理

适度规模原理是指商业银行规模必须适度，以获取规模经济效益。当商业银行处于最合理规模时，其管理费用会最低，同时又能提供质优价廉的服务。

### （四）分散化原理

商业银行主要依靠负债经营，其资本金比重比较小，这就要求银行在经营时只有在保证资金安全的基础上才能取得利润和发展，否则就有亏损倒闭的危险。为此，银行在经营时，必须遵循资产分散化原理，不能“把鸡蛋放在一个篮子里”，而要把资产分散于相互独立或相关性极小的短期贷款、长期贷款和证券投资等，并规定某一特定对象贷款不能超过其自身资本的一定比重。

## 三、资产负债管理的主要内容

资产负债管理的内容有广义和狭义之分。广义的资产负债管理的内容指商业银行管理者对所有的资产负债的类型、数量以及资产负债的总量及其组合同时做出决策的一种综合性资金管理办法。其实质是对商业银行资产负债表中各项目的总量结构进行计划、安排、控制，从而实现利润最大化。狭义的资产负债管理的内容是指利差管理，具体地说，就是商业银行管理者控制利息收入与利息支出的差额，使其大小及变化与银行总的风险、收益目标相一致。一般来说，收益与风险是衡量商业银行经营管理水平的重要标志。商业银行的收益主要来自利差，而利差大小又是商业银行资产负债结构是否合理的反映，是资产负债综合作用的结果。风险则表现为利差的敏感性或波动性，利差大小及其变化决定了商业银行总的风险和收益状况。资产负债管理的目标就是要在股东、金融法规等条件约束下，使商业银行利差最大化、波动幅度最小化，以保持利差高水平的稳定，从而使商业银行的盈利持续、稳定增长。

西方商业银行在历史发展过程中依次经历了资产管理理论、负债管理理论、资产负债管理理论三个阶段。

### （一）资产管理理论

以商业银行资产的流动性为重点的传统管理方法在20世纪60年代以前比较盛行。资产管理理论依次经历了以下三个发展阶段：

1. 商业贷款理论

商业贷款理论是早期的资产管理理论，源于亚当·斯密的《国民财富性质原因的研究》，也称真实票据理论或生产性贷款理论。其基本观点是：存款是银行贷款资金的主要来源，而银行存款的大多数是活期存款，这种存款随时可能被提取。为了保证资金的流动性，商业银行只能发放短期与商业周转有关的、与生产物资储备相适应的有偿性贷款，而不能发放不动产等长期贷款。这类贷款用于生产和流通过程中的短期资金融通，一般以3个月为限，以商业行为为基础，以商业票据为凭证，随着商品周转的完结而自动清偿，因此不会引起通货膨胀和信用膨胀。

随着商品经济和现代银行业的发展，这一理论的局限性越来越明显。这主要表现在：

（1）不能满足经济发展对银行长期资金的需求，将银行的资金运用限制在狭窄的范围内，限制了经济的发展，也限制了银行自身的发展；

（2）忽视了银行存款的相对稳定性，使长期负债没有得到充分利用；

（3）忽视短期贷款的风险性，且该理论使银行的发展受制于经济周期，银行的经营同样存在风险。

2. 资产转移理论

资产转移理论也称可转换理论，最早由美国的莫尔顿于1918年在《政治经济学》杂志上发表的一篇论文中提出。其基本观点是：为了保持足够的流动性，商业银行最好将资金用于购买变现能力强的资产。这类资产一般具有以下条件，即信誉高、期限短、易于出售。根据该理论，银行持有政府的公债正是最容易出售转换为现金的盈利资产。正因为如此，这一理论在一段时期内成为商业银行信贷管理的精神支柱，使得第二次世界大战后银行有价证券的持有量超过贷款，同时带动了证券业的发展。

该理论的缺陷主要表现在以下方面：

（1）证券价格受市场波动的影响很大，当银根紧缩时，资金短缺，证券市场供大于求，银行难以在不受损失的情况下顺利出售证券；

（2）当经济危机发生使证券价格下跌时，银行大量抛售证券，却很少有人购买甚至无人购买，这与银行投资证券以保持资产流动性的初衷相矛盾。

3. 预期收入理论

预期收入理论是第二次世界大战之后发展起来的理论。第二次世界大战后美国经济高速发展，企业设备和生产资料亟须更新改造，中期贷款的需求迅猛增加，贷款投向由商业转向工业，预期收入理论随之产生。预期收入理论最早是由美国的普鲁克诺于 1949 年在《定期放款与银行流动性理论》一书中提出的。其基本思想是：银行的流动性应着眼于贷款的按期偿还或资产的顺利变现，而无论是短期商业贷款还是可转让资产，其偿还或变现能力都以未来收入为基础。如果某项贷款的未来收入有保证，即使期限长，也可以保证其流动性；反之，即使期限短，也可能出现到期无法偿还的情况。

以上三种理论各有侧重，但都是为了保持资产的流动性。商业贷款理论强调贷款的用途；资产转移理论强调资产的期限和变现性；预期收入理论强调银行资产投向的选择。它们之间存在着互补的关系，每一种理论的产生都为银行资产管理提供一种新思想，促进银行资产管理理论的不断完善和发展。

### （二）负债管理理论

负债管理理论是以负债为经营重点来保证流动性和盈利性的经营管理理论。该理论产生于 20 世纪 50 年代末期，盛行于 20 世纪 60 年代。当时世界经济处于繁荣时期，生产流通不断扩大，对银行的贷款需求也不断增加。在追求利润最大化的目标下，银行希望通过多种渠道吸收资金、扩大规模。与此同时，欧洲货币市场的兴起、通信手段的现代化、存款保险制度的建立，大大地方便了资金的融通，刺激了银行负债经营的发展，也为负债管理理论的产生创造了条件。

负债管理理论的核心即以借入资金的方式来保证流动性，以积极创造负债的方式来调整负债结构，从而增加资产和收益。这一理论认为银行保持流动性不需要完全靠建立多层次的流动性储备资产，一旦有资金需求就可以向外借款，就可通过增加贷款获利。负债管理理论的发展依次经历了以下三个阶段：

1. 存款理论

存款理论曾经是商业银行负债的主要正统理论。其基本观点如下：

（1）存款是银行最主要的资金来源，是银行资产业务的基础；

（2）银行在吸收存款过程中是被动的，为保证银行经营的安全性和稳定性，银行的资金运用必须以其吸收存款沉淀的余额为限；

（3）存款应当支付利息，作为对存款者放弃流动性的报酬，付出的利息构成银行的成本。

这一理论的主要特征在于稳健性和保守性，强调应按照存款的流动性来组织贷款，将安全性原则摆在首位，反对盲目存款和贷款，反对冒险谋取利润。存款理论的缺陷在于没有认识到银行在扩大存款或其他负债方面的能动性，也没有认识到负债结构、资产结构以及资产负债综合关系的改善对于保证银行资产的流动性提高银行盈利性等方面的作用。

2. 购买理论

购买理论是继存款理论之后出现的另一种负债，对存款理论做了很大的否定。购买理论的基本观点如下：

（1）商业银行对存款不是消极被动，而是可以主动出击，购买外界资金，除一般公众外，同业金融机构、中央银行、国际货币市场及财政机构等，都可以视为购买对象；

（2）商业银行购买资金的基本目的是为了增强其流动性；

（3）商业银行吸收资金的适宜时机是在通货膨胀的情况下，此时实际利率较低甚至为负数或实物投资不景气而金融资产投资较为繁荣，通过刺激信贷规模可以弥补利差下降的银行利润。

购买理论产生于西方发达国家经济滞胀年代，对于促进商业银行更加主动地吸收资金，刺激信用扩展和经济增长以及增强商业银行的竞争能力具有积极的作用。但是该理论的缺陷在于助长了商业银行片面扩大负债，加重债务危机，导致了银行业的恶性竞争，加重经济通货膨胀的负担。

3. 销售理论

销售理论是产生于20世纪80年代的一种银行负债管理理论。其基本观点是：银行是金融产品的制造企业，银行负债管理的中心任务就是迎合顾客的需要，努力推销金融产品，扩大商业银行的资金来源和收益水平。该理论是金融改革和金融创新的产物，给银行负债管理注入现代企业的营销观点，即围绕客户的需要来设计资产类或负债类产品以及金融服务，并通过不断改善金融产品的销售方式来完善服务。销售理论贯穿着市场观念，反映了20世纪80年代以来金融业和非金融业相互竞争和渗透的情况，标志着金融机构正朝着多元化和综合化方向发展。

### （三）资产负债管理理论

资产负债管理理论是指要求商业银行对资产和负债进行全面管理，而不能只偏重于资产或负债某一方的一种新的管理理论。该理论是在20世纪70年代末80年代初产生的，当时金融管制逐渐放松，银行的业务范围越来越大，同业竞争加剧，使银行在安排资金结构和保证获取盈利方面困难增加，客观上要求商业银行进行资产负债综合管理，由此产生了均衡管理的资产负债管理理论。

在现代商业银行资产负债管理技术中，主要的管理方法有以下两种：

1. 缺口管理法

缺口管理法是20世纪70年代以来美国商业银行资产负债综合管理中常用的方法。该方法分为两种：一种为利率敏感性缺口管理方法。该方法下的缺口是指在一个既定时期内利率敏感型资产与利率敏感型负债之间的差额。其基本思路是银行可以根据利率变动的趋势，通过扩大或缩小缺口的幅度来调整资产和负债的组合及规模，以达到盈利的最大化。另一种为持续期缺口管理方法。其具体做法是在任何一个既定时期，加权计算资产和负债的平均到期日，资产加权平均到期日减负债加权平均到期日的差额，即为持续期缺口。如该缺口为正，则说明资金运用过多；反之，则资金运用不足，银行可依据不同的外部环境进行调控。

2. 利差管理法

利差管理法就是要控制利息收入和利息支出的差额，以便适应银行的经营目标。风险和收益是衡量银行经营效应的重要标志，利差的敏感性和波动性决定银行总的风险与收益。商业银行管理利差的主要手段如下：

（1）增加利差。例如，准确预测利率的变动趋势，增加盈利资产在总资产中的比重；加强投资的期限结构等。

（2）创新金融衍生工具及交易方式，用于利差管理与资产的避险保值，如金融期货交易、金融期权交易、利率互换等衍生工具。

## 本章小结

1. 商业银行是唯一能够接受活期存款并具有派生存款功能的金融机构，有“金融百货公司”的美誉。

2. 就历史观点而论，商业银行遵循两大主流发展，即职能分工型模式和全能型模式。20世纪70年代以来，上述两种类型商业银行的业务范围和界限有所突破，职能分工型的商业银行向综合化方向发展。

3. 从商业银行的外部组织形式看，主要有总分行制、单一银行制、持股公司制、连锁银行制。

4. 商业银行的业务主要有负债业务、资产业务、中间业务、表外业务。

5. 在现代商业银行资产负债管理技术中，主要的管理方法有两种：缺口管理法和利差管理法。

## 复习思考题

1. 简述商业银行的职能的内容。

2. 商业银行的主要业务有哪些？

3. 商业银行经营管理的原则有哪些？

## 附录 银行业高速发展高盈利时代基本告一段落

面对经济发展“新常态”带来的变化，商业银行要坚持“审慎经营、稳健发展”的经营管理理念。充分认识“新常态”带来的各种变化，守住风险底线，创新转型发展，进而实现各项业务持续稳健发展。

近来，习近平总书记在多次会议上强调中国经济要适应“新常态”。对“新常态”的内涵应该从以下几个方面来理解：一是经济增速是适度的，与潜在的增长率相适应，具有可持续性；二是强调环保、民生，强调发展质量；三是创造有利的经济制度环境，使市场在资源配置中日益发挥决定性作用。中国经济“新常态”下的发展模式转型将对商业银行发展产生巨大的影响，给商业银行的经营管理带来新的机遇和挑战。商业银行需要深刻理解“新常态”的丰富内涵，充分认识“新常态”带来的各种变化，守住风险底线，创新转型发展，进而实现持续稳健发展。

一、深刻认识商业银行发展“新常态”

商业银行快速发展的前提和基础从根本上说是实体经济又好又快发展。随着过去30多年中国经济的高速增长，商业银行也经历了快速扩张的阶段，特别是2003—2013年银行业金融机构资产规模年均增速超过18%。另有数据显示，2009—2013年中国银行业在5年时间里贷款余额增加了将近45万亿元，远超过去60年贷款增量的总和。

近年来，商业银行的发展环境发生了深刻变化，银行业实现高速发展和高盈利的时代基本告一段落。一是经济增速下行压力持续加大，企业经营面临成本上升、库存增加、利润下降、现金流紧张等诸多困难，商业银行不良贷款明显反弹。二是利率市场化改革提速，无论是企业存款、机构客户存款还是居民储蓄存款都存在明显的理财化趋势，资金成本持续攀升，银行利差逐步收窄，商业银行存款的持续增长也面临严峻挑战。三是信贷规模受到刚性约束，无法有效满足资产规模增长和客户融资的需求，商业银行通过扩张分支机构拓展资产业务的增长模式将受到抑制。四是资本约束压力日益加强。商业银行前期扩张较快，对资本消耗较大，同时新资本协议的实施进一步提高了对商业银行的资本要求。五是监管政策更趋严格，127号文件等监管政策的出台一定程度上压缩了商业银行同业业务的市场空间，商业银行在维系客户、稳定资产和提升盈利等方面都面临较大压力。

商业银行业务发展进入“新常态”主要有以下几个特点：一是资产质量在一段时期内将承受较大压力，“两高一剩”行业、房地产、贸易融资等领域的金融风险充分暴露需要一个过程，必须加强政策及行业研究，从根本上提高对风险的预警和把控能力，坚持风险底线思维，确保资产质量的真实性和稳定性。二是随着利率市场化的影响逐步深入，单纯依赖资产规模增长和存贷利差的传统经营模式将更加难以为继，必须加快创新转型，建立更加适应“新常态”要求的差异化发展模式。三是同业业务的快速发展受到更加严格的监管，商业银行必须研究符合监管要求和支持国家产业结构调整政策的产品创新。四是单纯依赖储蓄存款和一般性对公存款难以满足资产业务快速增长的需要，加上监管部门将设立银行业金融机构存款偏离度考核指标，约束银行存款冲时点行为，银行吸收存款将面临更为严峻的挑战。

二、商业银行业务发展“新常态”面临机遇与挑战

随着全面深化改革进程的持续推进，国内经济不断出现一些新的积极变化，国内经济运行总体平稳，具备中长期的增长潜力。

总体而言，“新常态”下，积极变化和不利影响同时显现。应该看到，商业银行转型发展仍然面临诸多挑战，体现在资产质量、利率市场化、市场竞争、内部管理、产品创新、资本约束等多方面。但是现阶段来看，“新常态”带给商业银行最严峻的挑战仍然是资产质量。在经济高速增长时期，出于对经济形势的乐观预期，以及在大发展时期迫于与同业拼规模、比速度的压力，商业银行倾向于低估资产组合的信用风险、市场风险等，一旦经济增速放缓，货币流转速度下降，前期隐藏的风险也容易暴露出来。最近见诸媒体的煤炭、钢铁等行业的风险事件，个案金额超百亿元，牵涉多家银行。房地产行业也已经出现明显的结构性分化，三四线城市和中小房地产企业风险隐患正在逐渐暴露。部分区域的潜在风险同样比较突出，民间融资关联担保相对活跃的长三角地区在经济增速下行周期中承担更大压力，不规范的仓单类贸易融资出现资金链断裂也导致部分港口城市风险集中暴露。企业出现经营困难，银行业也无法独善其身。2014 年以来，商业银行的不良资产呈现明显上升趋势。

面对经济发展“新常态”带来的变化，商业银行要坚持“审慎经营、稳健发展”的经营管理理念，在银行战略、公司治理、风险偏好、业务结构等方面，不断调整完善审慎性管理要求，以充分适应“新常态”的客观情况，保障银行持续稳健经营。一是要重新审视银行的发展战略，客观评估自身的资本实力和管理能力，保持适当的增长速度，根据国家的产业政策、货币政策、区域发展战略、市场和客户需求等，确定差异化的发展目标。二是要在公司治理层面上，通过“三会一层”的公司治理机制，加强对股东、董事、监事、管理层、员工、监管机构等利益相关者的多层面广泛沟通，形成对银行长远发展的一致目标。三是要在符合自身发展要求的风险偏好下，实事求是地讨论风险管理标准和底线，对部分困难行业、困难企业要有针对性地区别对待。商业银行要站在全局的高度，支持实体经济转型升级，支持企业渡过难关。四是要做好自身业务结构调整，包括资产负债配置要遵循流动性风险管理的基本要求，对单一行业、单一客户要严格总量控制，逐步调整传统资产业务模式等。

三、商业银行“新常态”下的转型发展思路

坚持创新转型发展不动摇。发展始终是商业银行生存的第一要务。在“新常态”中谋发展，绝不是以往“拼规模、比速度”大干快上的模式，而是要顺应全面深化金融改革的大势，依据国家政策引导方向，打造转型发展的新引擎，实现创新发展。一是要加快推进资产管理业务的发展。在加强自营资产管理的同时，积极参加行业资产管理业务的竞争，逐步将资产管理业务培育成重要的利润增长点。要加强对资产证券化业务的研究和推动，盘活全行存量资产，争取更大的发展空间。二是要加快推进多元化经营。多元化经营是商业银行发展的必然方向和趋势。当前，我国银行、保险、证券、基金、信托等金融子行业“放松管制、强化监管”的趋势日益加强，相继出台了多项行业发展的鼓励政策，很多同业已经通过各种途径持有了各类非银行的金融牌照，并且通过牌照间优势互补实现产品创新和业务创新。渤海银行也要在多元化经营

方面加快布局，通过发起设立、并购持股等方式，积极争取基金、租赁、信托等金融牌照，提升综合金融服务能力。三是要大力拓展理财业务。随着《中华人民共和国商业银行法》修订的启动，银行理财将回归资产管理，这是做大做强理财业务的有利契机。四是要加快推进互联网金融业务创新发展。日前，渤海银行在大力推进“添金宝”产品销售的同时，加快延伸产品的研发推广时效，在产品组合创新、功能创新、服务创新等方面不断推陈出新；进一步加快推进直销银行建设，不断提升手机银行、微信银行等产品的客户体验，完善线上线下一体化服务。

坚持守住风险底线不动摇。资产质量是商业银行发展的根本底线。在受“三期叠加”影响的“新常态”下，守住风险底线就是守住银行的生命线，是商业银行当前最突出的任务。要在银监会的指导下，坚持从全局出发，坚决守住不发生系统性区域性金融风险的底线。一是加强对大额不良风险隐患进行排查，采取必要措施，防止产生大额不良风险。确保不发生大额风险和系统性风险是保持全行稳健发展的前提和基础。要加强对宏观经济形势的研判和分析，对单一行业、单一产品和单一客户始终坚持总量控制的原则，把风险管理工作前置到客户选择、产品设计和风险政策的把握上。对于潜在风险隐患较高的客户，要在风险尚未实质性暴露前，逐步压缩风险敞口，防患于未然。二是要进一步加大不良资产清收化解力度。要加大对授信业务潜在风险的有效识别，提前采取有效措施防范和化解风险隐患；要按照依法合规原则，进一步规范不良资产处置程序，持续加大对不良资产的清收保全力度，进一步完善责任认定和责任追究机制，防范道德风险。三是加强对房地产行业、地方政府融资平台风险的排查，尤其是重点排查三四线城市和中小房地产企业，继续实行名单制管理和一把手责任制，确保风险隐患排查到位，管理责任落实到位。

坚持依法合规经营不动摇。依法合规经营是商业银行在“新常态”下平衡好业务发展和风险管理的重要保障。商业银行要重点抓好“四个回归”，坚持商业银行稳健发展的基本原则。一是贯彻安全性、流动性和效益性“三性”原则，把“三性”原则贯穿银行经营决策的全过程。二是回归铁账本、铁算盘、铁规章的“三铁”原则。三是加强贷前调查、贷时审查、贷后检查的“三查”制度建设。四是回归前中后台分离的“三分离”原则，这是银行有效内控的基础，也是建设流程银行的核心。要形成前中后台独立运行、相互制衡的内控机制。

资料来源：赵世刚. 银行业高速发展高盈利时代基本告一段落［J］. 中国银行业，2014（11）.

# 第六章　中央银行

## 第一节　中央银行的产生与发展

目前世界上绝大多数国家的金融体系中均设有中央银行。中央银行在一个国家金融体系中居于主导地位，作为领导与管理全国金融与货币的核心机构，代表国家发行货币、制定和执行金融政策、处理国际性金融事务、对金融体系实施监管等。

### 一、中央银行的产生

现代商业银行是从货币兑换业逐渐发展而来的，中央银行又是在商业银行的基础上，经过长期发展逐步形成的。

在银行事业发展的初级阶段，许多私人银行除办理存款、放款和汇兑等业务外，也都办理银行券发行业务，一般利用银行券的发行来增加自己的资金。随着银行数量的增加、经济的发展、市场的扩大，银行券的分散发行已经不适应资本主义经济发展的需要，其缺点日益显现。

许多银行券分散的发行，不能保证货币流通的稳定性。为数众多的小银行信用能力薄弱，随着资本主义竞争的加剧和经济危机的震荡，一些小银行无法保证自己所发行银行券的兑现，从而无法保证银行券的信誉及其流通的稳定性，进而引起社会混乱。

小银行信用能力有限，所发行的银行券不能广泛流通。许多分散的小银行所发行的银行券只能在有限的地区流通，从而给生产和流通带来困难。随着资本主义经济的发展，要求有更加稳定的通货，也要求银行券成为能在全国市场上流通的一般的信用流通工具。因此，在客观上要求建立一个资金实力雄厚，并在全国有权威的大银行来集中货币发行。

随着资本主义生产的发展和流通的扩大，对贷款的要求不仅数量增多了，而且期限延长了，商业银行如果仅用自己吸收的存款来提供放款，就远远不能满足社会经济发展的需要，而将吸收的存款过多地用于提供贷款，又会削弱银行的清偿能力，使银行发生挤兑和破产的可能。于是就有必要适当集中各家商业银行的一部分现金准备，在有的商业银行发生支付困难时，给予必要的支持。这在客观上要求有一个银行后台，能够在商业银行资金发生困难时，给予贷款支持，这个后台只有中央银行才能充当。

当然，中央银行的产生有一个发展过程，在之后的经济发展中，对中央银行又提出了新的要求，赋予中央银行新的职能，使中央银行在实践中逐渐成长起来，最终成为今天这样的能够掌握和运用多种手段，对国民经济进行调节的机构。

中央银行诞生于17世纪后半叶，而中央银行制度的形成则在19世纪初期。最早设立的中央银行是1656年的瑞典银行。直到1913年美国建立美国联邦储备体系后中央银行制度才基本建立。现将瑞典银行、英格兰银行和美国联邦储备体系三家比较典型的中央银行形成的历史进行简要阐述。

瑞典银行于1656年成立，原是私人创办的商业银行，1661年开始发行银行券，是当时欧洲第一家发行银行券的银行。1668年由政府出面将该行改组为国家银行，对国会负责。然而直到1897年瑞典政府才通过法案将发行权集中于瑞典银行，瑞典银行发行的货币成为法偿货币。此后瑞典银行才演变成中央银行。

英格兰银行设立于1694年，虽然比瑞典银行晚成立38年，但是被资本主义国家称为近代中央银行的先驱，其设立在中央银行制度的发展史上是一个重要的里程碑。英格兰银行设立时最初的宗旨纯属替政府筹集经费，其交换条件是该行有权发行纸币。1833年，英国议会通过法案，规定英格兰银行的纸币为全国唯一的法偿货币。1844年，英国议会再度修订银行条例，该条例由英国时任首相罗伯特·皮尔所拟，故称为《皮尔条例》。该条例决定将英格兰银行机构分为发行部和业务部，将发行钞票和银行业务分开，从而奠定了现代中央银行组织的模式。而且该条例又限制其他商业银行发行纸币的数量，扩大了英格兰银行的货币发行权。随着英格兰银行发行权的扩大，加上该行与政府的密切关系，英格兰银行作为特殊银行的地位更加巩固，许多商业银行把自己的现金准备的一部分存入英格兰银行，作为交换和清算用途，英格兰银行成为英国银行业的清算银行。在英国的几次周期性金融危机中，英格兰银行充当“银行的银行”，对资金周转困难的银行提供贷款，以免银行挤兑风潮的扩大导致整个银行业的崩溃，发挥了“最后贷款者”的作用。这样英格兰银行就逐步演变成英国的中央银行。到19世纪后期，英格兰银行已成为中央银行的典范，为他国所纷纷模仿，因此英格兰银行被誉为中央银行的鼻祖。1946年英国议会通过《英格兰银行法案》，使得该行正式成为国有银行。

美国中央银行是世界各经济强国中最后建立的，也是性质最特殊的中央银行。美国1907年爆发的金融危机暴露出美国银行制度的一个重大缺陷：货币供给缺乏弹性，即货币供给无法适应社会大众和经济发展的需要。为此美国政府设立国家货币委员会，建议成立联邦式的中央银行。美国国会于1913年通过联邦储备法案，联邦储备体系于1914年成立。根据美国联邦储备法律的规定，除在首都设立联邦储备体系理事会外，将全国分成12个联邦储备区，每个区设立一家联邦储备银行，可以独立行使中央银行的职能。换言之，目前美国有12家中央银行。但是有必要指出的是，美国联邦储备体系理事会在成立之初并没有实权，但是后来权利日益增加，其主要任务在于决定美国联邦储备体系的货币政策，并且监督和协调各区联邦储备银行的业务，所以事实上该理事会已成为美国联邦储备体系的实际决策机构。

## 二、中央银行的发展

中央银行的发展大致可分为两个阶段：一个阶段是中央银行的普遍推行时期，即19世纪初至20世纪中叶，也就是到第二次世界大战结束时为止；另一个阶段是中央银行的强化时期，即20世纪中叶到现在。

（一）中央银行的普遍推行时期

第一次世界大战爆发后，各国金融领域发生剧烈波动，中央银行纷纷宣布停止或限制兑现，提高贴现率，外汇行市下跌，禁止黄金输出。为了满足战时财政的需要，应付军费开支，中央银行增发通货，进行大量垫款，从而引起了通货膨胀。针对以上情况，在第一次世界大战以后，1920年在比利时首都布鲁塞尔举行的国际会议提出中央银行应摆脱各国政府政治上的控制，实行稳定的金融政策。会议建议，尚未设立中央银行的国家，应该迅速建立中央银行。于是世界上许多国家鉴于大趋势及国内经济发展的需要，纷纷新建或改组中央银行。因此，可以说20世纪20年代是中央银行制度积极发展的一个阶段。

（二）中央银行的强化时期

进入20世纪中叶，特别是第二次世界大战后，各国政治、经济发生了重大变化。大多数参战国受到严重的战争破坏，经济困难，通货膨胀。为了医治战争创伤，恢复本国经济，稳定货币，筹集资金，都将货币信用政策用来作为干预生产和调节国民经济的主要杠杆。中央银行是制定与执行货币政策的重要机构，这就使中央银行制度发生了新的变化，许多国家的中央银行开始了国有化进程。尽管有的资本主义国家维持私有或公私合营，但是也都在中央银行相对独立的情况下加强了国家的控制。

第二次世界大战后，中央银行制度得到更为迅速的发展和完善。这主要表现在以下几个方面：

第一，由于中央银行的业务活动以社会利益和经济稳定为前提，因而各国政府先后实行中央银行国有化政策。

第二，中央银行日益成为国家控制和干预国民经济的重要工具，中央银行逐渐摆脱商业银行的日常业务，其主要任务转向调节货币供应量，稳定货币，稳固金融。

第三，不论中央银行的资本性质是属于国家的、半国家的或者是私人股份的，中央银行都是执行国家货币政策的机构，受国家的直控制和监督，中央银行的负责人由国家任命。私人持股者对中央银行的业务既没有决策权，也没有经验管理权，只能按照规定获取股息。

## 三、中国中央银行的产生和发展

中国中央银行的产生和发展有其独特性。1984年1月1日，中国工商银行正式成立，承办原来由中国人民银行办理的城市工商信贷和储蓄业务，中国人民银行专门行使中央银行的职能。一个以中央银行为领导，以国家专业银行为主体的多种金融机构并存、分工协作的具有中国特色的金融体系已基本形成。

中国人民银行作为我国的中央银行，专门行使中央银行职能，这是中国金融体制的一项重大改革，对健全和完善我国金融体系具有重要的意义，可以集中资金进行重点建设，加强对宏观经济的调节和控制，进一步搞活经济和稳定货币流通。

1995年3月18日，第八届全国人民代表大会第三次会议通过了《中华人民共和国中国人民银行法》，从法律上确立了中国人民银行的地位和基本职能，并确立了按社会主义市场经济体制的要求，建立规范化的现代化中央银行组织体系和管理机构，标志着中国中央银行制度进入了法制轨道。《中华人民共和国中国人民银行法》对中国人民银行的性质、地位、职责、组织机构和货币政策与金融监管等作出了规定，中国人民银行在实施货币政策中不受政府部门和地方政府的干预，享有法律赋予的履行职责的独立性。

按照国务院关于机构改革的决定，1998 年中国人民银行进行了组织机构体系的改革。改革的重点是强化中央银行的垂直领导，跨行政区设立一级分行，撤销省级分行建制，强化中国人民银行实施货币政策的独立性；强化对商业银行、合作金融机构等各类金融机构的监管职能，并强调运用金融电子信息化手段，建立金融风险监测、预警体系；对全社会资金流量、流向和金融业务活动进行监控、分析，提高中国人民银行的管理水平，为金融系统和全社会提供更加准确、安全、快捷的支付清算的金融服务。

## 第二节　中央银行的性质与职能

### 一、中央银行的性质

中央银行的性质是指中央银行自身所具有的特有属性，这是由其在国民经济中的地位所决定的，并随着中央银行制度的发展而不断变化。中央银行已由过去集中发行银行券、解决国家财政困难的政府银行，逐步发展成为代表国家调节宏观经济、管理金融的特殊机构，处于一国金融业务的核心和领导地位。总体来说，中央银行的性质可以从以下几个方面分析：

#### （一）中央银行是特殊的金融机构

一方面，中央银行的主要业务活动具有银行固有的办理存、贷、汇业务的特征；另一方面，中央银行的业务活动又与普通金融机构有所不同，主要表现在以下几个方面：

（1）其业务对象仅限于政府和金融机构，不是一般的工商客户和居民个人。

（2）享有政府赋予的一系列特有的业务权利，如发行货币、代理国库、保管存款准备金、制定金融政策等。

（3）与政府有特殊关系。中央银行既要与政府保持协调，又要有一定的独立性，可独立地制定和执行货币政策，实现稳定货币的政策目标。

#### （二）中央银行是保障金融稳健运行、调控宏观经济的工具

（1）中央银行通过改变基础货币的供应量，保障社会总需求和总供给在一定程度上的平衡。

（2）承担着监督管理普通金融机构和金融市场的重要使命，保障金融体系稳健

运行。

（3）中央银行是最后贷款者。中央银行通过变动存款准备金率和贴现率对商业银行和其他信用机构进行贷款规模和结构的调节，间接地调节社会经济活动。

（三）中央银行是国家最高的金融决策机构和金融管理机构，具有国家机关的性质

中央银行国家机关的性质与一般国家行政机关有很大的不同，主要内容如下：

（1）中央银行履行其职责主要是通过特定金融业务进行的，对金融和经济管理调控基本上是采取经济手段，这与主要靠行政手段进行管理的国家机关有明显的不同。

（2）中央银行对宏观经济的调控是分层次实现的。通过操作货币政策工具调节金融机构的行为和金融市场运作，然后再通过金融机构和金融市场影响到各经济部门，市场回旋空间较大，作用也较平缓，而国家机关一般是运用行政手段直接作用于各微观主体。

（3）中央银行既是为商业银行等普通金融机构和政府提供金融服务的特殊金融机构，又是制定和实施货币政策、监督和管理金融业、规范与维护金融秩序、调控金融与经济运行的宏观管理部门。

## 二、中央银行的职能

中央银行的职能一般被概括为发行的银行、银行的银行和政府的银行三方面。

（一）发行的银行

中央银行是发行的银行，具有两方面的含义：一方面，是指垄断银行券的发行权，是全国唯一的现钞发行机构；另一方面，是指中央银行作为货币政策的最高决策机构，在决定一国的货币供应量方面具有至关重要的作用。

目前，世界上几乎所有国家的现钞都由中央银行发行。至于硬辅币的铸造、发行，有的由中央银行负责；有的则由财政部负责，发行收入归财政。

发行银行券是中央银行最重要的资金来源。由于中央银行发行出来的银行券，一部分形成银行等金融机构的库存现金，大部分则形成流通中的现金，它们与存款机构在中央银行的准备金存款一起共同构成了基础货币，是中央银行货币控制的主要职责之一。

中央银行拥有货币发行权，其在创造资金来源上具有任何机构都无法比拟的优势。但是滥用货币发行权的结果必然是通货膨胀、货币贬值，最严重的情况下中央银行所发行的纸钞甚至可能无法行使货币的基本职能，成为废纸。因此，必须对中央银行的货币发行进行适当的控制。在金本位制下，银行券的发行要求有一定比率的黄金准备，因此中央银行集中的黄金储备成为支持庞大的货币流通的基础，成为稳定的关键，黄金储备增多，银行券及整个货币流通才可能扩大；黄金储备减少，则必须紧缩货币供给。当货币流通转化为不兑现的纸币流通后，银行券的流通首先靠政府的强制力支撑，但是如果银行券购买力不稳定，它仍然难以发挥货币的职能，因此控制货币供应量，确保货币购买力的实现是央行的重要职责。这也正是央行货币政策的目的所在。

### （二）银行的银行

中央银行作为银行的银行主要体现在中央银行也像其他银行一样，办理存款、贷款等业务，只不过中央银行的业务对象不是一般的企业和个人，而是商业银行和其他金融机构；中央银行各项业务活动的目的不仅在于为商业银行和其他金融机构的活动施加有效的影响。具体说来，这一职能主要包括以下内容：

1. 集中存款准备

为了保证存款机构的清偿能力，也为了利于中央银行调节信用规模和控制货币供应量，各国的银行法律一般都要求存款机构必须对其存款保留一定比率的准备金，即法定准备金。这些准备金（包括一部分超额准备金）除一小部分可以库存现金的形式持有外，大部分要交由中央银行保管，即各存款机构在中央银行开立准备金账户，存入准备金。这样做有两个好处：一个是便于中央银行了解和掌握各存款机构的准备金状况，为货币政策的制定和实施提供参考依据；另一个是可使中央银行组织全国的资金清算。在多数国家，存款机构在中央银行的存款是没有利息收入的，但在我国，中央银行对存款机构的存款支付利息。

2. 组织全国范围的资金清算

由于各存款机构都在中央银行设有准备金账户，中央银行就可以通过借记或贷记它们的准备金账户来完成存款机构之间的款项支付。例如，当需要由 A 银行向 B 银行支付时，中央银行只需根据其付款票据或指令借记 A 银行的准备金账户，贷记 B 银行的准备金账户即可。通常同城或同地区银行间的资金清算，主要通过票据交换所进行。票据交换所在有些国家是由各银行联合开办的，在有些国家则由中央银行直接主办的。但是无论哪种，票据交换的应收应付最后都通过中央银行集中清算交换的差额。对于异地银行间资金划拨，都由中央银行统一办理，由于各国使用的票据和银行组织方式的不同，异地间资金划拨的具体清算做法也不一样，甚至差异很大。

3. 最后贷款人

当某一金融机构面临资金困难，而别的金融机构又无力或不愿对其提供援助时，中央银行将扮演最后贷款人的角色。传统意义上，中央银行对商业银行贷款主要以再贴现方式进行，在某些情况下再抵押或直接取得贷款也是商业银行从中央银行融资的形式。

### （三）国家的银行

中央银行是国家宏观经济管理的一个部门，但在一定程度上又超脱于国家政府的其他部门，与一般政府机构相比独立性更强。这种地位使中央银行成为国家管理宏观经济的重要工具。中央银行是“国家的银行”，这一职能具体表现在以下几个方面：

1. 代理国库

代理国库是指经办政府的财政预算收支，充当政府的出纳。政府的收入和支出都通过财政部在中央银行开设的各种账户进行。

2. 充当政府的金融代理人，代办各种金融事务

中央银行作为政府的金融代理人，可以代理国债的发行和还本付息，代理政府保

管黄金及外汇储备或代理政府黄金外汇的买卖业务；代表政府参加国际金融组织，出席国际会议，从事国际金融活动；充当政府的顾问，提供有关金融方面的信息和建议、对金融实施监管等。

3. 为政府提供资金融通，以弥补政府在特定时间的收支差额

为政府提供资金融通的方式有两类，即直接向国家财政提供贷款或透支和在证券市场上购买国债。通常中央银行对财政的直接贷款或透支在期限和数额上都受法律的严格限制，以避免中央银行沦为弥补财政赤字的工具，导致货币发行失控。因此，政府弥补赤字的主要手段是发行国债。中央银行可以在一级市场或二级市场上买入国债。若中央银行在一级市场上购买国债，资金直接形成财政收入，流入国库；若中央银行在二级市场上购买国债，则资金是间接流向财政。在二级市场买卖国债的行为就是所谓的公开市场业务，它是中央银行调控货币供给的重要方式。

4. 制定和实施货币政策

由于中央银行垄断了货币发行和具有“银行的银行”的特殊性质，因此中央银行也就具备了实施货币政策的手段。虽然货币政策具有相对独立性，但是货币政策也需要与政府的总体宏观经济政策相配合。因此，制定和实施货币政策也是中央银行作为“政府的银行”的具体体现。

## 三、中央银行的独立性

### （一）中央银行独立性的含义

中央银行的独立性是指中央银行履行自身职责的法律赋予或实际拥有的权力、决策与行动的自主程度。独立性问题集中反映在中央银行与政府的关系上，这种关系具有两层含义：一方面是中央银行应对政府保持一定的独立性；另一方面是中央银行对政府的独立性是相对的。

因此，中央银行的独立性是指相对独立性，即中央银行不能完全独立于政府控制之外，不受政府的约束，也不能凌驾于政府之上，而应接受政府的一定监督和指导，并在国家总体经济政策的指导之下，独立地制定和执行国家的货币金融政策，并且与其他政府机构相互配合。

### （二）中央银行独立性的主要内容

中央银行独立性的内容大致可以归纳为以下三个方面：

1. 垄断货币发行权

中央银行必须建立符合国家实际经济状况的货币发行制度维持货币币值的稳定。一是中央银行必须垄断货币发行权，不能搞多头发行。二是中央银行发行货币的多寡、发行货币的时间和发行方式应该由中央银行根据货币政策的目标以及经济发展和货币信用规律发行自行决定，而不能受政府或其他利益团体的干扰。三是中央银行应按经济原则发行货币，不能搞财政发行，不能在国债发行市场上直接购买长期国债，也不能代行应由财政行使的职能。

2. 独立制定货币政策的目标

中央银行必须遵从经济发展的客观规律和货币信用规律，独立制定货币政策目标。在制定货币政策目标时，必须考虑政府的宏观经济目标，尽可能保持货币政策目标与宏观经济目标一致。万一发生分歧，中央银行与政府必须本着相互信任、相互尊重的态度进行充分的沟通。防止双方目标不一致造成经济政策和货币政策的失败。

3. 独立选择货币政策手段

货币政策目标能否顺利实现，完全依靠货币政策的具体操作手段。因此，货币政策目标决定以后，中央银行独立选择实现货币政策目标的手段，也就是说货币政策的操作权必须掌握在中央银行手中。同时各级政府和政府的其他部门必须配合中央银行运行好货币政策操作手段，而不应采取直接和间接的方法抵消货币政策的作用和效果。

### （三）保持中央银行相对独立性的必要性

中央银行之所以应对政府保持独立性，原因如下：

（1）中央银行在制定和执行货币政策以及实施金融监管时，都需要具备必要的专业理论素养和较为长期的从业经验积累。中央银行调控对象是货币、信用、金融机构与金融市场，调控手段是技术性很强的经济手段，这就要求中央银行的机构与人员具有专业技术经验和一定程度的独立性和稳定性。如果政府进行不适当干预，会导致整个经济陷入困境。

（2）中央银行独立于政府，保持超然地位，以稳定货币为天职，可以对通货膨胀起抑制作用。政府往往关注短期利益，通过扩大财政支出，自觉不自觉地实行通货膨胀政策。

（3）中央银行是负有社会责任的机构，其货币政策应保持稳定性和连续性，不受党派和政府的干扰。政府往往出于政治需要，过分关心大选，讨好选民。

（4）中央银行与政府所处的地位不同，工作侧重点也不同。在现代社会中，政府的目标是多元的，不仅有经济目标，更有社会目标。经济目标也不仅仅是物价稳定，更关注的是失业率和经济增长率。对于失业与经济增长问题，有时货币政策是无能为力的。这时为了实现中央银行稳定币值的目标，就必须使中央银行与政府保持一定的独立性。

但是中央银行对政府的独立性不是绝对的，而是相对的。具体原因如下：

（1）中央银行货币政策目标不能背离国家总体经济发展目标。中央银行对货币政策的制定与实施不仅要考虑自身负担的任务和责任，还必须重视国家利益。

（2）货币政策是国家宏观经济政策的一部分，必须服从、配合、服务于整个宏观经济政策的制定和实施。

（3）中央银行具有国家行政机关的性质，其业务活动和监管都是在国家授权下进行的，其主要负责人一般由政府委任，其资本结构具有国有化趋势，这些也决定了中央银行不可能绝对独立于政府之外。

（4）在特殊情况下，如遇到战争、特大灾害时，中央银行必须完全服从政府的领导和指挥。

## 四、中央银行的类型

### （一）我国中央银行的性质

1995 年 3 月 18 日，中华人民共和国第八届全国人民代表大会第三次会议通过的《中华人民共和国中国人民银行法》明确规定：中国人民银行在国务院领导下，制定和实施货币政策，对金融业实施监督管理。

可见我国中央银行的工作对象不是企业单位和个人，而是各商业银行和其他金融机构。我国中央银行的主要工作是集中力量研究和做好全国的宏观决策，加强金融监管，以保持货币稳定，更好地为国家宏观经济决策服务。

必须指出，我国中央银行除了具备世界各国中央银行的一般特征外，还有两个不同点：一是我国的中央银行是建立在生产资料公有制基础上的，是具有公有制性质的中央银行；二是我国法律明确规定，我国的中央银行在国务院领导下管理全国金融事业，基于我国目前的商业银行主要是国有企业，故中央银行与政府的关系更为密切。

中国人民银行在各地的分支机构按经济区划设置。在银行业务和干部管理上实行垂直领导，统一管理。在中国人民银行总行的领导下，各人民银行分支机构根据国家规定的金融方针政策和国家信贷计划，在本辖区内调节信贷资金和货币流通，协调、指导、监督、检查商业银行和其他金融机构的业务活动。

国家外汇管理局作为国务院直属局和人民银行总行的一个职能部门，统一管理全国的外汇工作。

### （二）我国中央银行的职能

1. 审批商业银行和其他金融机构的设置或撤并

对金融机构的设置和撤并统一进行审查和批准，并在设立后进行必要的管理和监督。这对金融政策的贯彻执行、货币流通的稳定和金融秩序正常化有重要意义。

2. 领导、管理、协调、监督、稽核商业银行和其他金融机构的业务工作

中国人民银行负有协调商业银行和其他金融机构之间的业务活动的任务，达到加强金融事业的统一领导和国民经济综合平衡的目标。

3. 经理国库，代理发行政府债券

中国人民银行代理财政金库（也称国库），以保证及时集中预算资金、财政部门按计划拨款、支持生产的发展和商品流通的扩大。中国人民银行代理发行政府债券，对稳定货币流通和解决财政困境也具有重要作用。

4. 管理企业股票、债券等有价证券，管理金融市场

经营有价证券的发行、交易等活动，均要经中国人民银行审批。中国人民银行还承担管理金融市场的责任，通过发行国库券、增减贷款和调整存款比例等经济手段，把握金融市场的变化趋势，控制和调节货币流通。

5. 代表政府从事有关国际金融活动

中国人民银行是我国参加国际金融活动的代表和我国在国际货币基金组织的代理人。中国人民银行代表国家出席有关国际金融会议，参与有关国际金融业务活动，商

议国际货币金融制度，进行国际金融合作。

中国人民银行的性质决定了中国人民银行的职能，按现行《中华人民共和国中国人民银行法》的规定，中国人民银行履行下列职责：

（1）依法制定和执行货币政策；

（2）发行人民币，管理人民币流通；

（3）按照规定审批、监督管理金融机构；

（4）按照规定监督管理金融市场；

（5）发布有关金融监督管理和业务的命令和规章；

（6）持有、管理、经营国家外汇储备、黄金储备；

（7）经理国库；

（8）维护支付、清算系统的正常进行；

（9）负责金融业的统计、调查、分析和预测；

（10）作为国家的中央银行，从事有关的国际金融活动；

（11）国务院规定的其他职责。

上述这些职能都围绕一个中心，即作为国家最重要的调节机构之一，主要是通过一系列直接或间接手段的运用，实现对货币供求和社会经济生活的调节，求得社会总需求和社会总供给的宏观平衡，保证国民经济稳定、协调、高效和健康地向前发展。

## 五、我国中央银行的性质与职能

中央银行虽然是从商业银行发展演变而来，且有许多不同类型。由于各国社会制度、政治体制、经济发展水平、金融发展水平以及历史上的传统习惯不同，因而中央银行体制也有所差别，从而使中央银行在组织形式上分为不同的类型。归纳起来，中央银行制度大致可以分为四种类型：单一式中央银行制度、复合式中央银行制度、跨国式中央银行制度和准中央银行制度。

### （一）单一式中央银行制度

它是指国家单独设立中央银行机构，并由其专门行使中央银行职能的制度，又分为一元式、二元式和多元式三种具体形式。

一元式中央银行制度是指在国内只设一家中央银行，机构设置一般采取总分行制，总行一般设在首都或经济金融的中心城市，在国内设置若干分支行。其特点是权力集中、职能齐全、分支机构较多。目前，世界上大多数国家实行这种制度，如英、法、日和中国等。

二元式中央银行制度是指在国内设立中央和地方两级相对独立的中央银行机构，按规定分别行使金融管理权，地方机构有较大独立性的体制。其特点是权力和职能相对分散，分支机构不多。在实行联邦政治体制的国家，较多地采用这种组织形式。德国的中央银行就是典型的二元式中央银行制度。德国中央银行在中央一级设置中央银行理事会和为其服务的若干业务职能机构，在地方一级设立了9个州中央银行。

多元式中央银行制度是指在一国建立多个中央银行机构共同执行中央银行职能的

体制。其特点是权力相对分散、各自的独立性强。美国是实行多元式中央银行体制的典型代表。美国的中央银行称为联邦储备体系，该体系既包括设在中央一级的联邦储备委员会、联邦公开市场委员会和联邦咨询委员会，也包括设在地方一级的12家联邦储备银行。美国联邦储备委员会设在华盛顿，负责管理联邦储备体系和全国的金融决策，对外代表美国中央银行。同时，美国联邦储备体系又将50个州和哥伦比亚特区划分为12个联邦储备区，每一个区设立一家联邦储备银行。联邦储备银行在各自的辖区内履行中央银行职责。

（二）复合式中央银行制度

它是指国家不专门设立行使中央银行职能的银行，而是由一家大银行既行使中央银行职能，又经营一般银行业务的银行管理体制。这种复合制度主要存在于苏联和1990年以前的东欧国家，我国在1983年以前也一直实行这一银行制度。目前采用此种制度的国家较少。

（三）跨国式中央银行制度

它是指由参加某一货币联盟的所有成员国联合组成的中央银行制度。跨国中央银行是参加货币联盟的所有国家共同的中央银行，而不是某个国家的中央银行。其主要职能有发行统一货币、为成员国政府服务，执行共同的货币政策及其有关成员国政府一致决定授权的事项。这些国家一般在地域上相邻，经济状况比较接近，联系密切。采用这种中央银行制度的有由贝宁、科特迪瓦、尼日尔、塞内加尔、多哥和布基纳法索等国组成的西非货币联盟所设的中央银行（1962年成立），由喀麦隆、乍得、刚果、加蓬和中非共和国组成的中非货币联盟所设的中非国家银行（1962年成立），还有东加勒比海货币管理局（1965年成立）等。欧洲经济共同体已初步建立起欧洲跨国的中央银行（1998年7月成立）。1999年1月1日，欧洲货币同盟中的11个国家开始使用欧盟单一货币——欧元（EURO）。2002年年初，欧元纸币和硬币进入流通，半年后欧洲货币同盟成员国各自的通货逐步收回。欧元是超越欧洲各国传统边界的货币，欧洲中央银行是超越各国货币主权的统一的中央银行。

（四）准中央银行制度

它是指在一些国家或地区并无通常意义上的中央银行制度，只是由政府授权某个或某几个商业银行，或设置类似中央银行的机构，部分行使中央银行职能。其特点是一般只发行货币，为政府服务，提供最后贷款援助和资金清算。新加坡和中国香港是实行这种制度的典型代表。新加坡设有金融管理局和货币委员会两个机构来共同行使中央银行的职能。其中，金融管理局负责制定执行货币政策、管理和监督银行及其他金融机构、收缴存款准备金等，行使除货币发行以外的中央银行一切职能；货币委员会主要负责发行货币、保管发行准备金等。香港则设金融管理局，下设货币管理部、外汇管理部、银行监管部和银行政策部。前两个部负责港币和外汇基金的管理，后两个部对金融机构进行监管。港币由汇丰银行、渣打银行和中国银行三家分别发行。属于这种准中央银行体制的还有斐济、马尔代夫、莱索托、利比里亚等。

## 第三节 中央银行的主要业务

中央银行虽然是一个特殊的银行，但是其业务仍然可以分为负债业务、资产业务和中间业务。只不过中央银行的业务活动有其特定的领域、特定的对象，而且其业务活动的原则不同于商业银行和其他金融机构。中央银行的业务活动以非营利性、流动性、主动性和公开性为基本原则。

### 一、中央银行的负债业务

中央银行负债即其资金来源，主要包括货币发行业务、各项存款业务、资本业务以及其他负债。虽然资本项目也是其资金来源，但是并非严格意义上的负债。

#### （一）货币发行业务

中央银行一般都享有垄断货币发行的特权，因此发行货币既是中央银行的基本职能，又形成了中央银行的主要资金来源。一般来说，中央银行的货币发行是通过再贴现、再贷款、购买有价证券以及收购黄金、外汇等途径投入市场，从而形成流通中的货币。货币是一种债务凭证，是中央银行对社会公众的债务。但是对社会公众来说，手中持有中央银行发行的货币，并不被认为是持有中央银行的债权，倒是被认为占有一部分社会财富。由于货币可以随时用来购买自己所需要的商品和劳务，这不过是财富从一种形式转换为另一种形式。因此，货币发行是中央银行最重要的负债业务。

各国为保持本国货币流通的基本稳定，防止中央银行滥用发行权，造成过多货币流通量，分别采用了不同方法对银行券发行数量加以限制。例如，比例发行准备制度、最高发行额限制制度、外汇准备制度、有价证券保证制度等。我国人民币的发行并无发行保证的规定，其实际上的保证是国家信用和中央银行信用。

#### （二）各项存款

中央银行的存款主要包括两个方面：一方面是来自政府和公共部门的存款；另一方面是商业银行等金融机构的存款。政府和公共部门在中央银行的存款也包括两部分：一部分是财政金库存款；另一部分是政府和公共部门经费存款。由于中央银行代理国家金库和财政收支，所以国库的资金以及财政资金在收支过程中形成的存款也属于中央银行存款。商业银行等金融机构在中央银行的存款包括法定准备金存款和超额准备金存款。在现代存款准备金制度下，中央银行集中商业银行和其他金融机构的存款准备金。此外，商业银行和其他金融机构通过中央银行办理它们之间的债务清算，因此为清算需要也必须把一定数量的存款存在中央银行，这部分存款称为超额准备金存款。

1. 代理国库

中央银行经办政府的财政收支，执行国库的出纳职能，如接受国库的存款、兑付国库签发的支票、代理收解税款、替政府发行债券、还本付息等。此外，那些依靠国家财政拨给行政经费的公共机构，其存款也由中央银行办理。政府和公共机构存款在其支出之前存在中央银行，就形成中央银行重要的资金来源。中央银行代理国库业务，可以沟通财政与金融之间的联系，使国家的财源与金融机构的资金来源相连接，充分发挥货币资金的作用，并为政府资金的融通提供一个有力的调节机制。

2. 集中存款准备金

各商业银行吸收的存款不能全部贷出，必须保留一部分，以备存款人提取。但是商业银行的现金准备并不能都存在自己的金库里，必须按照规定的比率将其一部分存储于中央银行。这样就使商业银行的现金准备集中于中央银行，即存款准备金。准备金中法律规定的部分必须存储于中央银行，超过法律规定的部分，即为商业银行的超额准备金。目前中央银行吸收的商业银行存款，主要是法定存款准备金。中央银行掌握了各商业银行的存款准备金，形成中央银行的资金来源，便可运用这些准备金支持银行的资金需要。现金准备集中存放于中央银行，除了增强整个银行系统的后备力量，防止商业银行倒闭外，更主要的是中央银行通过存款准备金可以控制商业银行的贷款量。中央银行降低法定存款准备率，即可扩大商业银行的贷款和投资；中央银行提高法定存款准备率，即可减少商业银行的贷款和投资。在一般情况下，存款准备金未达到规定比例时，中央银行就会提高再贴现率。随着商品经济和货币信用关系向更高阶段发展，中央银行集中存款准备金的原始目的发生了根本转变。存款准备金业务已逐渐发展成中央银行控制货币供给的主要政策工具。

中央银行为了加强对商业银行以外的其他金融机构的管理，有时也规定其他金融机构向中央银行上缴一部分存款，作为中央银行的金融管理基金。

### （三）其他负债

其他负债是中央银行除以上负债项目以外的负债，如对国际金融机构的负债或中央银行发行债券（融资券）等。

## 二、中央银行的资产业务

中央银行的资产业务即其资金运用，主要包括贷款和贴现业务、证券买卖业务、黄金外汇储备业务和其他资产业务等。

### （一）贷款和贴现业务

1. 再贷款和再贴现业务

当商业银行资金短缺时，可从中央银行取得借款。其方式是把工商企业贴现的票据向中央银行办理再贴现，或以票据和有价证券作为抵押向中央银行申请借款。在票据业务发达的国家，中央银行办理票据再贴现成为向商业银行融通资金的重要方式。再贴现又叫重贴现，是指商业银行将其对工商企业已经贴现的票据向中央银行再办理贴现的资金融通行为。在这里，商业银行向中央银行申请办理再贴现，取得资金，而中央银行则成为“最后贷款者”。再贴现利率是中央银行向商业银行融通资金的重要调节器。

2. 为政府提供短期贷款

在特殊情况下，中央银行也对财政进行贷款或透支以解决财政收支困难。不过如果这种贷款数量过多、时间过长易引起信用扩张、通货膨胀。因此，正常情况下，各国对此均加以限制。美国联邦储备银行对政府需要的专项贷款规定了最高限额，而且要以财政部的特别库券作为担保。英格兰银行除少量的政府隔日需要可以融通外，一般不对政府垫款，政府需要的资金通过发行国库券的方式解决。

《中华人民共和国中国人民银行法》规定，中国人民银行不得对政府财政透支，不得直接认购、包销国债和其他政府债券，不得向地方政府、各级政府部门提供贷款。

（二）证券买卖业务

各国中央银行一般都经营证券业务，但是这并不是出于投资获利的目的，而是其公开市场业务操作的结果，中央银行在公开市场上主要是买卖政府发行的长期或短期债券，以实现调节货币和信用的目的。一般说来，在金融市场不太发达的国家，中央政府债券在市场上流通量小，中央银行买卖证券的范围就要扩及各种票据和债券，如汇票、地方政府债券等。

中央银行开办证券买卖业务，不管是哪个国家，指导思想都基本相同。不同的是，在买卖对象上存在细微差别。例如，在美国，通常各种有价证券都可以购买，但是美联储有自己的习惯做法。在日本，买卖对象则限于商业票据、银行承兑票据和公债。在瑞典，只要求买卖政府公债和地方政府债券。在我国，中央银行从 1996 年 4 月 1 日开始进行公开市场操作，中央银行可依法在公开市场上买卖国债和外汇。取消贷款规模以后，公开市场操作逐步成为中央银行的主要政策工具。今后，我国将逐步增加交易工具和交易主体，规范规章制度，完善市场建设和市场监管，以扩大公开市场业务规模。

（三）黄金外汇储备业务

自不兑现信用货币制度建立以来，黄金和外汇始终是稳定币值的重要手段。目前各国政府都赋予中央银行掌管国家国际储备的职责。所谓国际储备，是指具有国际性购买能力的货币，主要有黄金（包括金币和金块）和外汇（包括外国货币、存放外国的存款余额和以外币计算的票据及其他流动资产）。此外，还有特别提款权和在国际货币基金组织的头寸等。中央银行开展此项业务的意义在于：稳定币值；稳定汇价；保证国际收支的平衡。

## 三、中央银行的清算业务

（一）清算业务的含义

清算业务是指中央银行为商业银行和其他金融机构办理资金划拨清算和资金转移的业务。中央银行作为银行的银行，各商业银行等其他金融机构都在中央银行开立账户，因此由中央银行来负责清算它们之间的资金往来和债权债务关系具有客观的便利条件。

从世界范围来看，大多数国家都有法律明文规定中央银行负有组织支付清算的职责。例如，《中华人民共和国中国人民银行法》中明确规定，人民银行有履行“维护支付、清算系统的正常运行”的职责；“应当组织金融机构相互之间的清算系统，协调金融机构相互之间的清算事项”。

### （二）中央银行清算业务的形成和发展

中央银行清算业务是在商业银行代客收付资金时具有相互收付特征的基础上产生的。商业银行在其发展过程中，债权债务关系不断增加，各家银行都会收进客户提交的其他银行的票据。各银行集中起来先将应收应付票据轧差之后，抵销部分债权债务关系，然后再结清差额，票据交换制度就此产生。1773 年，第一个票据交换所在英国伦敦成立后，世界各国都纷纷效仿，票据交换制度也逐渐发展起来。

票据交换所是同城内各商业银行相互之间进行票据交换和集中清算的场所。票据清算的基本原理是所有商业银行的应收应付款项，在相互轧差之后而仅对差额数进行收或支。任何一家银行的应收总额一定与所有其他银行对该银行的应付总额相等；任何一家银行的应付总额一定与所有其他银行对该银行的应收总额相等；所有银行应收差额的总额一定与所有银行应付差额的总和相等。

最初由商业银行同业以共同协议的方式管理票据交换所，但是随着各银行业务范围的扩大，它们之间债权债务关系越来越复杂化，银行以共同协议开展同城票据清算的方式也不能满足需要了。于是在中央银行产生之后，由中央银行负责全国的清算业务。商业银行每日彼此应收应付的票据，由票据交换所清理并轧差后，其应收应付的差额通过中央银行汇兑转账结清。1854 年，英格兰银行实行了票据清算制度，其他各国中央银行都效仿建立了这种制度。这样中央银行成为最终的清算机构，处于清算体系的中枢地位。在这种情况下，银行清算系统一般都是在中央银行的统一领导下建立的。各国主要商业银行通常都有自己独立的清算系统，对于跨系统的业务的处理则由中央银行在各大城市建立的清算中心完成，中央银行控制和管理着这些清算中心，并负责管理清算的内容和结果。随着信息技术的飞速发展，电子清算网络普遍应用，现代中央银行主要是通过直接经营支付清算系统开展清算业务。

### （三）中央银行清算业务的内容

1. 集中票据交换

这项业务是通过票据交换所进行的。票据交换所是同一城市内银行间清算各自应收应付票据款项的场所。票据交换所一般每天交换一次或两次，根据实际需要而定。所有银行间的应收应付款项都可相互轧抵后而收付其差额。各行交换后的应收应付差额，即可通过其在中央银行开设的往来存款账户进行转账收付，不必收付现金。

2. 办理异地资金转移

各城市、各地区间的资金往来，通过银行汇票传递、汇进汇出，最后形成异地间的资金划拨问题。这种异地间的资金划拨必须通过中央银行统一办理。

办理异地资金转移，各国的清算办法有很大不同，一般有两种类型：一种类型是先由各金融机构内部自成联行系统，然后各金融机构的总管理处通过中央银行总行办理结算；另一种类型是将异地票据统一集中传送到中央银行总行办理轧差转账。

### （四）我国中央银行的清算业务

中国人民银行专门执行中央银行职能后，成为各金融机构的支付中介，对金融体系提供支付清算服务。目前，中国人民银行运行着三个跨行支付系统：一是拥有 2 000 多家同城票据的交换所，二是全国手工联行系统，三是全国电子联行系统。中央银行运行的系统主要处理跨行支付交易和商业银行系统内大额支付业务。通过这些支付系统，中国人民银行组织银行间同城资金清算和异地资金清算。

1. 同城清算业务

同城或同地区银行间的资金清算主要是通过票据交换所来进行。票据交换所通常是由当地人民银行直接主办。

（1）同城票据交换。票据交换，亦称票据清算，一般是指同一城市（或区域）各金融机构对相互代收、代付的票据，按照规定时间和要求通过票据交换所集中进行交换并清算资金的一种经济活动。票据交换是银行的一项传统业务，该业务不仅涉及银行间票据的交换与清算，而且还涉及社会资金的使用效益等。

（2）资金清算。参加票据交换的商业银行和其他金融机构，当票据交换所核对轧平当天的票据交换业务后，主要采取下面两种资金清算方法：一是金额清算，参加票据交换的行处，将提出和提入票据的应借、应贷差额分别进行汇总，然后通过人民银行向对方行清算资金；二是差额清算，即参加票据交换的行处，将各自提出提入的票据金额进行轧差，得到应贷差额或应借差额，然后通过在人民银行的存款账户进行清算。

（3）同城票据的计算机清算。随着科学技术的不断进步，金融业务的电子化工作也得到飞速发展。1987 年以后，在结算业务多的大中城市，中国人民银行开始建立清算中心，通过电子计算机处理同城票据交换业务，使同城资金清算工作有了质的飞跃。

2. 异地清算业务

异地银行间的资金划拨也是通过人民银行统一办理。异地资金划拨的具体做法主要有两种类型：一种类型是先由商业银行等金融机构通过内部联行系统划转，然后由商业银行的总行通过中央银行办理转账清算；另一种类型是直接把异地票据统一集中送到中央银行办理轧差转账，再送至各商业银行总行或分支行记账。

为了适应我国加入世界贸易组织后金融业面临的新形势，中国人民银行正在建设现代化支付系统，该系统由大额实时支付系统、小额批量系统、银行卡授信系统、政府证券簿记系统组成。此外，同城票据交换所将继续作为一个应用系统存在。该系统建成以后，中国人民银行支付清算业务的效率和安全性将大大提高。

## 第四节　中央银行的运作规范及其与各方的关系

中央银行是具有特殊权力的银行，其地位由国家法律规定，其业务活动由国家权力进行保障。同样，其业务范围也受法律的限制。中央银行作为金融管理机关和宏观经济调控主体，为保证其业务活动的正常进行，国家必须赋予中央银行较高的相对独立性。中央银行需要正确处理好与政府部门、金融监管部门、金融机构及国际金融组织、外国中央银行的关系。

## 一、中央银行业务活动的法律规范与原则

### （一）中央银行业务活动的法律规范

目前，各国对中央银行业务活动的法律规范大致可分为法定业务权力、法定业务范围、法定业务限制三个方面。

1. 中央银行的法定业务权力

中央银行的法定业务权力是指法律赋予中央银行在进行业务活动时可以行使的特殊权力。根据目前各国的中央银行法，这种法定业务权力一般有以下几项：发布并履行与其职责相关的业务命令和规章制度的权力；决定货币供应量和基准利率的权力；调整利率、存款准备金率和再贴现率的权力；决定金融机构贷款数额和方式的权力；灵活运用相关货币政策工具的权力；依据法律规定对金融机构和金融市场监督管理的权力；法律规定的其他权力。

2. 中央银行的法定业务范围

中央银行作为发行的银行、银行的银行、政府的银行，其法定业务范围主要有以下几项：货币发行和货币流通管理业务；存款准备金业务；为金融机构办理再贴现及贷款业务；在公开市场从事有价证券的买卖业务；黄金外汇经营管理业务；代理国库业务，代理政府债券发行、兑付业务；组织或协助组织金融机构间的清算业务；对全国的金融活动进行统计调查与分析预测，统一编制全国金融统计数据、报表，按照国家规定定期予以公布；金融机构和金融市场的相关监督管理法律允许的其他业务。

3. 中央银行的法定业务限制

为了确保中央银行认真履行职责，防止中央银行为了追逐自身利益，而损害金融机构和公众利益，维护中央银行的信誉和权威性，各国中央银行法都对中央银行的业务活动进行必要的限制，《中国人民银行法》就有相关规定，如中国人民银行不得对银行业金融机构的账户透支。

### （二）中央银行业务活动的一般原则

1. 非营利性

非营利性指中央银行的一切业务活动不以营利为目的。只要是宏观金融管理所必需的，即使不营利甚至亏损的业务也要去做。当然，这并不意味着不讲成本和收益。在实际业务活动中，中央银行业务开展的结果也往往能获得一定的利润，但这只是一种客观的经营结果，并不是中央银行主观追逐的业务活动目的。

2. 流动性

流动性指中央银行一般不做期限长的资产业务。因为中央银行进行货币政策操作和宏观经济调控时，所拥有的资产必须具有较强的流动性，才能及时满足其调节货币供求、稳定币值和汇率、调节经济运行的需要。

3. 主动性

主动性指中央银行在进行金融监管或货币政策操作时，要独立判断及主动采取措施。

4. 公开性

公开性指中央银行的业务状况公开化，定期向社会公布业务与财务状况，并向社会提供有关的金融统计资料。保持公开性，有利于中央银行的业务活动接受社会公众的监督；可以增强中央银行业务活动的透明度，有利于增强实施货币政策的告示效应；可以及时、准确地向社会提供必要的金融信息，有利于各界分析研究金融和经济形势，也便于他们进行合理预期，调整经济决策和行为。

## 二、中央银行的独立性

### （一）中央银行独立性的含义

中央银行的独立性是指中央银行履行自身职责时法律赋予或实际拥有的权力、决策与行动的自主程度。中央银行的独立性比较集中地反映在中央银行与政府的关系上。

当各国经济社会处可平稳发展的时候，政府与中央银行的关系是比较协调的，中央银行能够比较自主地履行自己的职责；而在经济、金融出现困难甚至危机的时候，政府与中央银行往往出现不协调的情况，政府较多地考虑就业、保障等社会问题，中央银行较多地考虑金融稳定等经济问题。因此，中央银行独立性问题，既是一个理论问题，又是一个现实选择问题

### （二）中央银行独立性的辩证关系

1. 中央银行应与政府保持一定的独立性

理由在于：一是中央银行的业务活动必须符合金融运行的客观规律和自身业务的特点，这是由经济与金融的关系和金融行业的特殊性质决定的；二是中央银行的运作具有很强的专业性和技术性；三是中央银行与政府两者所处地位、行为目标、利益需求及制约因素有所不同；四是可以与政府其他部门之间的政策形成一个互补和制约关系，增加政策的综合效力与稳定性，避免因某项决策或政策失误而造成经济与社会发展全局性的损失；五是可以使中央银行和分支机构全面、准确、及时地贯彻总行的方针政策，避免各级政府的干预，保证货币政策决策与实施的统一。

2. 中央银行与政府的独立性是相对的

在现代经济体系中，中央银行作为国家的金融管理当局，是政府实施宏观调控的重要部门。中央银行要接受政府的管理和监督，在国家总体经济社会发展目标和政策指导之下履行自己的职责。中央银行的货币政策目标和宏观调控目标要与国家经济社会发展的总体目标相一致，目标的实现也需要其他政策特别是财政政策的协调与配合，与其他部门的关系也需要政府来协调。尤其在特殊情况下（如遇到战争、特大灾害等），中央银行必须完全服从政府的领导和指挥。因此，中央银行对政府的独立性只能是相对的，不能完全独立于政府，不受政府的任何制约，更不能凌驾于政府之上。

### （三）中央银行独立性的实践

目前，世界各国中央银行的独立性程度差异较大，主要有三类：一是独立性较强的，如美国联邦储备体系等；二是独立性较弱的，如中国人民银行等；三是独立性居

中的，如英格兰银行、日本银行等，一些新兴的工业化国家的中央银行也大致属于这种类型。

《中国人民银行法》对独立性问题有专门的规定。法律规定中国人民银行必须接受国务院领导的同时，也对中国人民银行的独立性给予了一定范围的授权。总体来看，中国人民银行在重要事项的决策方面对政府的独立性是较弱的，但这只是对中央政府而言，对地方政府和各级政府部门而言，法律赋予了中央银行完全的独立性。同时在货币政策操作、业务活动方面，中央银行的独立性就更强一些。从发展的角度看，中国人民银行的独立性明显地呈逐步增强的趋势。

## 三、中央银行与各部门的关系

### （一）中央银行与政府部门之间的关系

不论中央银行对政府的独立性是强还是弱，中央银行与政府部门之间都有一定的联系。但一般说来，独立性较强的中央银行，与政府部门之间的联系相对松散；而独立性较弱的中央银行，与政府部门之间的联系大都比较紧密。

1. 中央银行与财政部门的关系

与中央银行联系最为密切的是财政部门。由于财政部门在经济方面最能代表政府，所以中央银行对政府的关系很大程度上反映在中央银行与财政部门的关系上，政府对中央银行的管理和干预在许多方面是通过财政部门进行的。中央银行与财政部门的关系主要反映在：一是中央银行资本金的所有权大多由财政部门代表国家或政府持有；二是绝大多数国家中央银行的利润除规定的提存外全部交国家财政，如有亏损，则由国家财政弥补；三是财政部门掌管国家财政收支，而中央银行代理国库；四是中央银行代理财政债券发行，需要时按法律规定向政府财政融资；五是许多国家财政部门的负责人参与中央银行的决策机构；六是在货币政策和财政政策的制定和执行方面，中央银行与财政部门需要协调配合。

2. 中央银行与其他政府部门的关系

除财政部门之外，中央银行还与其他政府部门具有一定的联系，如经济运行的管理调节部门、贸易管理部门、经济方面的有关决策部门和咨询部门、统计部门等。中央银行与这些部门之间的关系体现在协作、信息交流、政策配合等方面，无隶属关系，除了中央银行因代理国库与这些部门在国家预算资金拨付上有所联系之外，一般也无其他业务往来关系。

### （二）中央银行与金融监管部门之间的关系

国际上的金融监管体制各不相同，有些国家由中央银行负责，而有些国家则由中央银行和独立分设的监管机构共同承担。但不管采用何种体制，中央银行都是对金融业实施监督管理的核心机构，与其他金融监管机构的关系极为密切。

### （三）中央银行与商业银行等金融机构之间的关系

从中央银行与商业银行等金融机构的业务关系看，中央银行是各类金融机构从事金融业务活动的支持者和保证者。从中央银行承担监督管理金融业、维护金融稳定、规范金融运作等方面的职责看，中央银行是商业银行等金融机构的领导者和管理者。但与一般行政部门的上下级关系不同，中央银行与商业银行等金融机构不是行政意义上的隶属关系，中央银行的领导与管理主要通过制定和实施有关政策来体现，并且主要是通过具体的金融业务活动来实现的。

（四）中央银行的对外金融关系

在经济一体化与金融国际化的趋势下，国家大力促进对外金融关系的建立和发展与中央银行有着密切联系，开展自觉的政策协调与合作，已成为必然之举。中央银行的对外金融关系主要体现在以下几方面：一是充当对外金融的总体发展战略的制定者，以及充当政府对外金融活动的总顾问和全权代表；二是参与各国中央银行间的交流合作活动；三是进行资本国际流动的调节管理和对外负债的全面监测；四是充当黄金和外汇储备的管理者以进行国际货币政策协调。

## 本章小结

1. 中央银行是商品经济发展到一定阶段的产物，是银行信用扩展的结果，也是国家对宏观经济进行调控的客观需要。中央银行的发展经历了一个漫长的历史时期。

2. 中央银行在中国的萌芽是20世纪初清政府建立的户部银行。最早以立法形式成立的中央银行是1928年于上海成立的国民政府中央银行。新中国的中央银行是中国人民银行。

3. 由于各国社会制度、政治体制、经济金融发展水平不同，因而中央银行在组织形式上具有不同的类型，主要有单一型、复合型、跨国型和准中央银行型。

4. 中央银行是一国最高的金融管理机构，是金融体系的核心。中央银行的性质集中表现在其职能上。中央银行是发行的银行、银行的银行和国家的银行。

5. 中央银行的主要业务包括资产业务、负债业务和清算业务。中央银行可以通过调整自身的资产负债结构来进行宏观金融调控。

## 复习思考题

1. 试述中央银行产生的经济背景。
2. 试述中央银行产生的客观要求。
3. 如何认识中央银行的性质和职能？
4. 中央银行的业务有哪些？
5. 试述中国人民银行的性质和职能？
6. 试述我国中央银行的演变过程。
7. 试述中央银行产生的客观要求。

## 附录一　英格兰银行

英格兰银行享有在英格兰、威尔士发钞的特权，苏格兰和北爱尔兰由一般商业银行发钞，但是以英格兰发行英格兰银行的钞票做准备；作为银行的最后贷款人，保管商业银行的存款准备金，并作为票据的结算银行，对英国的商业银行及其他金融机构进行监管；作为政府的银行，代理国库，稳定英镑币值及代表政府参加一切国际性财政金融机构。因此，英格兰银行具有典型的中央银行的发行的银行、银行的银行、政府的银行的特点。英国政府用公债向英格兰银行借钱，而英格兰银行用自己发行的货币（英镑）购买英国国债；这个国债是未来税收的凭证，英格兰银行持有国债就意味获得以后政府的税收。英国政府如果要买回流通在外的国债，必须用金币或英格兰银行认同的等值货币（货币能兑换黄金）买回。英格兰银行发行的货币（即英镑）的前身是银行券。这些银行券其实就是储户存放在金匠那里保管的金币的收据。由于携带大量金币非常不方便，大家就开始用金币的收据进行交易，然后再从金匠那里兑换相应的金币。时间久了，人们觉得没有必要总是到金匠那里存取金币，后来这些收据逐渐成了货币，所谓的金本位制就是以黄金为本位币的货币制度。在金本位制下，或每单位的货币价值等同于若干重量的黄金（即货币含金量）。因为英格兰银行发行的银行券的流通范围和接受程度都是比较广的，该银行的银行券被默认为就是国家货币。因此，英格兰银行购买国债可以用它的银行券。可以认为用国家货币能兑换政府公债，前提是可以兑换成黄金的货币或者等价物；用公债只可以到政府那里领取利息，不可以兑换成黄金或者货币，因为该公债是政府的“永久性债务”。

## 附录二　美联储在支付清算系统中的作用

美联储在支付体系中的作用，一方面表现在为私营清算机构尤其是经营大额支付体系的私营机构制定清算原则并对这些私营机构进行监管，通过对私营清算组织的组织结构、清算安排、操作规则等加以审查与批准，对私营清算组织达成诸如双边信贷额度、多方信贷额度、担保、损失分提原则等有关安排加以监管，以保证当日清算活动能及时、最终地完成；另一方面美联储在支付体系中的作用更为具体地体现在美联储直接经营美国大额支付系统与小额支付系统。

联邦储备体系提供的支付服务主要体现在以下两个方面：

第一，通过联邦储备账户提供同业银行清算服务。商业银行为其客户提供银行间的资金转移服务，要求银行通过一些特定的安排，实现客户资金在不同的银行账户间转移。如果付款方和收款方都在同一银行开立账户，则资金转移可以简单地通过银行记账方式实现。但是如果收款方和付款方在不同的银行拥有账户，资金的转移就要涉及多个金融中介，引起银行同业之间的资金清算。完成这种清算的途径很多，其中的最佳方式是所有的银行都在一个中央机构设立账户，资金转移通过中央账户进行，这将大大提高支付系统的效率。

中央银行作为各商业银行的代理行，实际上为中央银行管理商业银行提供了一个货币手段。中央银行要求各商业银行在中央银行持有无息的储备账户存款，而且要保证在储备账户上维持一个最低限额。更重要的是，中央银行为商业银行提供的贴现贷款对商业银行支付的顺利实现至关重要，也决定了一国的货币市场利率水平。

中央银行的贴现窗口是商业银行体系流动性的最后提供者，在全国性的金融危机发生时，整个金融体系将面临流动性不足的压力，这时中央银行便充当稳定整个金融体系的最后贷款人的角色。

第二，为私营清算组织提供差额清算服务。美国的私营清算组织众多，在美国的支付体系中发挥着重要作用。目前，美联储约为150家私营清算组织提供差额清算服务，这些私营清算组织包括支票清算所、区域性自动清算所、自动取款机以及信用卡网络等。

为利用在联储设立的账户进行差额头寸的清算，私营清算组织首先将在一个营业日中各清算参加者的净债务或净债权头寸加以计算，然后将各参加者的头寸情况提交美联储，由美联储借记或贷记各参加者在美联储的账户来完成资金的清算。或者清算组织也可以在美联储建立一个专门账户，在一个营业日结束后，该清算组织通知各产生净债务头寸的参加者通过联邦电子资金划拨体系将资金转入该专门账户，在所有净债务头寸收清后，由清算组织将账户资金转移到产生净债权头寸的参加者的账户中。

# 第七章 其他主要金融机构

## 第一节 政策性金融机构

政策性金融机构主要产生于一国政府提升经济发展水平和安排社会经济发展战略或产业结构调整的政策要求。一般来说，处在现代化建设起步阶段的经济欠发达国家由于国家财力有限，不能满足基础设施建设和战略性资源开发所需的巨额、长期投资需求，最需要设立政策性金融机构。一些经济结构需要进行战略性调整或升级，薄弱部门和行业需要重点扶持或强力推进的国家，设立政策性金融机构，以政策性金融机构特殊的融资机制将政府和社会资金引导到重点部门、行业和企业，可以弥补单一政府导向的财政的不足和单一市场导向的商业性金融的不足。

### 一、政策性金融机构的主要特点

政策性金融机构是指那些由政府或政府机构发起、出资创立、参股或保证的，不以利润最大化为经营目的，在特定的业务领域内从事政策性融资活动，以贯彻和配合政府的社会经济政策或意图的金融机构。

政策性金融机构的主要特点如下：

第一，有政府的财力支持和信用保证。

第二，不以追求利润最大化为目的。

第三，具有特殊的融资机制。政策性金融机构的融资机制既不同于商业性金融机构，也不同于政府财政。政策性金融机构的资金来源除了国家划拨资本外，主要通过发行债券、借款和吸收长期性存款获得，是高成本负债，而政策性金融机构的资金运用则主要是长期低息贷款，通常都是商业性金融机构所不愿或无法经营的。这样的负债和资产结构安排是通过由国家进行利息补贴、承担部分不良债权或相关风险等来实现的。但是政策性金融机构的融资又明显不同于财政，政策性金融机构的基本运作方式是信贷，通常情况下要保证资金的安全运营和金融机构的自我发展能力，因此在符合国家宏观经济发展和产业政策要求前提下，行使自主的信贷决策权，独立地进行贷款项目可行性评价和贷款审批，以保证贷款的安全和取得预期的社会经济效益以及相应的直接经济效益。

第四，具有特定的业务领域，政策性金融机构不与商业性金融机构进行市场竞争，政策性金融机构的服务领域或服务对象一般都不适于商业性金融机构，而是那些受国家经济和社会发展政策重点或优先保护，需要以巨额、长期和低息贷款支持的项目或企业。

## 二、政策性金融机构的主要类型

政策性金融机构按业务领域和服务对象划分的类型，主要有如下几种：

### （一）经济开发政策性金融机构

这是指那些专门为经济开发提供长期投资或贷款的金融机构。这种金融机构多使用开发银行、复兴银行、开发金融公司、开发投资公司等称谓，如日本开发银行、德国复兴信贷银行、美国复兴金融公司、加拿大联邦实业开发银行、意大利工业复兴公司、新加坡开发银行、印度工业开发银行、巴基斯坦工业开发银行、国际复兴开发银行、亚洲开发银行、中国国家开发银行等。这些金融机构多以促进工业化，配合国家经济发展振兴计划或产业振兴战略为目的而设立，其贷款和投资多以基础设施、基础产业、支柱产业的大中型基本建设项目和重点企业为对象。中国国家开发银行成立于1994年3月，注册资本500亿元人民币，总部设在北京，在国内若干城市设有分行或代表处。

### （二）农业政策性金融机构

这是指专门为农业提供中长期低利率贷款，以贯彻和配合国家农业扶持和保护政策的政策性金融机构。例如，英国农业信贷公司、法国农业信贷银行、德国农业抵押银行、日本农林渔业金融公库、印度国家农业及农村开发银行、巴基斯坦农业开发银行、国际农业发展基金、国际农业信贷联合会、亚洲太平洋地区农业信贷协会、中国农业发展银行等。这些金融机构多以推进农业现代化进程以及贯彻和配合国家振兴农业计划和农业保护政策为目的而设立，其资金多来源于政府拨款、发行以政府为担保的债券、吸收特定存款和向国内外市场借款，其贷款和投资多用于支持农业生产经营者的资金需要、改善农业结构、兴建农业基础设施、支持农产品价格、稳定和提高农民收入等。中国农业发展银行成立于1994年11月，总部设在北京，在全国各省、自治区、直辖市广泛设立分支机构。

### （三）进出口政策性金融机构

这是一国为促进进出口贸易，促进国际收支平衡，尤其是支持和推动出口的政策性金融机构。例如，美国进出口银行、加拿大出口发展公司、英国出口信贷担保局、法国对外贸易银行、德国出口信贷银行、日本进出口银行、印度进出口银行、新加坡出口信贷保险公司、非洲进出口银行、拉丁美洲出口银行、中国进出口银行等。这些金融机构，有的为单纯的信贷机构，有的为单纯的担保和保险机构，有的则为既提供信贷，又提供贷款担保和保险的综合性机构，其宗旨都是为贯彻和配合政府的进出口政策，支持和推动本国出口。这些机构在经营过程中以国家财力为后盾，由政府提供必要的营运资金和补贴，承担经营风险。中国进出口银行成立于1994年5月，注册资本33.8亿元人民币，总部设在北京，在国内若干城市和个别国家设有代表处。

### (四) 住房政策性金融机构

这是指专门扶持住房消费，尤其是扶持低收入者进入住房消费市场，以贯彻和配合政府的住房发展政策和房地产市场调控政策的政策性金融机构。例如，美国联邦住房贷款银行、美国联邦住房抵押贷款公司、美国联邦全国抵押协会、美国政府全国抵押协会、加拿大抵押贷款和住房公司、法国房地产信贷银行、挪威国家住房银行、德国住房储蓄银行、日本住宅金融公库、印度住房开发金融公司、泰国政府住房银行、新西兰住房贷款公司、韩国住房银行等。这些机构一般都通过政府出资、发行债券、吸收储蓄存款或强制性储蓄等方式集中资金，再以住房消费贷款和相关贷款、投资和保险等形式将资金用以支持住房消费和房地产开发资金的流动，以达到刺激房地产业发展，改善低收入者住房消费水平，贯彻实施国家住房政策的目的。中国目前在一些城市已成立了经政府批准的商品住宅基金会或住房合作基金会，以满足住房基地开发、建设和流通周转性资金的需要，推动住房商品化和房产市场的建立和发展。

## 三、政策性金融机构的性质

### (一) 政策性金融机构是具有政策性和金融性特征的政府金融机构

1. 政策性金融机构的政策性

作为政府机构，政策性金融机构要服从和服务于政府的某种特殊的产业或社会政策目标。一是政策性金融机构要执行国家的宏观经济政策，要从政府的角度和社会公共利益出发，按照政府的经济政策和意图从事投融资活动。二是国家必须给予政策性金融机构各种优惠政策。政府为了保证政策性金融机构的有效运转，必须为其提供贴息、税收优惠以及融资方面的各种优惠政策。三是政策性金融机构要对特定的贷款项目或企业予以政策性的支持，比如通过发放利率优惠的贷款、期限较长的贷款等方式支持被扶持对象。

2. 政策性金融机构的金融性

作为金融机构，政策性金融机构要按金融运行的一般规则办事，即要遵循货币信用规律，保障其正常运转和社会金融秩序的稳定。政策性金融机构的资金不同于财政资金，因而不能采用无偿拨款方式、赈济方式或配给方式，政策性金融机构的资金使用是有偿的，是要支付利息的。

政策性金融机构的政策性与金融性是辩证统一的。其中，政策性是前提、是方向；金融性是基础、是实现政策性的手段。如果只强调政策性而忽视金融性，则政策性金融机构就只能是一个政府机构；如果只强调金融性而忽视政策性，则政策性金融机构就只能是一个一般的商业性金融机构。因此，必须把两者紧密结合起来，才能构成一个完整意义的政策性金融机构。

### (二) 政策性金融机构具有一定的财政职能

财政资金的分配具有无偿性和单项性，政策性金融机构虽然不是财政机构，但是政策性金融机构是具有财政职能的特殊金融机构，是财政和金融的结合体。一是政策性金融机构的资金来源具有财政性，通常由政府直接出资或参股创办。二是政策性金融机构同政府有着密切的联系。由于多数政策性金融机构的资本金由政府出资形成，因此政策性金融机构的董事会、监事会以及行长（总经理）的组成是由政府批准或任命的。三是政策性金融机构始终将政府的利益放在首位，其主要任务是贯彻执行国家的产业政策和区域发展政策，支持区域和部门经济的发展。

### （三）政策性金融机构是特殊的金融企业

政策性金融机构虽然承担了贯彻执行国家社会经济政策的职能，但是政策性金融机构的本质是金融企业，无论政府赋予政策性金融机构多大的政策性职能，都无法改变政策性金融机构金融企业的属性。

1. 政策性金融机构是金融企业

政策性金融机构拥有一定的资本金，具有企业法人资格；政策性金融机构的业务活动的领域是金融领域，经营的对象是货币；政策性金融机构具有信用中介的职能，实现货币资金从贷出者到借入者的融通；政策性金融机构发放的贷款是有偿的，要按期收回本金和利息；政策性金融机构同样对贷款对象和贷款项目拥有自主选择权，在国家政策所限定的范围内有权利本着安全性、流动性和盈利性的原则对具体的贷款对象与贷款项目进行筛选。政策性金融机构与其他金融企业一样要进行经济核算，讲求保本经营，实现政策性和效益性的统一。

2. 政策性金融机构不是一般的金融企业，而是一种特殊的金融企业

政策性金融机构的特殊性具体表现在：政策性金融机构与政府有着特殊而密切的关系，大多由政府出资创立，政府为其筹资进行担保，对其政策性亏损政府予以补贴等；政策性金融机构的经营活动不以营利为目的，而是为了贯彻配合政府的社会经济政策或意图；政策性金融机构一般不接受活期存款，不创造派生存款，不增加货币供给；政策性金融机构不办理结算和现金收付等业务，不与商业性金融机构争业务。

## 四、政策性金融机构的特殊职能

### （一）倡导性职能

倡导性职能是指政策性金融机构以直接的资金投放或间接地吸引民间或私人金融机构从事符合政府政策意图的放款，以发挥其倡导功能，引导资金的流向。例如，政策性银行一旦决定对某些产业提供贷款，则反映了经济发展的长远目标，表明政府对这些部门的扶持意愿，从而增强了其他金融机构的投资信心，降低了这些部门的投资风险。其他金融机构就会放宽对这些部门的投资审查，纷纷协同投资。而一旦某一产业的投资热情高涨，政策性银行就可以减少对该行业的投资份额，转而扶持其他行业的发展。这就体现了政策性金融机构的政策意图的倡导性，形成了对民间资金运用方向的诱导机制，促使政府政策目标的实现。

### （二）选择性职能

选择性职能是指政策性金融机构对其融资领域或部门是有选择的，不是不加区别

地任意融资。从表面看，政策性金融机构的服务对象、服务领域是由政府选定的，但是就实质而言却是市场机制选择的结果。例如，对某些重要的基础产业，如果市场机制能够选择它，那么依靠市场机制的作用它会得到相应的资源配置，任何形式的政府干预都是多余的、不必要的。只有在市场机制不予选择时，才由政府以行政机制予以选择。因此，尊重市场机制的选择是前提，对商业性金融机构不愿融资的领域才有可能得到政策性金融机构的支持。世界各国政策性金融机构的活动领域，如中小企业、住房、农业、落后地区的开发等，正是商业性金融机构不予选择或不愿意选择的领域。但是并不是所有这样的领域都能得到政策性金融机构的支持。作为金融企业，政策性金融机构只能选择那些有一定经济效益，贷款能够回收的项目，其中包括虽不获利但是财政提供担保和补贴的项目。

（三）补充性职能

补充性职能是指政策性金融机构的金融活动具有补充和完善以商业性金融机构为主体的金融体系的职能，弥补商业性金融活动的不足。对于一些商业性金融机构不愿或无力选择的产业、项目，政策性金融机构以直接投资或提供担保的方式引导资金流向，进行融资补充。这主要表现在对技术、市场风险较高的领域进行倡导性投资，对投资回收期限过长、投资回报率低的项目进行融资补充，对于成长中的扶持性产业给予优惠利率放款。

（四）服务性职能

政策性金融机构的经营活动具有相当的专业性，在其服务的领域内积累了丰富的实践经验和专业技能，聚集了一大批精通业务的专业技术人才，可以为企业提供各方面的服务。例如，中小企业银行为企业分析财务结构，诊断经营情况，提供经济信息，沟通外部联系；农业发展银行收购农副产品，并为农业提供技术服务；进出口银行为进出口信用提供偿付保证，提供国际商情，分析汇率风险；开发银行为各种重大投资项目提供经济及社会效益评估等。同时，政策性金融机构因长期在某一领域从事活动，成为政府在该领域事务的助手或顾问，参与政府有关计划的制订，甚至代表政府组织实施该方面的政策计划或产业计划。

## 第二节　投资银行

投资银行是在资本市场上为企业发行债券、股票，筹集长期资金提供中介服务的金融机构。投资银行的基本特征是全面从事资本市场的各项业务，如证券承销、证券交易、公司并购、项目融资、风险投资、基金管理业务。这与证券经纪公司、证券咨询公司、基金公司等存在很大差别，后者只从事资本市场某一方面的业务。

投资银行在各国的称谓不尽相同。在美国称投资银行，在英国称商人银行，在日本称证券公司，在法国称实业银行。尽管在名称上都冠有“银行”字样，但是实质上投资银行与商业银行之间存在着明显的差异。从资金来源看，投资银行主要依靠发行自己的股票和债券来筹集，即便有些国家的投资银行被允许接受存款，也主要是定期存款。此外，投资银行也从其他银行取得贷款，但是都不构成其资金来源的主要部分。从市场定位上看，商业银行是货币市场的核心，而投资银行是资本市场的核心；从服务功能上看，商业银行服务于间接融资，而投资银行服务于直接融资；从业务内容上看，商业银行的业务重心是吸收存款和发放贷款，而投资银行的业务重心是证券承销、公司并购与资产重组；从收益来源上看，商业银行的收益主要来源于存贷利差，而投资银行的收益主要来源于证券承销、公司并购与资产重组业务中的手续费或佣金。

### 一、证券承销业务

证券承销是指在证券一级市场（发行市场）上，投资银行接受发行人的委托，代为销售证券，并以此获得承销手续费收入的一种业务。证券承销业务是投资银行最基本的业务，投资银行承销的范围包括政府债券、企业债券、股票等，承销的过程一般分为发行准备和正式销售两个阶段。

在发行准备阶段，投资银行充当发行人的财务顾问，主要工作包括：对发起人进行审慎调查，了解公司历史、经营状况、财务状况、行业竞争地位，以备提交证券发行主管机关；向发行者提供咨询，帮助确定发行条件、发行方式和发行时机；帮助企业制作招股说明书以及其他相关文件，提交证券发行主管机关，申请发行；组织承销团，确定承销团成员、安排各分销商的分销比例和承销收入分配等；向潜在的投资者宣传公司形象，推介所发行的公司债券、股票。

在正式销售阶段，作为主承销商的投资银行代表承销团与发行人谈判，确定发行数量、发行价格、承销价格和承销方式，正式签订承销协议。承销协议一经生效，承销活动便依据协议全面展开。承销方式可以有三种：全额包销、代理销售和余额包销。

### 二、证券交易业务

证券交易业务是指投资银行在证券二级市场（交易市场）上作为经纪商从事代理证券买卖业务，以获得佣金收入，或者作为自营商，运用自有资本自行买卖证券，从中赚取买卖差价的经营活动。

投资银行在以经纪商身份服务于证券交易时，通常是充当证券买方或卖方的委托代理人，接受客户指令，代理客户买入或卖出证券，只收佣金，因此不承担价格和利率变动的风险。但是如果采用信用交易方式，即投资者没有足够的资金或证券，由投资银行垫付一部分资金或证券进行交易（因此也称垫头交易），则投资银行就要承担一定的信用风险。

投资银行在以自营商身份从事证券交易活动时，以自有资金参与证券买卖。在具体操作中，可有两种类型：一种是投机，即从证券价格变化中牟取收益；另一种是套利，即从资产相关价值差价中套取收益。例如，有些公司的普通股同时在多个市场上市交易，如果同一股票在不同市场的交易价格出现差异，就有可能在扣除交易成本后通过买卖价差中来锁定收益。

## 三、公司并购业务

公司并购业务是指投资银行在公司收购兼并活动中，作为中介人或代理人为客户公司提供决策和财务服务，或作为产权投资商直接投资于并购公司产权，获取产权交易差价的业务活动，其主要活动包括：

第一，为客户公司提供合理的并购建议和寻找并购目标。

第二，对目标公司进行估值和出价，即在采用科学合理的方法对目标公司的经营状况、财务状况、市场竞争能力等进行价格评估的基础上，确定对目标公司的收购价格。

第三，协助客户公司选择合适的并购支付工具。在一定的市场、税收和法律等条件下，用不同的支付工具完成并购对收购双方的利益影响是不同的，投资银行要根据不同情形来为客户公司做全面仔细的财务设计，确定最佳的支付工具选择方案。

第四，承办公开市场标购业务。所谓公开标购，是指收购方公司不经过与目标公司事先磋商，而是在公开市场上以高于市场价格的报价直接向目标公司的股东招标收购其一定数量股票的收购活动。承办公开标购业务的投资银行，主要对客户公司的公开报价及收买条件等提供决策服务和宣传服务。如果投资银行认为公开标购最终可以获得目标公司同意，或在遇到反收购时依然对收购成功抱有信心，投资银行还会为收购公司与目标公司进行撮合，甚至可能在市场上帮助收购公司展开与目标公司经营者争夺股东的竞争，以促成收购的成功。

第五，在杠杆收购条件下，为收购公司提供融资。所谓杠杆收购，是指收购公司利用借入资金来收购目标公司，简单说就是举债收购。杠杆收购中的收购公司通常是一种只有少量资本，仅仅为达到利用借入资金实现收购目标而设立的“虚拟公司”，其借入资金多来自以目标公司资产和未来收益作担保而发行的债券和银行的贷款。投资银行在其中扮演重要的融资角色，可以为收购公司寻求贷款机构，筹划和设计债券的发行并寻求债券投资者，也可以直接为收购公司提供贷款和参与股权投资。

第六，参与反收购活动，为抵制收购的目标公司提供反收购服务包括：为公司制定反收购条款，促成客户公司与其他公司的互相控股，建立反收购联盟；寻求友好公司出面与敌意公司收购者展开标构战；寻求法律援助等。

## 四、项目融资业务

项目融资业务是指投资银行在项目融资过程中提供的各种服务性业务。项目融资是一种以项目未来的现金流量和项目本身的资产价值为偿还债务的担保条件，以银行贷款为主要资金来源，以对项目发起人无追索权或只有有限追索权为特征的特殊融资方式。与传统的企业筹资方式的最大不同在于项目发起人的责任仅限于其在项目中的投资额。因此，提供项目融资的债权人更多的关心是项目的收益和风险，而不是项目发起人的资信能力、信用评级、经营状况和财务状况等。项目融资主要为资源开发、基础设施建设方面的大型工程项目筹措资金，通常由项目的发起人发起，并为项目的建设而单独设立一个项目公司。项目公司独立建账，自主经营、自负盈亏。其资本主要来源于项目发起人直接投入的资金或认购的股份，其债务资金主要来自项目贷款融资、项目债券融资和票据融资等。因此，项目融资实际上就是对项目公司的融资。

投资银行可在项目融资过程中的两个阶段发挥作用。在项目的开发阶段，为项目发起人进行项目可行性论证，提供决策支援，包括：第一，项目财务分析。对项目的成本、销售收入、盈亏平衡、影响效益的因素、投资回报率等主要财务指标做估测和评价。第二，项目风险评价。运用科学的理论和模型对项目系统风险和非系统风险进行分析和估测。第三，项目技术论证。根据对项目所属产业部门的技术发展趋势和市场需求分析和研究，对项目在生产技术、设备和材料供应、市场分布、管理资源等各方面的可行性条件进行判断。

在项目启动后，提供投融资服务，包括：第一，为项目设计最佳的资本投资结构。投资银行要根据项目的特点、各位发起人与项目的经济联系和对项目的利益要求、项目潜在的资金来源以及法律环境的各种主客观条件为项目设计出令投资者满意的资本投资结构。第二，为项目设计最佳的融资结构。项目公司是高负债公司，其用于项目建设的资金除资本金外，更多的来自债务融资。因此，为项目设计最佳融资结构是投资银行项目融资业务的重中之重。融资结构设计主要包括确定融资总额和资金结构，选择融资方式，确定资金来源，安排资金到位时间表等各项内容。第三，协助落实项目融资的担保。项目融资中债权人要求有一定形式的担保，如由发起人或股东，或由销售机构、有关银行、东道国政府等提供保证书；由项目各有关方提供产量协议、购买合同、使用合同、预付款合同等契约性融资担保等。投资银行的责任在于确定合适的担保形式并促成担保的落实。第四，直接参与贷款的组织和谈判事宜，促成融资的成功。在多数情况下，项目融资需要多家银行组成银团共同提供贷款，投资银行作为项目公司股东或投资者的代表，出面寻找贷款银行并参与融资谈判，有时还直接出任贷款银团的经理人。

## 五、风险资本投资

风险资本投资业务是指投资银行为风险资本投资者在募集资金、风险公司上市、投资变现等诸多方面提供代理和财务技术服务，以获取佣金，或自己发起并运作和管理风险资本基金，以获取风险回报的业务活动。

所谓风险资本，是指专门用于支持处于创业期或快速成长期的未上市新兴中小型企业，尤其是高新技术企业的发起和成长的资本，因此风险资本又称为创业资本。风险资本具有长期性、高风险、高回报、投资于高新技术企业等特点。

风险资本投资的全过程一般表现为投资人对新成立或具有快速成长潜力的未上市高新技术企业提供股权投资和资产经营服务，对企业进行培育，当企业发育成长到一定成熟度之后，再通过上市、兼并或其他股权方式撤出投资，以获取高额的资本利得收益。风险资本投资主要通过风险投资机构对风险投资基金的组织、运作和管理来实现。其资本主要来源于各种基金、银行控股公司、保险公司、投资银行、高收入家庭和个人等。

投资银行参与风险资本投资有两种情况：一种是以代理人和委托人身份出现，为风险投资机构提供募集资金、投资基金运作管理、风险企业上市和风险投资股权转让等各主要方面的服务；另一种是以机构投资者身份出现，发起组建并运作和管理风险投资基金。在第二种情况下，投资银行是风险投资基金的组织者和管理者，同时也是基金的合伙人，但是投资银行只需向基金投入少量资金，就可得到高额回报。在这种利益驱动下，投资银行会对风险投资的每一个重要环节尽职尽责。

在选择确定投资目标阶段，投资银行要对创业公司的发展计划、管理者和经营者素质、产品研究开发能力、生产经营和财务管理状况等进行全面审查，在众多创业公司中筛选真正具有快速成长性的公司。对于筛选出的公司，投资银行要对其人力、物力和财力以及供销环节的主要客商、开户银行等进行实地考察，以准确估计公司的成长性和收益率，作出投资决策。在进入实质性投资运作阶段，要与创业公司就投资支付工具、投资回报、股权分配、撤资方式等进行谈判并签订投资协议。投资银行依据协议向创业公司注入资本后，工作重心就转向对资本运营的监控和管理，尤其重要的是要通过各种努力对企业从技术、营销、财务、管理等方面进行培育，使企业迅速增值。进入退出阶段，投资银行依据投资协议确定的撤资方式撤回投资并获取投资收益。

风险投资撤出的方式主要有：第一，创业公司首次公开上市，通常是在所谓的“二板市场”或“创业板市场”上市，将股份在二级市场出售，这是风险投资撤出的最佳渠道。第二，创业公司私募融资时，将股份转售给新加入的风险投资者。第三，在大公司收购时，将股份卖给收购公司。第四，创业公司管理层要求回购股份时，将股份返售给公司管理层。

## 第三节　保险公司

保险公司是专门经营保险或再保险业务的专业性金融机构。保险是分摊意外损失的一种财务安排，是投保人通过支付一笔额外的费用（保险费）来避免未来可能出现的较大损失的风险管理措施。

保险费是投保人为取得获得赔付的权力所付出的代价，也是保险公司为承担一定的保险责任向投保人收取的费用，通常根据保险标的危险程度、损失概率、保险期限、经营费用等因素来确定。

保险公司主要依靠投保人缴纳保险和发行人寿保险单方式筹集资金，除保留一部分应付赔偿所需外，其余资金主要投向政府债券、公司债券和股票以及发放不动产抵押货款、保单贷款等，以提高公司资金的盈利水平。

保险公司的基本功能是分担风险，发挥社会保障职能，因此具有其他金融机构不可替代的重要作用。

按保障范围来划分，保险公司的保险业务主要可以分为四大类：财产保险、责任保险、保证保险、人身保险。

### 一、财产保险

财产保险是以财产及其相关利益为保险标的的保险，补偿因自然灾害或意外风险事故所造成的经济损失。

### 二、责任保险

责任保险是以被保人的民事损害赔偿责任为保险标的的保险，比如担心本公司生产的热水器对用户造成损害而购买的保险就属于责任保险。

### 三、保证保险

保证保险是只有保险人承保在信用借贷或销售合同关系中因一方违约可能造成的经济损失而进行的保险，比如出口一批工艺品，顾虑对方不及时付款而购买的保险，或银行因担心借款者不能履行借贷合同的义务而购买的保险。在美国，有一种特殊的保证保险，那就是存款保险。存款保险就是担心银行经营不善或遇到流动性困境而无法满足存款者的提款需求而设立的一种保险制度，按照《联邦存款保险法》的规定，存款金额在10万美元以上的存款都必须进行存款保险，一旦发生银行无法满足存款者的取款要求，联邦存款保险公司就要替银行向存款者支付相应的金额。

### 四、人身保险

人身保险包括人寿保险、健康保险和意外伤害保险等。人寿保险是指以人的寿命和身体为保险标的，以人的生存或死亡为给付条件的一种保险；健康保险是指对被保险人的疾病、分娩以及由此所致的伤残、死亡的保险，又称疾病保险；意外伤害保险是指被保险人在其遭受意外伤害以及由此所致的伤残、死亡时给付保险金的保险，如乘坐飞机时购买的航空保险就属于意外伤害险。

还有一种保险机构之间的保险业务称为再保险，也称分保。再保险是保险人通过订立合约，将自己已经承保的风险转移给另一个或几个保险人，以降低自己所面临的风险的保险行为。例如，根据中国《中华人民共和国保险法》的规定，除了人寿保险业务外，保险公司应当将其承保的每笔保险业务的20%办理再保险。

由于不同的险种具有不同的风险，因此，政府一般不允许同一家保险公司经营不同的保险业务。例如，人寿保险公司就不能同时经营财产保险，这样就形成了经营不同保险业务的保险机构体系。中国现在已经形成了人寿、财产和再保险的保险机构体系。

## 第四节　投资基金

投资基金是通过发行基金股份或受益凭证将投资者分散的资金集中起来，由专业管理人员分散投资于股票、债券或其他金融资产，并将投资收益分配给基金股份或基金受益凭证持有人的一种金融中介机构。

## 一、投资基金的类型

投资基金的种类很多，并且有不断创新的趋势。从不同的角度对投资基金进行划分，可以区分出许多不同类型的基金。

### （一）根据组织形态分类

根据组织形态的不同，投资基金可分为公司型投资基金和契约型投资基金。

1. 公司型投资基金

公司型投资基金是依据《中华人民共和国公司法》成立的股份有限公司形式的基金。公司型投资基金是由众多的投资者通过认购基金股份组成以营利为目的的股份制投资基金公司，再由基金公司委托基金托管人保管基金财产，并聘用基金管理人执行投资操作的投资基金。公司型投资基金的特点是基金本身是股份制的投资公司，通过发行基金股份筹集资金，投资者通过购买基金股份成为基金的股东，并凭基金股份领取股息或红利。

2. 契约型投资基金

契约型投资基金是依据一定的信托契约组织起来的基金。契约型投资基金是由基金管理人作为委托人与基金托管人（受托人）之间签订信托契约，向投资者（受益人）发行受益凭证聚集资金，并将其交由受托人保管，本身则负责基金的投资运营，而基金投资者则是受益人，凭受益凭证索取投资效益的一种基金。投资者只要认购了受益凭证，就等于接受了基金管理人和基金托管人之间签订的契约，成为契约的一方，即受益人。

公司型投资基金和契约型投资基金的主要区别在于：在基金的组织形式上，公司型投资基金是一个具有独立法人资格的投资基金公司，而契约型投资基金是一个由委托人、受托人和受益人构成的法律约束体；在经营活动中，公司型投资基金依据公司章程来经营，契约型投资基金则依据基金契约条款来经营，前者除破产结算外一般具有永久性，后者则随契约的有效期满而自动终结；在投资角色上，前者的投资者作为基金公司股东，可参与基金经营决策，后者的投资者则是单纯的受益人，不参与基金的经营决策。

### （二）根据基金股份或受益凭证可否被赎回分类

根据基金股份或受益凭证是否固定以及可否被赎回，投资基金可分为开放式基金和封闭式基金。

1. 开放式基金

开放式基金的发行总额不固定，可视经营策略与实际需要无限地向投资者追加发行股份，并随时准备赎回发行在外的基金股份。投资者可以随时从基金购买更多的股份，或要求基金将自己手中的股份赎回，以换回现金。开放式基金的股份价格取决于该基金所持有的全部证券组合的净资产价值。因此，当证券的价格发生变动时，基金股份的价格也会跟着上下波动。

2. 封闭式基金

封闭式基金的股份总数固定，且在规定的封闭期内一般不向投资者增发新的受益凭证，投资者也不得要求基金管理公司赎回已发行的受益凭证，而只能在二级市场上转让，从而换回现金。

### （三）根据投资对象分类

根据投资对象的不同，投资基金可分为股票基金、债券基金、货币市场共同基金等。

1. 股票基金

股票基金是一种以股票为投资对象的投资基金。股票基金是基金公司或基金发起人通过发行基金股份或受益凭证，将众多小投资者的小额资金集中起来，形成大额资金，再分散投资于不同的股票组合，以降低投资风险。

2. 债券基金

债券基金是一种以债券为投资对象的投资基金。债券基金是规模仅次于股票基金的重要基金类型。

3. 货币市场共同基金

货币市场共同基金是一种以货币市场金融工具，如短期国债、银行大额可转让定期存单、商业票据等为投资对象的投资基金。由于货币金融工具具有安全性高、流动性大、价格波动小的特点，所以货币市场共同基金股份持有人的收益比较稳定。此外，基金股份持有人还可以根据他们所持有的股份价值来签发支票，因而还具有存款机构的某些特征。

## 二、投资基金的特点

尽管投资基金的种类繁多，但是它们具有以下一些共同的特点：

### （一）规模经营

投资者通过发行基金股份或受益凭证，将众多小投资者的小额资金集中起来，形成大额资金，进行规模经营，可以降低投资的交易成本。

### （二）专家管理

投资基金是由具有专业知识的管理人员进行管理的，他们在投资领域具有丰富的投资经验，对国内外的经济形势及各公司的营运和发展潜力有深入的了解，因此可以更好地抓住各种投资机会，获得较好的投资收益。

### （三）分散投资

投资基金可以将所筹集到的资金分散投资到各种证券或资产上，通过投资组合最大限度地降低非系统风险。

## 三、投资基金的交易

对于封闭式基金股份或受益凭证，其交易与股票、债券类似，可以通过自营商或经纪人在基金二级市场上随行就市，自由转让。对于开放式基金，其交易表现为投资者向基金管理公司认购股票或受益凭证，或基金管理公司赎回股票或受益凭证。

# 第五节　信托基金与养老基金

## 一、信托基金

信托投资公司是指依照《中华人民共和国公司法》和《信托投资公司管理办法》设立的主要经营信托业务的金融公司。

信托是委托人基于对受托人的信任，将其财产权委托给受托人，由受托人按委托人的意愿，以自己的名义，为受益人利益或特定目的，进行管理或者处分的行为。通常信托当事人包括委托人、受托人和受益人三方，其中受益人可以是委托人自己，也可以是第三方。

信托具有下列特征：第一，信托是以信任为基础；第二，信托以实现受益人的利益为目的；第三，信托中，委托人将其财产权委托给受托人行使；第四，受托人以自己名义从事活动。

信托与代理的区别是：第一，信托中的受托人是以自己名义从事活动，信托权限一般不受限制；代理人则是以被代理人名义在代理权限内活动。第二，信托财产的所有权与利益相互分离；代理所涉财产的所有权与利益同属于被代理人。

信托公司是从事信托业务，充当受托人的法人机构。其职能是进行财产事务管理，即接受客户委托，代理客户管理、经营、处置财产，简言之就是受人之托、为人管业、代人理财。

信托公司的业务主要包括：第一，资金信托业务，即委托人将自己无法或者不能亲自管理的资金以及国家有关法规限制其亲自管理的资金，委托信托投资公司，按约定的条件和目的，进行管理、运用和处置。第二，动产、不动产及其他财产的信托业务，即委托人将自己的动产、房产、地产及版权、知识产权等财产权，委托信托投资公司，按约定的条件和目的，进行管理、运用和处置。第三，投资基金业务，即作为基金管理公司发起人从事投资基金业务。第四，企业重组、并购及项目融资、公司理财、财务顾问等中介业务。第五，国债、企业债券的承销业务。第六，代理财产的管理、运输与处分、代保管业务、担保业务、咨询业务。

## 二、养老或退休基金

养老或退休基金是一种向参加养老金计划者以年金形式提供退休收入的金融机构。任何就业人员只要一直缴纳退休基金，并且工作到退休年龄，他的养老金项目就开始逐月向他支付养老金。

养老或退休基金的资金来源主要是公众为退休后生活所准备的储蓄金，在形式上通常由劳方和资方共同缴纳，也有由雇主单独缴纳的。

由于养老基金的资金来源比较稳定，并且可以精确地计算出未来若干年内养老基金的支付金额，因此养老基金的资金运用主要投资于公司长期债券、股票及发放长期贷款。

## 本章小结

1. 政策性金融机构是指政府创立、参股或保证的，专门为贯彻国家政策，为政策性业务融资的政府金融机构。政策性银行具有政策性和金融性双重属性；具有财政、金融双重职能；是特殊的金融企业。

2. 政策性金融机构的主要类型，按业务领域和服务对象划分，主要有如下几种：经济开发政策性金融机构、农业政策性金融机构、进出口政策性金融机构、住房政策性金融机构。

3. 投资银行是在资本市场上为企业发行债券、股票，筹集长期资金提供中介服务的金融机构。其基本特征是全面从事资本市场的各项业务，如证券承销、证券交易、公司并购、项目融资、风险投资、基金管理业务等。

4. 保险公司是专门经营保险或再保险业务的专业性金融机构。保险是分摊意外损失的一种财务安排，是投保人通过支付一笔额外的费用（保险费）来避免未来可能出现的较大损失的风险管理措施。

5. 投资基金是通过发行基金股份或受益凭证将投资者分散的资金集中起来，由专业管理人员分散投资于股票、债券或其他金融资产，并将投资收益分配给基金股份或基金受益凭证持有人的一种金融中介机构。

6. 信托是委托人基于对受托人的信任，将其财产权委托给受托人，由受托人按委托人的意愿，以自己的名义，为受益人利益或特定目的，进行管理或者处分的行为。通常，信托当事人包括委托人、受托人和受益人三方，其中受益人可以是委托人自己，也可以是第三方。

## 复习思考题

1. 什么是存款型金融机构？什么是契约型金融机构？它们的主要类型和主要区别在哪里？

2. 为什么说购买共同基金属于共同投资？共同基金的特点是什么？

3. 什么是政策性银行？政策性银行和商业银行的区别是什么？

4. 我国资产管理公司的经营宗旨是什么？

5. 信托与代理的区别是什么？

### 附录 政策性金融机构发展历程

1994 年，为实行政策性业务与商业性业务分离，以解决国有专业银行身兼二任的问题，国务院先后批准设立了中国国家开发银行、中国进出口银行、中国农业发展银行三家政策性银行。

2001 年，为深化保险（放心保）体制改革，理顺出口信用保险体制，规范出口信用保险的经营行为，国务院组建了政策性信用保险业务的金融机构——中国出口信用保险公司。

2007 年，为贯彻党的十六届三中全会及中央经济工作会议关于“深化政策性银行改革”的精神，第三次全国金融工作会议进一步明确按照分类指导、“一行一策”的原则推进政策性银行改革，并且提出要对政策性业务实行公开透明的招投标制度。

2008 年，党的十七届三中全会明确指出：拓展农业发展银行支农领域，加大政策性金融对农业开发和农村基础设施建设中长期信贷支持。

2008 年年底，银监会正式批准国家开发银行以发起设立的方式进行改制，设立国家开发银行股份有限公司，探索推进商业化改革。

2009 年，经国务院批准，由中国人民银行牵头成立了政策性金融机构改革工作小组，启动了中国出口信用保险公司（简称中国信保）和进出口银行的改革工作，确立了改革的总体目标。2011 年，国务院批准了中国信保改革实施总体方案和章程的修订原则以及主要内容。中国信保建立了符合政策性保险公司特征的法人治理结构。

2009 年，中国农业发展银行改革工作小组正式成立，这标志着中国农业发展银行改革工作全面启动。

2012 年，第四次全国金融工作会议明确提出了政策性金融机构要坚持以政策性业务为主体，明确划分政策性业务和自营性业务，实行分账管理、分类核算。国家开发银行要坚持和深化商业化改革。

2013 年，党的十八届三中全会再次提出推进政策性金融机构改革。

截至 2014 年年末，农业发展银行人民币各项贷款余额为 28 303 亿元，比年初增长 13.2%，确保了粮油收储的顺利进行，重点支持了农业农村基础建设项目；全年发行金融债券 6 600 亿元，各项存款较年初增加 1 150 亿元。

2015 年，国务院首次将国家开发银行的定位由一般政策性银行明确为开发性金融机构，明确农业发展银行改革要坚持以政策性业务为主体，进出口银行改革要强化政策性职能定位。

经过 20 多年的发展，三家政策性银行已经形成了各自特色和独特的业务模式。

# 第八章　外汇、汇率与国际收支

## 第一节　外汇与汇率概述

### 一、外汇及其种类

外汇是指外币和以外币表示的可用于国际结算的支付手段。外汇有广义和狭义之分，广义的外汇是指一切在国际收支逆差时可使用的债权，包括外币、外币有价证券、外币支付凭证、其他外汇资金等。狭义的外汇是指以外币表示的国际结算的支付手段。我国1980年颁布实施的《中华人民共和国外汇管理暂行条例》对外汇的解释是：第一，外国货币，包括钞票、铸币等；第二，外币有价证券，包括政府公债、国库券、公司债券、股票等；第三，外币支付凭证，包括票据、银行存款凭证、邮政储蓄凭证等；第四，其他外汇资金。

根据可自由兑换的程度不同，外汇可分为自由外汇和记账外汇两种。自由外汇是指无须货币发行国批准即可随时动用、自由兑换成其他货币或向第三者办理支付的外汇。作为自由外汇的货币，它的一个显著特征是可兑换性，如美元、英镑、欧元、日元等。记账外汇又称协定外汇或清算外汇，是指未经货币发行国批准，不能自由兑换成其他货币或对第三者进行支付的外汇。记账外汇只能根据两国政府间的清算协定，在双方银行开立专门账户记载使用。

### 二、汇率

#### （一）汇率的定义

汇率又称汇价、外汇牌价或外汇行市，是指两国货币兑换的比例，或者是一国货币以另一国货币表示的价格。

#### （二）汇率的标价方法

确定两种货币的比价，首先要确定以哪个国家的货币作为标准，这就涉及汇率的标价方法问题。在外汇市场上，汇率的标价方法主要有直接标价法和间接标价法。

1. 直接标价法

直接标价法又称应付标价法，是指用一定单位（1个单位或100个单位、1 000个单位）的外国货币为标准，来计算应付多少单位的本国货币。这种标价法的特点是外币的数额固定不变，汇率的升降都是以本币数额的变化来表示。一定单位的外币折算的本币越多，就说明外币币值上升，本币币值下降；相反，一定单位的外币折算本币越少，说明外币币值下降，本币币值上升。例如，2002 年 9 月 28 日，我国的外汇牌价为 100 美元兑换人民币 827. 71 元，到 2003 年 2 月 28 日，外汇牌价变为 100 美元兑换人民币 826. 71 元，说明人民币略有升值，而美元略有贬值。目前，大多数国家和地区都采用这种方法。

2. 间接标价法

间接标价法又称应收标价法，是指用一定单位的本国货币来计算应收多少单位的外国货币。这种标价法的特点是本国货币数额固定不变，汇率的升降都是以外币数额的变化来表示。一定单位本币折算的外币越多，说明本币币值上升，外币币值下降；反之，一定单位本币折算的外币越少，说明本币币值下降，外币币值上升。例如，在纽约外汇市场上，外汇牌价为 100 美元兑换人民币 620. 77 元，这就是间接标价法。目前，英国使用间接标价法，美国自 1978 年 9 月起除对英镑使用直接标价法外，对其他国家的货币均使用间接标价法。

### （三）汇率的种类

在外汇交易中，由于划分的角度不同，汇率种类多种多样，主要有以下几种：

1. 按照制定汇率的方法不同，可以分为基准汇率和套算汇率

基准汇率是把在对外交往中最常使用的主要货币作为基本外币，制定出它与本币之间的汇率，这个汇率就是基准汇率。目前，世界各国一般都选择本国货币与美元之间的汇率作为基准汇率。我国的基准汇率确定有四种：人民币与美元之间的汇率、人民币与日元之间的汇率、人民币与欧元之间的汇率、人民币与港元之间的汇率。

套算汇率是指根据基准汇率套算出的本币与其他国家货币之间的汇率。例如，人民币与欧元之间的基准汇率为 1 欧元 = 6. 778 1 元人民币，在纽约外汇市场上欧元与英镑之间的汇率为 1 英镑 = 1. 370 欧元，则可以套算出人民币与英镑之间的汇率为 1 英镑 = 9. 286 元人民币。

2. 按照汇率制度不同，可以分为固定汇率和浮动汇率

固定汇率是指两国货币之间的汇率基本固定，波动范围很小。浮动汇率是指不规定汇率波动的上下限，汇率随外汇市场的供求关系自由波动。

3. 按照外汇管制程度的不同，可以分为官方汇率和市场汇率

官方汇率是指由国家外汇管理机构制定并公布的汇率。在实行严格外汇管制的国家，一切外汇交易由外汇管理机构统一管理，外汇不能自由买卖，一切交易必须按照官方汇率进行。市场汇率是指在外汇市场上由外汇供求双方自行决定的汇率，即外汇市场实际买卖外汇的汇率。

4. 按照外汇买卖的交割期限不同，可以分为即期汇率和远期汇率

即期汇率也叫现汇汇率，是指买卖双方成交后在两个营业日内办理交割时使用的汇率。远期汇率也叫期汇汇率，是指买卖双方成交后约定在未来一定时期进行交割时使用的汇率。

远期汇率与即期汇率之间有差价，这一差价有升水和贴水两种，升水表示期汇高

于现汇，贴水表示期汇低于现汇。当两者的汇率相同时，称为“平价”。

5. 按照汇兑方式的不同，可以分为电汇汇率、信汇汇率和票汇汇率

电汇汇率是指银行卖出外汇时，用电传或电报通知国外分支机构或代理行付款给受款人所使用的汇率。在外汇买卖中，电汇占有较大比重，但是汇率较高。信汇汇率是指银行卖出外汇后，用信函通知国外分支机构或代理行付款给受款人所使用的汇率，其汇率较电汇汇率低。票汇汇率是指银行买卖外汇汇票、支票和其他票据时所使用的汇率。

6. 从买卖外汇的角度不同，可以分为买入价、卖出价和中间价

银行买进外汇时所使用的汇率为买入价；银行卖出外汇时所使用的汇率为卖出价。在直接标价法下，买入汇率是银行买入一单位外汇所付出的本币数，卖出汇率是银行卖出一单位外汇所收取的本币数。中间价是买入价与卖出价的平均价，即中间价=(买入价+卖出价)÷2，适用于银行间买卖外汇，意味着它们之间买卖外汇不赚取利润。外国电台、报纸所公布的汇率常为中间价。

## 第二节　汇率的决定因素与影响

### 一、汇率的决定因素

#### （一）金本位制下的汇率决定因素

金本位制是以黄金作为本位币的币制，其中金币本位制是其典型形态，是货币本位制度发展中维持时间最长的一种货币制度。其典型特点是：金币自由流通、自由铸造、自由熔化；银行券可自由兑换金币；黄金可自由输出输入国境。由于银行券可以自由兑换为金币，因而在国际结算中，不论是通过银行券还是黄金来进行，两国货币之间的汇率就是两国本位币的含金量之比，即铸币平价。也就是说在金币本位制下，铸币平价是决定汇率的基础。例如，在1925—1931年，1英镑的含金量是7.322 4克，而1美元的含金量是1.504 656克，因此英镑与美元的汇率为1英镑兑4.866 5美元。当然，外汇市场上的实际汇率会因外汇供求的变化而出现波动，但是其波动总是会围绕铸币平价来进行，并以黄金输送点为界限。这是因为当汇率对一国不利时，该国就不用外汇，而改用输出入黄金的办法来办理结算，因而各国汇率波动的幅度很小，成为自发的固定汇率。如果一定时期内美国对英国的支付多于英国对美国的支付，英镑的汇率就会升高。如果美国和英国之间运送1英镑所含黄金需要0.02美元的费用，而市场上英镑的实际汇率就高于4.886 5美元（即铸币平价为4.866 5+0.02），那么美国的债务人将不会在外汇市场上购买英镑，而是直接运送黄金到英国进行支付。因此，4.886 5美元就是美国对英国的黄金输送点。伴随着对英镑需求的减少，英镑汇率就会逐渐下降，回归到铸币平价。

到了金块本位制和金汇兑本位制时期，由于黄金不能自由输出输入国境，因而汇率的波动幅度就不再受制于黄金输出输入点的限制。此时，稳定市场汇率的责任就落

到了各国政府身上。一般的做法是设立外汇平准基金，当外汇汇率上升时，政府就动用平准基金抛出外汇；当外汇汇率下降时，政府就动用平准基金买进外汇，从而维持汇率的相对稳定。

（二）信用货币制度下的汇率决定因素

金本位制崩溃后，各国都先后实行了纸币流通，并在其后经历了由浮动汇率到固定汇率再到浮动汇率的汇率制度。决定汇率的因素也发生了很大的变化，对此理论界也有较大的争论。按照马克思的货币理论，两国货币间的汇率决定于两国货币各自所代表的价值量不同。而西方一些经济学家则认为购买力平价、外汇市场上的供求状况等是决定汇率的主要因素。

（三）人民币汇率的决定因素

1994 年 1 月 1 日以前，我国的人民币汇率是由国家根据经济发展的需要来制定、调整和公布的，而不是在外汇市场上由供求状况来自发决定。1994 年 1 月 1 日之后，我国开始实行新的外汇管理制度。人民币汇率不再由官方行政当局直接制定和公布，而是由外汇指定银行自行确定和调整。因为在新的外汇管理制度下，以银行结售汇制度取代了原有的外汇留成制度，所以一般企业在通常情况下不得持有外汇账户，所有经常账户下的外汇收入都进入外汇市场形成外汇供给。同时，经常账户下的外汇需求绝大部分也必须由外汇市场来满足。因此，目前人民币汇率的基本决定因素是外汇市场的供求状况。

## 二、外汇的作用与影响

（一）对国际贸易及进出口的影响

汇率对国际贸易及进出口的影响可以从一国货币的贬值与升值两个角度来考察。以贬值为例，一国货币贬值后，其对国际贸易及进出口的影响主要集中在扩大出口与抑制进口两方面。本币贬值，出口商品的外币价格就下跌，这有利于增强本国商品的出口能力。同时，本币贬值导致进口商品的价格上涨而有利于抑制进口，增强国内进口替代品的需求。要实现上述理想机制必须满足下列条件：

（1）出口商品的需求弹性高。如果本国出口商品的需求价格弹性与需求收入弹性都很低，则贬值只引起价格下降却不会相应地扩大出口商品的需求量。

（2）进口商品的性质。如果进口商品是必需品和经济发展所必需的资本品，则价格机制对其需求影响不大。

（3）国内的总供给能力。本币贬值使进口品本币价格上涨，引导国内需求从进口品转向进口替代品，国内的生产力水平和产业结构未必能够迅速填补这部分新转换来的市场缺口。

（4）国内资源的利用情况。如果此时国内没有闲置资源可用于扩大供给，本币贬值将直接导致物价水平的上涨。

（二）对资本项目的影响

汇率变动对资本项目的影响关键在于人们的预期。如果本币贬值，其对资本项目的影响将伴随人们的预期变化而产生三种效应：

（1）如果市场上普遍认为本币的贬值幅度不够，本币可能会进一步贬值，为避免损失资本将流出本国金融市场，其结果会造成市场上本币汇率下降。

（2）如果市场上普遍认为本币贬值是合理的，使以前高估的本币汇率回归其均衡水平，这种预期可能导致以前流出本国金融市场上的一部分外汇资金回流。

（3）如果市场上普遍认为本币贬值过多，使本币的对外价格已严重偏离均衡水平，那么大量外国资本会流入本国进行套汇，从而赚取收益。其市场结果将是资本流入增加，汇率水平如期回升。

（三）对市场价格的影响

本币的贬值有可能通过多种机制引起国内物价水平的上升。主要表现如下：

（1）如果进口品是必需品，本币贬值导致其价格上涨，从而推动生活费用抬升，此时工资收入者的名义工资将相应程度地提高。工资水平的上升会直接导致产品生产成本的上升，促使进一步追加名义工资，进入周而复始的恶性循环，最终使整个市场价格水平上涨。

（2）如果进口品是主要的生产原料，则会通过成本机制导致物价水平的上升。

（3）通过上述工资机制和成本机制，本币贬值后将导致货币供给增加，同时一国政府在外汇市场上购入外汇储备时，也因本币的贬值将支付更多的本币，从而进一步扩大市场上的货币供给量，促使物价水平的攀升。

（4）如果进出口商品的需求弹性均很低时，本币的贬值只可能进一步恶化一国的国际收支逆差，使本币的对外价值继续降低，最终导致其对内价值的相应降低，而货币对内价值的降低直接的表现就是市场物价水平的上升。

## 第三节　国际收支及国际收支平衡表与调节

### 一、国际收支

国际收支是在一定时期内一个国家（地区）和其他国家（地区）进行的全部经济交易的系统记录。国际收支主要反映一国居民与外国居民在一定时期内发生的各项经济交易的货币价值总和。

国际收支的内涵十分丰富，可以从以下几方面加以把握和理解：

（一）国际收支是一个流量概念

国际收支反映的是一国居民与外国居民在一定时期内发生的各项经济交易的货币价值总和。这一报告期可以是一年、一个季度或一个月。一般情况下，各国通常以一年为报告期。

（二）国际收支所反映的内容是国际经济交易

这是指经济价值在国际从一个经济单位向另一个经济单位的转移。这种转移可分为交换或无偿转让两类，有四种情况：商品和劳务的买卖；金融资产的交换；无偿的、单向的商品和劳务转移；无偿的、单向的金融资产的转移。

（三）国际收支所反映的是一定时期内一国居民与非居民之间的交易

居民是指在国内居住一年以上的自然人（本国人和侨民等）及法人。判断一项经济交易是否应包括在国际收支范围内的依据不是交易双方的国籍，而是根据是否有一方是该国居民。居民是以居住为标准划分出的一个法律概念，包括个人、政府机构、非营利团体和企业四类。

## 二、国际收支平衡表

（一）国际收支平衡表的含义

国际收支平衡表是以某种特定货币为计量单位，全面系统地记录一国的国际收支状况的统计报表。具体来讲，国际收支平衡表是一国根据交易内容和范围设置项目和账户、按照复式簿记的原理对一定时期内的国际经济交易进行系统的记录、对各笔交易进行分类和汇总而编制出的分析性报表。平衡表中的全部项目，其借方总额与贷方总额是相等的。

（二）国际收支平衡表的基本内容

国际货币基金组织为统一掌握和研究各成员国的国际收支状况，规定了基本内容和格式。其基本内容分为三类：经常项目、资本项目和平衡项目。

1. 经常项目

经常项目是最基本的项目，反映的是实际资源在国际的流动，包括以下几个方面：

（1）贸易收支。贸易收支是由商品输出入所引起的货币收支，故又称有形贸易收支。贸易收支是主要的对外收支项目，是经常项目的重要项目。商品输出所引起的货币收入列入国际收支的收入，商品输入所引起的货币支出列入国际收支的支出。贸易收支数额大小直接关系着对外贸易的顺差和逆差，是影响国际收支最重要的因素。

（2）劳务收支。劳务收支是指提供各种劳务性输出输入而引起的货币收支，也叫非贸易收支。劳务的输出输入引起的外汇收支，在国际收支中占有重要的地位，所包括的内容非常广泛，主要有运输、保险、通信、旅行及其他劳务，诸如工资报酬、专利费、宣传费、服务费、特许权使用费等。运费是劳务收支中的主要项目。由于国际贸易货物的运程较远，主要靠海洋运输，商船是主要的运输工具。于是运费就成为一些海运发达国家的主要收入。银行和保险业务收支是指一个国家在海外设立银行和保险机构的收支。邮电收支是指国际相互使用邮电通信设备所引起的邮电费用收支。投资收入与支出主要是指资本输出输入以及信贷等所引起的利息、股息和利润的收支。

（3）经常转移收支。商品、劳务收支均为有偿交易，而资金转移收支则是一种无偿性的收付，这种收支发生后，并不产生相应的归还义务。正由于这种转移是单方面的，所以又称单方面转移收支。根据单方面转移的主体和对象不同，又划分为以下两种：私人转移和政府转移。私人转移主要包括侨民汇款等；政府转移主要包括外交费用、政府间经济或军事援助、捐款、赠予、战争赔款等。

2. 资本项目

资本项目主要是指资本的输出和输入，表明一国对外金融资产所引起的债权债务的移动。其收入一方说明一国利用外资的增加或收回对外贷款；其支出一方说明一国对外投资的增加或对外债的偿还。第二次世界大战后，随着国家垄断资本主义的发展，资本的输出输入在国际收支中的地位越来越重要。

按照期限的长短，资本项目又分为长期资本和短期资本两类。

（1）长期资本是指一年以上的国际资本流动。依当事人的不同长期资本还可分为政府长期资本流动和私人长期资本流动。前者主要包括政府间贷款、政府间投资和国际金融机构贷款；后者主要包括直接投资、证券投资和国际商业贷款等。其中，直接投资是指直接在国外开设分支机构、以输出技术设备等方式收买外国企业或者与外国资本联合举办合资企业等的投资。有价证券投资是指购买外国政府的债券、外国企业和公司的债券和股票或者国际金融市场发行的债券与股票所进行的投资。政府间信贷是指政府之间的援助贷款。国际货币基金组织的贷款列入储备项，不在此项目内。

（2）短期资本是指期限在一年及一年以下的国际资本流动。目前，由于国际金融市场的发展，短期资本在国际范围的流动日益增加。短期资本主要包括以下内容：国际贸易的短期资本融通、结算；各国银行间的资本拆放、调拨；在国际黄金外汇市场上进行的套汇、套利、抵补保值等外汇买卖；等等。

3. 平衡项目

由于国际收支平衡表所列项目涉及内容多、范围广、情况复杂，致使经常项目和资本项目很难平衡，在一定时期必然发生差额。设置此项目就是为了对不平衡项目人为地加以平衡。平衡项目主要内容如下：

（1）错误与遗漏。国际收支平衡表的数字主要来源于海关统计、各行政部门和企业的报告以及银行的报表等。因此，数字的统计会经常发生一些问题，如可能出现重复计算，或可能故意隐瞒真情，或资料不全，数字很难掌握（如资本外逃、商品走私、私带现钞入境等）。为了轧清国际收支平衡表中的收支总额，把统计中的错误与遗漏可补记在这个项目内。

（2）储备资产。这是主要的平衡项目，是一国货币当局所持有的储备资产和对外债权。储备资产包括货币黄金、特别提款权、在国际货币基金组织的储备头寸和外汇等。当一个国家的国际收支发生逆差时，动用黄金和外汇是最后的支付手段。特别提款权是国际货币基金组织按各会员国缴纳的份额分配给会员国的一种记账单位，可用来弥补国际收支逆差，亦可用于偿还国际货币基金组织贷款。

我国国际收支平衡表的编制始于 1981 年。1985 年 9 月，国家外汇管理局首次公布了 1982—1984 年的国际收支平衡表，以后都是逐年公布。我国国际收支平衡表编制的原则基本上按照国际货币基金组织对国际收支的规定，在编制格式上根据我国对外经济状况体现了自己的特点。平衡表的基本内容包括四大类，即经常项目、资本和金融项目、储备资产、净误差与遗漏，其具体细目和统计口径结合我国国情编制。

## 三、国际收支的失衡与调节

### （一）失衡的原因分析

国际收支平衡表是按复式记账原理编制的，借贷双方就应该总是平衡的。可能这种平衡只是形式上的平衡，实际上收支不可能总是呈平衡状态。造成失衡的原因主要有以下几种：

1. 经济发展的不平衡

各个国家在经济增长过程中，由于经济制度、经济政策等原因会引发周期性经济波动，如资本主义国家周期性经济危机引起国际收支失衡，而严重的经济危机会使国际贸易急剧下降，国外投资收入大量缩减和资本外逃，导致国际收支恶化。由于生产的社会化和国际经济联系日益密切，主要国家的经济周期循环也能影响他国的经济状况，造成他国的国际收支失衡。

2. 经济结构性因素

一国产业结构与国际分工结构失调，引起该国国际收支的失衡。一国商品结构的变化会引起国际收支失衡，同样一国生产改善、技术革新、成本下降、质量提高、品种增加，也会促进国际收支的改善。对于进出口产品结构较为单一、出口市场狭小、对进口产品依赖较大的国家来说，尤其易于出现此类结构性失衡。

3. 货币性因素

在一定汇率水平的情况下，当一个国家发生通货膨胀、物价上涨、本国货币对内币值下降、对外币值尚未下降时，就会使商品成本和物价水平高于他国，削弱出口商品的竞争力，使国际收支发生逆差；当一个国家发生通货紧缩、物价下跌、本国货币对内币值上升、对外币值尚未上升时，就会使商品成本和物价水平低于他国，则有利于增加出口，致使国际收支发生顺差。

4. 国民收入的变动

国外和国内的政治和经济发生重大变化，引起国民收入的变动，从而导致国民收入更大的国际差额或周期性差额，也就成为影响国际收支不平衡的重要因素。例如，战争、赔偿、能源价格波动等，直接影响市场需求，影响支付能力，进而影响国际收支。故国民收入下降，外汇支出减少，国际收支可能出现顺差，反之则是逆差。

### （二）国际收支失衡的调节方法

1. 商品调节

调节方向是奖出限入。这是改善国际收支逆差的主要措施。因为贸易收支在国际收支中占据重要地位。为了争夺国际市场，往往对出口商品给予补贴，或者采取优惠利率等刺激出口，增加外汇收入，来达到扭转国际收支失衡的效果。

2. 实施财政与货币政策

在财政政策方面，即以扩大和缩小财政开支或升降税率的办法来进行调节的政策措施。当国际收支发生逆差，一般是采取削减财政开支或提高税率的办法；相反，则采取扩大财政开支或降低税率的措施。

在货币政策方面，是以调节利率或汇率的办法来平衡国际收支的政策措施。调节利率，即中央银行提高或降低再贴现率。当国际收支发生逆差时，就提高再贴现率；国际收支出现顺差时，就降低再贴现率，以达到改善国际收支的目的。调节汇率，即以货币升值或贬值的办法，提高或降低本国货币对外国货币的比率。当国际收支出现逆差时，就利用货币贬值刺激出口，多采用的是外汇倾销。相反，则实行货币升值增加进口。

3. 利用国际贷款

这是最普遍使用的措施，这种措施能及时灵活地融通资金。国际贷款的形式包括银行信贷、政府贷款以及国际金融组织贷款。

4. 直接管制

国家以行政命令方式，直接干预国际收支，包括外汇管制和外贸管制。后者包括商品输入管制（许可证制、进口配额制和提高关税来限制商品进口）和商品输出管制（出口许可证、出口补贴）。这一做法不影响经济全局，收效迅速，但是因有损于其他国家的利益，易于遭到其他国家的报复。

# 第四节　国际储备

## 一、国际储备的概念

国际储备是指一国政府所持有的可随时用于弥补国际收支赤字并维持本币汇率的国际可以接受的一切资产。其数量多少一定程度上反映了一国在国际金融领域中的地位。

## 二、国际储备的构成

### （一）黄金储备

黄金储备是指一国货币管理机构所持有的黄金。目前，各国货币当局在动用国际储备时，并不能直接以黄金实物对外支付，而只能在黄金市场上出售黄金，换成可兑换的货币。因此，黄金实际上已不算是真正的国际储备，而成为潜在的国际储备。

### （二）外汇储备

外汇储备是各国货币管理机构所持有的对外流动性资产。外汇储备主要是银行存款和国库券等一国货币充当国际储备货币，必须具备以下几个基本特征：一是在国际货币体系中占有重要地位；二是保持较好的流动性，能够自由兑换为其他货币，为世界各国普遍接受；三是购买力具有稳定性，在国际外汇市场具有干预能力，能发挥稳定作用。在金本位制下，英镑代替黄金执行国际货币的各种职能，成为各国最主要的储备货币。第二次世界大战后，美元作为唯一直接与黄金挂钩的主要货币，为各国外汇储备的实体。20 世纪 70 年代布雷顿森林体系崩溃后，国际储备货币出现了多样化的局面，但是美元仍是最主要的国际储备货币，处于多样化储备体系的中心，但是其比重在不断下降。

（三）储备头寸

储备头寸是指国际货币基金组织的各会员国存在基金组织普通账户中可自由提取使用的资产，具体包括会员国向国际货币基金组织缴纳份额中的外汇部分、基金组织用去的本国货币持有量部分以及会员国对国际货币基金组织提供的贷款。

（四）特别提款权

特别提款权是国际货币基金组织于 1969 年创设的，对会员国根据其缴纳份额分配的一种账面资产。由国际货币基金组织分配的而尚未使用完的特别提款权就构成了一国国际储备的一部分。特别提款权作为使用资金的权利，与其他储备资产相比，有着重要区别：一是特别提款权不具有内在价值，是国际货币基金组织人为创造的、纯粹账面上的资产；二是特别提款权不能像黄金和外汇那样通过贸易或非贸易交往取得，也不能像储备头寸那样以所缴纳的份额作为基础，而是由国际货币基金组织按份额比例无偿分配给会员国的；三是特别提款权只能在基金组织及各国政府之间发挥作用，任何私人企业不得持有和运用，不能盲目用于贸易或非贸易的支付，因此具有严格限定的用途。

## 三、国际储备的作用

（一）削减国际收支困难

当一国发生国际收支困难时，通过动用外汇储备、减少在国际货币基金组织的储备头寸和特别提款权持有额，在国际市场上变卖黄金来弥补国际收支赤字所造成的外汇供求缺口，从而使国内经济免受采取调整政策产生的不利影响，有助于国内经济目标的实现。

（二）维持本币汇率稳定

1973 年布雷顿森林体系瓦解后，西方主要工业国家实行了管理浮动制，不再负有维持固定汇率的义务，一国可以通过国际储备量来进行外汇干预，操纵汇率来实现国内经济目标，而不再决定于国际收支失衡的规模和方向。同时，国际储备作为干预资产来发挥作用，要以充分发达的外汇市场和本国货币的完全自由兑换为前提条件。这就是说，对于大多数发展中国家，由于汇率是由官方制定的，通过外汇管制强制性地控制可能出现的外汇供求缺口，而不是通过动用国际储备加以解决，因此国际储备基本上不具备干预资产的作用。

一国持有国际储备的多少表明一国干预外汇市场和维持汇率的实力，储备雄厚，外汇市场对该国货币的信心就充足。

（三）充当对外举债的信用保证

国际储备充足可以加强一国的资信，吸引外国资金流入，促进经济发展。国际金融机构在对外贷款时，往往要事先调查借债国偿还债务的能力，关注一国所持有的国际储备状况。这对于发展中国家显得尤其重要，资金短缺是发展中国家面临的一个主要难题，而借助外国资本、争取外国政府贷款、国际金融机构信贷和国际资本市场融资都要以良好、稳定的资信和偿还能力为前提，国际储备为不可少的保证之一。

## 四、国际储备的管理

国际储备的管理主要分为规模管理和结构管理，即国际储备合理规模和经营结构的确定和调整。

### （一）国际储备的规模管理

与各种储备一样，国际储备也有一个适度规模的问题。如果储备不足，一国将难以应付各种意外支付的需要，并可能引发国际支付危机；相反，储备过多，虽可增强对外支付的能力，却会造成浪费，影响国内经济的发展。

那么一国合理储备的规模究竟应该多大？在外汇储备适度规模的确定上，发达国家与非发达国家、开放国家与非开放国家、大国与小国在评判标准上也存在着较大的差异。

1960 年，美国教授特里芬提出一国国际储备对年进口额的比率以 40% 为宜，20% 为底线，低于 30% 便要补充。这一观点后为许多西方国家所接受。它们主张，一个国家外汇储备一般应能满足 3~4 个月进口付汇。东南亚金融危机后，又有人认为，一个国家外汇储备不能低于短期外债的规模，以防止金融危机的发生。但是一些国际金融组织更强调一个国家外汇储备的规模应该能起到维护金融稳定的作用，这显然强调了“充足”的外汇储备的重要意义。由于各国实际国情的不同，在国际上尚不存在一个统一的评判标准。

当然，从量上讲，任何一个国家的外汇储备都应该有一个适度规模，因为外汇储备是有成本的。这一成本主要来自两个方面：一方面，外汇储备资产必须具有足够的流动性，以确保其日常功能的正常发挥。然而足够的流动性往往要以较低的盈利性要求为代价。另一方面，由于汇率总是处在不断变化之中，外汇储备资产极易遭受汇率风险而导致无形的账面损失。因此，外汇储备并非多多益善，应该有一个度，即安全够用但不浪费。

原则上讲，合理储备的规模应该既能确保一国对外清偿的能力，同时又能保证储备的机会成本降至最低限度。通常需要考虑下列因素：

第一，经济发展目标以及经济开放程度决定一国国民经济的对外依赖程度，特别是对进口的依赖程度，也决定着一国国际储备资产的程度。经济高速增长，应保持较少储备，以增加投资和消费；相反，则会储备较多，但是储备持有量过多，会增加该国通货膨胀压力，影响经济目标的实现。

第二，中央银行调节国际收支的能力，其中包括国际收支其他调节手段的运用及其有效性，如外汇管理或贸易管制情况，国民对调整行动的最大容忍限度。

第三，中央银行拥有的国际清偿能力。

第四，汇率制度和汇率政策选择，以及导致外汇收支剧烈波动的各种季节性或偶发性因素。

对中央银行来讲，由于国际储备的基本用途之一是为应付各种意外的进口支付，因而许多国家倾向于简单地结合进口规模来考虑外汇储备规模。一般认为，各国的外汇储备应大致相当于一国 3 个月的进口总额（按全年储备应是当年进口总额的 25%左右）。惯例认为，储备是进口的 30%~40%合适，若低于 20%则危险。近年来实行浮动汇率的工业大国和逆差严重的发展中国家却也允许外汇储备降到谨慎的标准线以下。具体到一国究竟以哪个比例为宜，则应取决于国际收支冲击的预测规模、储备枯竭的代价、持有储备的机会成本和所期望的调整速度。如果一国国际收支调节能力较强，国民对紧缩性调整经济行动较能容忍，或者储备以外的国际清偿能力较强，那么该国的储备规模就可低于 3 个月的进口规模；反之则应高于 3 个月。

（二）国际储备的结构管理

国际储备的结构管理包括对货币结构的管理、储备资产运用形式以及黄金储备数额的管理。其实，这不过是针对外汇储备和黄金储备而言。有效的管理将使储备资产在安全性、流动性和盈利性三项原则间实现最佳组合。由于国际储备的本质是随时用于对外支付的准备金，因而储备资产首先必须具有流动性，在流动性和安全性的前提下，才去考虑投资的盈利性，只有协调好流动性和盈利性的关系，才能达到最佳组合。

1. 外汇储备的币种结构管理

就国际储备结构管理的两大对象黄金和外汇储备而言，黄金具有较高的安全性，但是流动性和盈利性较差；外汇储备由于储备货币利率和汇率的不断波动，在安全性上难以同黄金储备相比，但是在流动性和盈利性方面却较黄金优越。

在浮动汇率条件下，一国持有的外汇储备往往会因汇率变动的不利而遭受损失。为避免汇率风险，确保安全，一国应尽量使其外汇储备保持在几种或更多的货币形式上，即实现储备货币的多元化，以便减少外汇储备的总体损失。为此，通常需要考虑以下因素：

（1）储备货币的利率水平。储备管理既要实现安全性目标，又要顾及盈利性目标，以保证储备资产能有一定的收益。

（2）储备货币发行国的经济、金融状况，包括该国的经济金融实力、经济发展情况以及国际收支动态等，这些都是判断储备货币币值是否稳定的重要依据。

（3）储备货币应尽量同进口支付和干预外汇市场时经常使用的货币保持一致，这将大大方便国际储备的动用。

2. 国际储备资产运用形式的管理

就一种储备货币的收益而言，除可存入银行外，还可用来投资。所谓对储备货币资产运营形式的管理，即中央银行如何将某种储备货币适当地运用于不同的资产形式上。一般而言，任何形式的投资活动都有风险，且这种风险直接影响到投资的预期收益率。如果将一笔投资分散在各种不同的资产形式上，其总体风险往往会低于任何一种资产形式的风险。因此，中央银行就应使其资产运用保持在多种形式上。然而资产的收益率又总是与其流动性成反比。在决定选择哪些资产时还需注意其流动性，否则将不利于储备的及时运用。

## 本章小结

1. 外汇是指外币和以外币表示的可用于国际结算的支付手段。根据可自由兑换的程度不同，外汇可分为自由外汇和记账外汇两种。

2. 汇率是指两国货币兑换的比例，或者是一国货币以另一国货币表示的价格。汇率的标价方法主要有直接标价法和间接标价法。

3. 在外汇交易中，由于划分的角度不同，汇率种类多种多样。

4. 金本位制下汇率的决定因素是铸币平价，即两国本位币的含金量之比。在信用货币制度下，汇率的决定因素主要表现为外汇的供求关系。

5. 国际收支是在一定时期内一个国家（地区）和其他国家（地区）进行的全部经济交易的系统记录。

6. 国际收支平衡表是以某种特定货币为计量单位、全面系统地记录一国的国际收支状况的统计报表。其基本内容分为三类：经常项目、资本项目和平衡项目。

7. 造成国际收支平衡表失衡的原因很多，主要表现为经济发展的不平衡，经济结构性因素，货币性因素和国民收入的变动等。

8. 国际收支失衡的调节方法有商品调节、实施财政与货币政策、利用国际贷款和直接管制等。

9. 国际储备是指一国政府所持有的可随时用于弥补国际收支赤字并维持本币汇率的国际可以接受的一切资产。其构成为黄金储备、外汇储备、储备头寸和特别提款权等。

10. 国际储备也是非常重要的问题。一国的国际储备并非越多越好，因为持有国际储备也要付出代价，所以一国的国际储备应保持在怎样的水平，即国际储备的总量管理是国际储备管理中的首要问题。拥有一个适当的国际储备结构也是国际储备管理中的主要内容。

## 复习思考题

1. 什么是外汇？外汇的种类有哪些？
2. 什么是汇率？汇率的种类有哪些？
3. 比较直接标价法和间接标价法。
4. 国际收支平衡表的主要内容是什么？
5. 国际收支失衡的原因是什么？调节的主要措施有哪些？
6. 什么是国际储备？其构成是怎样的？
7. 国际储备总量是不是越多越好？国际储备管理的主要内容是什么？

## 附录一　中国的外汇储备结构

一、基本原理

外汇储备结构即外汇储备资产的分布结构。其中，最主要的外汇储备结构有两个方面：一方面是币种结构；另一方面是期限结构。这也是外汇储备资产结构的最大风险所在。

二、案例内容

2005年年底，中国大陆外汇储备余额再创新高，达8 189亿美元，比上年增长34.3%。如果将中央政府向中行、建行和工行注资600亿美元的外汇储备计算进来，我国外汇储备便已超越日本，成为世界第一大外汇储备国。

从币种结构来看，如果外汇储备资产过于单一地集中在某种“弱币”上，则必然会导致过大的汇率风险，但是“弱币”贴水可能会带来一定的利息收益。我国庞大的外汇储备主要集中于美元资产。

从期限结构来看，则主要是考虑外汇储备资产的流动性要求。由于外汇储备是用于日常之需及不测之用，因此外汇储备资产分布的期限结构必须首先满足流动性需求，然后才是在兼顾安全性的基础上满足盈利性的需要。

三、案例分析

风险之一：人民币在金融项目（原称资本项目）不可自由兑换的前提下，我国被迫将绝大部分的外汇资产高度集中于中央政府手中。

可以设想，在本币可完全自由兑换的国家，居民（包括法人和自然人）均可自由用汇对外进出口或是对外直接投资，或进行证券投资，本币与外币之间可以自由转换或交易，从而本国公民就能自由地持有本国或外国的金融资产。如果是这样，该国公民的金融资产就会多样化地分散在外币化的金融资产上，也就不会过于集中于中央政府手中成为外汇储备。

相反，由于人民币目前只能在经常项目下自由兑换，而在金融项目下尚不可自由兑换，因此公民只能通过货物与服务贸易，还有经常性转移收付来获得外汇，并持有外汇存款。除此之外，公民不能通过“投资”性质的金融交易来将本币金融资产转换为外币金融资产。于是公民的金融资产大多只能是本币资产，而不能化作外汇资产。这也是我国外汇储备名义上“过大”的真实原因之一。

为此，我们有必要通过尽早地实现人民币在金融项目下的可兑换来分流或释放外汇储备“过大”的压力或风险，让居民能拥有更多的自由选择空间，将他们的资产合理而分散地摆布在所有本外币金融资产上。这便是“藏汇于民”的道理。同时，这也有利于推动人民币汇率市场化的进程，从而有效释放人民币升值的压力，减小政府干预汇市的成本与风险。

风险之二：庞大的外汇储备过度集中于美元资产，这或许是被迫或不得已，但是绝对有害于汇率风险的规避。

美国是我国第一大贸易伙伴国。20世纪90年代中期以来，在我国外汇储备中，美元资产一直占据60%以上的比例。但是近年来，随着我国外贸进出口总额的不断扩大，我国的“贸易美元”和“贸易顺差美元”不断增大；同时，20世纪90年代中期以来，为抑制人民币对美元持续的升值压力，在以美元作为干预货币的汇率调控机制下，我国官方不断吸入美元——增大美元储备。如此一来，我国外汇储备中的美元资产比例定会上升，因此有人估计目前外汇储备中的美元资产也许超过了80%的比例。

无论是何种理由，“将鸡蛋放在一个篮子里”的做法，显然是危险的。从长期趋势观察，美元的确属“弱币”范畴。从美元兑日元汇率来看，美元是长期贬值的。20世纪80年代初，美元兑日元汇率为240左右，但是至20世纪90年代中期，这一比价最低曾跌至80附近。从美元兑人民币汇率来看，美元也正在呈贬值状。20世纪90年代中期，美元兑人民币汇率为8.7左右，如今已跌至6.5附近。

我国外汇储备币种单一，且过度集中于“弱币”——美元。假设美元长期贬值，必然会导致我国外汇储备的巨大账面损失，其结果必将使我国货币政策陷入“两难”的境地：一方面，如果为了改善外汇储备的币种结构而大量抛售美元，则必然会对周边国家产生示范效应，并导致国际汇市恐慌，美元汇率暴跌。另一方面，如果不改变现有外汇储备的币种结构，不抛售美元，则又会导致人民币升值压力增大，从而刺激外汇储备更快增长。为了减轻外汇储备对国内货币市场的影响，央行必须通过回笼现金或者提高利率的方式来减少货币供给，但是这恰恰又会拉动本币升值；反过来，为了降低升值压力，央行如果增加货币供给或者降低利率，这会使本来就因外汇储备而极为宽松的货币市场雪上加霜。

如此看来，减持美元及美元资产迫在眉睫。美元减持后，我们应当避免重蹈覆辙，在增持欧元及其他币种资产的同时，甚至还可以增持黄金储备或石油战略储备等。外汇储备的结构调整将是一个渐进的过程。这个过程虽不能急，但是必须行动起来。

风险之三：我国外汇储备资产的存放地及投资期结构过于集中，可能会存在政治风险与信用风险。

我国外汇储备的币种结构不但高度集中于美元，而且美元资产又主要集中在美国。从投资品种和投资期限来看，我国大量的外汇储备既有相当部分存入了美国商业银行，也有较大部分购买了美国各类债券，包括美国国库券、美国财政部中长期债券、联邦政府机构债券以及美国公司债券等，此外应该还包括少量境外美元资产。

美国一向将中国视为其最大的潜在竞争对手，由于意识形态领域的差异以及敏感的问题，美国始终保持着与中国交往的距离，并将台湾问题视为与中国谈判的筹码，时不时为难中国。在这一点上，我们尤其要提高警惕，尽可能地规避外汇储备存放地的政治风险。

当然，在投资期限结构上，我们也要尽可能分散风险。一般地，外汇储备资产分布结构应在不同时期有所区别。例如，在国际环境动荡时期，外汇储备应多放置于银行存款及变现程度高的短期证券上；在国际环境和平稳定时期，外汇储备可以多一些放置于中长期品种上。

## 附录二　人民币汇率制度及其改革

新中国成立以来，人民币汇率经历了不同阶段的历史演变，人民币汇率的变化大致经历了以下几个阶段：

一、人民币汇率恢复时期（1950—1952年）

中华人民共和国成立后，伴随着全国经济秩序的逐步恢复，全国统一的财经制度确立，人民币汇率由中国人民银行总行公布，实行全国统一汇价，人民币汇率成为单一汇率。这一阶段确定人民币汇率的方针是“奖出限入，照顾侨汇”。具体来说就是一方面要鼓励当时占主要经济力量的私人资本主义企业扩大出口，因此汇率水平的确定要保证他们能够获取一定的经济利润；另一方面还必须照顾华侨汇款的实际购买力，使其在国内所能购得的商品价值要高出其在国外所能购得的商品价值量。因此，从1950年3月到1952年年底，人民币汇率持续升值。由1950年4月的1美元兑换42 000元旧人民币，调至1952年12月的1美元兑换26 170元旧人民币。

二、人民币汇率稳定时期（1953—1980年）

随着社会主义改造基本完成，在这一时期，由于对外贸易实行国家垄断，人民币汇率无须服务于对外贸易，不具备调节进出口的功能，实质上只是充当外贸内部核算和计划编制的一种会计工具。同时，由于整个国际货币体系都采用了固定汇率制，因此人民币汇率只是在原定汇价的基础上参照各国政府公布的汇率确定，只有当西方主要国家货币发生贬值或升值时，才做相应的调整。人民币对美元的汇价从1955年至1981年12月基本未动，一直保持在1美元兑换人民币2.461 8元的水平。1973年，西方各国普遍实行浮动汇率制以后，为了与西方各国汇率的变化相适应，人民币汇率的制定方法有所改变，采用了盯住合成货币浮动的形式，具体的做法是选择若干种与我国对外贸易有关的主要货币，根据这些货币加权平均汇率的变动情况对人民币汇率做相应的调整，但是从总体上看汇率是稳定的。

三、人民币双重汇率制时期（1980—1993年）

1981—1984年间我国实行的是区分贸易与非贸易的双重汇价制：一种是适用于贸易外汇收支的贸易外汇内部结算价；另一种是适用于非贸易外汇收支汇率。其原因在于：一方面，从进出口贸易的角度看，人民币汇价偏高。例如，以1978年12月30日为例，1美元兑换人民币1.58元，但是该年的出口平均换汇成本是1美元兑换人民币2.50元。这意味着多出口1元商品反而增加亏损近1元人民币。另一方面，从非贸易外汇收支的角度看，人民币汇价偏低，因为当时西方各国的通货膨胀率均高于我国，人民币购买力比美元高。例如，以1978年第四季度为例，根据我国与美国的消费物价指数对比，1美元应兑换0.8元人民币，当时人民币与美元的名义汇率却规定为1美元等于1.52元人民币，这使得我国的消费者在购买外国商品时，1美元的货物实际多支付出0.72元人民币。

1985年以后又形成了官方汇率和外汇调剂价并存的双重汇率制。外汇调剂价的出现是外汇留成制度的产物。所谓外汇留成，就是对有收汇的部门、地方、企业在其将外汇卖给国家银行后，按照收汇金额和规定的留成比例，分配给其相应的使用外汇的指标由其自行安排使用。外汇留成制度的实行，一方面提高了各单位、各企业的创汇积极性；另一方面由于有些地区和单位，企业留成外汇很少，实际使用量却很大，国家计划又不能满足其需要，因此产生了较大的外汇需求缺口，需要在外汇调剂市场填补。1980 年 10 月，中国银行北京、天津、上海等几个城市的分行开办了外汇调剂业务，形成了外汇调剂价格。1988 年 9 月，上海率先在全国成立外汇调剂公开市场，市场上实行公开报价、竞价成交的交易机制。外汇调剂市场上的交易价格放开后，其价格最低时为 1 美元兑换 5.5 元人民币，最高时曾突破 10 元，到 1993 年 12 月，外汇调剂价为 1 美元兑换 8.7 元人民币。与此同时并存的是官方汇率。1985—1993 年年底，官方汇率发生过几次大幅度的调整：第一次是在 1985 年 1~9 月，从 1 美元兑换 2.8 元人民币下调到 3.2 元人民币；第二次是在 1986 年 7 月 5 日，从 1 美元兑换 3.2 元人民币调低到 3.703 6 元人民币；第三次是在 1989 年 12 月 16 日，由 1 美元兑换 3.722 1 元人民币下调到 1 美元兑换 4.722 1 元人民币；第四次是在 1990 年 11 月 17 日，由 1 美元兑换 4.722 1 元人民币调低到 1 美元兑换人民币 5.222 1 元。到 1993 年 12 月 31 日，人民币官方汇率为 1 美元兑换人民币 5.8 元。

四、人民币汇率并轨及其走向市场化时期（1994 年至今）

1994 年，我国人民币汇率实现了一次重大的改革。其主要内容为有以下几点：

（1）从 1994 年 1 月 1 日起，实行官方汇率和外汇调剂市场汇率并轨，人民币汇率成为以市场供求为基础的、单一的、有管理的联动汇率。《中华人民共和国外汇管理条例》是外汇管理的基本行政法规，由国务院于 1996 年 1 月 29 日发布，1996 年 4 月 1 日起实施，1997 年 1 月 14 日国务院进行了修改并重新发布。该条例主要规定了我国外汇管理的基本原则与制度。

（2）实行银行结售汇制，废止外汇留成和上缴制度。所谓银行结售汇制是指企业出口所得外汇须于当日结售给指定的经营外汇业务的银行，同时经常项目下正常的对外支付则只需持有效凭证用人民币到外汇指定银行办理。

（3）建立银行间外汇市场，形成人民币汇率的市场机制。

（4）将外商投资企业纳入银行结售汇体系。1996 年 7 月，正式将外商投资企业纳入银行结售汇体系，结束了 1994 年以前中资企业直接通过外汇指定银行办理结售汇业务而外商投资企业则需通过外汇调剂中心办理外汇交易的差别做法。

（5）实现了经常账户下的人民币完全可兑换。1996 年 12 月 1 日起，我国接受《国际货币基金组织协定》第八条的全部义务，从此不再限制不以资本转移为目的的经常性国际支付和转移；不再实行歧视性货币安排和多重汇率制度，这标志着中国实现了经常账户下的人民币完全可兑换。但是这并不意味着境内企业和个人可以随意购买外汇，我们仍按国际惯例对经常项目外汇收支进行真实性审核，即境内机构和个人经常项目下用汇，需持规定的有效凭证到外汇指定银行或外管局进行审核后，才可以到银行购买外汇或从其外汇账户中对外支付。真实性审核的目的是为了防止资本项目收支混入经常项目下进行，打击境内违规资本流动以及套汇、骗汇等违规犯罪活动，从而维护外汇市场秩序，保障居民个人合法正当的外汇收支权利。

目前，我国正努力实现资本项目可兑换。新兴市场金融危机的频繁发生一再表明，不成熟的资本项目开放有可能造成灾难性后果。从国际经验看，实行资本项目可兑换一般应具备稳定的宏观经济环境、健康的金融体系、有效的监管能力和较强的综合国力。目前，中国不完全具备上述条件，还有必要对资本项目实行一定的管制。

1994年以来人民币汇率的改革绩效是显著的。首先，促进了进出口额大幅增长，发挥了汇率对外贸的调节功能。其次，有利于我国外汇储备的快速增长。10多年来，人民币汇率的稳中有升不仅提高了人民币的国际地位和威信，还降低了进出口交易的成本。但是随着改革开放的深入，人民币汇率的制度安排仍然存在一些问题，人民币汇率制度的改革仍然任重而道远。

# 第九章　货币供求及其均衡

## 第一节　货币需求概述及其理论

### 一、货币需求的概念

所谓货币需求，是指在一定时期内，社会各阶层、个人、企业、单位、政府愿以货币形式持有财产的需要或社会各阶层对执行流通手段支付手段和价值贮藏手段的货币需求。

从货币需求的定义可以看出，不能将货币需求理解为一种主观欲望，经济学意义上的需求虽然也是一种占有欲望但是与个人的经济利益及其社会经济状况有着必然的联系，始终是一种能力和愿望的统一。同时满足两个基本条件才能形成货币需求：一是有能力获得或持有货币，二是必须愿意以货币形式保有其资产。因此，经济学研究的对象是这种客观的货币需求。人们产生对货币需求的根本原因在于货币所具有的职能。货币需求主要是一个宏观经济学问题，因为市场需求是由货币所体现的有现实购买力的需求，所以宏观调控主要也是需求面的管理。当然需求的实现又必然要通过对货币供给的控制来进行，由此不能忽视与货币需求相对应的货币供给问题在宏观调控中占有的突出地位。

### 二、货币需求量

货币需求数量的总和就是货币需求量。货币需求量是一个重要的货币理论概念，对其含义的把握需要对以下几组概念进行区别：

#### （一）主观货币需求量与客观货币需求量

主观货币需求量是指经济主体在主观上希望拥有的货币量。客观货币需求量就是经济主体在现有的经济、技术条件下满足其经济发展客观需要的货币需求量。因此，客观货币需求量是客观存在的，不以人们的主观愿望而转移。

#### （二）微观货币需求量与宏观货币需求量

客观货币需求量又可以分为微观货币需求量和宏观货币需求量。微观货币需求量是指微观经济主体在既定的收入水平、利率水平和其他经济条件下所需要的货币量。

如果我们从整个国民经济的宏观角度研究一个国家在一定时期内与经济发展、商品流通相适应的货币需求量，这种货币量能保持社会经济平稳、健康发展，我们称之为宏观货币需求量。

（三）名义货币需求量与真实货币需求量

由于在现实生活中存在价格变动的现象，既有合理因素（如对某些商品的合理调价），也有非合理因素（如通货膨胀），货币的名义购买力与实际购买力存在差异，因此货币需求量也分为名义货币需求量与真实货币需求量。名义货币需求量是指经济主体不考虑价格变动情况下的货币需求量，一般用 $M_d$ 来表示。真实货币需求量是在扣除价格变动以后的货币需求量，用 $M_d/p$ 来表示，即将名义货币需求量 $M_d$ 扣除物价指数 p 后得到真实的货币需求量。

## 三、货币需求的主要决定因素

从宏观角度看，货币需求的主要决定因素如下：

（一）全社会商品和劳务的总量

全社会商品和劳务的总量主要取决于产出的效率和水平，反映了一定时期内全社会的市场供给能力。商品和劳务的供给量越大，对货币的需要量就越多；反之，则越少。

（二）价格水平

对商品和劳务的货币支付总是在一定的价格水平下进行的，价格水平越高，需要的货币就越多；反之，就越少。当然，市场上商品的供求结构发生变化可以通过对价格水平的影响间接影响货币需求。

（三）收入水平

收入水平决定各微观经济主体的各种交易和财富储藏以及为各种营业活动开销而持有的货币。一般来说，收入水平越高，以货币形式持有的资产总量也就越多。

（四）收入的分配结构

从宏观上来说，国民收入总是通过一定的分配和再分配进入到各个部门的。收入在各部门分配的结构必然决定货币总需求中各部分需求的比重或结构。从微观上来说，收入的分配结构不同将影响持币者的消费与储蓄行为，并对交易和储蓄的货币需求产生一定影响。

（五）货币流通速度

货币流通速度越快，需要的货币量就越少；货币流通速度越慢，需要的货币量就越多。

（六）信用的发达程度

信用制度和信用工具越发达，人们越容易获得现金或贷款，对持有货币的需求就越小。

（七）市场利率和金融资产收益率

市场利率和其他金融资产收益率上升，使得持有货币的机会成本增加，同时又会使有价证券价格下跌，吸引投资者购买有价证券，导致货币需求减少；反之，货币需求增加。

（八）心理因素

一些消费、储蓄等倾向以及对市场的预期等心理因素都会对货币需求产生影响。

## 四、西方货币需求理论

（一）古典学派的货币需求理论

1. 现金交易数量论——费雪方程式

1911 年，美国耶鲁大学教授欧文·费雪（1867—1947）在其出版的《货币购买力》一书中提出了著名的交易方程式即费雪方程式。费雪认为，假设以 M 表示一定时期内流通货币的平均数量；V 为货币流通速度，也就是每单位货币在一年内与商品交易的平均次数；P 为各类商品的价格的加权平均数；T 为各类商品的实际交易数量，则有：

$MV=PT$ 或 $P=MV/T$

这一方程式是一个恒等式。公式说明 P 的值取决于 M、V、T 这三个变量的相互作用。不过费雪分析指出，在这三个经济变量中，M 是一个由模型之外的因素所界定的外生变量；V 视为常数；交易量产出水平常常保持固定的比例。由于费雪认为工资和价格是完全有弹性的，所以在正常年份整个经济的总产出总是维持在充分就业的水平上。因此，在短期内也可以认为是大体稳定的，只有 P 和 M 的关系重要。这样 P 的值就取决于 M 的数量的变化。

由于 $MV=PT$，则：

$M=PT/V=1/V\cdot PT$

这就是费雪的货币需求函数。在货币市场均衡时，人们手持的货币数量 M 就等于货币需求量 $M_d$，可以用 $M_d$ 来取代式中的 M。如果用 K 来代替 1/V，则 $M_d=KPT$。这说明，仅从货币的交易媒介功能观察，全社会在一定时期一定价格水平下的总交易量决定了人们的名义货币需求量 $M_d$。名义货币需求则取决于名义收入水平引致的交易水平；经济中影响人们的交易方式；决定货币流通速度的制约因素。

由于所有商品或劳务的总交易量资料不容易获得，而且人们关注的重点往往在于国民收入，而不在于总交易量，所以这一方程式通常被写成下面的形式（称为数量方程的国民收入形式）：

$MV=PV$ 或 $P=MV/Y$

式中：Y 表示国民收入。

2. 现金余额学说——剑桥方程式

剑桥学派经济学家马歇尔和庇古等人发展起来的现金余额数量论也得出了与现金

交易说完全相同的结论，但是分析的出发点完全不同。剑桥学派首先将货币视为一种资产，然后探讨哪些因素决定了人们对这种资产的需求，因而得出货币和价格水平同比例变化的货币数量论观点。遗憾的是，剑桥学派在得出结论时把其他因素都忽略了，而只是简单地断定人们的货币同财富的名义值成比例，财富又同国民收入成比例，因此货币需求就同名义国民收入成比例，即：

$M_d = KPY$

式中，K 代表人们的持币比例，即人们经常在手边保持的平均货币量在他们的年收入中所占的比例，也代表了人们愿意以货币这种形式持有的名义国民收入的比例。

剑桥学派还假定，货币供给 M 和货币需求 $M_d$ 会自动趋于均衡，于是便有了：

$M_d = KPY$

式中，$M_d$ 表示货币需求量，P 表示物价水平，Y 表示总收入，PY 表示名义总收入，K 表示 PY 与 $M_d$ 的比例，也就是以货币形式保有的财富占名义总收入的比例。

剑桥方程式与费雪方程式两者在形式上基本相同，但是在研究方法和研究内容上却有如下本质的区别。

（1）对货币需求分析的侧重点不同。费雪方程式强调货币的交易手段职能，侧重于商品交易量对货币的需求；剑桥方程式强调货币作为一种资产的职能，侧重于收入 Y 的需求。

（2）费雪方程式侧重于货币流量分析，剑桥方程式侧重于货币存量分析。

（3）两个方程式对货币需求的分析角度和所强调的决定货币需求因素有所不同。费雪方程式是对货币需求的宏观分析，剑桥方程式是从微观角度对货币需求进行分析。

马歇尔和庇古不仅仅将交易水平和影响人们交易方式的制度作为研究人们持有货币的关键要素，还探讨了货币作为财富的一种被人们选择所持有的原因和对货币需求量的影响。既然货币被人们选择持有，就不能排除利率的影响。但是总体来说，剑桥方程式和费雪方程式差异很小，体现了货币中性论，即经济中的实物经济和货币经济的“二分法”思想。

通过对费雪方程式的分析，我们知道，货币量的变化与价格变化之间并没有一个恒定的关系。米塞斯在《货币、方法与市场过程》中就认为费雪方程式认为货币单位购买力与货币量成反比，这个假定是武断和错误的。

米塞斯认为建构在费雪方程式之上的货币主义的错误在于试图通过控制“货币总量”来稳定货币的购买力。米塞斯认为这是徒劳的。比如货币主义者认为，如果发生了通胀，那么就收缩银根，用同等程度的通缩来抵消通胀的危害；相反，当通缩时，就发行货币，使得货币的购买力保持稳定。然而，这种“宏观调控”的不妥之处在于，通胀的危害，即对经济结构的破坏已经发生，这种破坏已经成为过去，如果继续通过货币政策来调控，只能是对经济体造成第二次破坏。

米塞斯说过，他们没有意识到采取这样的方法，并没有取消第一次变化的社会性效果，而只是简单地加上了一次新变化的结果。

### （二）马克思的货币需求理论

马克思在研究和总结古典经济学各派观点的基础上深入研究了货币流通理论问题。

马克思的货币需求理论又称货币必要量理论。按照马克思的分析，流通中的货币必要量取决于以下三个因素：商品价格水平、进入流通的商品数量、同名货币的流通次数。公式表示如下：

$$M=\frac{PQ}{V}$$

式中：M 为执行流通手段职能的货币量；P 代表商品价格水平，Q 代表流通中的商品数量，PQ 代表商品价格总额；V 代表同名货币的流通速度。

这一公式是以完全的金属货币流通为假设条件的。其中不仅表达了货币需求量的决定因素，即商品价格总额和货币流通速度，也表达了货币需求量与商品价格总额成正比，与货币流通速度成反比。其论证逻辑是：第一，商品价格取决于商品的价值和黄金的价值，商品价值取决于生产过程，而商品价格是在流通领域之外决定的，所以商品是带着价格进入流通领域的；第二，商品数量的多少和价格的高低决定了需要多少金属货币来实现；第三，商品与货币交换后，商品退出流通，货币却要留在流通中多次充当商品交换的媒介，所以一枚金属货币流通几次就可以使相应几倍价格的商品出售。商品价格总额是一个既定的值，必要的货币流通量是根据这一既定的值确定的，即在这一公式中只能由右方决定左方。在这个公式中，货币流通量总是等于货币必要量。这是因为在金属货币流通情况下，铸币可以自由地进入或者退出流通，因而流通中的铸币量可以在价值规律下自发调节商品流通对货币的需要量。当流通中货币量大于需要量时，有相应数量的货币退出流通；当流通中货币量小于需要量时，又有相应数量的货币进入流通。

但是，当金属货币流通被纸币流通取代时，货币流通量失去自发调节适应货币需要量的性能。纸币的发行限于其代表的金（或银）的实际流通数量。当纸币投入过多时，货币流通量大于货币需要量，因而每一单位纸币所能代表的金量减少，即纸币贬值，物价上涨。纸币流通规律公式如下：

$$单位纸币代表的金属货币量=\frac{流通中需要的金属货币量}{流通中的纸币总额}$$

这样在纸币流通条件下，纸币数量的增减则成为商品价格涨跌的决定因素。把金属货币流通条件下货币数量与商品价格之间的决定关系颠倒过来了。

### （三）凯恩斯的货币需求理论

凯恩斯早期曾是剑桥学派的重要代表人物，是现金余额学说的拥护者。1936 年，凯恩斯在其所著的《就业、利息和货币通论》中系统地提出了货币需求理论。

凯恩斯的货币需求理论认为，由于货币比起其他资产来具有最充分的流动性和灵活性，货币需求是人们愿意持有货币，而不愿意持有其他能生利但是不易变现的资产的一种心理倾向。因此，货币需求的实质就是流动性偏好。

凯恩斯认为，货币需求动机有以下三点：

一是交易动机。交易动机是指个人或企业为了应付日常交易需要而产生的持有货币需要。交易动机决定人们进行交易时持有多少货币。个人保存货币量的多少直接与货币收入和货币收支时间的长短有关。

影响交易需求的因素包括收入规模、收入与支出的时距及其规律性、支出习惯、金融制度、预期因素等。在这些因素中，除了收入因素外，其他因素均可视为在短期内不变的常量，因此凯恩斯将交易需求看成收入的函数。

二是预防动机。预防动机又称谨慎动机，是指个人或企业为了应付可能遇到的意外支出等持有的货币的动机。预防动机的产生主要是因为收入和支出的不确定，为了防止为了收入减少或支出增加这种意外变化而保留一部分货币以备不测。由此可见，货币需求的预防动机和交易性动机都与收入(Y)有关，货币需求的投机性动机的产生则主要是因为收入和支出的不确定性。因此，就实质来说，预防动机和交易动机可以归入一个范围之内，两者所引起的货币需求都是收入(Y)的函数。

三是投机动机。投机动机是个人或企业愿意持有货币以供投机之用。其原因是相信自己对未来的看法较市场上一般人高明，想由此从中获利，因此愿意持有货币以供投机之用。这是凯恩斯作出的同古典学派不同的并运用规范化的分析方法建立起来的函数方程式，这是凯恩斯对货币理论发展做出的重大贡献。

投机动机的货币需求取决于三个因素，即当前市场利率、投机者正常利率水平的目标值以及投机者对利率变化趋势的预期。其中第三个因素依赖于前两个因素，因此投机动机的货币需求实际上取决于当前市场利率水平与投机者对正常利率目标的取值之差。从总体上分析，如果当前市场利率水平较低，那么预期利率上升的投机者就会较多，从而以货币形式持有其财富的投机者就越多，货币的投机性需求也就越大；反之亦然。因此，货币的投机性需求是当前利率水平的递减函数。

综上所述，凯恩斯的货币需求函数如下：

$$M=M_1+M_2=L_1(Y)+L_2(r)$$

式中，$M_1$表示交易动机与预防性动机引起的货币需求，是 Y 的函数；$M_2$表示投机动机的货币需求，是 r 的函数；L 是流动性偏好函数，因为货币最具有流动性，所以流动性偏好函数也就相当于货币需求函数。

这个函数式与此前所有函数式的关键区别在于如果此前所有的函数式可以概括地表示为 $M=f(Y)$，则凯恩斯的函数式可以表示为 $M=f(Y, r)$。看到利率与货币需求的联系并非始于凯恩斯，如剑桥学派对此亦有分析，但是把 r 确定地视为货币需求函数中与 Y 有等同意义的自变量，则始于凯恩斯。

凯恩斯认为，货币的交易需求依存于收入的多少，收入越多，需求量越大。因为收入增加，必然会使开支增加，交易数量增多，人们的预防要求也会更多。因此，交易需求为收入的递增函数（见图 9.1）。若以 $M_1$表示满足交易需求的货币需要量，$L_1$表示决定于收入水平的货币需求函数，Y 表示国民收入，则：

$$M_1=L_1(Y)$$

资产性货币需求则依存于利率的高低，利率越高，需求量越小。因为债券未来的市场价格是随市场利率呈反方向变化的。现行利率越高，未来下降的可能性越大，那时债券的价格就会上升。因此，人们宁愿在日前购入债券而不愿手持货币，并且现行利率越高，手持货币的机会成本（即牺牲的利息收入）就越高，也会促使人们尽量减少手持货币量。可见，资产需求为利率的递减函数（见图 9.2），若以 $M_2$ 表示满足资产需求的货币需要量，$L_2$表示决定于利率水平的货币需求函数，r 表示利率，则：

$$M_2=L_2(r)$$

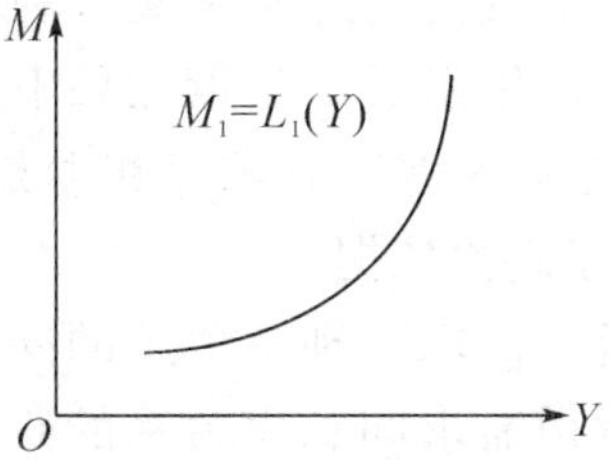


图 9.1　货币交易需求曲线

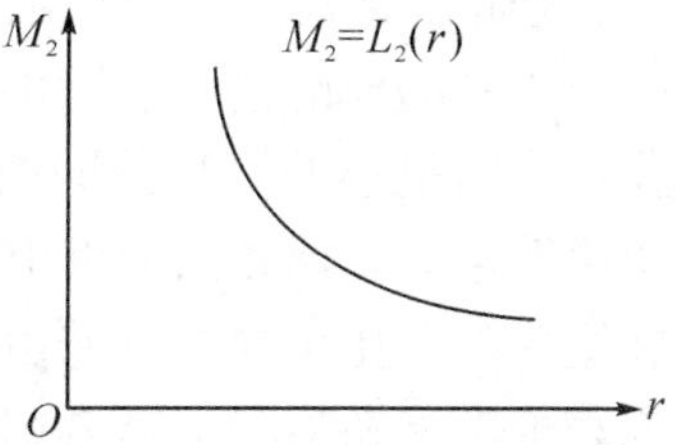


图 9.2　货币资产需求曲线

这样，货币的总需求函数如下：

$$M=M_1+M_2=L_1(Y)+L_2(r)$$

从公式看，货币需求包括交易需求和资产需求。凯恩斯认为，货币交易需求主要取于经济发展状况和收入状况，因而经济发展水平和收入水平的变化必然导致货币需求的变化。货币资产需求主要受人们对未来利率预期变动的影响。把利率作为影响货币需求的重要因素考虑进来是凯恩斯的一大创举，他将货币需求对利率的敏感性作为其宏观经济理论的重要支点，并以此来攻击传统的货币数量论。凯恩斯认为，由于人们对未来的预期因缺乏科学根据而存在不确定性，并且由于人们的环境、知识水平、性情等的差异，每个人的预期都有所不同，从而货币资产需求的变动常常是剧烈的、变化莫测的，有时会出现极端的状况，这就是凯恩斯著名的“流动性陷阱”假说。所谓流动性陷阱，就是指当利率水平降到一定低的水平不能再降时，几乎所有的人都会产生未来利率上升从而债券价格下跌的预期，货币需求弹性就会变得无限大，当局无论增加多少货币供给，都会被人们储存起来（见图 9.3）。

当利率从 $r_i$ 下降到 $r_o$ 时，不能再降，货币需求弹性变得无穷大。

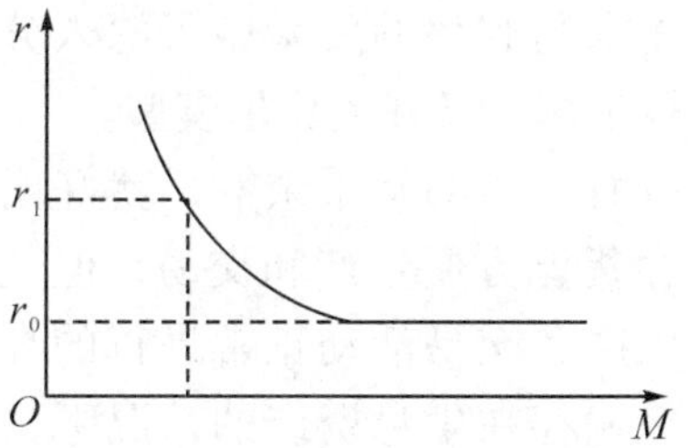


图 9.3　凯恩斯的流动性陷阱

## （四）现代凯恩斯学派对凯恩斯货币需求理论的发展

早在 20 世纪 40 年代，美国著名经济学家汉森就对凯恩斯关于交易性货币需求主要取决于收入的多少而同利率高低无关的观点提出质疑。20 世纪 50 年代初，美国经济学家鲍莫尔首次深入分析了由交易动机产生的货币需求与利率无关。此后不久，詹姆士・托宾也论证了交易动机货币需求同样受到利率变动的影响。这便是有名的鲍莫尔

—托宾模型。

鲍莫尔—托宾模型认为，用于交易的货币需求不仅是收入水平的递增函数，而且也是利率的递减函数，从而第一次得出了交易动机产生的货币需求与总收入及利率的变化关系，修正了凯恩斯的货币需求函数。这一修正不仅为凯恩斯主义以利率作为货币政策传导机制的理论进一步提供了证据，而且简明地指出货币政策如果不能影响利率，其作用将是很小的。与此同时，该模型还认为交易性货币需求存在着最优规模，从而为货币政策的设计和探讨货币政策的有效性提出了理论依据。

就在鲍莫尔、托宾等人研究由交易动机产生的货币需求与利率关系的同时，美国经济学家惠伦、米勒和奥尔等人则展开对谨慎动机货币需求同利率关系的研究。他们的研究结果也表明，谨慎动机的货币需求同样是利率的递减函数，并因此而形成了惠伦模型。

托宾在研究交易性货币需求同利率关系的同时，还展开对投机性货币需求的分析。托宾认为，个人行为模式不是凯恩斯所称的“要么持有货币，要么持有债券”，而是“债券和货币都占一定的份额”，以便无风险的货币和风险大的债券各自所占的比例能使总资产的风险较小而收益较大。托宾的这一思想成为日后“资产选择理论”的基础。

综上所述，凯恩斯学派的经济学家对凯恩斯货币需求理论从三个动机出发做了全面的修正和发展，从而使凯恩斯的货币需求理论逐渐演变为凯恩斯经济学派的货币需求函数，即：

$$L=L_1(r,Y)+L_2(r)$$

$$L=f(Y,r)$$

该函数式表明，对实际货币余额的需求主要是由利率和收入两个因素共同决定的。

以下对鲍莫尔、惠伦和托宾的理论做重点介绍：

1. 平方根定律

在凯恩斯的货币需求分析中，交易性货币需求是收入的函数，与利率无关。这一结论被许多经济学家质疑。1952 年，美国经济学家鲍莫尔运用管理学中有关最优存货控制的理论，对交易性货币需求与利率的关系做了深入分析，提出了与利率相关的交易性货币需求模型，即平方根定律，又称鲍莫尔模型。

人们为满足交易需求而持有一定的货币余额，就好比企业为满足生产和交易活动需要而保持一定存货一样。存货能方便生产和交易，但是要耗费成本，因此最佳存货量是在成本最低时能够满足生产和交易活动正常进行的存货量。货币余额也有这样的一个最佳保有量的问题，在普遍存在生息资产的情况下，持有货币这种无收益资产就要承担一定的机会成本。任何一个以收益最大化为目标的经济主体，在货币收入已经取得但是尚未用于支出的一段时间里，没有必要让所有准备用于交易的货币都以现金形式存在，而可以将暂时不用的现金转换为生息资产，等需要时再将生息资产变现，这样就可以减少机会成本。由于资产变现活动要支付一定的手续费或佣金，产生交易成本，因此经济主体就需要将利息收益和交易成本两者进行比较而做出选择，只要利息收益超过变现的手续费就有利可图。

假设某人每月初得到收入 Y，月内可预见的交易支出总额也为 Y，交易活动在月内平均分布，收入在月内平均用完。那么，月初只需保留少量货币 k，而把其余货币（Y-k）用于购买债券。等所持货币 k 用完后，再用债券换回又一货币 k，供交易之需，周而复始。由于每次由债券兑换成的货币均为 k，则月内共兑换$\frac{Y}{k}$次。设每兑换一次的手续费为 b，则月内的手续费共为$\frac{Y}{k}b$。又假设每次换回的货币 k 也是连续和均匀支出的，则平均的货币持有额为$\frac{k}{2}$。设持有单位货币的机会成本为债券利率 r，由于平均的货币余额为$\frac{k}{2}$，所以机会成本总量为$\frac{k}{2}r$。若以 C 表示持有货币的总成本，则有：

$$C=\frac{Y}{k}b+\frac{k}{2}r$$

该式表明，持有货币的成本（交易成本和机会成本）是货币持有量的函数。其中，交易成本是货币持有量 k 的减函数，机会成本是货币持有量 k 的增函数。将总成本 C 对每次兑换的货币量 k 求一阶导数，并令其为 0，得出总成本 C 最小时的每次兑换货币量 k 为$\sqrt{\frac{2bY}{r}}$。这就是说，当每次由债券换成的货币量为$\sqrt{\frac{2bY}{r}}$时，持有货币的总成本最小。由于货币的平均持有量为$\frac{k}{2}$，则使总成本最小的货币平均持有量为：

$$M_d=\frac{k}{2}=\frac{1}{2}\sqrt{\frac{2bY}{r}}=\sqrt{\frac{bY}{2r}}$$

这就是著名的平方根定律。若令 $a=\frac{b}{2}$，公式则更为直观，即：

$$M_{d=}aY^{0.5}r^{-0.5}$$

公式说明，用于交易的货币持有额或交易性货币需求有一个最佳规模，这个规模的确定与收入 Y 和利率 r 都有关，与收入正相关，与利率负相关。收入增加，交易性货币需求随之增加，但是 Y 的指数 0.5 说明，$M_d$随 Y 增加的比例并不大，利率提高，交易性货币需求随之减少，但是 r 的指数-0.5 说明，$M_d$随 r 减少的比例也不大。

2. 立方根定律

在鲍莫尔等人用平方根公式证明交易性需求要受利率影响之后，1966 年，美国经济学家惠伦、米勒和奥尔先后发表文章，进一步论证了预防性货币需求也是利率的函数，其中又以惠伦模型（即立方根定律）最具有代表性。

预防性货币需求来自人们对未来事物不确定性的考虑。与交易性货币需求有一个最佳持币量的道理一样，预防性货币需求也有一个能够使持币总成本最小的最佳持币量。惠伦认为，这个最佳的持币量与以下三个因素有关：

（1）非流动性成本。这是指因低估某一支付期内的现金需要，持有货币过少或流动性过弱而可能造成的损失。

（2）持有预防性货币余额的机会成本。这是指持有这些现金而舍弃的持有生息资产的利息收益。

（3）收入和支出的平均值和变化的情况或变现的可能次数。

上述三个因素中，第一个因素（以资产变现的手续费代表的非流动性成本）与第三个因素（变现的可能次数）的乘积为预防性货币需求的非流动性成本总额（相当于交易性货币需求分析的交易成本），第二个因素（舍弃的利息收益）与持有预防性现金余额的乘积为预防性货币需求的机会成本总额。两种成本之间的关系为：当人们为预防不测而多持有现金余额时，就减少了非流动性成本，但是却增加了机会成本；相反，当人们为追求利息收益而少持有现金余额时，就减少了机会成本，但是却增加了非流动性成本。最佳现金持有量的选择是在两者相加的总成本最低时的现金持有量。假设资产变现的手续费为 b，变现的可能次数为 P，债券利率为 r，持有预防性现金余额为 M，预防性货币需求总成本为 C，则：

$$C=r\cdot M+b\cdot P$$

公式中，变现的可能次数 P 取决于净支出（支出与收入之差）大于预防性现金余额的概率。对于一个风险回避者来说，在估计净支出大于预防性现金余额的概率时，要做出对流动性不足的充分估计，估计值应为 $P=\frac{S^2}{M^2}$，其中 S 为净支出的标准差，将 P 值代入预防性货币需求总成本公式，将总成本 C 对预防性现金余额 M 求一阶导数，并令其为 0，得出总成本最小时预防性现金余额 M 为：

$$M=\sqrt[3]{\frac{2S^2b}{r}}$$

这就是立方根定律或惠伦模型。若令 $a=\sqrt[3]{2}$，公式可写成 $M=ab^{\frac{1}{3}}S^{\frac{2}{3}}r-\frac{1}{3}$，表明最佳预防性现金持有量与非流动性成本（变现手续费）和净支出方差弹性分别为$\frac{1}{3}$和$\frac{2}{3}$，与利率弹性为$-\frac{1}{3}$。在惠伦模型中，收入对预防性货币需求的影响是通过净支出的方差间接表现出来的，因而收入和支出的数额和次数是影响净支出方差的主要变量。

3. 托宾资产组合理论

在凯恩斯的投机性货币需求分析中，人们对于货币和债券这两种资产的选择是相斥的，或者选择货币，或者选择债券，两者不能兼得，原因是人们对未来的利率变化的预期是可确定的。现实中的情况与凯恩斯的假定并不吻合，经常存在既持有货币又持有债券的组合形式。基于对这种情况的考虑，美国经济学家托宾对凯恩斯货币需求理论做了重要修正和拓展，他以人们对未来预期的不确定性为前提，研究如何选择资产持有的问题，形成了对投资活动和金融管理产生深远影响的资产组合理论。

托宾假定，人们的资产保有形式有货币和债券两种。货币是一种安全性资产，持有货币虽没有收益，但也没有风险；债券是一种风险性资产，持有债券可获得收益，但是也要承担债券价格下跌而受损失的风险。人们可以选择货币和债券的不同组合来保有其资产。不同风险好恶的人（风险厌恶者、风险爱好者、风险中立者）会有不同的资产组合选择，托宾以风险厌恶者作为一般性投资个体，对在未来预期不确定情况下的安全性资产和风险性资产的组合问题展开研究。

托宾认为，人们在选择资产组合时，不仅要考虑各种资产组合的预期收益率，而且要考虑到风险。预期收益率是资产组合中所有资产的估计收益率的加权平均值，权数是每种估计收益率的概率，与预期收益率相关的风险用资产组合的收益率的标准差表示，反映各种估计收益率与其均值（预期收益率）之间的偏离程度。标准差越小，接近预期收益率的可能性越大，或者说，与实现预期收益相关的风险越小。对于一个风险厌恶者来说，总希望在一定的预期收益率下能有最小的风险，或者在一定的风险下能有最高的预期收益率。但是风险和收益是同增同减的，高的收益率需要承担高风险或牺牲安全性才能换得，安全性低的风险需要牺牲高收益才能换得。投资者要在预期收益率和风险之间进行权衡而做出对资产组合的选择。

### （五）弗里德曼的货币需求理论

弗里德曼是当代西方经济学主流学派——货币学派的代表人物，他的理论及政策主张被称为“现代货币数量论”或“货币主义”，而他的货币需求理论又是其全部理论的核心，是在继承剑桥学派现金余额学说的基础上，吸收了凯恩斯学派的流动偏好学说而形成和发展起来的。

弗里德曼是沿着剑桥方程式来表达他的货币需求思想的，同时吸收了凯恩斯主义关于收入和利率决定货币需求量的思想。弗里德曼认为，在剑桥方程式 $M_d = kPY$ 中，P、Y 是影响货币需求许多变量中的两个变量，k 代表其他变量，实际上是货币流通速度的倒数（$\frac{1}{V}$）。而影响货币流通速度的因素是相当复杂的，如财产总量、财产构成、各种财产所得在总收入中的比例以及各种金融资产的预期收益率等。因此，人们的资产选择范围非常广泛，并不限于凯恩斯主义的货币需求理论中的二元资产选择——货币与债券。基于上述认识，弗里德曼提出了自己的货币需求函数模型：

$$\frac{M_d}{P}=f(Y_p,W,r_m,r_b,r_e,\frac{1}{P}\cdot\frac{dP}{dt},u)$$

式中：$\frac{M_d}{P}$表示名义货币需求；f 表示函数符号；$Y_p$表示恒久性收入；W 表示人力资本占非人力资本比率；$r_m$表示预期的货币名义收益率；$r_b$表示预期的债券名义收益率；$r_e$表示预期的股票名义收益率；$\frac{1}{P}\cdot\frac{dP}{dt}$表示预期的物价变动率；u 表示其他随机变量。

弗里德曼不仅关心名义货币需求量，而且特别关心实际货币需求量。在影响货币需求量的诸多因素中，弗里德曼把它们划分为以下三组：

第一组，恒久性收入 $Y_p$和财富结构 W。恒久性收入来源于总财富，是构成总财富的各种资产的预期贴现值总和。在其他条件不变的情况下，收入越多，货币需求越多。人力资本收益（W）是影响货币需求的又一因素。一个人的总财富是人力资本与非人力资本之和。在总财富中，人力资本比重越大，创造的收入越多，从而对货币的需求量就越大，反之则反是。可见，第一组因素与货币需求量呈同方向变化。

第二组，各种资产的预期收益和机会成本。它包括$r_m$、$r_b$、$r_e$和$\frac{1}{P}\cdot\frac{dP}{dt}$四项。$r_m$、$r_b$、$r_e$是三种不同金融资产的预期收益率。一般来说，存款、债券、股票等资产的收益越高，人们就越愿意把货币转化为这些资产，货币需求量就越少。相反，资产收益越低，人们就会抛售证券，提取存款，持有货币。

$\frac{1}{P}\cdot\frac{dP}{dt}$是物价变动因素对货币需求量的影响。从理论上分析，物价上涨意味着货币贬值、通货膨胀，那么持有货币意味着损失，人们就会把货币迅速用于消费或变成其他财富。相反，在预期物价下降时，人们则愿意持有货币，以满足流动性偏好。

可见，$r_m$、$r_b$、$r_e$和$\frac{1}{P}\cdot\frac{dP}{dt}$同货币需求量呈反方向变化。

第三组，各种随机变量u。u包括社会富裕程度、取得信贷的难易程度、社会支付体系的状况等。

尽管弗里德曼在他的货币需求函数中列举的因素相当多，但是他十分强调恒久性收入的主导作用。弗里德曼认为，在激烈的市场竞争中，$r_m$、$r_b$、$r_e$受市场利率影响的幅度不大，$r_b-r_m$、$r_e-r_m$、$r_b-r_e$的差额将很小，因而完全可以用市场名义利率（r）代替。又因为市场名义利率等于实际利率（i）加预期物价变动率（$\frac{1}{P}\cdot\frac{dP}{dt}$），即$r=i+\frac{1}{P}\cdot\frac{dP}{dt}$，r本身就包含$\frac{1}{P}\cdot\frac{dP}{dt}$，货币需求函数可化简为：

$$\frac{M_d}{P}=f(Y_p,\ r)$$

经过简化的弗里德曼货币需求函数，似乎同凯恩斯的货币需求函数$M_d=f(Y,\ r)$基本相同，尤其是自变量十分相似。其实，两者存在着较大的差别。主要表现在：

第一，两者强调的侧重点不同。凯恩斯的货币需求函数非常重视利率的主导作用。凯恩斯认为，利率的变动直接影响就业和国民收入的变动，最终必然影响货币需求量。弗里德曼则强调恒常收入对货币需求量的重要影响，认为利率对货币需求量的影响是微不足道的。弗里德曼经过实证分析，认为利率每增加（或减少）1%，货币需求量只减少（或增加）0.15%；而收入每增加1%，人们平均经常保存在手边的货币量将增加1.8%。

第二，由于上述分歧，导致凯恩斯主义与货币主义在货币政策传导变量的选择上产生分歧。凯恩斯主义认为应是利率，货币主义坚持是货币供应量。

第三，凯恩斯认为，货币需求量受未来利率不确定性的影响，因而不稳定，货币政策应“见机行事”。而弗里德曼认为，货币需求量是稳定的，是可以预测的，因而“单一规则”可行。因此，弗里德曼把自己对货币数量论的重新阐述称为名义收入货币理论，也就是我们所称的现代货币数量论。弗里德曼对现代货币数量论的表述及其所提出的货币需求函数给经济学界对货币需求理论的研究提供了一条崭新的思路，是对西方货币需求理论的重大贡献。首先，弗里德曼认为货币是一种资产，而不仅仅是交换媒介。财富作为收入的资本化价值，拒绝以当前收入作为财富的代表，而是以“恒久性收入”作为财富的代表。其次，弗里德曼确立了预期因素在货币需求理论中的地位。弗里德曼认为，价格变动率、市场利率和其他资产的收益率都可以通过一定的方法来预测，这为后来的理性预期学派开辟了发展的途径，同时也使其理论具有较大的政策意义。再次，弗里德曼利用计量经济学进行实证研究，突破了前人纯粹从理论上研究的局限性，为货币需求研究提供了新的研究方法，也使货币需求研究的结果成为制定货币政策的重要依据。最后，弗里德曼从多方面论证了货币需求函数式的稳定性，货币需求量是一个稳定的数值，是其他变量的稳定函数，从而明确指出货币对于经济总体的影响来自货币供给。这是现代货币需求理论的核心和理论基础。

## 第二节　货币供给概述及其理论

### 一、货币供给与货币供给量

货币供给指一定时期内一国银行系统向经济中投入或收回货币的行为过程。货币需求在这个过程中得到满足。货币供给必然会在实体经济中形成一定的货币量，这些货币量都是由银行体系供给的，都是银行的负债。因此，一国各经济主体（包括个人、企事业单位和政府部门等）持有的、由银行系统供应的债务总量就称为货币供给量。在纯粹的信用货币流通条件下，货币供给量主要包括现金和存款货币两个部分。其中，现金是由中央银行供给的，表现为中央银行的负债；存款货币则是由商业银行供给的，体现为商业银行的存款性负债。因此，所谓货币供给量从银行系统来说是负债，而从非银行经济主体来看则为资产。

货币供给量首先是一个存量的概念，即一个国家在某一时间点上实际存在的货币总量。现实中的货币供给量是分层次进行统计的。如果说货币需求量只是一个预测值，那么货币供给量则是实实在在的量值，是反映在银行（包括中央银行和商业银行）资产负债表一定时点上的总额，它是银行通过各项资产业务向经济社会投放出去的量。

### 二、基础货币的内涵

#### （一）基础货币及其构成

基础货币又称强力货币或高能货币，是整个银行体系内存扩张、货币创造的基础，其数额大小对货币供应总量具有决定性的作用。

基础货币通常由社会公众持有的流通中的现金和银行体系的准备金两部分构成。银行体系的准备金是为应对现金提取和结算支付而保有的，是银行体系维持流动性的基本保证。它有两种存在方式，库存现金和准备金存款。

1. 库存现金

库存现金是商业银行已经从中央银行发行库中提出来，放在业务库里尚未被公众提走的现金。随着银行库存现金的增加，相应减少的是在中央银行的准备金存款。

2. 准备金存款

准备金存款是商业银行在中央银行账户上的存款。实行法定存款准备金制度以后，商业银行在中央银行的准备金存款可分为两部分：一部分是根据法定存款准备金率的要求计提的法定存款准备金；另一部分是商业银行根据自身经营决策和运营需要存入中央银行的超额准备金，主要用于清算和提取现金。

由于现金是中央银行对社会公众的负债，而准备金存款是中央银行对商业银行的负债，因此，基础货币直接表现为中央银行的负债。它在中国人民银行资产负债表中列在储备货币栏中，主要由货币发行和其他存款性公司存款项目构成。

### （二）基础货币的收放渠道和方式

在中央银行的资产负债表中，基础货币直接表现为负债，因此中央银行可以通过调整资产负债表规模和结构控制基础货币。中央银行的特点是资产业务决定负债，因此，分析中央银行怎样收放基础货币，主要从中央银行的资产业务入手。

1. 国外资产业务与基础货币

中央银行的国外资产由外汇、黄金和中央银行在国际金融机构的资产构成。当中央银行用基础货币买入外汇和黄金，就是向经济体系投放了基础货币；如果卖出外汇和黄金，则等于从经济体系收回了相应的基础货币。

在一般情况下，若中央银行放弃稳定汇率的目标，则通过该项资产业务投放基础货币有较大的主动权；若中央银行追求稳定汇率的目标，由于需要通过买卖外汇来调节供求关系以调节汇率，从而使基础货币的收放处于被动地位。例如，在中国外汇储备快速增长阶段，外汇业务成为基础货币投放的主要渠道。目前中国实行的是有管理的浮动汇率制，经常账户持续盈余多年，外汇市场中经常表现为外汇供大于求，人民币面临升值压力，为了稳定人民币汇率，中国人民银行必须在外汇市场中购入外汇，投放人民币。

2. 对政府债权与基础货币

对政府债权表现为中央银行持有政府债券和向财政透支（或直接贷款）。由于中央银行持有政府债券的目的不是牟利，而是调控货币供应量，故中央银行一般只与商业银行等参与存款货币创造的金融机构进行政府债券的买卖。中央银行买进政府债券，就将款项汇入商业银行等金融机构的准备金存款账户，基础货币就会相应增加；当中央银行卖出政府债券时，金融机构要用准备金存款来支付，基础货币就会相应减少。因此，中央银行如果增加持有对政府的债权，就意味着投放了相应的基础货币；中央银行若减少对政府债权，意味着其收回了相应的基础货币。

在1995年以前，中国人民银行对政府的债权主要通过财政透支的方式形成，在财政赤字比较严重的年份，中央银行的财政透支成为我国数次通货膨胀的主要原因。1995年制定的《中华人民共和国中国人民银行法》规定中央银行不再为财政透支。此后中央银行增减对政府的债权，都体现在持有的政府债券数量上，都是从事公开市场业务结果。

3. 对金融机构债权与基础货币

中央银行对商业银行等金融机构债权的变化是通过办理再贴现、再贷款和逆回购等资产业务来操作的。当中央银行为商业银行办理再贴现、发放再贷款和逆回购操作时，直接增加了商业银行在中央银行的准备金存款，负债方的基础货币就会相应增加；相反，中央银行减少对商业银行等金融机构的债权，意味着基础货币也相应下降。

中国金融结构的突出特征是以商业银行间接融资为主体，中国人民银行对商业银行的再贷款和再贴现曾经是我国基础货币供给的主渠道。1993 年以前，中国人民银行通过再贷款方式提供的基础货币约占基础货币增量的 80%。随着我国金融体系的日益完善，金融市场特别是货币市场的迅速发展，以及再贴现业务的发展，我国通过信用再贷款投放的基础货币规模越来越小。但近年来中国人民银行不断改进再贴现、再贷款和回购业务的工具及操作方式，常备借款便利（SLF）、中期借款便利（MLF）、抵押补充贷款（PSL）等，对金融机构的债权已成为中央银行吞吐基础货币的重要渠道之一。

4. 负债业务与基础货币

由于中央银行的资产业务决定负债业务，从原理上说，中央银行增加资产业务，负债业务总量必然相应增加。因此，当中央银行开展上述三项资产业务以后，必然要相应增减负债业务中的货币发行和金融机构存款，基础货币就会相应发生变化。但通过改变负债业务结构，基础货币的变化可以大于或小于资产业务的变化。改变负债业务结构的主要操作手段就是发行债券或者中央银行票据。

中国人民银行发行央票、正回购和短期流动性调节（SLO）等，都是通过负债业务调节基础货币的政策操作，目的是调节基础货币数量和商业银行的流动性。商业银行在认购央行票据或回购协议并支付款项后，直接结果就是在中央银行账户上的准备金存款减少，意味着央行收回了相应的基础货币。所以，中央银行可以利用发行央行票据或回购及它们的组合，进行滚动操作来收放基础货币，达到调节流动性的目标，增强了调节基础货币的能力。

## 三、货币乘数

引入了基础货币这一概念后，货币供应就可以表达为这样一个理论化的模式：一定的货币供应总量必然是一定的基础货币按照一定倍数或乘数扩张后的结果，或者说货币供应量总是表现为基础货币的一定倍数。人们通常把这个倍数，即货币供应量与基础货币的比值，称为货币乘数。如果以 M 表示货币供应量，以 B 表示基础货币，以 K 表示货币乘数，则有如下货币供应量的理论公式：

$$M = B \cdot K$$

该公式表明，由于货币乘数的作用使中央银行的基础货币扩张为货币供应总量，因此货币乘数是货币供应机制中一个至关重要的因素。那么，货币乘数的大小取决于什么呢？

从上述公式中可知：

$$K=\frac{M}{B}$$

假定我们要确定 M1 口径的货币供应量形成中的货币乘数值，可进行如下推导：

$$M1=C+D$$

式中：C 为流通中现金；D 为商业银行的活期存款。

$$B=C+R$$

式中：R 为商业银行在中央银行的准备金存款。

R 可以进一步分解为活期存款法定准备金 $R_d$、超额准备金 E 和定期存款法定准备金 $R_1 \cdot T$（T 表示定期存款，$R_1$表示定期存款法定准备率），那么就有：

$$K=\frac{M}{B}=\frac{C+D}{C+R}=\frac{C+D}{C+R_d+E+R_1 \cdot T}$$

将各项同除以 D 可得：

$$K=\frac{c'+1}{c'+rd+e+r_t \cdot t'}$$

式中：c′为现金漏损率，即现金漏损部分形成流通中的现金占存款的比率；$r_d$为活期存款法定准备率；e 为超额准备率；t′为定期存款占活期存款的比例。

这就是在一定的基础货币下形成 M1 口径的货币供应量的货币乘数公式。将货币乘数公式代入货币供应量公式中，就得到一个完整的 M1 口径的货币供应理论模型：

$$M1=B \cdot \frac{c'+1}{c'+r_d+e+r_t \cdot t'}$$

## 四、商业银行的存款货币创造

商业银行一方面要吸收存款，另一方面又要把这些存款贷出去，放出去的贷款经过市场活动又成为另一家银行的存款，这些存款又会被这家银行贷出……资金这样反复进出银行体系，使银行存款不断扩张。这就是商业银行创造存款货币的过程。商业银行创造存款货币，应该具备两个前提：首先是部分准备金制度，其次是非现金结算制度。设法定准备金率 Rd =20%，A 银行收到一份 10 000 元的原始存款，因为要维持银行均衡，除上缴 2 000 元法定准备金外，剩下的 8 000 元全部用于贷款。通过转账贷款、转账存款的循环往复，整个银行体系创造的活期存款货币过程如表 9.1 所示：

表 9.1　存款货币的创造过程　单位：元

| 银行 | 活期存款增加额 | 准备金增加额 | 贷款增加额 |
|---|---|---|---|
| A | 10 000 | 2 000 | 8 000 |
| B | 8 000 | 1 600 | 6 400 |
| C | 6 400 | 1 280 | 5 120 |
| D | 5 120 | 1 024 | 4 096 |

表9.1(续)

| 银行 | 活期存款增加额 | 准备金增加额 | 贷款增加额 |
|---|---|---|---|
| E | 4 096 | 819.2 | 3 276.8 |
| … | … | … | … |
| 合计 | 50 000 | 10 000 | 40 000 |

注：原始存款增加额 10 000 元，法定准备金率为 20%。

每家银行新增加的活期存款呈递减级数（如表 9.1 第二列），整个银行体系新增加的活期存款总额计算如下：

$$\begin{aligned}\triangle D &= 10\,000+8\,000+6\,400+5\,120+4\,096+\cdots \\ &= 10\,000+10\,000(1-20\%)+10\,000(1-20\%)^2+10\,000(1-20\%)^3 \\ &\quad +10\,000(1-20\%)^4+\cdots \\ &= 10\,000\times(1\div 20\%) \\ &= 50\,000\end{aligned}$$

可将表 9.1 化为表 9.2。

**表** 9.2　**存款创造过程**

| 银行 | 活期存款增加额（$\triangle D$） | 准备金增加额（$\triangle R$） | 贷款增加额（$\triangle L=\triangle D-\triangle R$） |
|---|---|---|---|
| A（第 1 银行） | $D_0$ | $D_0 r$ | $D_0-D_0 r=(1-r)D_0$ |
| B（第 2 银行） | $(1-r)D_0$ | $(1-r)rD_0$ | $(1-r)^2D_0$ |
| C（第 3 银行） | $(1-r)^2D_0$ | $(1-r)^2rD_0$ | $(1-r)^3D_0$ |
| D（第 4 银行） | $(1-r)^3D_0$ | $(1-r)^3rD_0$ | $(1-r)^4D_0$ |
| E（第 5 银行） | $(1-r)^4D_0$ | $(1-r)^4rD_0$ | $(1-r)^5D_0$ |
| … | … | … | … |
| N（第 n 银行） | $(1-r)^{n-1}D_0$ | $(1-r)^{n-1}rD_0$ | $(1-r)^nD_0$ |
| … | … | … | … |
| 合计 | $D_0\sum_{n=1}^{\infty}(1-r)^{n-1}=\frac{D_0}{r}$ | $rD_0\sum_{n=1}^{\infty}(1-r)^{n-1}=D_0$ | $D_0\sum_{n=1}^{\infty}(1-r)^{n-1}=\frac{1-r_0}{r}D_0$ |

注：原始存款增加额 $D_0$ 即初始准备金增加额，法定准备率为 r。

一般地，当活期存款的法定准备率为 r，银行的原始存款为 $D_0=\triangle R$，则在前面的 3 个假设前提下，整个银行体系的支票存款增加额$\triangle D$为：

$$\triangle D=D_0+(1-r)D_0+(1-r)^2D_0+(1-r)^3D_0+(1-r)^4D_0+\cdots+(1-r)^{n-1}D_0+\cdots=D_0\times 1/r=\triangle R\times 1/r$$

在货币银行理论中，为了说明派生存款的过程，往往把最初从客户那里吸收的存款叫作原始存款，而派生存款是商业银行吸收存款留下准备金后，将余款贷放出去所形成的存款。

派生存款乘数就是整个银行体系活期存款的最大扩张额对原始存款增加额的倍数，公式为：

$K = \triangle D / D_0 = \triangle D / DR = 1/r$

简单存款创造过程表明，对于整个银行体系来说，通过贷款和存款之间的相互转化，某个银行新增的原始存款最终被完全转化为整个银行体系的法定准备金，即新增的原始存款被银行体系的新增存款完全消化了。

## 五、货币供给的调控机制

中央银行和社会公众的行为都会影响到货币供给。

中央银行主要通过控制基础货币 B 和调整货币乘数中的法定存款准备率 $r_d$ 和 $r_t$ 来影响货币供给，中央银行通过它的资产业务影响基础货币，对货币乘数的影响是通过调整法定存款准备率来实现的。

商业银行和社会公众主要对现金漏损率 c′和超额准备率 e 及定期存款与活期存款的比率 t′有影响。居民个人的行为不会影响到基础货币总量的变化，但是可以通过收入在手持现金和存款之间的转换影响现金存款比率，影响货币乘数。企业的收入在现金和存款之间如何分配也会受到上述几个因素的影响，所以企业通过影响现金存款比率影响货币供给量和居民的行为相同。但是企业更重要的影响货币供给的行为是其贷款行为。商业银行的行为对基础货币和存款准备率都有影响，即商业银行变动超额准备率，商业银行行为影响中央银行的再贴现。

从以上分析可以看出，对于货币供给来说，中央银行并不能完全控制，即便是基础货币也要受商业银行主观能动性的制约，而货币乘数更是要受到个人、企业、商业银行的影响。

## 六、货币供给的外生性和内生性

在货币供给的理论模型中，已经反映出货币供给是由中央银行基础货币供给情况、商业银行超额准备水平、社会公众提现情况等多种因素共同决定的特征。但是，在一定的社会经济背景下，将货币供给看成是与一定的宏观经济发展和管理要求相联系的变量时，不同的经济学家对货币供给的决定问题有不同的认识，其焦点集中在货币供给是由中央银行控制的外生变量还是受经济体系内在因素决定的内生变量。

所谓外生变量，又称政策性变量，是指在经济机制中受外部因素影响、由非经济体系内部因素所决定的变量。这种变量通常能够由政策控制，并以之作为政府实现其政策目标的变量。例如，税率被认为是一个典型的外生变量。与此相对应的是所谓的内生变量，又称非政策性变量，它是指在经济体系内部由纯粹经济因素所决定的变量。这种变量通常不为政策所左右。例如，市场经济中的价格、利率、汇率等经济变量。

凯恩斯的货币理论认为，货币供给完全由政府通过中央银行所控制，中央银行可以根据国家宏观经济政策要求，人为地控制货币供给量，货币供给的变化能够影响经济运行，但是不受经济内在因素决定。在凯恩斯的货币市场供求曲线中，货币供给曲线是一条与货币量轴垂直、与利率轴平行的直线，由经济内在因素引起的货币需求和利率变动与货币供给没有联系，货币供给只取决于货币当局对经济形势和货币需求状况的认识及其所采取的货币管理政策和措施，是外生变量。

新剑桥学派肯定了中央银行具有控制货币供给能力，同时又分析了诸多使中央银行控制力下降的因素，如商业银行采取的与中央银行调控目标不一致的贷款活动所导致的存款货币增加和现金提取；银行以其信用支持商业票据流通，使货币供给相对扩大；在中央银行严格控制之外的非银行金融机构的活动引起货币供给量变化；这些因素说明中央银行对货币控制的能力是有限的，货币供给并不完全是一种外生变量。

“外生货币供给论”真正受到冲击是20世纪60年代以后在西方各国普遍出现的金融创新活动。金融创新从市场、机构、业务、工具、制度等多方面扩大了经济内在因素对货币供给的影响力，增强了银行体系货币扩张的能力，削弱了中央银行对货币的控制力。在此背景下，新古典综合派的经济学家提出了“内生货币供给论”，着重强调银行和企业行为对货币供给的决定作用，突出商业银行存款货币创造的功能，突出金融创新活动对货币流通的影响，突出非中介化的企业融资活动对货币的替代作用。

货币学派的货币供给理论强调中央银行货币政策对货币量控制的作用，更为重要的是认为货币供给应当与处于相对稳定状态的货币需求相适应，必须实行“单一规则”，即公开宣布并长期采用一个固定不变的货币供给增长率。弗里德曼根据对美国近百年历史资料的实证研究所提出的美国货币供给增长的“单一规则”是：美国年平均经济增长率为3%，就业年平均增长率为1%~2%，货币供给量保持4%~5%的年增长速度。除遇特殊情况可以经事先宣布做小幅更改外，增长率一经确定，则不得随意变动。德国新经济自由主义学派也持有与货币学派相类似的主张，认为货币供给应先保证币值稳定，货币供应的增长应根据社会生产力增长的情况划定一个区间，以保证货币增长与生产增长的一致性。

## 第三节 货币供求均衡

### 一、货币供求均衡的概念

货币供求均衡简称货币均衡，是指货币供给与货币需求的一种对比关系，是从供求的总体上研究货币运行状态变动的规律。一般而言，货币供求相等，就称之为均衡；货币供求不相等，则称之为失衡。真正的货币均衡是指货币供给与由经济的实际变量或客观因素所决定的货币需求相符合。由于货币需求所对应的主要是商品和劳务的实际交易，货币供给主要为这种交易提供购买和支付手段，因此货币均衡的状态就表现为在市场上既不存在实际交易量大而购买力或支付能力不足所导致的商品滞销，也不存在实际交易量小而购买力或支付能力过多而导致商品短缺或价格上涨。

### 二、货币供求均衡的实现机制

在市场经济条件下，货币均衡是货币供给和货币需求对比关系自发调节和适应的结果，在均衡实现的过程中，起决定作用的是利率。对于货币供给，货币供给者总想以较高的利率供应货币，以期取得最大收益，因此当市场利率升高时，银行贷款收益增加，银行会扩大贷款规模，结果增加社会货币供给量；反之，利率下降，货币供应量就会减少。因此，货币供给是利率的增函数，可以用一条货币供给曲线表示（见图9.4）。

对于货币需求，货币需求者总想以较低的利率接受货币，以求使用货币的成本最低。因此，当利率升高时，持币的机会成本就增大，人们就会增加对金融工具和金融资产的需求而减少对货币的需求，导致货币需求量减少；反之，利率下降，货币的需求量就会增加。因此，货币需求是利率的减函数，可以用一条货币需求曲线表示（见图9.5）。

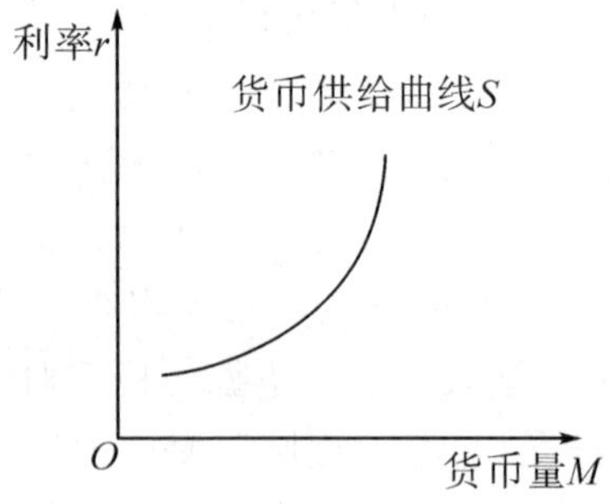


图9.4　利率与货币供给的关系

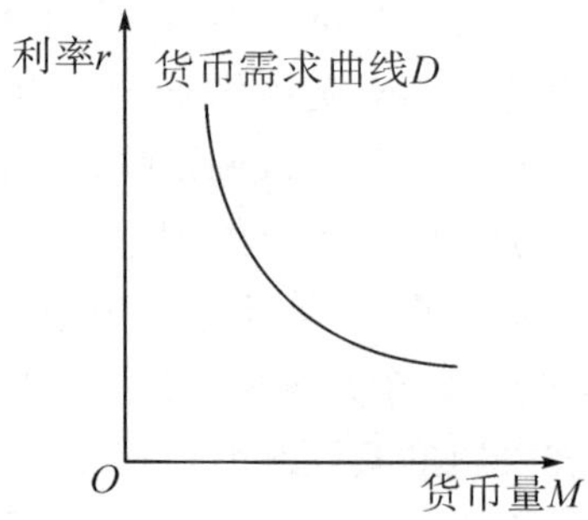


图9.5　利率与货币需求的关系

在货币市场上，当货币供给与货币需求相等时，即达到了货币均衡，由货币供给曲线S和货币需求曲线D的交点E所决定的利率 $r_e$ 为供求双方都接受的均衡利率，由此点决定的货币量为均衡货币量 $M_e$。或者说，在均衡利率水平 $r_e$ 上，货币供给与货币需求达到均衡状态。可见，在完全竞争的市场条件下，均衡的市场利率是货币供求均衡的显示指标（见图9.6）。

然而，市场利率是经常变化的，上述均衡货币量也会随之变化，这种变化可以用利率决定下的货币均衡实现机制图表示（见图9.7）。

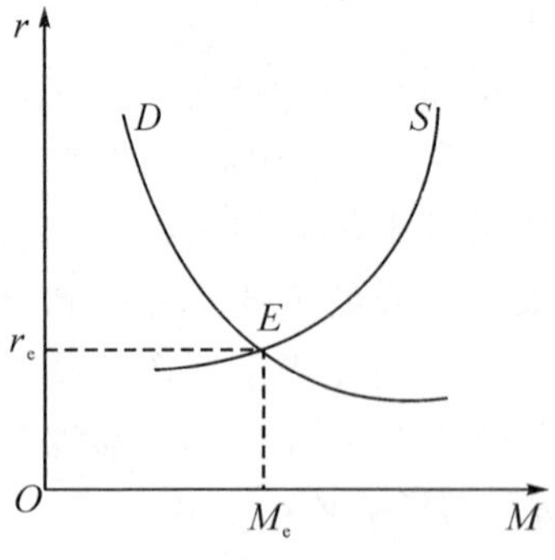


图9.6　均衡利率下的货币供求

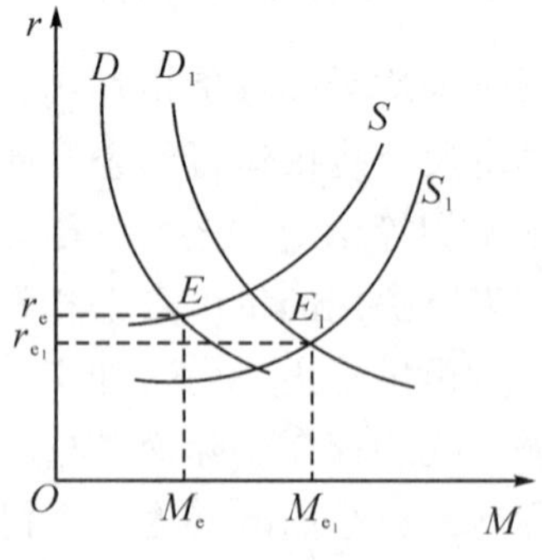


图9.7　利率决定下的货币均衡实现机制图

图9.7中，如果供给曲线S移至$S_1$，在供大于求的情况下利率下降。由于利率与货币需求是反方向变动的，利率的下降必然会引起货币需求相应上升，使需求曲线D移至$D_1$，这样货币供给与货币需求又会在$E_1$点上重新实现均衡。由此可见，货币市场上的货币均衡主要是靠利率机制实现的。

## 三、货币供求均衡与社会总供求平衡

### （一）货币均衡与社会总供求平衡之间的关系

当然，货币均衡不仅仅是通过货币供给和货币需求的对比从而通过利率来显示的。现实生活中，人们更直接关注的是社会总供给和总需求的均衡，因此货币均衡还可以通过社会总供给和总需求的对比从而通过价格和失业率等指标来显示。从理论上讲，社会总供给决定货币总需求，货币总需求决定货币总供给，而货币总供给形成了有支付能力的社会总需求，且与社会总供给相均衡（两者关系见图9.8）。因此，货币均衡同社会总供求的均衡具有内在统一性和一致性。

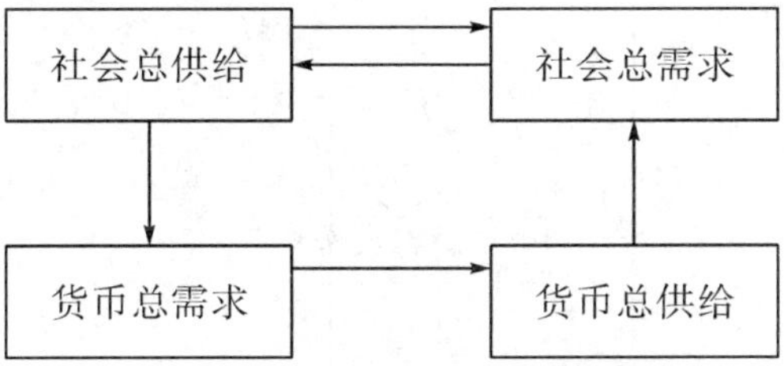


**图9.8　货币均衡与社会总供求平衡图**

但是，实现货币均衡从而实现社会总供求均衡存在两个最经常、最基本的现实问题。第一，货币供给者能否依据社会总供给变化的要求来确定货币需求，从而做出正确的货币供给决策，当货币供给者对社会总供给的变化缺乏了解、认识和正确分析时，就可能做出对货币需求的错误判断，从而做出错误的货币供给决策，由此产生的货币供给量就可能大大超过或小于货币需求量，形成过大或过小的社会总需求。第二，即使是货币供给按照实际的货币需求进行，也不一定就能够形成与总供给相对应的总需求，当货币供给实施以后，一部分货币会很快被人们作为流通手段，形成现实的购买力，变为社会总需求，而另一部分货币则被人们作为价值贮藏手段长期保存起来。也就是说，并非所有的货币供给都能够按照供给者的愿望而形成社会总需求。既然如此，社会总供求的均衡，就有可能由于对货币需求的判断和货币供给决策的失误而不能实现；也有可能由于货币供给在向社会总需求的传导过程中发生变异而不能实现。社会总供求不能实现均衡，无非表现为两种情况：一种是总需求大于总供给，表现为商品价格上涨或商品供应短缺；另一种是总需求小于总供给，表现为商品滞销、企业开工不足和失业率上升。由此可见，货币供求的均衡和不均衡是可以由物价和失业率等指标的变化来显示的。

（二）货币市场均衡与 LM 曲线

货币市场可以在不同的利率水平和国民收入水平下达到均衡，即在货币供给（M）等于货币需求（L）的情况下会存在利率水平和国民收入水平的各种不同组合。如图 9.9 所示，使货币市场均衡的利率与收入的全部组合是一条向右上方倾斜的 LM 曲线。LM 曲线上的任何一点都代表 M=L 时的利率和收入的组合，或一定利率水平和一定收入水平下的货币市场均衡点。在 LM 曲线以外的任何点都不是货币市场均衡时的利率和收入组合，或者说，这些点代表的利率和收入组合都表明货币市场的非均衡。位于 LM 曲线右侧的点，都说明 L>M，即货币市场需求大于供给，如图中的 C 点，与处在 LM 曲线上的 A 点比较，利率相同，但收入较高，说明交易性货币需求大于均衡水平；与 B 点比较，收入相同，但利率较低，说明投机性货币需求大于均衡水平。位于 LM 左侧的点，都说明 L<M，即货币供给大于需求，如图中的 D 点，与 LM 曲线上的 A、B 两点比较，都说明货币需求小于均衡水平。

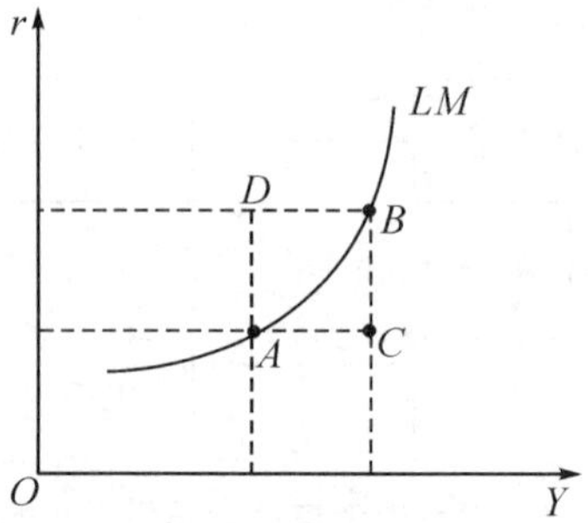


图 9.9　LM 曲线

（三）产品市场均衡与 IS 曲线

在凯恩斯主义的宏观均衡理论中，总产品由消费和投资构成，而总产品减去消费后为储蓄，因此宏观经济均衡的条件为投资（I）等于储蓄（S）。投资函数为 I=I（r），投资与利率 r 呈反方向变化；储蓄函数为 S=S（Y），储蓄与收入 Y 呈同方向变化。产品市场的需求表现为投资，供给表现为储蓄，市场的均衡可以在不同的利率和国民收入组合下实现，均衡状态表现为：在一定的利率水平和国民收入水平下，I=S。如图 9.10 所示，使产品市场均衡的利率与收入的全部组合构成一条向右下方倾斜的 IS 曲线。它说明，在产品市场达到均衡时，利率与收入呈反方向变化关系。在 IS 曲线上的任何一点都表示产品市场均衡时的利率与收入的组合，或者说，这些在 IS 曲线上的点都是一定利率水平和收入水平下的产品市场均衡点。落在该曲线以外的任何点都是产品市场非均衡状态下的利率和收入组合。位于曲线右侧的点都说明 I<S，即产品市场的需求小于供给。如图中的 C 点，与曲线上的 A 点比较，利率相同，但收入较高，说明储蓄大于均衡水平；与 B 点比较，收入相同，但利率较高，说明投资小于均衡水平。位于曲线左侧的点则说明 I>S，即产品市场需求大于供给。如图中 D 点与曲线上的 A、B 两点比较，分别说明投资大于均衡水平和储蓄小于均衡水平。

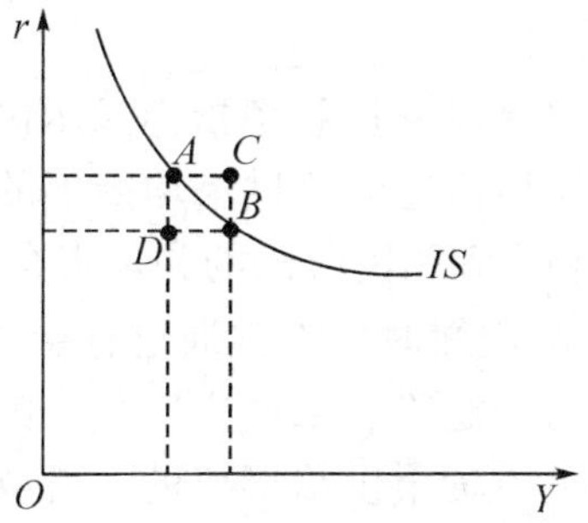


图 9.10　IS 曲线

(四) 货币市场与产品市场的共同均衡：IS-LM 模型

LM 曲线反映了能够使货币市场供求均衡的利率和收入的全部组合，但是它并不能说明使整个经济处于均衡状态的利率和收入的组合。同样，IS 曲线也只是反映了能够使产品市场供求均衡的利率和收入的全部组合，也说明不了使整个经济均衡的利率和收入的组合。而货币均衡的根本要求恰恰是总供求均衡下的货币均衡。如果不考虑国际收支平衡，这样的货币均衡要求实际上就是要实现产品市场和货币市场的共同均衡。如果将 LM 曲线和 IS 曲线放在一个平面上，就能够清楚地看到，当一定的利率和收入组合点只落在 LM 曲线或只落在 IS 曲线上时，都仅仅表明货币市场或商品市场各自的均衡。如图 9.11 中的 A 点就说明，当利率为 $r_0$、收入为 $Y_0$时，L=M，但是 I<S，即货币市场供求均衡，但是产品市场需求小于供给。又如图 9.11 中 B 点说明，当利率为 $r_1$、收入为 $Y_1$时，I=S，但是 L>M，即产品市场供求均衡，但是货币市场需求大于供给。能够使货币市场和产品市场同时达到均衡的点，只有 IS 曲线和 LM 曲线的交点 E。在 E 点上，投资和储蓄、货币需求和货币供给同时相等，产品市场和货币市场达到一般均衡，即：

$I(r) = S(y)$

$L_1(y) + L_2(r) = M$

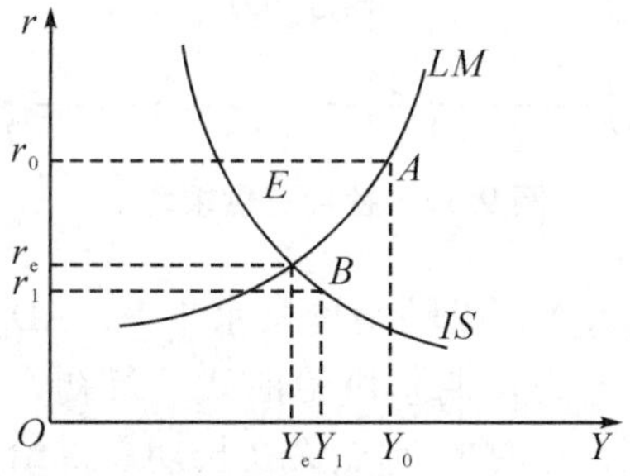


图 9.11　IS-LM 模型

这就是 IS-LM 模型，又称为希克斯—汉森模型。该模型是由英国经济学家 J. R. 希克斯在 1937 年首先提出，后经美国经济学家 A. 汉森等人补充发展而成的。IS-LM 模型经常被用来分析财政政策和货币政策对经济的影响。

（五）货币均衡与社会总供求均衡

前面曾提到，货币均衡不仅可以通过利率指标显示出来，而且可以通过价格和失业率等指标显示出来。IS-LM 模型描述的总供求均衡下的货币均衡是通过与产品市场和货币市场同时均衡相对应的利率和国民收入的一定组合来反映的。但是现实生活中，人们在观察总供求均衡下的货币均衡时，常常通过社会总需求和社会总供给的对比，从而通过价格水平和国民收入的一定组合来做出判断。因为社会总供给是决定货币需求的主要因素，社会总需求又是由货币供给形成的，所以根据社会总供求的均衡来判断货币均衡就是理所当然的了。若以 AS 代表总供给，AD 代表总需求，以 $M_s$和 $M_d$代表货币供给和货币需求，那么总供求均衡与货币供求均衡的联系可简单表示如下：

$$\begin{array}{ccc} AS & = & AD \\ \downarrow & & \uparrow \\ M_d & = & M_s \end{array}$$

它说明，只要货币供给是按照由总供给决定的货币需求来决策和操作的，而且货币供给在形成总需求（现实的投资需求和消费品需求）的过程中不存在异常（如货币流通速度加快或减慢），那么总需求与总供给就必然会达到均衡。如同货币市场和产品市场在一定的利率和国民收入水平下达到共同均衡，能够从根本上反映货币均衡一样，社会总供求在一定的价格和国民收入水平下达到均衡，也反映了货币均衡的根本实现。社会总供求均衡的模型如图 9. 12 所示。

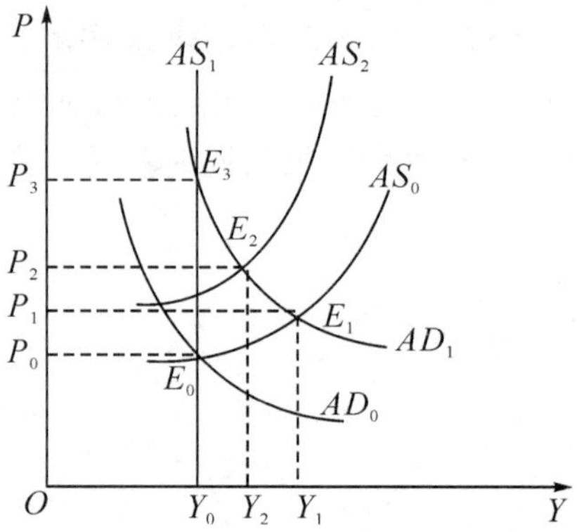


**图 9. 12　社会总供求均衡**

图 9. 12 中横轴为国民收入 Y，纵轴为价格水平 P，$AD_0$为最初的总需求曲线，$AS_0$为最初的短期总供给曲线，$AS_1$为长期总供给曲线。最初，总供求在 $E_0$点实现了均衡，均衡的价格为 $P_0$，收入为 $Y_0$，这时的 $E_0$点又在长期总供给曲线 $AS_1$上，所以 $Y_0$代表充分就业时的国民收入水平。假定在短期内由于扩张性的财政政策和货币政策使货币供应增加，总需求扩大，总需求从 $AD_0$向右上方平移至 $AD_1$。$AD_1$与短期总供给曲线 $AS_0$相交于 $E_1$点，国民收入由 $Y_0$增加到 $Y_1$，价格水平由 $P_0$上升到 $P_1$。但是价格上升会引起工资增加，总供给减少，短期总供给曲线由 $AS_0$向左上方平移到 $AS_2$，$AS_2$与 $AD_1$相交于 $E_2$点，国民收入由 $Y_1$减到 $Y_2$，价格由 $P_1$上升到 $P_2$。由于长期总供给曲线是一条

垂直于Y轴的直线$AS_1$，因此总需求曲线的变动不会引起收入变化，$AD_1$与$AS_1$相交于$E_3$点，收入为充分就业时收入$Y_0$，价格则上升到$P_3$的水平。

## 四、货币供求失衡

货币失衡是同货币均衡相对应的概念，又称货币供求的非均衡，是指在货币流通过程中，货币供给偏离了货币需求，从而是两者之间不相适应的货币流通状态。货币失衡是一种常见现象，主要表现为两种情况，即货币供给量小于货币需求量或货币供给量大于货币需求量。

### （一）货币供给量小于货币需求量

此类情况可能由以下原因所致：

第一，随着经济发展，商品生产和交换的规模不断扩大，但是货币供给量并没有随之及时的增加，从而导致经济运行中货币吃紧。在金属货币流通条件下，这种情况不止一次地出现过，但是在纸币流通条件下，这种情形很少出现。这是因为在金属货币流通下，货币供给量的增加在一定程度上受制于作为货币流通的金属币材的开采；在纸币流通下，作为货币当局的中央银行增加纸币供给极为容易。

第二，在经济运行中的货币供给量与货币需求量大体一致的情况下，中央银行实施紧缩性的货币政策操作，减少了货币供给量，从而导致流通中的货币紧缺，国民经济的正常运行受到了抑制，使本来供求均衡的货币运行走向供给小于需求的货币失衡状态。

第三，在经济危机阶段，由于经济运行中的链条断裂，正常的信用关系遭到破坏，社会经济主体对货币的需求急剧增加，中央银行的货币供给量却相对地滞后于货币需求的增加从而导致了货币供需的失衡。这种情况继续发展，往往会出现通货紧缩。

### （二）货币供给量大于货币需求量

在纸币流通条件下，经济运行中的货币供给量大于相应的货币需求量是一种经常出现的失衡现象。造成货币供给量大于货币需求量的原因很多，主要如下：

第一，无足够货币资本实力的高速经济增长政策。在经济发展中政府的高速经济增长政策迫切地需要货币资本来支撑，在中央银行无足够的货币资本实力情形下，银行信贷规模的不适当扩张，造成了信贷收支逆差和货币资本扩张，从而导致货币供给大于其需求的货币失衡现象产生。

第二，政府由于财政赤字向中央银行透支。政府财政收支若发生赤字，在中央银行没有事先准备的条件下，政府财政的透支无疑迫使中央银行增发货币，从而导致货币供给量增加过量，造成货币供需失衡。

第三，从长时期来看，若前期货币供给量相对不足，产品积压和再生产过程受阻，为促成经济运行的正常进行，中央银行操作扩张性的货币政策，但是由于力度把握不适当，导致银根过度放松，货币供给量的增长速度不适当地超过了经济发展的客观需要，从而形成过多的货币供给，其结果便是诱发高通货膨胀。

第四，从开放经济的角度看，在经济落后、结构刚性的发展中国家，货币条件的相对恶化和国际收支失衡使得国民经济运行仅靠进出口机制来弥补收支逆差极为困难，而汇率高估和本国货币的贬值造成货币供给量的急剧增长，从而造成货币供需失衡。这种情况继续发展，往往会出现通货膨胀。

事实上，在大多数发展中国家，除了上面分析的货币失衡两种类型外，还存在一种与此并不类似的货币失衡，即货币供求的结构性失衡。这是指在货币供给与需求总量大体一致的总量均衡条件下，货币的供给结构及与此相对应的货币需求结构不相适应。这种结构性货币失衡往往表现为短缺与滞存并存，经济运行中的部分商品和生产要素供过于求，另一部分商品和生产要素又供不应求。造成这种货币失衡的原因在于社会经济结构的不合理及在此基础上的结构刚性。

## 本章小结

1. 货币需求是指在一定时期内，社会各部门（个人、企业、政府）愿以货币形式持有财产的需要，或社会各阶层对执行流通手段、支付手段和价值贮藏手段的货币的需求。

2. 货币需求数量的总和就是货币需求量。货币需求量是一个重要的货币理论概念，对其含义的把握需要区别几组概念：主观货币需求量与客观货币需求量；微观货币需求量与宏观货币需求量；名义货币需求量与真实货币需求量。

3. 从宏观角度看，货币需求的主要决定因素是全社会商品和劳务的总量、价格水平、收入水平、收入的分配结构、货币流通速度、信用的发达程度、市场利率、金融资产收益率和心理因素等。

4. 马克思认为，流通中的货币必要量取决于以下三个因素：商品价格水平、进入流通的商品数量、同名货币的流通次数，

5. 费雪的交易方程式认为，流通中的货币数量对物价具有决定性作用，而全社会一定时期、一定物价水平下的总交易量与所需要的名义货币量之间也存在着一个比例关系。

6. 剑桥方程式认为，货币需求与人们的财富或名义收入之间保持一定的比率，并假设整个经济中的货币供求会自动趋于均衡。

7. 凯恩斯认为，货币需求动机有四点：所得动机、营业动机、预防动机或谨慎动机、投机动机。在这四种动机中，由于所得动机和营业动机均与商品和劳务的交易有关，引起的货币需求为交易性货币需求。由第三种动机引起的货币需求为预防性货币需求。由于这种货币需求最终目的主要还是应付交易，因此也可视为交易需求。由第四种动机引起的货币需求为资产性或投机性货币需求。这样全社会的货币总需求就可以概括为货币的交易需求和资产需求之和。凯恩斯提出了货币的流动性偏好理论，他认为交易性货币需求与收入成比例，而投机性货币需求对利率很敏感。这样，这一理论表明货币流通速度并不稳定，不能视为常量。

8. 凯恩斯学派对凯恩斯的货币需求理论进行了更深入的分析和发展，提出了平方

根定律、立方根定律和资产组合理论，这些理论认为利率对各种货币需求都具有重大影响。

9. 弗里德曼的货币需求理论将货币视同各种资产中的一种，通过对影响货币需求七种因素的分析，提出了货币需求函数公式。货币学派强调货币需求与恒久收入和各种非货币性资产的预期回报率等因素之间存在着函数关系，货币需求函数具有稳定性的特点。

10. 影响我国货币需求的因素主要有收入、价格、利率、货币流通速度、金融资产的收益率、企业与个人对利润与价格的预期和其他因素等。

11. 货币供给是指一定时期内一国银行体系向经济中投入、创造、扩张（或收缩）货币的行为。货币供给首先是一个经济过程，即银行系统向经济中注入货币的过程。

12. 货币供给量是指一国经济主体（包括个人、企事业单位、政府等）持有的、由银行系统供应的货币总量，包括现金和存款货币。

13. 商业银行创造存款货币，应该具备两个前提：首先是部分准备金制度，其次是非现金结算制度。

14. 基础货币又称为高能货币或强力货币，通常是指流通中的现金和商业银行在中央银行的准备金存款之和。

15. 货币乘数是货币供应量与基础货币的比值。

16. 对于货币供给来说，中央银行并不能完全控制，即便是基础货币也要受商业银行主观能动性的制约，而货币乘数更是要受到个人、企业、商业银行的影响。

17. 外生变量又称政策性变量，是指在经济机制中受外部因素影响，而由非经济体系内部因素所决定的变量。这种变量通常能够由政策控制，并以之作为政府实现其政策目标的变量。内生变量又称非政策性变量，是指在经济体系内部由纯粹经济因素所决定的变量。这种变量通常不为政策所左右。

18. 货币供求均衡简称货币均衡，就是指货币供给与货币需求的一种对比关系。

19. 在市场经济条件下，货币均衡是货币供给和货币需求对比关系自发调节和适应的结果，在均衡实现的过程中，起决定作用的是利率。

20. 社会总供给决定货币总需求，货币总需求决定货币总供给，而货币总供给形成了有支付能力的社会总需求，且与社会总供给相均衡。因此，货币均衡同社会总供求的均衡具有内在统一性和一致性。

21. 货币失衡是指在货币流通过程中，货币供给偏离了货币需求，从而形成两者之间不相适应的货币流通状态。货币失衡是一种常见现象，主要表现为两种情况，即货币供给量小于货币需求量或货币供给量大于货币需求量。

## 复习思考题

1. 怎样理解货币需求的含义？
2. 如何看待西方经济学者的货币需求理论？
3. 影响我国货币需求的因素有哪些？

4. 商业银行是怎样创造存款货币的?

5. 你认为货币供给是外生变量还是内生变量?为什么?

6. 如果中国人民银行向中国工商银行出售100万元的国债，这对基础货币有何影响?

7. 在市场经济条件下如何实现货币均衡?

8. 如何认识货币均衡同社会总供求的均衡之间的关系?

9. 如何理解货币失衡?

10. 在发达市场经济中，利率对于货币需求的大小起着极为重要的作用，举出西方国家对这一规律的实际运用。

11. 举例说明居民行为对我国货币供给的现实影响。

12. 在现实生活中，货币供求是否均衡，如何判断?是否根据物价与利率可以判断均衡存在与否?举几个我国经济中的实例来说明这个问题。

## 附录：新古典综合派

新古典综合派是所谓的“凯恩斯革命”之后起初最有影响力的凯恩斯学派，又先后自称“后凯恩斯主流经济学(Post-Keynesian Mainstream)”和“现代主流经济学新综合”。反映这个学派理论观点的代表著作是萨缪尔森的《经济学》。在经济政策上，主张运用财政政策和货币政策，调节总需求，以减少失业、消除危机。在经济制度方面，主张混合经济论，即公私机构共同对经济施行控制。

二战后，在以萨缪尔森为代表的一批美国经济学家的努力下，逐渐形成了“新古典综合派”的宏观经济学。一系列在凯恩斯基本理论基础上的最新研究成果被综合在一起，形成了所谓的“宏观经济学”。而传统的经济学理论，包括价格理论、消费理论、生产理论、市场理论以及分配理论和一般均衡理论与福利经济学则被冠以“微观经济学”的名称。

凯恩斯的《就业、利息和货币通论》问世后，西方经济学家们对其大加推崇。为了使凯恩斯主义更易为经济学界所接受，较好地为西方国家制定经济政策服务，不少被称为“凯恩斯主义者”的经济学家们开始发表研究、解释《就业、利息和货币通论》的论著，对其进行修订和理论扩展工作。对《就业、利息和货币通论》的拓展研究因二战后历史条件的改变而变得日益迫切。

新古典综合派正是二战后经济发展变化后，新的历史条件下的产物。新古典综合派虽然是在二战后形成的，但是对凯恩斯主义和新古典学说的综合起始于二战前。

新古典综合派特点如下：

第一，新古典综合派对凯恩斯的理论作了自己的解释，认为国家干预经济的主要理论依据是在一定条件下出现的有效需求不足。他们与英国新剑桥学派对凯恩斯的解释不同，他们认为，凯恩斯提出有效需求不足的基本立足点是三大心理规律(边际消费倾向递减、预期利润率递减和灵活偏好)和工资刚性，而不是新剑桥学派强调的收入分配不公平问题。他们吸收了菲利浦斯提出的工资(从而物价)与失业率成反比的所谓“菲利浦斯曲线”所表明的观点，将通货膨胀与失业率对立起来，并用凯恩斯创立的“总收入—总支出模型”来阐述所谓的“需求决定论”；在阐述需求决定论的过程中，他们充分利用了希克斯创立的“IS-LM模型”，从而更明确地阐述了凯恩斯关于货币并非实际经济上覆盖的一层“面纱”，而是对总需求有重大影响，从而影响整个经济状态的思想。

第二，新古典综合派吸收了哈罗德和多马的经济增长理论（哈罗德—多马经济增长模型），从而在宏观经济学中增加了动态的和长期的研究。后来，经济增长理论成为宏观经济学一个重要的分支，对经济增长的研究直到现在仍然是不断深入的一个重要的课题。动态的和长期的宏观经济研究的另一个重要课题是经济周期问题。在新古典综合派的理论中，萨缪尔森的“乘数—加速数模型”是一个典型的例子。

第三，从20世纪60年代末开始，国际经济学的一些内容，如国际收支与汇率的分析、国际价格与汇率的比较关系等也一度被收入宏观经济学。到20世纪70年代以后，国际经济学则逐渐独立出去成为一门独立的学科，而留给宏观经济学一个“开放的模型”来解释开放条件下的宏观经济运行，较著名的有“蒙代尔—弗莱明模型”。

第四，新古典综合派还对总需求进行了专门研究，包括对消费函数和投资函数的研究。消费函数的研究增加了持久收入理论和生命周期理论。投资需求理论则重点对预期收入的分析和投资成本的分析作了更深入的研究。

第五，宏观经济政策的研究也是新古典综合派的一个重要的贡献，他们继承了凯恩斯的理财思想，强调赤字财政对消除失业的积极作用，并将政府“借新债还老债”看成一种基本无害的游戏。在货币政策方面，他们强调利息率对投资的调节作用，强调货币供给量对利息率的控制作用，并形成了一整套宏观经济政策，用以调节总需求。这就是所谓需求决定论指导下的宏观经济政策。

新古典综合派的政策主张：

在凯恩斯的“需求管理”理论和扩张性财政政策思想的基础上，新古典综合派进行了以下两个方面的创新：

一是主张采取“逆经济风向行事”的财政货币政策，以减少经济周期对经济发展的不利影响。

20世纪50年代，汉森提出了以“反经济周期”为目的的“补偿性财政政策”（Compensatory Fiscalp Olicy）和“补偿性货币政策”。“补偿性财政政策”不追求每一财政年度的收支平衡，只求在经济周期的整个期间实现收支平衡。在经济萧条时，主张采用膨胀性财政政策，同时中央银行放宽信用，增加货币供给量，降低利息率，可以变萧条为繁荣；在达到充分就业、出现通货膨胀时，实施相反的紧缩性财政政策，同时紧缩信用，减少货币供给量，提高利息率，以求得萧条与繁荣时期的相互补偿，防止经济危机的爆发。

二是主张在经济上升期实行赤字预算、发行国债，刺激经济快速增长。

20世纪60年代，美国肯尼迪总统经济顾问委员会主任海勒提出了“增长性赤字财政政策”。他将潜在国民生产总值和潜在的增长率作为测算财政赤字的基准，认为只要连续两年的实际国民生产总值小于推算出来的潜在的生产总值时，即使在经济上升时期，也可以将赤字财政作为常规手段，连年不断实行，从而挖掘生产潜力，减少产量缺口。汉森和新古典综合学派最重要的代表人物萨缪尔森等都非常赞成这个办法，并称之为“新经济学”。

新古典综合派的两个基本主张：

在财政政策与货币政策的关系方面，新古典综合派有以下两个基本主张：

一是财政政策比货币政策更为重要。

萨缪尔森指出“由于现代政府的巨大规模，没有财政政策就等于宣布死亡”。汉森认为货币政策具有非对称性，“货币武器确实可以有效地用来制止经济过热”，但“恢复经济增长仅仅靠廉价的货币扩张是不够的”。因此，汉森主张以财政政策为主刺激经济的增长。新古典综合派的又一重要代表人物托宾也指出，财政政策和货币政策的作用不同，可相互补充，应配合使用，但是运用扩大预算支出和赤字理财的财政政策比起实施操纵利息率的货币政策更能迅速直接地刺激经济扩张。

二是财政政策与货币政策应“相机抉择”。

由于财政政策和货币政策各有特点，作用的范围和程度不同，因此在使用哪一项政策时，或者对不同的政策手段搭配使用时，没有一个固定的模式，政府应根据不同情况，灵活地决定。

# 第十章　通货膨胀与通货紧缩

## 第一节　通货膨胀概述

### 一、通货膨胀的概念

对于通货膨胀的解释，各国经济学家众说纷纭，存在一定差异，始终未能给出一个可被普遍接受的明确解释。

（一）西方经济学家对通货膨胀的定义

在凯恩斯之前的一段时间里，经济学家认为，通货膨胀是“太多的货币追逐太少的货物”。但是凯恩斯则将通货膨胀与实际经济资源的利用程度相结合，认为只有当社会达到充分就业后，货币供给的增加以及有效需求增加不再可能增加产量和就业时，物价便随货币供给的增加而同比例上涨，从而形成真正的通货膨胀。多数西方经济学家对通货膨胀的理解是围绕物价上涨、货币供给量过度增加和货币购买力下降等方面展开的。

第二次世界大战后，西方经济理论界一般视通货膨胀为“求过于供”的现象，着重对“过度需求”作用加以分析。其后，又将分析的重心移至社会各阶层的不合理分配之上。例如，剑桥学派代表人物琼·罗宾逊认为，通货膨胀通常就是指物价总水平的持续上升。近代西方经济学家对通货膨胀的解释有所发展，但是说法还是不统一。现代货币主义学者弗里德曼认为，物价的普遍上涨就叫做通货膨胀。而美国当代经济学家保罗·萨缪尔森在其《经济学》一书中认为，通货膨胀是物品和生产要素的价格普遍上升的一个时期。新自由主义者哈耶克认为，通货膨胀是指货币数量的过度增长，且这种增长合乎规律地导致物价上涨。美国著名经济学家莱德勒和帕金认为，通货膨胀是一个价格持续上升的过程，也就是说，是一个货币价值持续贬值的过程。

综上所述，西方经济学侧重于从通货膨胀的表现形式对其定义，认为通货膨胀是商品和生产要素价格总水平的持续不断上涨。但是我们也应看到，在关于通货膨胀的理论中具有重要地位并相互对立的凯恩斯学派和货币学派对于通货膨胀的观点并非截然不同，双方都认为高通货膨胀只能在高货币增长率的情况下发生（这里的通货膨胀指的是物价水平的不断快速上升）。在这一共同认识之下，大多数经济学家都同意弗里德曼所说的通货膨胀在任何时空条件下都是一种货币现象。

### （二）中国学术界对通货膨胀的定义

长期以来，中国认为社会主义国家不会出现通货膨胀，通货膨胀是资本主义国家的事情。但是中国的经济发展过程中，也不同程度地遭到通货膨胀的困扰。可见通货膨胀是经济发展过程中不可避免的现象。我国过去的传统教材中对于通货膨胀的定义是根据马克思关于货币流通规律的理论而定义的，即货币发行量超过商品流通中的实际需要量而引起的物价上涨和货币贬值。

改革开放后，我国理论界逐渐认识到社会主义条件下通货膨胀存在的必然性。对于通货膨胀的内涵，学术界有不同的理解，而且在如何使用这个概念上也有不同的看法。

刘鸿儒主编的《经济大词典》将通货膨胀定义为流通中的纸币要超过实际需求量所引起的货币贬值、物价上涨的经济现象。林继肯认为通货膨胀是通货发行过多，从而造成物价上涨，引起国民收入的再分配。还有的观点认为通货膨胀的原因并不仅仅是由货币超量发行造成的，由于需求增量大于供给增量导致的持续性短缺也是通货膨胀的一种形式。这种理解对传统的定义进行了补充，从供给与需求的角度出发，一方面说明通货膨胀的发生有其历史原因，即过去发生的累积性通货膨胀对即期有一定的影响，另一方面指出在非充分就业的情况下，供给量的主动减少也会导致通货膨胀的发生。还有人认为，政府认为的对物价进行冻结和计划管制时，用过量的货币供给不会引起物价的上涨，但是会造成市场供给的短缺，凭票限量供应、持币待购以及黑市价格与计划价格相差悬殊的实质也是通货膨胀的表现形式。

结合中西方经济学界的不同观点，我们可以给通货膨胀下这样一个定义：通货膨胀是指由于货币发行量超过了经济发展的实际需要量而导致货币贬值、物价水平持续上升的一种经济现象。

### （三）理解通货膨胀需要把握的几个要点

1. 通货膨胀虽是一种货币现象，但更是一种经济现象

因为货币供给量的多少是相对于商品供给而言的，商品供给又与商品的生产和流通密切相关。如何合理地保持货币供给量与商品供给量在总量上的一致，就不易发生通货膨胀。因此，通货膨胀应当是同经济运行密切联系的一种现象。

2. 通货膨胀与物价相关联

物价上涨的幅度应该比较明显，如果上升幅度极小，也不能认为是通货膨胀。通货膨胀所指的物价上涨必须超过一定的幅度，但是这个幅度该如何界定，各国又有不同的标准。一般来说通货膨胀的价格变动应体现为一个过程（常以年度为时间单位来考察），年度物价上涨的幅度在2%以内都不被当成通货膨胀，有些学者甚至认为只有年度物价上涨率超过5%才能算通货膨胀。

3. 通货膨胀中的物价上涨存在公开和隐蔽两种形式

通货膨胀所指的不同形式的物价上涨并非个别商品和劳务价格的上涨，而是指一般物价水平及全部物品和劳动的加权平均价格的上涨。通货膨胀包括公开的通货膨胀和隐蔽的通货膨胀两种形式。在公开的形式下，政府不采取物价管制和物价津贴等措

施。因此，物价上涨很明显，无从隐蔽。但是在某些非市场经济和由于种种原因采取物价管制政策的国家，过多的货币供应并非都通过物价上涨表现出来，有时通货膨胀也会表现为商品短缺、凭票供应、持币待购以及强制储蓄等形式，即物价水平隐蔽上升。

4. 通货膨胀与物价持续上涨相关联

物价上涨必须体现为一段时间以内的连续性上涨过程，至于季节性、临时性或偶然性的物价上涨，都不能算是通货膨胀。因此，一般通货膨胀是以年度为时间单位来考察的，用年度通货膨胀率来表示。

由以上几点可以看出，通货膨胀是一种货币现象，是与货币供应过多相联系的。

## 二、通货膨胀的类型

根据不同的标准，可以将通货膨胀划分为若干类型。

### （一）按通货膨胀产生的原因来划分

按通货膨胀产生的原因来划分，通货膨胀可以分为需求拉上型通货膨胀、成本推进型通货膨胀、混合型通货膨胀、结构型通货膨胀、财政赤字型通货膨胀、信用扩张型通货膨胀和国际传播型通货膨胀等。

这种按照产生原因对通货膨胀的分类是最常见的通货膨胀的划分，由此也产生了相关类型的通货膨胀理论，即需求拉动说、成本推进说和结构说等，在通货膨胀形成的原因中我们还将进行具体详细的介绍与分析。

### （二）按市场机制的作用来划分

按市场机制的作用来划分，通货膨胀可以分为公开型通货膨胀和隐蔽型通货膨胀。

公开型通货膨胀又称为开放型通货膨胀，是指市场机制充分运行和政府对物价上升不加控制的情况下所表现出来的通货膨胀，或者政府虽然施以控制，但是因通货膨胀的压力太大而未能生效，价格上涨非常明显。

隐蔽型通货膨胀又称抑制型通货膨胀，是指国家实行物价管制，主要消费品价格基本保持人为平衡，但却表现为市场商品短缺严重、供应紧张、凭证限量供应商品、变相涨价、黑市活跃、商品“走后门”等隐蔽性的一般物价水平普遍上涨的经济现象。这种通货膨胀没有以物价上升的形式表现出来，因此也称为潜在型通货膨胀。

### （三）按通货膨胀的程度和物价水平上涨的速度来划分

按通货膨胀的程度和物价水平上涨的速度来划分，通货膨胀可分为潜在的通货膨胀、温和的通货膨胀与恶性的通货膨胀。

潜在的通货膨胀，一般指物价水平按照不太大的幅度持续上涨的通货膨胀。这种通货膨胀发展缓慢，短期内不易察觉，但是持续时间很长。对于物价上涨率达到多少或到什么界限才能称为潜在的通货膨胀，经济学界并无统一的标准。通常认为年通货膨胀率在1%左右时，一般是统计误差，不能视为通货膨胀。在没有通货膨胀预期的前提下，年通货膨胀率应该在2%~4%，且低于经济增长率。

温和的通货膨胀一般是指在没有通货膨胀预期的前提下，年通货膨胀率在10%以下，且低于经济增长率的通货膨胀。

恶性的通货膨胀是指物价水平按照相当大的幅度持续上涨，一般年通货膨胀率在10%以上，达到两位数的水平，且高于经济增长率的通货膨胀。当恶性的通货膨胀发生以后，由于物价上涨率较高，人们对通货膨胀有明显感觉，公众预期物价水平还将进一步上涨，不愿保存货币，纷纷抢购商品用于保值，货币流通速度加快，货币购买力下降，这会使通货膨胀更为加剧。如果不采取有力的反通货膨胀措施，将有可能发展为通货膨胀失控。

（四）按通货膨胀能否预期来划分

按通货膨胀能否预期来划分，通货膨胀可分为预期型通货膨胀和非预期型通货膨胀。

按通货膨胀能否预期分为预期型通货膨胀和非预期型通货膨胀是当代通货膨胀理论与传统通货膨胀理论的分水岭。

预期型通货膨胀是指在经济生活中，人们预计将要发生通货膨胀，为避免经济损失，在各种交易、合同、投资中将未来的通货膨胀率预先计算进去。对通货膨胀的预期是因物价上涨而产生的。无论预期准确与否，这种心理恐慌都会进一步导致市场恐慌，对物价发展起到推波助澜的作用，并引起新一轮的物价上涨，加剧通货膨胀的压力。这种通货膨胀不是显示经济运行的结果，而是心理作用的产物。

非预期型通货膨胀是指在没有心理预期作用的情况下现实经济运行中所产生的通货膨胀。只有这种类型的通货膨胀才会影响到就业、产量等，对经济具有真实的负效应。

## 三、通货膨胀的度量

通货膨胀一般都体现为物价水平的持续上升，因此世界上多数国家的测度方法都是围绕价格变动来设计的，即将物价上涨指数看成通货膨胀率。测量物价上涨指数的指标主要有以下几种：

（一）消费物价指数

消费物价指数又称零售物价指数，是一种用来测度各个时期内城市家庭和个人消费的商品和劳务的价格平均变化程度的指标。目前，许多国家用消费物价指数来代表通货膨胀率，其优点在于：消费品在价格变动时能及时反映消费品供给与需求的对比关系，直接与公众的日常生活相联系，在检验通货膨胀效应方面有其他指标难以比拟的优越性。其缺点在于：消费品毕竟只是社会最终产品的一部分，不能说明问题的全部。

（二）批发物价指数

批发物价指数是反映不同时期批发市场上多种商品价格平均变动程度的经济指标，但是劳务价格不包括在内。用批发物价指数来代表通货膨胀率，其优点在于：能在最终产品价格变动之前获得非零售消费品的价格变动信号，因而可以预先判断其对最后进入流通的零售商品价格变动可能带来的影响。其缺点在于：由于即使存在过度需求的情况下，其波动幅度也常小于零售物价的波动幅度，这就有可能导致信号失真，使用批发物价指数判断总供给和总需求对比关系时就会产生不准确性。

（三）国民生产总值平减指数

国民生产总值平减指数也称国民生产总值缩减指数、国民总产值价格指数、国民生产总值调整数，简称折算数，是指按现行价格计算的国民生产总值与按不变价格计算的国民生产总值的比率。

用国民生产总值平减指数来度量通货膨胀，其优点在于：其包括的范围广，除消费品和劳务外，还包括资本以及进口商品等，能够全面反映社会总体物价水平的趋势。也正因为如此，近年来，许多西方经济学家都把国民生产总值平减指数视为衡量通货膨胀的最佳尺度。但是编制这一指数需要收集大量的资料，且一般只能一年公布一次，所以不能循序反映物价变化的幅度及其动向；国民生产总值平减指数还受产品价格结构的影响而不能准确地反映消费品价格的变化情况，因此不能及时反映通货膨胀的程度和动向，有其局限性。例如，虽然消费品价格的上涨幅度已经很高，但是其他产品价格的变动幅度却不大，这时就会出现国民生产总值平减指数虽然不高，但是国民的消费品支出已经明显增高的状况。

以上三种指标各有利弊，大多数国家在测量通货膨胀的程度时，往往同时采用多种指标综合分析。随着金融的不断发展，金融资产在各类资产中所占的比重越来越大，应该将金融资产价格的变动反应在通货膨胀的变化情况之中。因此，适时地调整衡量通货膨胀程度的尺度是非常必要的。

## 第二节　通货膨胀的成因及其对经济的影响

### 一、通货膨胀的成因

由于通货膨胀的成因和机理比较复杂，各国经济学家从不同的角度出发进行分析，提出了各种理论，其中主要的有需求拉上说、成本推进说、部门结构说、预期说和其他学说等不同的解释。

（一）需求拉上说

所谓的需求拉上说，通常是指经济运行中总需求过度增加，超过了既定价格水平下商品和财务等方面的供给，从而引起货币贬值、物价总水平上涨。

对于需求的变动如何引起物价的上涨，西方经济学界有不同的观点。早期的西方经济学家主要从需求方面分析通货膨胀的成因，认为当经济中需求夸张地超出总供给增长时所出现的过度需求是拉动价格总水平上升、产生通货膨胀的主要原因。也就是“太多的货币追逐太少的商品”，使得对商品和劳务的需求超出了在现行价格条件下可得到的供给，从而导致一般物价水平的上涨。凯恩斯学派的经济学家认为，社会总需求是由消费需求、投资需求和政府开支三项构成。当总需求与总供给的对比处于供不应求状态时，过多的需求将拉动价格水平的上涨，特别是当经济已经达到充分就业状态时，货币供应量增加，引起社会总需求增加，但是由于各种生产资料均无剩余，商品供给却不再增加。这样，过多的需求将拉动价格水平随着货币供应量的增加而上涨，从而形成通货膨胀。

（二）成本推进说

成本推进说主要从总供给或成本方面分析通货膨胀的生成机理。该理论认为，通货膨胀的根源并非总需求过度，而是总供给方面的生产成本上升。在通常情况下，商品的价格是以生产成本为基础，加上一定利润而构成的，因此生产成本的上升必然导致物价水平的上升。由成本推进引起的通货膨胀又可分为工资推动型通货膨胀和利润推动型通货膨胀。

工资推动型通货膨胀是由于工资提高使生产成本增加而导致物价上涨；利润推动型通货膨胀是由于生产投入材料或要素的价格因市场垄断力量的存在而提高，从而导致物价上涨。现实生活中，需求拉动的作用与成本推进的作用常常是混在一起的，而需求拉动说是撇开供给来分析通货膨胀的成因，成本推进说则以总需求给定为前提条件来解释通货膨胀，两者都具有一定的片面性和局限性。

（三）部门结构说

部门结构说认为在供给与需求总量平衡的前提下，由于某些关键产品的供求失衡，也会引发通货膨胀。

一些经济学家从经济部门的结构方面分析通货膨胀的成因，发现即使整个经济在总需求和总供给处于平衡状态时，由于经济结构、部门结构的因素发生变化，也可能引起物价水平的上涨。这种通货膨胀被称为结构型通货膨胀。其基本观点是由于不同国家的经济部门结构的某些特点，当一些产业和部门在需求方面或成本方面发生变动时，往往会通过部门之间的互相看齐的过程而影响到其他部门，从而导致一般物价水平的上升。

在我国前些年中，一方面由于消费结构的升级快于产业和产品结构的升级，致使供求失衡；另一方面国家为调整不合理的经济结构通过增加信贷投放、减免税收等措施加以引导，也造成了货币供应量过多，总需求过大，从而形成了结构型通货膨胀。

（四）预期说

理性预期学派是在20世纪60年代末出现于美国的一个反凯恩斯主义的经济学派。在对失业和通货膨胀问题的看法上，该学派继承萨伊定律，吸收货币主义的自然失业率理论，强调通货膨胀预期的作用，否定飞利浦斯曲线的有效性，从而否定了凯恩斯主义理论和经济政策的有效性。在当代通货膨胀理论中，合理预期学说占有重要地位，有些经济学家认为，20世纪70年代后的通货膨胀理论与传统通货膨胀理论的最大区别在于引进了通货膨胀预期的作用。通货膨胀预期说主要是通过对通货膨胀预期心理作用的分析来解释通货膨胀的发生。该理论认为在完全竞争的市场条件下，如果人们普遍预期一年后的价格将高于现在的价格，就会在出售和购买商品时将预期价格上涨的因素考虑进去，从而引起现行价格水平提高，甚至达到预期价格以上。预期心理引起或加速通货膨胀的作用，主要表现为加快货币流通速度、提高名义利率、提高对工资的要求等方面。

#### （五）其他学说

1. 财政赤字说

该学说的侧重点在于当财政出现巨额赤字，政府采取征收节支、直接增发纸币或发行公债等措施弥补时，引起货币供应量的增长超过实际经济增长的需要，从而所导致的通货膨胀。

2. 信用扩张说

这种类型的通货膨胀说是指对经济形势做出错误的判断、中央银行宏观控制不力、政府实行扩张性的货币政策盲目扩大信用，使虚假存款增加、货币流通速度加快、新的融资工具不断涌现进而使信用过度扩张，引起物价上涨。

3. 国际传播说

这种类型的通货膨胀说是指进口商品的物价上涨、费用增加而使物价上涨所引起的通货膨胀。

4. 体制说

这种观点实质上是从深层次挖掘需求拉上的原因，认为由于转轨时期国家与企业之间产权关系不明晰、权责关系不明确，从而使有效供给的增加和有效需求的增加总是不成比例，而需求的过度积累必然推动物价上涨。

5. 混合类型说

该学说认为一国通货膨胀的机理十分复杂，体制因素、政策性因素和一般性因素等交互发生作用，引发通货膨胀，因此称之为混合类型通货膨胀。对通货膨胀成因的分析一般都需要结合一国的国情，尤其是体制改革等因素对宏观经济的影响，不能单纯从一个角度加以考察，从而综合诸多因素。因此，该学说相对较为客观、全面地分析了通货膨胀，应着重考察总供给水平、成本推进率、结构调整滞后导致的瓶颈产业制约、利益驱动导致的微观主体不合理提价行为、居民对未来的预期等不确定因素以及国际市场物价、利率、汇率和国际市场需求变化对本国经济的影响等诸多因素。当然，在分析的过程中有些因素是可以量化的，而有些则不可以量化，因此对通货膨胀形成机理的分析还有待于我们进一步探讨和研究。

## 二、通货膨胀对经济运行的影响

#### （一）对生产的影响

首先，通货膨胀破坏社会再生产的正常进行，导致生长过程紊乱。因为在通货膨胀时期，商品和劳务价格普遍上涨，但是其上涨的幅度是不同的，这将打破原有的商品和劳务供需间的平衡关系，引起生产资料和消费资料的不正常分配。其次，通货膨胀使生产性投资减少，不利于生产的长期稳定发展。因为商品价格的上涨会使企业的生产成本迅速上升，资金利润率下降。同样，在资本投资于生产领域比投资于流通领域特别是投资于金融市场获利要少得多。因此，在通货膨胀条件下不但不能吸收投资到生产领域，反而会使原来已经在生产领域的资金抽走而流向流通领域和金融市场，其结果是生产投资规模减少，生产萎缩。

(二) 对国民收入再分配的影响

货币供应增加，一般会使整个社会的名义收入增加，但是由于物价上涨、货币贬值，增加的这部分名义收入又不会均衡地分配到社会的各个阶层，而是产生国民收入再分配。一般有以下几种情况：

1. 实际财富持有者得利，货币财富持有者受损

实际财富如贵金属、珠宝、不动产在通货膨胀时期价格上涨，而货币财富如现金、银行存款等因物价上涨而下跌，从而使实际财富持有者获利，货币财富持有者受损。

2. 对债务人有好处，而债权人会发生损失

债务人在债务到期时按债务的名义价值进行偿还，当通货膨胀发生时，同量货币的实际购买力已经下降，因此债权人的利益受到了损害。当然，若预计未来通货膨胀率将上升，为防止这种损失，债权人通常会采用浮动利率贷款或在借款合同中附加通货膨胀条款，那么这种收入再分配效应也就不存在了。

3. 浮动收入者得利，固定收入者受害

在通货膨胀过程中，依靠固定工资收入生活的成员受害，而从事商业活动的单位和个人，特别是在流通领域哄抬物价、变相涨价的单位和个人会因通货膨胀而获得超额收入。

4. 国家得利，居民受害

国家一方面通过通货膨胀税占有了一部分实际资源，另一方面通过发行国债可以成为更大的债务人，在累进税率制度下，又可以成为浮动收入者。

(三) 对储蓄的影响

通货膨胀的直接原因就是货币发行过多，伴有政府赤字增加，并采用向中央银行借款的方式弥补，在经济已达到充分就业的情况下，就会强制增加全社会的储蓄总量。因为多发行的那部分货币直接表现为政府的收入，可以用于增加投资。这部分收入就是“通货膨胀税”，即政府通过增发货币引起通货膨胀而获得的超额收入，其实质是政府对所有人的一种隐蔽性强制征税。因为当政府用这部分增发货币购买商品后，市场上的商品会相应减少，等居民拿到货币再去购买商品时，由于流通中货币量的增加而导致价格上升，从而居民手持的货币已经贬值，其所受的损失由国家占有。

通货膨胀的这种“强制储蓄”效应能否增加投资以及增加幅度的大小应具体分析。若政府的储蓄倾向高于社会各阶层的储蓄倾向，则整个社会的平均储蓄水平提高，从而有更多的投资资金来源。就国家投资而言，一般情况下，发展中国家的过度投资在社会总投资中比重较大，因而“强制储蓄”效应对国家投资的影响也就比较大。对于发达国家，政府投资所占比重较小，所以该效应对国家投资的影响也就相对较小。就

私人投资而言，一方面，通货膨胀使企业利润增加，资本家的边际消费倾向低于工人的边际消费倾向，从而会将新增的利润更多地用于投资；另一方面，在利率上升幅度小于通货膨胀上升幅度的情况下，筹资成本的降低也会使私人投资相应增加。

（四）对商品流通的影响

通货膨胀会造成人民对未来货币贬值的预期，加剧商品供求的矛盾，从而助长企业大量囤积商品，人为加剧市场供求矛盾。由于卖方市场的存在，企业会不再致力于提高产品质量，降低生产成本，从而使产品粗制滥造，商品和劳务的质量降低。同时，由于币值的波动频繁，货币的名义价值与真实价值脱离，不能正常发挥其价值尺度。

（五）对国际收支平衡的影响

在通货膨胀时期，若汇率不变，国内一般物价水平的上升会引起出口货物价格相对较高，进口货物价格相对便宜，从而导致贸易逆差，出现国际收支失衡。若通货膨胀引起本国货币对外贬值，则必然导致进口价格上涨，在发展中国家进口需求弹性较小的情况下，可能引起国际收支恶化。

（六）对社会稳定的影响

恶性通货膨胀还会损害社会公众对政府的信任，使政局不稳。工薪阶层会为争取提高工资以及反对通货膨胀而进行罢工。恶性通货膨胀加深社会矛盾，影响社会稳定。

## 第三节　通货膨胀的治理

通货膨胀对经济发展有诸多不利影响，对社会再生产的顺利进行有破坏性作用。因此，一旦发生了通货膨胀，必须下定决心及时治理。由于通货膨胀产生的原因比较复杂，因此通货膨胀必须对症下药，从其直接原因与深层原因、社会总供给与社会总需求等多方面进行综合治理。

### 一、控制货币供应量

通货膨胀形成的直接原因是货币供应过多，因此治理通货膨胀的一个最基本的对策就是控制货币供应量，使之与货币需求量相适应，稳定币值以稳定物价。

大多数西方学者都主张通过控制货币供应量来制止通货膨胀，并提出了多种治理方案。例如，货币学派的代表弗里德曼认为，由于过多的增加货币量是通货膨胀的唯一原因，因此治理通货膨胀的唯一方法就是减少货币增长率。他们力主政府采用“单一规则”来控制货币供应量，即公开宣布并长期实施一个固定不变的货币供应增长率，通过稳定货币来防治通货膨胀。德国弗赖堡学派认为，治理通货膨胀的首要措施就是减少货币数量，只要保证币值的稳定，已经上涨的物价自然就会降下来。他们力主采用以稳定币值为核心的货币政策，通过控制货币供应增长率保持适量的货币供应，从而有效地消除通货膨胀。自由主义经济学家哈耶克提出改革国家货币制度的主张，认为应废除政府对货币发行的垄断，实行私人银行发行货币的制度，才能从根本上杜绝货币发行过多的问题。合理预期学派则提出实行固定货币增长率的政策，以消除不合理的通货膨胀预期。供给学派还提出过恢复金本位制来控制货币供应量的主张。

我国经济理论界学者认为，治理通货膨胀的基本举措首先是控制货币供应量，长期实行稳定货币的政策。因为稳定货币是稳定物价的前提条件，也是保证社会再生产顺利进行和经济协调发展的必要条件。特别是社会主义市场经济体制确立之后，只有稳定货币才能稳定价格、稳定市场，保持正常的货币流通秩序，从根本上消除通货膨胀。要稳定货币，首先是控制货币供应量，为此必须实行适度从紧的货币政策，控制货币投放，保持适度的信贷规模，由中央银行运用各种货币政策工具灵活有效地调控货币信息总量，将货币供应量控制在与客观需求量相适应的水平上。

## 二、运用宏观经济政策调节和控制社会总需求

通货膨胀的形成除了货币供应过多这一直接原因以外，还存在许多错综复杂的深层原因。因此，治理通货膨胀仅仅控制货币供应量是不够的，还必须根据各次通货膨胀的深层原因对症下药。要运用宏观经济政策，包括货币政策、财政政策、收入政策、税收政策等，多管齐下，共同治理通货膨胀。

针对需求拉上通货膨胀来说，一般应当采取紧缩的财政政策和货币政策。所谓紧缩的财政政策，主要是指政府通过削减开支，压缩公共工程，增加税收等，减少政府和个人的开支，从而控制总需求的膨胀。所谓紧缩的货币政策，主要是指中央银行通过一系列调节货币供应量的措施从货币角度控制总需求。例如，提高法定存款准备金率、压缩商业银行贷款、减少货币供给量；又如，提高再贴现率，以促使商业银行提高贴现率影响市场利率，抑制企业贷款需求。这样，一方面，贷款成本的增加控制了贷款规模乃至总需求；另一方面，存款利率的上升会鼓励居民增加储蓄，从而控制消费需求的增长，减轻通货膨胀的压力。再如，在公开市场上出售有价证券，中央银行通过公开市场业务操作，减少商业银行的超额准备金或公众手中的现金和在商业银行的存款，控制货币供应量。同时，中央银行还可以通过窗口指导等补充性手段调节信贷和货币供应量。严厉的紧缩措施可以在短期内使通货膨胀率迅速下降，但是要注意可能带来的经济衰退的危险，因此在实施紧缩政策时，必须准确把握力度。

采用财政政策或货币政策相配合，综合治理通货膨胀，很重要的途径是通过控制固定资产规模和控制消费基金过快增长，实现控制社会总需求的目的。控制固定资产规模就是要使固定资产投资真正与国力相适应。固定资产投资规模直接形成对投资品质的有效需求，又间接引起消费基金增长，形成对消费品的有效需求。例如，我国几次出现的通货膨胀都与固定资产投资规模过大有密切关系，超过国力扩大固定资产投资规模，势必引发通货膨胀。在我国，固定资产投资规模过大经常出现，究其原因，一是指导思想上经常出现急于求成、追求过高速度的现象；二是我国传统的投资体制缺乏应有的约束力。在传统投资体制下，投资决策与经济责任脱节，企业不是投资主体，又不自负盈亏，再加上倾向于部门和地方利益，所以争项目、争投资的现象非常普遍。另外，由于缺乏投资决策的科学性，投资效益很低，项目决算一般超过预算的

30%~40%，计划外追加投资比例很大，造成固定资产投资规模不断膨胀。因此，要从根本上治理通货膨胀，还必须深化企业改革和投资体制改革。控制消费基金过快增长是控制社会总需求、治理通货膨胀的另一个重要方面。控制消费基金增长就是要保证收入的增加与劳动生产率的提高相适应，并与消费资料的有效供给保持平衡。控制消费基金的增长，必须控制企业分配，必须建立有约束的企业利润分配机制，杜绝实务补贴，规范收入形式。一些具有经常性固定收入的津贴、奖金、补贴等应进入工资这一基本收入范畴，避免滥发奖金，使其真正发挥劳动奖励的作用。还要控制财政补贴的发放，控制银行信贷发放工资，避免信贷向个人收入的直接转移。另外，还要大力发展证券市场，开辟个人收入向投资转移的渠道，并推进住房、社会保障等方面的改革，使“集中冲击型”消费向多种消费方式转移，减少政府投资的压力，保证消费基金和积累基金的增长与国民收入的增长有一个合理的比例。

针对成本推进的通货膨胀，一般要采用收入政策进行调节。收入政策又称为工资物价管制政策，即由政府拟定物价和工资标准，由劳资双方共同遵守。其目的一方面是降低通货膨胀率，另一方面不至于造成大规模失业。具体可以采取以下措施：一是指导性为主体的限制。确定工资—物价指导线，以限制工资—物价的上升。这种指导线是由政府当局在一定年份内允许总货币收入增加的一个目标数值线。二是强制性限制。政府强制推行控制社会职工货币工资增长的总额或额度。有时政府甚至可以冻结工资和物价。一般情况下，政府并不采取此措施，只有当通货膨胀非常严重时才采取。但是由于严重的通货膨胀会使人们的实际生活水平持续下降，所以冻结工资在此时实施的难度会更大，必须十分谨慎。三是以税收为基础的限制。政府以税收作为奖励和惩罚手段来限制工资—物价的上涨。例如，企业的工资增长率超过政府规定的幅度，则政府可对其征收特别税款以示惩罚。若企业的工资增长率保持在政府规定的幅度内，则政府就减少其企业和个人所得税以示奖励。这样，就可以使企业有依据，从而控制成本上升，减缓通货膨胀的压力。

### 三、调整经济结构，增加商品的有效供给

采取结构调整政策，使各生产部门之间保持适当的比例关系，以缓解由某些产品的供求结构性失衡所造成的通货膨胀。首先是政府要制定合理的产业政策予以指导，同时采取必要的财税和信贷政策以保证产业政策的实施。例如，税收结构政策和公共支出结构政策，在保持税收总量一定的前提下，通过调节税率诸如对关键性产业施行免税措施以刺激这一行业的发展，或者保持财政支出总量一定的前提下，调整公共支出的项目数额，以求扩大就业，增加有效供给，降低通货膨胀率。同时，通过各种利息率结构和信贷结构的调整，使资金流向国民经济发展急需的产业和部门，提高资金使用效率，缓解供求的结构性不平衡。

### 四、其他政策

除了控制需求、增加供给、调整结构之外，还有一些诸如减税、指数化等其他治理通货膨胀率的政策。

减税政策主要是通过降低边际税率以刺激投资、刺激产出，通过总供给的增加来消除通货膨胀。但是用这种对策来治理通货膨胀是有限度的，因为税率不能无限制的降低，否则国家财政收入会受很大影响，引起新的问题。财政支出不变，减税后会因财政收入减少而加大赤字，对通货膨胀反而有加剧作用。

指数化政策又称收入指数化方案，这是货币学派代表人物弗里德曼提出的。指数化政策是指将工资、储蓄和债券利息、租金、养老金、保险金和各种社会福利津贴等名义收入与消费物价指数紧密联系起来，名义收入随物价指数的变化而变化。也就是说，对各种不同的收入实行指数化，使其按照物价指数的变动而得到调整。弗里德曼认为，指数联动政策能抵消物价波动对收入的影响，消除通货膨胀所带来的收入不平等现象，剥夺各级政府从通货膨胀中捞取的非法利益，从而杜绝人为制造通货膨胀的动机。

指数化政策对面临世界性通货膨胀的开放经济小国来说尤其具有积极意义，是这类国家对付输入型通货膨胀的有效手段，如比利时、芬兰和巴西等国曾广为采用，美国也曾在20世纪60年代初期实施过这种措施。全面实行指数联动政策在技术上有很大难度，会增加一些金融机构经营上的困难，而且有可能造成工资—物价呈螺旋式上升，反而加剧成本推进型的通货膨胀，因此该政策通常仅被当成一种适应性的反通货膨胀措施，不能从根本上对通货膨胀有其抑制作用。

总之，通货膨胀是一个十分复杂的经济现象，其产生的原因是多方面的，因此治理通货膨胀是一项系统工程，治理措施互相配合才能收到理想的效果。

## 第四节　通货紧缩概述

### 一、通货紧缩的概念

通货紧缩是与通货膨胀相对立的一个经济范畴，与通货膨胀的概念一样，人们对通货紧缩的看法也各不相同。

#### （一）西方经济学家的一些观点

在一些西方经济教科书中，一般将通货紧缩定义为一段时期“价格总水平的下降”或“价格总水平的持续下降”。例如，保罗·A. 萨缪尔森与威廉·D. 诺德豪斯所著的《经济学》中对通货紧缩的定义是用通货紧缩来表示价格和成本正在普遍下降。原美联储主席格林斯潘对通货紧缩的解释是正如通货膨胀是由一种货币的变化——人们不愿持有货币，而宁愿持有实物——而产生的一样，通常紧缩的发生则是由于人们更愿意把持有的实物换成货币。巴塞尔国际清算银行对于通货紧缩提出的标准是一国消费品的价格连续两年下降可被视为通货紧缩。

#### （二）中国经济学家的一些观点

我国自1996年实现经济“软着陆”以来，经济逐渐显示出通货紧缩状态，因而国内学者对通货紧缩的研究也开始逐渐深入，形成的观点主要有如下几种：

刘国光、刘树成认为，通货紧缩是与通货膨胀相对应的经济过程，如果说通货膨胀是普遍的、持续的物价上涨，而非局部的、短暂时期的物价上涨，则通货紧缩就不应是短暂的、局部的物价下降，而应是普遍的、持续的物价下降（持续时间在半年以上）。此外，通货紧缩是一种货币现象，在实体经济中的根源是总需求对总供给的偏高，或现实经济增长对潜在经济增长的偏高。

苟文均认为，通货紧缩从根本上说是一种货币现象，其根本含义是由于货币供应量相对于经济增长和劳动生产率增长等要素的持续减少而引起的有效需求严重不足，物价持续下跌和经济衰退。

董辅礽认为，对通货紧缩的判断不是以物价水平为标准，而是基于以下三点：现场能力有效利用率是否过低；失业人数是否大量增加；社会产品是否长时间出现供大于求的局面。并且持续的通货紧缩会使国民经济出现萎缩，危害不比通货膨胀小。

陈东琪认为，通货紧缩就是总物价水平持续下降，并具有两个特性：一是价格总水平持续下降，表现为居民消费价格指数（CPI）和全国零售物价上涨率连续负增长；二是物价水平持续下降的时间在 6 个月以上。此外，通货紧缩除了表现为价格水平的持续下降外，还表现为银行紧缩、货币供给量增长速度持续下降、信贷增长乏力、消费和投资需求不足程度持续提高、企业普遍开工不足、非自愿失业增加、收入增长速度持续放缓。综合来看，通货紧缩表现为市场普遍低迷。

中外学者对通货紧缩的观点虽然不尽相同，但是也有共性，即认为通货紧缩是由于货币供应量相对于经济增长和劳动生产率增长等要素减少而引致的有效需求不足、一般物价水平持续下降、货币供应量持续下降和经济衰退的现象。

正确理解通货紧缩的含义，必须把握其以下特征：

第一，通货紧缩本质上是一种货币现象，即货币供应量增幅落后于经济增长幅度，其在实体经济中的根源是总需求对总供给的偏高，或现实经济增长率对潜在经济增长率的偏高。

第二，通货紧缩表现为商品和劳动价格的持续下降。物价水平严格来说是指包括资产价格（如股票、债券和房地产）及商品、劳务在内的广义的一般物价水平。持续、普遍下跌是指物价水平持续下降超过了一定时期（半年或一年）和幅度，才可断定发生了通货紧缩，而不是物价偶然的、短暂的下降。

第三，通货紧缩会造成经济增长乏力，通常与经济衰退相伴随。通货紧缩不仅仅是一种货币现象，更是一种经济现象，具体表现为投资机会相对减少和投资边际收益下降，从而使银行信用紧缩、货币供应量增长速度持续下降、信贷增长乏力、消费和投资需求减少、企业普遍开工不足、非自愿失业人数增加、收入增长速度持续放缓、市场普遍低迷、整体经济出现衰退。

第四，通货紧缩使货币流通速度趋缓。货币流通速度从短期看是一个较稳定的量，但是从长期来看，货币流通速度的变化又比较明显，当经济中出现通货紧缩使货币流通速度趋缓，导致货币供应量的增加部分被一定程度抵消，从而加剧通货紧缩。

需要说明的是，通货紧缩的上述四个特征是同一个问题不同的侧面。商品、劳务价格的持续下跌是判断通货紧缩存在与否的一个基本条件；货币供应量相对下降与货币流通速度趋缓是通货紧缩产生的重要原因；经济增长乏力则是通货紧缩的直接后果。

## 二、通货紧缩的类型

### （一）按通货紧缩持续时间的长短来划分

按通货紧缩持续时间的长短来划分，通货紧缩可分为短期通货紧缩、中期通货紧缩与长期通货紧缩。

一般而言，5 年以下的通货紧缩为短期通货紧缩，5~10 年的通货紧缩为中期通货紧缩，10 年以上的通货紧缩为长期通货紧缩。历史上，一些国家曾经发生历时数十年的通货紧缩（其中也不排除个别年份价格水平的上升）。例如，英、美两国在 1813—1849 年间发生了长达 36 年的通货紧缩，美国又在 1866—1896 年发生了长达 30 年的通货紧缩，英国则在 1873—1896 年发生长达 23 年的通货紧缩等。

### （二）按通货紧缩的紧缩程度不同来划分

按通货紧缩的紧缩程度不同来划分，通货紧缩可分为相对通货紧缩和绝对通货紧缩。

相对通货紧缩是指物价上涨率在零以上，同时处于适合一国经济发展和充分就业的物价区间以下。例如，若把物价水平年增长 3%~9%看成是适合于经济发展的，那么 0%~3%的物价年上涨率所对应的通货状态就是通货紧缩的状态。在这种状态下，物价水平虽然还有一些正增长，但是它已经低于适合一国经济发展和充分就业的物价水平，因而已经使一国经济失去正常发展所必需的动态平衡，通货处于不足的状态。

绝对通货紧缩是指物价上涨率在零以下，即物价负增长。这种状态说明一国通货处于绝对不足的状态，这种状态下，极易造成一国经济的萧条乃至衰退。绝对通货紧缩又分为两个方面：一方面，衰退式通货紧缩是指物价较长时间的负增长，但是负增长的幅度不大，已经或足以给一国经济造成一定的影响，使之处于衰退状态的绝对通货物价紧缩状态；另一方面，萧条式通货紧缩是指物价出现较长时间和较大幅度的负增长，已经和足以给一国经济造成一定的影响，使之步入萧条的绝对通货紧缩状态。

### （三）按通货紧缩与货币政策的关系来划分

按通货紧缩与货币政策的关系来划分，通货紧缩可以分为货币紧缩政策下的通货紧缩、货币扩张政策下的通货紧缩和中性货币政策下的通货紧缩三种类型。

通货紧缩和货币紧缩是两个不同概念，不能混为一谈。通货紧缩是指普遍的、持续的价格下降，如果货币当局采取的紧缩政策是为了治理通货膨胀，就不一定会出现通货紧缩现象。同时，紧缩政策虽然有可能导致通货紧缩，但是绝非所有的通货紧缩都来自紧缩政策，造成通货紧缩的原因可能是多方面的。

### （四）按通货紧缩的成因来划分

按通货紧缩的成因来划分，通货紧缩可以分为政策紧缩型、经济周期型、成本压低型、需求拉下型、外部冲击型、体质转轨型和结构型的通货紧缩。

## 三、通货紧缩的度量

通货紧缩是通货膨胀的对立面，测量通货膨胀所采用的指标也可用于测量通货紧缩，即消费价格指数、批发物价指数和国民生产总值平均指数。由于消费价格指数具有资料容易收集、对于一般物价水平反应敏感等优点，因此在测量通货紧缩时被广泛使用，一般是将基期的消费指数定为100，在此基础上计算报告期的消费价格指数。如报告期的消费价格指数持续（至少6个月）低于100时，即为通货紧缩。通货紧缩测量的指标除了各种物价指标外，还可以同时使用货币供应量持续下降、经济增长持续下降两项辅助指标来测量。

### （一）货币供应量持续下降

在一定时期内，物价总水平的持续下跌可能与货币供应量（M2）适度增长并存，这就需要进一步深入分析。首先，要把货币供应量的增长率与经济增长率对比，看两者的增长幅度是否相适应。如果货币供应量增长长期滞后于经济增长率，也是通货紧缩的标志。其次，要观察货币供应量层次结构，分析货币的流动性是否下降。如果货币的流动性持续下降，这属于一种结构性的通货紧缩。最后，要研究货币流通速度的变化，分析货币流量的变化情况。如果现金和存款货币的流通速度持续下降，进而引起货币流量逐年萎缩，同样也是一种通货紧缩的表现形式。

### （二）经济增长率持续下降

通货紧缩使商品和劳务价格变得越来越便宜，但是这种价格下降并非源于生产效率的提高和生产成本的降低，因此势必减少企业和经营单位的收入，企业和经营单位就被迫压缩生产规模，又会导致职工下岗失业。而社会成员的收入下降必然影响社会消费，消费减少又将加剧通货紧缩。而且通货紧缩使人们对经济前景看跌，这反过来又影响投资，投资消费缩减终将使社会经济陷入困境。

# 第五节 通货紧缩的成因及其对经济的影响

## 一、通货紧缩的成因

与通货膨胀类似，通货紧缩的形成原因比较复杂，往往是多方面因素综合的结果，导致通货紧缩发生的原因一般有如下几个方面：

### （一）费雪的债务挤压萧条理论

美国经济学家欧文·费雪在1933年资本主义世界经济大萧条时期提出了“债务挤压萧条理论”。费雪认为，美国20世纪30年代的经济大萧条也就是通货紧缩现象，是由于过多的债务负担造成的。一方面，由于过度负债，大量资金被用于支付利息，企业面对清算债务压力增大的情况，被迫销售，以获取偿债资金，这样就导致了物价水平的下降，而物价下降又导致实际利率的上升，由于偿债速度赶不上物价下降的速度，负债者的偿债能力越来越差；另一方面，由于要偿付银行贷款，所以存款货币会紧缩，导致货币流通速度下降，这又会使物价进一步下跌。在此情况下，如果不采取相应措施，企业的净值会伴随物价的下跌而下降，破产的可能性相应增加。以上这一切会导致产出、贸易量和就业水平的下降。这样一来，会加剧人们对未来经济的悲观预期，从而影响当期的消费水平，增加储藏货币的行为，这又会使货币流通速度进一步下降，加剧通货紧缩。如此作用机制一旦形成恶性循环，就会出现经济的普遍衰退。费雪还认为，问题之所以可怕，是由于债务人争先恐后偿还债务的结果使每个人的负债都会增加。也就是说，大萧条的秘密就在于债务人越是还债，他们欠的债务就越多。费雪认为，如果他的这一理论是正确的，那么控制价格水平就显得格外重要。至于过度负债的原因，费雪认为是由于新发明、新产品的出现或新资源的开发等所导致的利润前景看好，从而导致过度投资。

（二）凯恩斯的资本边际效率理论

针对20世纪30年代的经济危机，凯恩斯从投资的角度阐述了通货紧缩的原因。凯恩斯认为，投资不仅依赖于现有资本品的多少及其生产成本的大小，而且依赖于人们对资本品未来收益率的预期。在经济繁荣阶段的后期，资本品的数量在迅速增加，同时其成本也在不断上升，但是由于人们对未来的经济生活充满乐观情绪，也就是资本品的预期收益率相当高，这样上升的成本并不足以遏制投资需求的膨胀。投资需求的扩张带来了资本边际效率的下降，最终会使人们在权衡成本与收益后减少投资量。资本边际效率的崩溃又常常伴随着利率水平的上升，使投资量进一步萎缩，加剧了经济生活中的悲观情绪，从而进一步推动了通货紧缩的发展。简言之，资本边际效率的崩溃和通货紧缩的加剧互相影响、互相作用，陷入了恶性循环的困境。

（三）紧缩性货币政策和财政政策的影响

持这种观点的人是从货币供给的角度分析通货紧缩的成因。他们认为，由于货币供给量的增加不能满足经济增长的实际需要，影响总需求的扩大，导致有效需求的不足，从而造成了通货紧缩。一国当局如采取紧缩性的货币政策或财政政策，大量减少货币发行或削减政府开支以减少赤字，会直接导致货币的供应不足，或加剧该国商品和劳务市场的供求失衡，使“太多的商品追逐太少的货币”，从而引起物价下跌，出现政策紧缩型的通货紧缩。例如，20世纪30年代经济大危机时期，美国联邦储备委员会在应该采取扩张性货币政策的时候采用了紧缩性的货币政策，结果造成货币供应量的大幅度下降，信贷总量急剧萎缩，使美国的经济危机大大加剧，1929—1933年美国的一般物价水平竟下降了22.58%。

（四）心理因素的影响

持这种观点的人是从公众的心理角度来进行分析的。他们认为，由于经济周期的变化，人们会由此产生一些心理因素。例如，在日本，金融体系的效率很低，银行业存在严重的不良贷款问题，有人曾估计日本商业银行在20世纪90年代末的不良贷款高达800亿美元，这种情况有可能加剧人们的悲观预期，导致银行系统崩溃，致使出现了通货紧缩和经济萧条。

此外，心理因素还表现为消费的预期下降。如果由于宏观经济影响和收入预期发生变化，消费需求预期出现下降时，社会需求也会出现剧烈下降。消费者一般都具有“买涨不买跌”的心态，当物价进一步下降时，由于实际利率趋于提高，即期消费比远期消费更加昂贵，消费者会推迟即期消费，这样会促使消费品价格大幅下降，从而导致一般价格水平下降。理论上而言，心理预期因素对通货紧缩的影响更多地表现在动态效应上，如果价格下降的心理预期被证实，未来价格下降的预期会进一步放大，导致物价进一步下跌。可以说预期的作用倾向于加大通货紧缩的程度，延长通货紧缩的期限。

#### （五）政府削减公共支出的影响

经历了经济危机的冲击后，西方国家已经越来越认识到政府干预经济的重要性。政府部门参与经济活动一方面可以保证国家安全，另一方面还可带动私人部门的经济活动。当政府增加公共支出时，可直接增加社会需求，带动相关市场的发展，刺激物价上升。反之，政府为了降低财政赤字的水平，会大规模削减公共开支、减少转移支付、增加税收，这样会使社会总需求减少，造成有效需求不足，从而导致通货紧缩。

#### （六）经济周期变化的影响

当经济周期达到繁荣的高峰阶段时，生产力大量过剩，无论是绝对过剩还是相对过剩，其必然结果都是产品面临市场需求不足。只要这个市场是竞争性的市场，产品的价格就会下降，有些企业就会被迫减产或裁减职工，这必然导致企业投资和居民消费减少，反过来又加剧了市场需求不足，加大了物价下跌的压力。当一个经济体中的大多数产业部门都出现了生产能力过剩时，在竞争条件下，一般物价水平的下降是不可避免的，最终就会导致出现经济周期型通货紧缩。

#### （七）本币汇率高估和其他外部因素的冲击

一国实行盯住强币的汇率制度时，本币汇率出现高估现象，从而会减少出口，扩大进口，加剧国内企业经营困难，促使消费需求趋减，导致物价持续下跌，出现外部冲击型通货紧缩。国际市场的动荡也会引起国际收支逆差或资本外流，形成外部冲击型的通货紧缩压力。一个国家如果采用相对固定的汇率制度，往往出现本币高估，从而导致出口减少，出口企业经营困难和国内消费需求的减少，使物价水平下跌。如果一个国家采取盯住汇率制度，一旦盯住国货币升值，那么该国货币也就会被动升值，货币升值将导致出口商品价格上升，货币购买力增强，国内物价水平相对下降。1997年，东南亚国家出现通货紧缩就与这些国家采取盯住美元的汇率制度有直接的关系。此外，通货紧缩具有向外输出的特性，1997年，东南亚金融危机使得东南亚国家货币贬值30%以上，其出口商品价格的大幅下降加大了国际市场价格进一步下降的压力，也使通货紧缩的压力向其他国家和地区蔓延。这样，新加坡等受其影响，也出现了不同程度的通货紧缩。

### （八）体制和制度因素的影响

体制和制度方面的因素也会引发通货紧缩，如企业制度由计划机制向市场机制转轨时，精简下来的大量工人预期收入减少，导致社会有效需求下降。住房、养老、医疗、保险、教育等方面的制度变迁和转型，也有可能会影响到个人和家庭的消费行为，引起有效需求不足，导致物价下降，形成体制转轨型的通货紧缩。

### （九）其他因素

生产力水平的提高与生产成本的降低会导致产品价格下降，出现成本压低型通货紧缩。投资和消费的有效需求不足，导致物价下跌，形成需求拉下型通货紧缩。商品供给结构不合理，其结果一方面是许多商品无法实现其价值，迫使价格下跌；另一方面是大量货币收入不能转变为消费和投资，减少了有效需求，最终将会导致结构型通货紧缩。

## 二、通货紧缩对经济运行的影响

通货紧缩这种货币现象大致可分为两类。第一类可以认为是良性通货紧缩，即价格水平的下降是由技术进步和劳动生产率提高而引起的。与此同时，消费需求仍然非常旺盛，不会阻碍经济发展的进程。第二类可以认为是恶性通货紧缩，即通货紧缩是与投资需求和消费需求不足相伴随的。具体而言，恶性通货紧缩带来的后果如下：一是实际利率的上升抑制了消费和投资需求，反过来，总需求的不足进一步加剧了通货紧缩，两者交互影响，形成了恶性循环；二是通货紧缩造成了企业利润下降，失业人数上升，阶级和社会矛盾加剧；三是通货紧缩使企业和个人债务负担加剧，银行坏账增多，从而危及整个社会信用，加剧了金融动荡；四是世界性通货紧缩会导致国际市场的需求不足，各国为促进本国经济发展必然加剧出口竞争，这样会导致贸易保护主义抬头，使各国的贸易关系日趋紧张。

总体而言，通货紧缩与通货膨胀一样会对经济造成不利影响，导致实体经济衰退。这主要体现在以下几个方面：

### （一）通货紧缩导致经济衰退、失业增加

在经济正常发展过程中，轻微的通货紧缩一般不会对经济造成什么危害，但是若经济处于衰退期间，通货紧缩就可能成为经济衰退的助推器。对消费来说，通货紧缩意味着以同样数量的货币可以购买到更多数量的商品，即货币的购买力增强，这将促使人们更多的增加储蓄、削减消费。同时，消费者常常“买涨不买跌”，在预期价格水平会进一步下跌、失业率可能上升、收入水平可能下降的情况下，消费者会因此缩减支出，增强储蓄。这样通货紧缩就会抑制个人消费支出，使消费总量趋于下降。

对企业来说，伴随着通货紧缩的发展，物价水平进一步降低，企业收入和利润水平下降甚至出现了亏损，在这种情况下，整个经济体中企业破产率就会上升。对投资来说，通货紧缩期间，通货膨胀率的下降带来了实际利率水平的提高，由此导致资金成本较高，利润率下降，投资减少。对就业来说，物价下跌或是使企业破产，或是使

企业开工率不足，这些都会使整个社会的失业人口增加，而失业率的上升又会使消费者进一步萎缩，物价继续下跌，企业破产率上升，失业率上升，形成恶性循环，使整个宏观经济陷入衰退中。

（二）通货紧缩会破坏正常的信用关系

在通货紧缩的情况下，名义利率水平不下降或下降速度赶不上物价下跌的速度，这都会使债务人负债的实际利率较高，加重债务人的负担。同时，企业生产成本下降往往低于价格下降，使企业扩大生产的积极性下降。生产停滞以及实际利率水平的上升会进一步削弱企业归还银行贷款的能力，使银行体系经营风险增大。

（三）通货紧缩会加重银行业的不良资产

企业债务负担加重会使银行贷款难以收回的可能性增大，使银行业陷入困境。同时，由于资产价格的下降会降低资产的抵押或担保价值，银行被迫要求客户尽快偿还贷款或余额。这最终导致资产价格进一步下跌，使贷款者的净资产进一步减少，从而加速破产过程。企业在走投无路的情况下，便将债务负担转嫁银行，导致银行不良资产升高，在此种情况下，又可能引发储户的“挤兑”行为，一些经营状况不佳、流动性较差甚至资不抵债的银行有可能被迫破产。

（四）通货紧缩对国际经济的影响

通货紧缩具有一定的传导性，一些国家或地区发生通货紧缩和经济衰退，从而导致了该国或地区的货币贬值，进而又会引发另一些国家货币贬值，又将通货紧缩扩展到世界范围，导致世界性经济衰退。

总之，通货紧缩有其内在规律，具有自强化的特性，即物价下跌、消费支出和投资支出的减少会相互作用，使经济衰退和通货紧缩加剧。

## 第六节　通货紧缩的治理

对于治理通货紧缩，各国经济学家和政府都提出了一些设想并付诸实施，有些也已取得了较好的效果。一般来说，治理通货紧缩通常是调整宏观经济政策，采取积极的财政政策和货币政策，并针对通货紧缩形成的不同原因采取具体对策。但是无论通货紧缩形成的具体原因如何，它的基本特征就是有效需求不足。因此，治理通货紧缩，关键是如何扩大需求，包括消费需求和投资需求，同时又要调整和改善供给结构。

### 一、调整宏观经济政策

调整宏观经济政策主要是采取积极的财政政策和货币政策。财政政策通常被视为扩张支出的法宝，实行积极的财政政策不仅意味着要在数量上扩大财政支出，更重要的是要优化财政支出结构，也就是要既弥补因个人消费需求不足造成的需求减缓，又拉动民间投资，增加社会总需求。货币政策能对总支出的水平施加重要影响，积极的货币政策需要适度增加货币供给量，降低利率水平，扩大贷款规模，在增加货币供给量和促进经济复苏方面发挥重要作用。此外，收入政策也可在治理通货紧缩时发挥一定作用，但是需要掌握好政策实施的力度。

### （一）实施积极的货币政策

中央银行采取有效措施扩大商业银行和非银行金融机构的信贷规模，增加货币供应量，以刺激经济发展。中央银行在实施扩张型货币政策时主要采用的政策工具包括：在金融市场上购进政府债券、降低再贴现率和再贷款率、降低法定存款准备金率。

1. 采取制度的膨胀政策

造成通货紧缩的直接原因就是宏观经济中的供求关系不平衡，这种不平衡最直接地就体现在物价的持续下跌上。在治理通货紧缩时，要想使一般物价恢复到一个相对合理的水平、减轻债务人的负担、促进消费支出的增加，就可以采取适度的膨胀政策，增加货币供应量，提高货币流通速度。尤其是当通货紧缩威胁到经济的持续发展时，就可以适当采取这种制度。这里需要注意的一点是，膨胀政策并不是通货膨胀政策，而是要使物价回升到一个合理的水平而采取的政策。如何促使银行努力扩大贷款，增加对企业的贷款支持也可以采取增加货币供应量的措施，以提高一般等价物水平。但是必须注意在进行信贷扩张的同时，要防止不良贷款的恶化。例如，1998 年下半年，针对美国经济面临的潜在困难，美联储就采取了膨胀政策，连续三次下调利率。这种政策使其债券市场脱销，股市上升很快。

2. 进行汇率制度的改革

僵硬的汇率制度可能使本币高估，产生输入型通货紧缩。针对此类通货紧缩就需要对汇率制度进行改革，废除僵硬的汇率制度，采取较为灵活的汇率制度。这样经济政策可以变得相对主动，政策决策部门可以根据经济发展和国际形势的变化及时调整汇率水平，提高国内企业对外竞争力。同时，货币对外贬值，可以改变人们对通货紧缩的预期，从而调整消费和投资行为，提高就业率，带动国民经济的增长。例如，20 世纪 80 年代到 90 年代的美国、瑞典都曾利用货币的贬值来促进经济的恢复和增长。

### （二）实施积极的财政政策

1. 扩大政府支出

扩大政府支出可以增加政府需求。在财政收入既定或减少的条件下，扩大政府支出的资金主要来源于发行国债和财政赤字。通货紧缩时期，有可能伴随着信贷的紧缩，为了配合货币政策的实施，可采取增加财政公共支出的政策，以带动居民支出，激活经济。

2. 消减税率

如果政府在增加财政支出的同时，相应增加税收，那么增加公共支出的政策效应便很可能被抵消。因此，在扩张财政支出的同时，应考虑减少公司税和增值税，以减少财政政策的“挤出效应”。事实上，消减税率未必造成税收收入的下降，理论上讲，消减税率可以使财政支出产生乘数效应，促进经济增长。而经济活动的恢复有利于扩大税基，从而增加税收。也就是说，消减税收无非是将征税的时期进行了转换，用长期税收的增加来弥补即期税收的减少。调整税收除了针对公司税和增值税以外，还可以针对其他税种，如利息税等。

### 二、扩大有效需求

有效需求不足是通货紧缩的主要原因，因此扩大有效需求是治理通货紧缩的有效措施。总需求包括投资需求、消费需求和出口需求。但是影响一国的主要因素是投资需求和消费需求，因此必须采取措施，努力扩大投资需求和消费需求。

投资需求的增加有两条主要途径：一是增加政府投资需求。主要手段是通过发行国债、增加政府直接投资和公共支出。在市场供大于求的情况下，政府支出多投向基础设施建设和科技成果转化等方面，目的是在政府扩大投资的同时，带动民间投资的增加。二是启动民间投资需求。主要是通过采用改变民间资本的利润预期、改善投资和金融环境、价格低利率等措施。

居民消费支出更多地取决于对未来的预期而非货币政策的松紧程度。因此，解决问题的办法应集中于刺激居民对未来收入的预期，具体措施可以因国、因地、因时而异。例如，通过加强税收征管来缩小居民收入差距；通过提高就业水平增加失业补助标准刺激低收入阶层的消费需求；通过调整政府投资结构和支出方向改善需求结构；通过加快社会福利保障制度改革解除居民在增加消费时的后顾之忧；利用股市的财富效应刺激居民消费；等等。

### 三、调整和改善供给结构

调整和改善供给结构的目的是同扩大有效需求双管齐下，形成有效供给扩张和有效需求增大相互促进的良性循环。一般情况下，多采取提高企业技术创新能力、推动产业结构的升级、培养新的经济增长点、形成新的消费热点，同时又要反对垄断、鼓励并放开竞争、扶持小企业或民营企业发展、降低税负等措施。因为在生产能力过剩时，很多行业会出现恶性市场竞争，为了争夺市场，价格战会不断出现，行业利润率不断下降。如果价格战能够在较短的时间里使一些企业退出市场，或者在行业内部出现较大范围的兼并与重组，即产业组织结构调整，则在调整后的产业组织结构中，恶性市场竞争会被有效制止，因恶性竞争带来的物价水平大幅度下降的情况可能避免。

总之，通货紧缩会提高货币的购买力和实际利率水平，抑制消费和投资，导致商业萎缩和失业率上升，最终造成经济衰退。因此，要保障经济的健康运行，不仅要抑制通货膨胀，也要治理通货紧缩。

## 本章小结

1. 通货膨胀是在纸币流通条件下的一种经济病态，表现为因流通中注入货币过多而造成货币贬值以及总的物价水平采取不同形式（公开的或隐蔽的）持续上升的过程。

2. 通货膨胀按不同标准，可分为多种类型，也有多种度量的方法。

3. 通货膨胀是个理论问题，更重要的是个实践问题。通过对资本主义国家经济发展史的实证研究得知，从经济发展的一个过程分析，通货膨胀对经济发展至少是弊多利少的。当然，究竟是有益、有害还是中性，也只有在实践中进一步加以证明。

4. 通货膨胀对经济的影响主要表现在经济增长效应、强制储蓄效应、收入和社会财富的再分配效应、资源配置扭曲效应、经济秩序和社会秩序紊乱效应。

5. 依据不同类型的通货膨胀，其成因有不同的解释，西方理论主要有需求拉上说、成本推进说、供求混合推进说、部门结构说、预期说等。我国理论界对通货膨胀成因的解释主要有财政赤字说、信用扩张说、国际收支顺差说、体制说、摩擦说、混合说等。

6. 治理通货膨胀的主要方法是宏观紧缩政策。此外，收入紧缩政策、收入指数化政策也是不少国家采用过的办法。货币主义学派的主张是“单一规则”政策，凯恩斯学派和供应学派则主张从增加供应着手进行治理。

7. 通货紧缩是与通货膨胀相对立的一个概念，尽管在定义上有争议，但是通常是指一般物价水平的持续下跌这一点已形成共识。与通货膨胀一样，对通货紧缩，通常按其持续时间、严重程度和形成原因等也有各自不同的分类。

8. 通货紧缩与通货膨胀都是社会总供给与总需求严重不平衡的结果，其发生的一般性原因主要是紧缩的财政政策、生产能力大量过剩、投资和消费的有效需求不足、供给结构不合理等。

## 复习思考题

1. 比较衡量通货膨胀的消费物价指数、批发物价指数、国民生产总值平减指数的优缺点。

2. 需求拉上型通货膨胀理论有哪两种形态?

3. 治理通货膨胀的需求政策、收入政策、供给政策以及结构调整政策分别针对什么类型的通货膨胀? 各有什么优缺点?

4. 简述通货膨胀概念、类型和测量指标。

5. 论述通货膨胀的成因、通货膨胀对经济运行的影响和治理措施。

6. 试述西方的通货紧缩理论。

7. 论述理解通货紧缩形成原因、对经济运行的影响和治理措施。

### 附录：如何同时降低通货膨胀率与失业率的相关政策

通过对飞利普斯关系微观经济基础的分析可以发现，工资报价、最低工资预期水平、搜寻工作的效率、工会势力和公司势力、辞职率与临时解雇率、生产技术效率、劳动周转率、劳动市场分割及其不平衡等因素对通货膨胀率与失业率都有重要的影响。要想达到同时降低通货膨胀率与失业率的目标，可以通过相关政策来进行调整。

（一）降低工资报价、接受水平（最低工资预期水平）和通货膨胀预期

辞职的工人可能有相对较高的工资预期，因为他们的搜寻从没有被迫失业的经验

开始，然后慢慢地降低工资预期。相反，临时解雇的工人可能有同他们过去的工作相比相对较低的工资预期。降低失业工人初始的工资接受水平和公司报价水平，减少进入劳动市场的空位，会降低通货膨胀率。工人和雇主一般有夸大纯粹的通货膨胀导致过去和未来的工资变化程度的倾向，更好的信息和查询手段可以纠正这些不合理的预期。降低工人和雇主持有的通货膨胀预期，可以降低通货膨胀率。

（二）提高搜寻效率，应用计算机辅助查询与安置

通过工人和雇主之间更好地联系与沟通，通过工人或雇主特殊需要的更多信息的传递，会缩短工人和空位匹配的时间。信息需要分类、筛选和有选择性的传播。应用计算机辅助查询，能够减少平均搜寻时间，减少失业和空位持续时间，提高主动接受概率，并且通过更高质量的安置可以降低辞职和临时解雇率。但是失业和空位持续时间的减少会倾向于降低主动接受概率，部分地抵消原来的变化。需要注意的是，如果计算机系统没有很好地在满意度和生产率方面改善工作与工人的匹配的质量，那么计算机辅助查询会提高劳动周转，可能会加速通货膨胀。

（三）集体讨价还价指导方针和控制垄断势力

劳动市场有这样一个趋势，即为了回应随着工资提高的大量的辞职，公司之间会竞争性地出高价。公司使用相对工资的变化保持他们的工作力量会失败，结果是货币工资水平的提高。禁止所有雇主增加工资的价格指导政策在延缓出高价过程方面是有用的，但是那些相对高辞职率的情形必须除外。对于工会势力在反对解雇工人和支持提高工人工资上的作用，政府必须给予一定的限制。在控制产业或公司的垄断势力上，可以采取以下政策：一是通过完全就业总收入政策，减少失业，增加工会和非工会工人的就业安全；二是基于产业工会，加强行业分割，降低产品市场垄断势力，从而降低讨价还价能力；三是实行反托拉斯政策，降低产业集中度和垄断势力；四是降低高利润行业的关税保护。

（四）降低辞职率、临时解雇率以及辞职与临时解雇率的比例

在不干预失业的情况下，经济循环中辞职量的变化可以形成重要的通货膨胀机制，因为它可以使工资增加，或间接地诱导在职工人减少周转率而增加所有工人的工资水平。此时，政府可以采取以下政策：

第一，可以通过改善工作条件减少主动辞职。例如，公司内部的某些制度安排可以满足这一需要，如养老金、老资格优先权等，然而减少辞职会增加劳动调整过程的不合意的摩擦。

第二，可以通过发展合适的职业计划和健康保障的训练项目来减少年轻工人的辞职。

第三，尽可能使劳动市场上信息对称。在劳动市场上，关于安置过程的信息通常是不对称的。雇主通常拥有大量的信息，他知道他要雇佣的工人具有的基本特征、基本技能是什么，却省略了许多对工人而言重要的信息。这对于获得一个双方满意的工人与工作匹配是没有什么益处的。

第四，在公司内部提高工作与工人匹配率。公司和员工拥有的大量的相互信息，使得在公司内部的劳动市场上能够有效率地发现好的工作与工人匹配，这可以减少临

时解雇率和辞职率。但是过度地避免外部市场会导致一些不合意的分割。

第五，政府诱导公司增加培训投资的公共政策项目，应该给公司培训低技能工人更强的激励，从而为保持公司的工作力量而减少临时解雇率。

（五）增加生产技术效率、劳动周转和安置的可能性

提高劳动生产率会减少工作力量，增加失业，降低通货膨胀率。因为更大的产出将在更低的价格上售出，所以可以降低通货膨胀率。

全时或在职找工作的时间的缩短，将会导致更短的平均失业时间。这会降低搜寻成本，可以诱导人们更频繁地搜寻，他们的就业时间也会缩短。找到新工作更容易，会减少空位的持续时间，增加临时解雇率，缩短就业时间，这样不仅会增加培训成本，而且会增加流进劳动市场的空位存量和失业工人的存量，至少部分地抵消了搜寻时间减少的效果。

主动接受概率将依赖工资重叠，即雇主的最大工资超过工人的最小工资的数量。最初缺口的减少或它们的加速下降会有助于减少失业和空位。可以通过以下三种措施减少缺口，导致工资重叠，增加安置的可能性：一是使工人降低他们的工资接受水平和工作满意度；二是使雇主增加工资，或降低与产出有关的质量预期；三是提供更好的信息和查询，这样可以使工人学习得更快，以使他们作出心理调整接受更低的工资预期，也可以帮助雇主学习，使他们根据市场条件调整得更快。

（六）降低劳动市场的分割程度、减少劳动市场分割之间的不平衡以降低失业率

找工作的人与劳动市场沟通上的时空限制导致的成本、特殊职业培训的成本、重建工作的成本会不可避免地造成分割。减少劳动市场的分割程度，将增加安置的可能性。换言之，任何与劳动生产率、满意度、转移成本相抵触的分割都应该被清除。

劳动市场有范围经济性。即使空位和工人最优地分配到各个不同的劳动子市场以使不平衡对失业没有影响，不同的劳动子市场具有的吸引力也不相同。劳动子市场相对较大，匹配的可能性也相对较大，空位和失业的持续时间会更短。如果劳动市场的分割是地理性的，那么由于存在范围经济性，劳动者和雇主有转移到更大的劳动市场的激励。这样可以减少劳动市场分割和分割之间的不平衡。

劳动者可以通过工作重建、不同职业间的培训、地区间劳动和产业的流动来减少地区和行业间的长期不平衡。在一定程度上，政府和私人在地区性和行业性的需求上反对波动的措施将阻止不平衡的发生。

# 第十一章 货币政策调控

货币政策是货币金融理论的核心。各国货币当局通过制定和实施货币政策，对宏观经济进行间接调控，以保持经济的平稳运行。货币政策追求的目标是单一目标还是多重目标，政策工具如何搭配使用，中介指标使用货币供应量还是利率，货币政策的传导机制是通过利率还是货币供应量，抑或是信贷、财富或股市，货币政策的效应以及如何评价货币政策的效应，货币政策与财政政策谁更有效等问题，构成了货币政策理论的重大课题和争论焦点。本章主要就货币政策的各个构成要素以及我国的货币政策实践进行分析。

## 第一节 货币政策的目标

### 一、货币政策（Monetary Policy）与货币政策目标的内涵

中央银行对经济的调节和对金融的宏观调控是利用货币政策实现的。所谓货币政策，是指中央银行为实现其特定的宏观经济目标，所采用的各种控制和调节货币供应量的措施的总称。货币政策是包含着政策目标、达到目标的措施、运行机制、效果衡量等一系列内容在内的一个广泛的概念。货币政策的目标是一国货币当局采取调节货币和信用的措施所要达到的目的。按照中央银行对货币政策的影响力和影响速度，货币政策划分为两个不同的目标层次，即最终目标和中介目标，它们共同构成中央银行货币政策的目标体系。

### 二、货币政策的最终目标

#### （一）货币政策最终目标的内容

中央银行货币政策的目标要与一国整个经济长期发展的战略目标相一致，要成为国家整个经济政策的重要组成部分，并发生作用。这就是中央银行货币政策的最终目标。一般认为，货币政策的最终目标包括物价稳定、充分就业、经济增长和国际收支平衡。

1. 物价稳定（Price Stability）

稳定物价就是设法使一般物价水平在短期内不发生显著的波动，稳定物价的实质就是稳定币值。在信用经济时代，物价的变动是纸币变动的指示器，是衡量货币流通正常与否的主要标志。这里的物价水平是指一般物价水平，而不是指某种商品的价格。

价格体系作为国民收入再分配的工具，它的变动虽然会影响一部分人的利益，但是对社会并无不利的影响。由于现实生活中各种因素的影响，价格机制的自动调节功能往往会被扭曲，这种相对价格体系的变动在一定时期也会引起一般物价水平的变动。

从各国的情况来看，衡量一般物价水平变动的指标通常有三个：第一，国民生产总值平均指数。它以构成国民生产总值的最终产品和劳务为对象，反映最终产品和劳务的价格变化情况。第二，消费者物价指数。它以消费者的日常生活支出为对象，能较准确地反映消费物价水平的变化情况。第三，批发物价指数。它以批发交易为对象，能较准确地反映大宗批发交易的物价变动情况。当然，三种指标包含的商品范围不同，反映的物价变化也都有一定的局限性，但是它们在变动趋势上应该是一致的。

在现代经济社会中，一般物价水平呈上升的趋势。因此，中央银行货币政策的主要目标就是稳定物价，将一般物价水平的上涨幅度控制在一定的范围之内，以防止通货膨胀。至于把一般物价水平上升的幅度控制在何种范围之内为最佳，不同的经济学家有不同的看法，不同的国家也有不同的标准。保守的经济学家认为物价水平最好不增不减，或者只能允许在1%的幅度内上下波动，有的认为3%是可取的。而较激进的经济学家因相信轻微的通货膨胀对经济的活跃有一定的刺激作用，有利于经济发展，主张一般物价水平可作较高幅度的增加，如上涨幅度可允许在5%以内。尽管如此，在实践中，各国中央银行通常采取折中的办法，根据各国经济发展情况和背景的不同，制定不同的标准。从各国实际情况来看，在制定货币政策时，中央银行都显得十分保守，一般将年物价上涨率控制在2%以内。

2. 充分就业（Full Employment）

充分就业作为货币政策目标提出，最早是在20世纪30年代。在1929—1933年的资本主义世界的经济大危机中，由于市场不能自发地保证充分就业，为了摆脱危机，西方国家普遍实行了国家干预经济的政策，并把充分就业摆在货币政策目标的首位。因为高就业意味着资源的充分利用，意味着高产出和高投入，也意味着经济的良性循环和稳定增长。从这一点出发，充分就业目标是经济政策总目标的一个组成部分，也是现代发达国家货币政策的四大目标之一。

充分就业通常是指凡有能力并自愿参加工作者，都能在较合理的条件下找到适当的工作。但是充分就业并不等于社会劳动力100%的就业，因为还存在自愿性失业（劳动力不愿意接受现行的工资水平而造成的失业）。只要消除了非自愿性失业（劳动者愿意接受现行的工资条件和工作条件却仍然找不到工作），社会就实现了充分就业。所谓充分就业目标，就是要保持一个较高的、较稳定的社会就业水平。

严格意义上的充分就业是针对所有能够被利用的资源的利用程度而言的，但是要测定各种经济资源的利用程度是非常困难的，因此一般以劳动力的就业程度为标准，即以失业率指标来衡量劳动力的就业程度。所谓失业率，是指社会的失业人数与愿意就业的劳动力之比。失业率的高低与社会就业程度成反比。至于失业率为多少时才可称之为充分就业，目前尚无统一标准。有经济学家认为，当失业率控制在3%以内才可被视为充分就业，但是大多数经济学家认为失业率在5%以内就可以被认为实现了充分就业。在计算失业率指标时，最大的困难就在于如何确定失业人口和社会自愿就业人口这两个指标的内涵。由于各国的计算方法不同，所以对失业率的评价并不一致。各国应该根据各自不同的经济条件、发展状况来确定充分就业目标。

3. 经济增长（Economic Growth）

所谓经济增长，是指一国或一个地区内商品和劳务以及生产能力的增长，也就是国民生产总值的增长必须保持合理的、较高的速度。目前，各国衡量经济增长的指标主要有国民生产总值增长率、国民收入增长率、人均国民生产总值和人均国民收入增长率等。前两个指标主要反映的是经济增长的总规模和经济实力的状况；后两个指标反映的则是经济增长带给一个国家或地区的富裕程度。

影响经济增长的直接因素是人力、物力和财力。中央银行作为经济运行中的货币供给部门，能够影响到其中的财力部分，就会对资本的供给与配置产生一些效果。中央银行的货币政策以经济增长为目标，指的是中央银行在接受既定目标的前提下，通过货币政策操作，对这一目标的实现施加影响。将经济增长作为货币政策的目标，当中有两个问题必须注意：一是要增加国民生产总值必然会增加各种经济资源，如劳动、土地以及资本等的利用程度。然而货币政策在这些资源运用中所能产生的效果非常有限，只能对资源的配置产生一些效果，对劳动以及土地的运用却缺乏直接影响力。二是以国民生产总值表示的经济增长仅仅只是一个数量指标，在产值增长的背后，可能隐藏着资源的浪费和环境污染等质量问题，这些都是货币政策无力控制的。因此，中央银行的货币政策只能以其所能控制的货币政策工具来创造一个适宜于经济增长的货币金融环境，以促进经济增长。

4. 国际收支平衡（Balance of International Payments）

平衡国际收支政策目标的提出是在20世纪70年代。当时，由于日本、联邦德国等国的经济迅速增长，国际竞争力不断加强，美国的对外贸易不断出现逆差、国际收支状况恶化，大量美元外流，从而降低了世界各国对美元的信心。美国为了维护以美元为中心的国际货币制度，提出了平衡国际收支的货币政策目标。此后，虽然美元与黄金脱钩，各国相继由固定汇率改为浮动汇率，但是平衡国际收支仍然是货币政策的目标之一。

在一个开放型的社会经济中，国际收支状况与国内市场的货币供应量有着密切的关系。一般来说，顺差意味有该国的外汇收入大于支出，外汇收入增加，而收购这些外汇必然要增加国内市场的货币供应量。换言之，顺差意味着商品的输出大于商品的输入，从而相对减少了国内市场的商品量，增加了国内市场的货币供应量。顺差带给国内市场的影响有两种：一是当国内市场上货币偏多、物价不稳、商品供给不足时，顺差严重时会加剧通货膨胀，加剧国内市场上商品供求的矛盾；二是当国内市场货币供给不足、外资缺乏、失业严重、商品供过于求时，顺差则有利于实现国内市场的均衡。国际收支逆差的影响则正好相反。

国际收支平衡是指在一定的时期内（通常指一年内），一国对其他国家或地区的全部货币收支持平。平衡国际收支，简单地讲，就是采取各种措施，纠正国际收支差额，使之趋于平衡。一国国际收支出现失衡，无论是逆差还是顺差，都不利于本国经济的发展。但是由于逆差的危害性更大一些，各国调节国际收支失衡的主要目标是减少以至于消除逆差。然而，在现实操作中，平衡国际收支是一个不容易确定的目标。从全世界来看，一些国家的盈余就意味着另一些国家的赤字，因此每个国家都要在国际收支平衡表上实现盈余是绝对不可能的。目前，经济学家普遍认为，国际收支平衡应当是一种动态的平衡，即在若干年的时间内（如在3~5年内），如果一个国家的国际收支平衡表中的主要目的变动接近于平衡，便可大致上认为达到了国际收平衡。其中，某一年的不平衡可以由其他的年份加以弥补。

（二）货币政策最终目标间的关系

尽管货币政策所追求的目标有四个，但是就任何一个国家的中央银行而论，对上述各种目标往往不能同时兼顾。在某一时刻，为实现某一货币政策目标所采用的货币政策措施很可能阻挠另一倾向政策目标的实现。因此，在承认若干目标间互补性的同时（如充分就业与经济增长之间的相互促进），也不能忽略货币政策目标之间的冲突性的存在。这些主要冲突有：稳定物价与充分就业的冲突；稳定物价与国际收支平衡的冲突；经济增长与国际收支平衡的冲突；稳定物价与经济增长之间的冲突。

1. 稳定物价与充分就业的冲突

根据著名的飞利普斯曲线（Phillips Curve），失业率与物价上涨率之间存在着此消彼长的关系，实现充分就业就要牺牲若干程度的物价稳定，为维持物价稳定，就必须以提高失业率为代价。飞利普斯（A. W. Phillips）指出，降低失业与稳定物价不能并行，在物价稳定为3%且失业率为5%的情况下，若要使失业率降至3%，则可能要使工资上涨由3%提高到5%，因而导致物价上涨2%。也就是说，一个国家要实现充分就业，就需要增加货币供应量、降低税率、增加政府支出，以刺激社会总需求的增加。而总需求的增加在一定程度上会引起一般物价水平的上涨，如果要稳定物价，就要抑制社会总需求的增加，而社会总需求的减缩则必然导致失业率的提高。这样货币政策在稳定物价与充分就业之间就陷入了两者不能兼顾的“两难”境地。作为中央银行的货币政策目标，既不可能选择失业率较高的物价稳定，也不可能选择通货膨胀率较高的充分就业，而只能在物价上涨率与失业率之间相机抉择，根据具体的社会经济条件做出正确的组合。

从20世纪70年代起，很多国家关于物价和失业的统计又显示出两者间的互补关系，即物价上涨、失业和经济停滞同时并存，飞利普斯曲线呈现正的斜率。其主要原因如下：

（1）制度因素。工会对劳动力市场的垄断使工资居高不下，而工资成本上升使劳动力需求下降，就业和产量同时下降，结果是工资和物价同步上升。

（2）外生因素。例如，石油价格大幅度上涨，使石油进口国的物价随生产成本的上涨而上升，出口不利，导致产量下降。国际货币制度的调整使货币坚挺的国家为克服国际游资的冲击而不得不实行货币升值，造成货币充斥，物价上涨，出口不利，失业随投资下降而增加。货币疲软的国家为防止游资外逃则不得不提高利率，使失业随投资的减少而增加。

（3）结构性失业和货币政策不当。解决结构性失业的对策应该是改善劳动力市场的信息传递和培训劳动技能等。运用货币政策扩大投资以创造就业机会只能引起工资上涨和效率下降，结果是工资上涨推动物价上涨，效率下降导致经济停滞。

进入20世纪90年代以来，美国经济增长率、失业率和通货膨胀率出现了“一高两低”的现象，即高增长率、低失业率和低通货膨胀率并存。美国经济增长率一直维持在4%以上，失业率降到4%左右，通货膨胀率也控制在3%以下。对此，不少经济学家认为美国经济进入了“新经济”时代，失业率与通货膨胀率间的此消波长的关系已不复存在，飞利普斯曲线再次面临挑战。然而进入21世纪以来，美国高科技行业增长速度放慢，以信息技术为龙头的纳斯达克股票指数狂跌，美联储频繁降息以求刺激股市和经济，飞利普斯曲线是否失效还有待历史检验。

2. 稳定物价与国际收支平衡的冲突

在任何一个开放型经济的国家中，其经济状况通常都带有国际化的特征。一个国家的中央银行，若要想同时实现稳定物价和平衡国际收支这两大目标，会存在矛盾，一般来说，若国内物价上涨，会使外国商品的价格相对降低，将导致本国输出减少，输入增加，国际收支恶化；若本国维持物价稳定，而外国发生通货膨胀，则本国输出增加，输入减少，结果就会发生贸易顺差。因此，只有全球都维持大致相同的物价水平，物价稳定才能与国际收支平衡同时并存。在国际经济关系日益复杂，世界经济发展极不平衡的现实经济社会里，这两个条件同时并存是不可能的。稳定物价与国际收支平衡的目标也可能相悖而行。

3. 经济增长与国际收支平衡的冲突

在正常情况下，随着国内经济的增长，国民收入增加以及支付能力增强，通常会增加对进口品的需要。此时，如果出口贸易不能随进口贸易的增加而增加，就会使贸易收支情况恶化，发生大量的贸易逆差。尽管有时由于经济繁荣而吸收若干外国资本，这种外资的注入可以在一定程度上弥补贸易逆差造成的国际收支失衡，但是并不一定就能确保经济增长与国际收支平衡的齐头并进。尤其是在国际收支出现失衡、国内经济出现衰退时，货币政策很难在两者之间做出合理的选择。在国际收支逆差的情况下，通常必须压抑国内有效需求，其结果可能消除逆差失衡，但是同时也会带来经济衰退。而对经济衰退，通常采取扩张性货币政策，其结果可能刺激经济增长，但是也有可能因输入增加而导致国际收支逆差。

4. 稳定物价与经济增长的冲突

如何处理好经济增长与稳定货币之间的关系是另一个核心问题。失业率的高低、外汇收入的多少，决定于经济增长的状况。从根本上说，经济增长同稳定物价是辩证统一的，只有经济增长了，商品增多了，稳定货币才有物质基础。然而，在信用货币条件下，经济增长往往伴随着物价的上涨，两者表现出一定的矛盾性。原因在于：一是货币作为经济增长的先导和第一推动力，在货币流通速度基本稳定的情况下，倾向供给量若偏多，势必刺激物价上涨。因此，有可能出现这样一种情况，即经济增长需要有货币的超前供给，超前的货币供给量可能带来物价的上涨与币值的下跌，进而造成经济增长与稳定币值两者的冲突。二是经济的快速增长通常会带来投资过旺，特别是在政府刻意追求增长速度，有意无意地以通货膨胀为手段来促进经济增长时，扩张信用的手段在增加投资的同时也必然造成货币发行量的增加和物价的上涨，而为抵制通货膨胀所采取的提高利率等紧缩性货币政策又可能因抵制投资而影响经济的增长。

如何在这些相互冲突的矛盾中做出最适当的抉择，是当代世界各国金融当局所面对的最大难题。值得注意的是，第二次世界大战以后，西方各国的中央银行根据本国的具体情况，在不同的时期对倾向政策四个目标的选择有着不同的侧重点，而进入20世纪90年代以来则发生了很大的变化，主要发达国家均以稳定货币、反通货膨胀为唯一的货币政策目标。这说明，在货币政策目标体系中，稳定货币、稳定物价始终是中央银行倾向政策目标的基础。中央银行的货币政策目标与国家的经济政策目标是有区别的，其更主要的任务是为经济持续、稳定的增长创造一个良好的金融环境。

### （三）中国货币政策目标的选择

自1984年至1995年3月《中国人民银行法》颁布之前，我国事实上一直奉行的是双重货币政策目标，即经济增长和稳定币值。这种做法符合中国过去的计划经济体制，特别是在把银行信贷作为资源进行直接分配的情况下，货币总量控制与信贷投向分配都由计划安排，经济增长和稳定币值这两个目标比较容易协调。但随着改革开放的推进和计划性的减弱，货币政策的双重目标越来越难以同时实现。

1995年3月颁布实施的《中国人民银行法》对双重目标进行了修正，确定货币政策目标是“保持货币币值的稳定，并以此促进经济增长”。2003年12月27日重新修订的《中国人民银行法》再次确认了这一目标。这个目标体现了两个要求：第一，稳定币值是主要和优先的目标，中央银行应该以保持币值稳定来促进经济增长；第二，即使在短期内兼顾经济增长的要求，仍必须坚持稳定币值的基本立足点。

## 三、货币政策操作指标与中介指标

### （一）操作指标和中介指标的作用与基本要求

由于货币政策最终目标是中央银行难以直接实现的结果，中央银行在货币政策的操作中必须选择某些与最终目标关系密切、可以直接影响并在短期内可度量的金融指标，作为实现最终目标的中间性指标，并且控制和调节这些指标以最终实现政策目标。中间性指标主要由操作指标和中介指标两个层次构成。

1. 货币政策操作指标

货币政策操作指标是中央银行通过货币政策工具操作能够有效、准确实现的政策变量。货币政策操作指标有两个特点：一是直接性，即可以通过政策工具的运用直接引起这些指标的变化；二是灵敏性，对政策工具的运用反应极为灵敏。一般来说，操作指标是在中央银行体系之内的可控性指标。

2. 货币政策中介指标

货币政策中介指标处于最终目标和操作指标之间，是中央银行通过货币政策操作和传导后能够达到一定的精确度的政策变量。由于中介指标不在中央银行体系之内，而是受整个金融体系影响，因此，中央银行对中介指标的可控性较弱，但中介指标与最终目标之间的关系十分密切。中央银行主要通过政策工具直接作用于操作指标，进而控制中介指标，最终达到期望的政策目标。货币政策操作指标和中介指标的选取要兼备以下几个基本要求：第一，可测性，指中央银行能够迅速获得这些指标准确的资料数据，并进行相应的分析判断；第二，可控性，指这些指标能在足够短的时间内接受货币政策的影响，并按政策设定的方向和力度发生变化；第三，相关性，指这些指标与货币政策最终目标有极为密切的关系，控制住这些指标就能基本实现政策目标；第四，抗扰性，指这些指标受非政策因素的干扰程度低，能够较好地传递和反映货币政策的作用。

### （二）可作为操作指标的金融变量

中央银行货币政策可选择的操作指标主要是准备金和基础货币，有的国家还将中央银行利率作为操作指标。

1. 准备金

准备金是中央银行货币政策工具影响中介指标的主要传递指标，也是中央银行可直接操作的指标。准备金主要有三种计量口径：准备金总额、法定准备金、超额准备金。法定准备金与超额准备金之和就是准备金总额。法定准备金的多少完全取决于中央银行决定的法定准备金率，具有很强的可测性、可控性、相关性和抗扰性。中央银行可直接操作的经常性指标是超额准备金。

2. 基础货币

在中央银行提供基础货币的过程中，多种货币政策工具如法定准备金率、公开市场业务、再贴现和再贷款、发行央票等都可以作用于基础货币，可控性和抗扰性较强，可测性也好，但相关性较弱，离货币政策最终目标较远。只有在经济机制充分发挥作用和货币乘数稳定的情况下，调控基础货币才能实现对货币总供求的调节。

3. 其他指标

在可选择的操作指标中，除了准备金和基础货币之外，还有中央银行自行决定的利率，如再贴现率、再贷款利率、准备金存款利率、央行票据利率、回购利率等。中央银行利率的可控性、可测性、抗扰性都很强，但与货币政策最终目标的相关性较弱。有的中央银行也以货币市场的利率作为操作指标，因为货币市场的交易相对集中，信息比较透明，可测性和相关性都较好，但可控性和抗扰性较差，并且需有一个发达的货币市场才能作为中央银行的操作指标。

### （三）可作为中介指标的金融变量

在市场经济比较发达的国家，可作为中介指标的一般有利率、货币供应量，也有的国家把信贷量和汇率包括在内。

1. 利率

选取利率作为中介指标，最大的优点是可测性和相关性都较强，能有效地作用于货币和各种金融变量，同时对于经济主体行为和市场总供求的调节作用明显。不足之处在于作为中介指标的必须是市场利率，其本身是由经济体系内部因素决定的内生变量，可控性和抗扰性较差。因此，利率作为内生变量和政策变量在实践中很难区分，中央银行较难判断货币政策操作是否已经达到了预期的目标。

2. 货币供应量

选取货币供应量作为中介指标，其优点在于该项指标与经济发展状况联系密切，社会总供给与总需求失衡会通过货币供应量的过多或过少反映出来。并且这一指标与货币政策最终目标比较接近，相关性较好，中央银行比较容易判断其政策效果。在金融发展稳定的阶段，货币供应量的可测性、可控性和抗干扰性都较强。但值得注意的是，近年来随着金融创新的活跃，货币供应量本身包含的范围或统计口径越来越难以清晰界定，可测性在减弱。由于货币供给内生性的增强，中央银行控制货币供应量的难度也在加大。同时，各经济主体的行为对货币乘数的影响很不稳定，降低了该指标的抗干扰性。

3. 其他指标

除了利率和货币供应量之外，还有一些指标可充当中介指标，主要有贷款规模和汇率。贷款规模具有较好的相关性、可测性和可控性。但对贷款规模的控制若用行政手段而非经济手段，则不利于市场机制作用的发挥。同时，当一国金融市场和直接融资较发达时，贷款规模控制与最终目标之间的相关性就减弱了。汇率也可以充当中介指标，特别是在一些对外经济依赖性大的小国和实行本币与某国货币挂钩的国家或地区。但由于汇率的决定和影响因素比较复杂，可控性和抗干扰性较弱，同时因汇率的传导机制有较大的不确定性，其与最终目标之间的相关性也较差。

### 四、我国货币政策的中介指标与操作指标

20 世纪 80 年代，我国货币政策以贷款规模与现金发行作为货币政策的中介指标。把贷款规模作为中介指标的理论依据是建立在计划体制及其货币供给机制之上的，因为货币都是通过贷款渠道供应的，“贷款=存款+现金”，只要控制住贷款，就能控制住货币供应。但随着改革开放的深入和市场化金融运行体系的确立，货币政策实施的基础和环境都发生了根本性变化，贷款规模作为货币政策中介指标逐渐失去了两个赖以生存的条件：一是资金配置由计划转向市场；二是国有银行的存款比重趋于下降。因此，指令性的贷款规模不宜再作为中介指标，中国人民银行于 1998 年取消了指令性的贷款规模管理。

目前在实际工作中，货币政策的操作指标主要是基础货币、银行的超额储备金率和货币市场基准利率——上海银行间同业拆借利率（SHIBOR）、银行间债券市场的回购利率。中介指标主要是货币供应量和以商业银行贷款总量、货币市场交易量、社会融资规模为代表的信用总量。

## 第二节　货币政策工具

货币政策工具是中央银行为实现货币政策目标而使用的各种策略手段。货币政策工具可分为一般性货币政策工具、选择性货币政策工具和其他补充性货币政策工具三类。

## 一、一般性货币政策工具

一般性货币政策工具亦称为“三大法宝”，是指对货币供给总量或信用总量进行调节，且经常使用，具有传统性质的货币政策工具。一般性货币政策工具主要有以下三种：

### （一）法定存款准备金政策

1. 法定存款准备金政策的含义

存款准备金是银行以及某些金融机构为应付客户提取存款和资金清算而准备的货币资金，准备金占存款或负债总额的比例就是存款准备金率。存款准备金分为法定存款准备金和超额存款准备金两部分。法定存款准备金是金融机构按中央银行规定的比例上交的部分；超额存款准备金系指存款准备金总额减去法定存款准备金的剩余部分。法定存款准备金政策是指由中央银行强制要求商业银行等存款货币机构规定的比例上交存款准备金，中央银行通过提高或降低法定存款准备金比率而达到收缩或扩张信用的目标。实行存款准备金制度的本意是银行所吸收的存款不能都贷放出去，而要留下一部分以应对存款人的随时支取。在现代银行，实行法定比率的存款准备金制度，其主要目的已经不是应付支取和防范挤兑，而是作为控制银行体系总体信用创造能力和调整货币供给量的工具。最早实行存款准备金制度的是美国，在 20 世纪初就颁布法律，规定了商业银行向中央银行缴纳准备金的制度。目前，这一制度被世界各国广泛推行。中国实施这一制度始于 1984 年。

2. 存款准备金政策的运行

由于中央银行有权随时调整存款准备金率，从而使存款准备金政策发展为各国中央银行调控信用和倾向供应量的重要的、有力的工具，也是三大货币政策工具的基础。在中央银行的举措中，通常为适应下面两种情况的需要而采用此项政策工具：一是当需要实施扩张性货币政策或紧缩性货币政策时，中央银行可通过提高或降低法定存款准备金率的办法达到目的；二是当需要大量吸收或补充银行体系的超额准备金时。例如，当一国大量积累了黄金、外汇，导致倾向供应量过多时，可以通过提高法定存款准备金率，吸收银行大量的超额准备金。

货币供应量是基础货币与货币乘数的乘积。法定存款准备金率政策的运行机制在于从两个方面同时调节货币供应量：一是通过直接影响商业银行现有超额准备金的数量，从而调节其信用创造能力，间接调控货币供应量。法定准备金率对货币供应量乃至于社会经济活动的调节，是依据其自身变动与其他金融变量之间的内在联系进行的。法定准备金率的变动同商业银行现有的超额准备金、市场倾向供应量的变动成反比，同货币市场利率、资本市场利率的变动成正比。因此，中央银行可以根据经济的繁荣与衰退、银根松紧的情况来调整法定存款准备金率，以达到调节金融、调节经济的目的。二是通过改变货币乘数，使货币供应量成倍地收缩或扩张，达到调控目的，这是该政策工具的作用重点。法定准备金率的提高或降低之所以能引起信用总量、货币供应量成倍地收缩或扩张，是因为它是影响货币乘数的最重要变量。

3. 法定存款准备金政策的作用特点

（1）法定存款准备金比率的调整有较强的告示效应。中央银行调整准备金比率是公开的、家喻户晓的行动，并立即影响各商业银行的准备金头寸。因此，调整准备金比率实际上是中央银行的一种有效宣言，即这是我们的政策所采取的方向，我们确实是要这样做的。

（2）法定存款准备金比率的调整具有强制性的影响。法定存款准备金比率的调整有法律的强制性，一经调整，任何存款性金融机构都必须执行。

（3）法定存款准备金比率的调整对货币供应量有显著的影响效果。由于货币乘数的作用，准备金率微小的变动，都会导致货币供给量的巨大变化。其政策效果是猛烈的，带给金融机构乃至于社会经济的影响是剧烈的。

（4）法定存款准备金比率的调整缺乏应有的灵活性。正因为该政策工具有较强的通知效应和影响效果，所以不能作为一项日常的调节工具供中央银行频繁地加以运用。因此，虽然法定存款准备金比率是一种货币政策工具，但是中央银行并不经常运用该工具，只有当中央银行打算大规模地调整货币供给时，对法定存款准备金中的改变才是较为理想的方法。

### （二）再贴现政策

再贴现政策就是中央银行通过制定和调整再贴现率来干预和影响市场利率及货币市场的供给和需求，从而调节市场货币供应量的一种金融政策。再贴现政策是中央银行最早拥有的货币政策工具，在整个19世纪和20世纪的前30年，再贴现被认为是中央银行的主要工具，其声望在1937年达到了顶峰。在这期间，英国麦克米伦委员会完全陶醉于贴现的作用，并报告说，贴现率“是有效管理货币体系所绝对必要的，是实现这个目标的精妙绝伦的工具”。

1. 再贴现政策的主要内容

再贴现政策是以再贴现业务为基础的。所谓再贴现，是指商业银行或其他金融机构将贴现所得的未到期票据向中央银行转让。对中央银行来说，再贴现是买进商业银行持有的票据，流出的是现实货币，扩大了货币供应量。对商业银行来说，再贴现是出让已贴现的票据，解决一时资金周转的困难。整个再贴现过程，其实质内容是商业银行和中央银行之间的票据买卖和资金让渡。广义的再贴现包括再抵押贷款，但是这种再抵押不是一种买断关系，而是质押关系。借款到期后，商业银行负责向中央银行还款，中央银行把抵押品退还给商业银行。

由于再贴现政策的实施过程就是中央银行对金融机构办理信用业务的过程，因此，各国中央银行对此项政策工具的内容都有具体的规定。其主要内容包括：规定再贴现票据的种类，以影响资金使用的方向；规定再贴现业务的对象，以保证办理贴现业务的规范性和合法性；确定并调整再贴现率，以保证货币政策目标的实现；对再贴现业务的管理的核心是审查商业银行的再贴现申请，了解其再贴现资金的用途和性质，防止商业银行借贴现之便搞套利行为（比如用贴现而来的资金从事有价证券、房地产或商品的投机和买卖），监督商业银行如期偿还中央银行的贷款。

2. 再贴现政策的局限性

再贴现政策也存在一定的局限性：第一，主动权并非只在中央银行，因为是否申请再贴现取决于商业银行的行为；第二，再贴现率的调节作用是有限度的，经济周期的波动使再贴现率的调整未必对市场活动产生明显的影响；第三，由于它是中央银行利率，随时调整会引起市场利率的大幅波动，加大利率风险，干扰市场机制；第四，中央银行通过再贴现充当最后贷款人，有可能加大金融机构的道德风险。

中国人民银行的再贴现业务自1986年正式开办以来，在一个较长时期内再贴现的总量很小，加上再贴现利率与其他贷款利率一样由国家统一规定，其政策效果微乎其微，甚至可以忽略不计。但在1994年以后，中国人民银行加大了开展再贴现业务的力度，全国再贴现业务发展较快。

2013年以来，中国人民银行推出了新型的货币政策工具——借贷便利。根据期限又分为常备借贷便利（SLF）和中期借贷便利（MLF）。2014年7月还推出了抵押补充贷款（PSL）。这些新型政策工具与传统再贴现相同的是，都是由金融机构主动向央行提出再融资需求申请，都是为了调节金融机构的流动性；不同的是，这些工具都以抵押方式获准融资，合格的抵押品包括高信用评级的债券、优质信贷资产等。

### （三）公开市场业务

公开市场业务是指中央银行在金融市场上公开买卖有价证券，以此来调节金融机构的准备金和基础货币，进而影响市场利率和货币量的政策行为。当中央银行放松银根时，就在金融市场上买进有价证券，将基础货币投放出去；反之则相反。

同前两种货币政策工具相比，公开市场业务有明显的优越性：第一，主动性强，中央银行的公开市场业务可以不计证券交易的价格，从容实现操作目的；第二，灵活性强，中央银行可根据金融市场的变化，进行经常性、连续性的操作，并且买卖数量可多可少；第三，调控效果和缓，震动小，由于这项业务以交易行为出现，不是强制性的，加之中央银行可以灵活操作，所以其对经济社会和金融机构的影响比较平缓；第四，告示效应强，影响范围广，中央银行在金融市场上公开买卖证券，其操作的方向和力度代表了货币政策的取向，给商业银行和公众以明确的信号，可以影响他们的预期和经济行为。

公开市场业务虽然能够有效地发挥作用，但必须具备以下三个条件才能顺利实施：第一，中央银行必须具有足以干预和控制整个金融市场的资金实力；第二，要有发达和完善的金融市场，中央银行可买卖的证券种类必须达到一定数量，经济主体的理性化程度较高，有完善的政策传导机制；第三，必须有其他政策工具的配合。

我国在1994年前尚不具备上述基础与条件。1994年我国正式开始在上海银行间外汇市场通过买卖外汇进行公开市场操作，1995年通过中央银行融资券的买卖在本币市场开始尝试公开市场业务，1996年以国债为对象进行公开市场业务操作。随着改革的深入和市场化程度的提高，公开市场业务的基础和条件日益成熟，1999年后公开市场业务已成为中国人民银行货币政策日常操作最重要的工具，通过日常的外汇买卖、中央银行票据的发行、回购业务、短期流动性调节（SLO）等政策操作，在调控货币供应量和商业银行流动性水平，引导货币市场利率走势等方面发挥了积极的作用。

## 二、选择性货币政策工具

三大货币政策主要是对信用总量的调节，以控制全社会的货币供应量为目的，属于一般性的总量调节。选择性的货币政策工具和其他货币政策工具是中央银行针对个别部门、企业、领域或特殊用途的信用而采用的政策工具。选择性货币政策工具主要包括：证券市场信用控制、消费信用控制、不动产信用控制。

### （一）证券市场信用控制

证券市场信用控制是指中央银行对涉及证券交易的信贷活动加以控制，通过规定贷款额所占证券交易额的百分比率来调节或限制证券市场的活跃程度。在操作中，这种控制是对以信用方式购买股票和有价证券的贷款比率实施限制，也称为证券交易的法定保证金比率控制。例如，若中央银行规定信用交易保证金比率为30%，则交易额为20万美元的证券购买者必须将至少6万美元现金一次性交付来进行此项交易，其余资金由金融机构贷款解决。

中央银行可根据金融市场的状况，随时调高或调低法定保证金比率。当证券市场交易过旺，信用膨胀时，中央银行可提高法定保证金比率，控制货币流入资本市场的数量，遏制过分的投机行为。当证券市场交易萎缩，市场低迷时，中央银行可调低保证金比率，刺激证券市场交易的活跃程度。

证券交易法定保证金比率的制定，控制了证券市场的最高限度放款额，即最高限度放款额=(1-法定保证金比率)×交易总额。它既能使中央银行遏制过度的证券投机活动，又不贸然采取紧缩和宽松货币供应量的政策，有助于避免金融市场的剧烈波动和促进信贷资金的合理运用。

### （二）消费信用控制

消费信用控制是指中央银行对不动产以外的各种耐用消费品的销售融资予以控制。这种控制措施的主要内容包括：规定用消费信贷购买各种耐用消费品时首期付款额、分期付款的最长期限以及适合于消费信贷的耐用消费品的种类等。当中央银行提高首期付款额时，就等于降低了最大限度放款额，势必减少社会对此种商品的需求。缩短偿还期就增大了每期支付额，也会减少对此类商品和贷款的需求。若要刺激消费信用时，则降低首期付款额。

### （三）不动产信用控制

不动产信用控制是指中央银行对商业银行或其他金融机构发放不动产贷款的额度和分期付款的期限等规定的各种限制性措施。这种控制措施的主要内容包括：规定商业银行不动产贷款的最高限额、最长期限、第一次付款的最低金额、逐次分期还款的最低金额等。其目的在于阻止因房地产及其他不动产交易的投机性导致的信用膨胀。

## 三、其他补充性货币政策工具

### （一）直接信用控制

所谓直接信用控制是指中央银行根据有关法令，对银行系统创造信用的活动施以各种直接的干预，主要的干预措施有信用分配、利率最高限额、流动性比率等。

1. 信用分配

信用分配是指中央银行根据金融市场的状况和客观经济形势，权衡经济需要的轻重缓急，对银行业的信用加以分配，限制其最高数量。信用分配一般发生在发展中国家或发达国家的某些特别时期，如战争时期。由于这些国家投资需求多，资金来源有限，故不得不对信用采取直接分配的办法。例如，制定一国的产业政策，规定优先提供资金的顺序；或者按资金需求的轻重缓急，将有限的资金分配到最需要的部门；有的国家和地区还采取设立专项信贷基金的办法，保证某种建设项目的需要。

2. 利率最高限制

中央银行规定商业银行和储蓄机构对定期以及储蓄存款所能支付的最高利率，目的在于防止银行用抬高利率的办法吸收存款。利率最高限制的典型代表是美国中央银行从 1934—1980 年实施的 Q 条例，该条例规定了银行各类存款的最高利率。利率最高限制的规定有利于防止金融机构之间为争夺存款而过度竞争，避免造成资金成本过高而使银行风险增大。但是利率最高限制本质上属于价格管制，存在着不利于公平竞争，保护落后的弊端。而且在通货膨胀的情况下，利率最高限制容易导致存款流出银行体系。因此，市场经济成熟的国家已经放弃了利率最高限制的手段。

3. 流动性比率

流动性比率是中央银行为了保障商业银行的支付能力，规定的流动资产对存款或总资产的比率。

### （二）间接信用控制

间接信用控制是指中央银行采用非直接的控制方法，主要有窗口指导、道义劝告、金融检查等。

1. 窗口指导

窗口指导的主要内容是中央银行根据市场行情、物价走势、金融市场的动向、货币政策要求以及前一年度同期贷款的情况等，规定商业银行每季度贷款的增减额，以指导的方式要求其执行。有时窗口指导也指导贷款的使用方向，保证经济优先发展部门的资金需要。如果商业银行不按规定的增减对产业部门贷款，中央银行可削减向该行贷款的额度，甚至采取停止提供信用等制裁措施。窗口指导自身虽然不具有法律约束力，但是由于中央银行对不接受指导者可以采取相应的制裁措施，因而对于金融机构还是具有较大的约束力。

2. 道义劝告

道义劝告（Moral Suasion）是指中央银行运用自己在金融体系中的特殊地位和威望，通过对商业银行及其他金融机构的劝告，以影响其放款的数量和投资的方向，从而达到控制信用的目的。例如，在房地产与证券市场投机盛行时，要求商业银行减少对这两个市场的信贷等。道义劝告的政策效果表现在可以避免强制性信用控制所带来的逆反心理，有利于加强中央银行与商业银行及各金融机构间的长期密切合作关系。道义劝告不具有法律效力，因而不是强有力的控制手段

道义劝告和窗口指导的优点是较为灵活。但是要发挥政策工具的作用，中央银行必须在金融体系中具有较强的地位、较高的威望和拥有最终控制信用的足够的权力和手段。

3. 金融检查

金融检查是指中央银行利用自己“银行的银行”的身份，不定期地对商业银行和其他金融机构的业务经营情况进行检查，看其是否符合法律规定，并将检查结果予以公开，以监督商业银行的金融活动。

# 第三节　货币政策传导机制

## 一、货币政策传导机制的两种理论

货币政策目标确定之后，中央银行操作适当的政策工具来调控货币供给，通过经济体制内的各种经济变量，影响到整个社会的经济活动，进而实现既定的货币政策目标。这个由货币政策工具启动到货币政策目标实现的传导运行过程，就是货币政策的传导机制（Transmitting Mechanism of Monetary Policy）。这一过程并不是简单的传导，而是一个复杂的系统工程。关于货币政策的传导机制，西方经济学界存在着一定的分歧。下面介绍两种主要的传导机制理论。

### （一）凯恩斯学派的传导机制理论

凯恩斯把货币政策传导过程分为两个领域，即金融（货币）领域和实务（商品）领域。在金融领域只有两种资产，即货币和债券。前者有十足的流动性而无收益，后者的流动性不如前者但是有利息收益。在实务领域，社会的总收入与社会的总支出达到均衡。货币政策工具的启动首先打破或重建金融领域的均衡，通过利率的变化进而打破或重建实务领域的均衡，最终达到货币政策的最终目标。在凯恩斯看来，中央银行实施货币政策后，首先引起商业银行的存款准备金数量的变化，继而导致货币供给数量发生变化，货币供给量的变化引起市场利率发生变化，利率的变化意味着资本边际效率的提高或降低，从而导致投资发生增减变动，并通过乘数效应最终影响总支出与总收入，用符号表示为：

$R \to M \to r \to I \to E \to Y$

式中：R 表示存款准备金；M 表示货币供给量；r 表示市场利率；I 表示投资；E 表示总支出；Y 表示总收入。

货币政策作用的大小主要取决于三个因素：第一，取决于货币需求的利率弹性。第二，取决于投资支出的利率弹性，即利率降低一定量时，投资将增加若干量。第三，

取决于投资乘数，即投资增加一个特定量时总的有效需求将增加若干量。在传导机制中，利率是核心，如果货币供给量增减后不能对利率产生影响，那么货币政策失效。

总之，凯恩斯否认货币供应增加会直接引起总需求增加的观点，他还认为货币数量变动直接影响物价同比例变动只是充分就业后才能产生的一种特别情况。也就是说，如果社会处于非充分就业状态，那么货币供给量增加所带来的总需求增加会直接增加社会的产量、就业与收入，而物价上涨幅度较小，当社会已经达到充分就业状态时，生产资源与劳动力已经趋于饱和，随着总需求的增加，物价水平随之同比例上涨。

上述分析只显示货币领域对实务领域的初始作用，而没有注意到这两个领域之间循环往复的反馈作用，因此人们称之为局部均衡分析。凯恩斯以后的凯恩斯主义者对局部均衡理论进行了补充和发展，人们称之为一般均衡分析。其基本观点是：当中央银行采取放松的货币政策而致使货币供给量增加时，在总需求不变的情况下，利率会相应下降，下降的利率会刺激投资，引起总支出与总收入相应增加。但是利率下降后，降低了存款人的存款意愿，可借贷资金减少或不变，与此同时，实务领域中由于收入的增加又提出多的货币需求，结果使货币需求量超过了货币供给量，造成下降的利率又重新回升，这是实务领域对金融领域的作用。接着，上升的利率又促使货币需求下降，利率再次回落，循环往复，最终达到一个均衡点，这个点同时满足了金融领域与实务领域两方面的均衡要求。

### （二）货币学派的传导机制理论

以弗里德曼为首的货币学派竭力反对凯恩斯学派的传导机制理论，强调货币供应量的变化并不是通过利率，而是直接影响名义国民收入。其货币政策的传递模式为：

$$R \rightarrow M \rightarrow B \rightarrow A \rightarrow C \rightarrow I \rightarrow Y$$

式中：R 表示存款准备金；M 表示货币供应量；B 表示商业银行的放款或投资；A 表示各种金融资产；C、I 分别表示消费品和投资品；Y 表示名义收入。

对该模式的简单解释是：当中央银行采取放松的货币政策时，采用一定的政策手段，如在公开市场上购入证券，使得商业银行的准备金或名义货币供应量也随之增加，一方面，商业银行会设法降低利率，以增加放款或投资。利率降低使得各种盈利资产的价格上升，从而使得社会公众放弃各种盈利资产的持有，借款增加，货币供应量增加。另一方面，货币供应量增加，引起名义收入增加，而货币需求是稳定不变的，人们就会调整各自的资产结构，现金余额相对减少，其他金融资产或实际资产比重增加，这个过程会引起资产价格上涨或利率下降。实际资产需求的增加和价格的上涨必然会使生产者增加生产，进而导致劳动力需求增加和工资上升，最终引起全社会总收入增加。因此，货币政策的影响主要不是通过利率间接地影响投资和收入，而是因为货币数量超过了人们需要的真实现金余额，从而直接地影响社会支出和货币收入。

货币学派在货币政策传导机制的分析中，对名义变量下实际变量加以区分，认为只有实际收入或产量的增长才能真正代表经济的增长。如果支出增加，名义收入上升，可实际收入和产量不变，那么充其量也只是物价的上升而已。他们因而提出了货币政策可能在短期内影响实际变量（产量和就业），但是在长期内只影响名义变量（物价和名义收入）的观点，从而把通货膨胀的原因归咎于货币供应过多。

## 二、货币政策传导机制的一般运转过程

### （一）货币政策传导过程的三个阶段

货币政策的传导是在两个领域中进行的，即金融领域和实务领域。其传导过程共经历以下三个阶段：

第一阶段，中央银行通过政策工具将货币政策传导给金融机构。中央银行通过调整法定存款储备金比率或改变再贴现率，或在公开市场上买卖有价证券以调整自己的资产规模总量和结构，从而调节商业银行所持有的超额准备金和资产运用业务规模。

第二阶段，金融机构通过其资产运用将货币政策传导给企业和客户。中央银行与商业银行之间的基础货币供求变动，引起商业银行的资产占用规模和结构变化。商业银行通过同业拆入或拆出储备金、调整贷款利率、严格或放松贷款条件、增加或减少二级准备等措施来调整资产占用规模，以改变货币供给与货币需求的对比关系，从而调控企业部门和个人部门的货币需求。

第三阶段，商业银行通过调整资产运用规模和结构引起货币供给和市场利率的变化，各投资主体会随之改变自己的投资行为，调整自己的资产组合，从而使社会总供给与总需求的对比关系发生变化，并实现货币政策的最终目标。

### （二）货币政策传导机制的三种传递效应

1. 利率传递效应

利率传递效应是指中央银行操纵货币政策工具进行调控时首先发生的效应。当中央银行要对货币供给进行调节时，首先要通过以下两种形式对利率进行调控：

（1）通过调整再贴现率直接影响市场利率水平。中央银行调整再贴现率会产生两方面的传递效应：一方面再贴现率的变动会使商业银行的借款成本发生变化，进而影响市场利率的升降；另一方面再贴现率的变动会直接导致同行业拆借利率的波动，最后造成商业银行贷款利率和市场利率以及货币供给的变化。

（2）通过基础货币变动间接调节市场利率。如果中央银行调整法定存款准备金比率，引起商业银行超额准备的变动，进而会使货币供求的对比关系发生变化，从而导致市场利率波动。中央银行运用不同的货币政策工具对利率机制进行直接或间接的调节，通过利率机制的作用，中央银行就能够调节和约束商业银行的货币经营行为和货币供给，最终实现货币政策目标。

2. 货币乘数效应

中央银行任何货币政策措施的实施，都会导致基础货币的变化，而由基础货币到货币供给的变动主要受货币乘数的扩张能力的制约。

在现代银行信用制度中，作为货币供给之源的基础货币，可以引出数倍于自身的货币供给量，即 $M_s=M\times B$，$M_s$ 代表货币供给；B 代表基础货币；M 为乘数。这就是货币乘数效应。在一般的经济社会中，货币的扩张过程都存在着四个方面的“漏出”，即法定存款准备金率、现金漏损、定期存款比率、超额储备率。这四个“漏出”的比率

越高，货币乘数就越小；反之，货币乘数就越大。中央银行通过直接和间接的手段调控这四个“漏出”因素，使货币乘数的大小和变动符合中央银行的货币政策意图。

3. 资产结构调整效应

中央银行操作货币政策工具变量，对利率机制和货币乘数机制进行调控，以间接调控货币供给，从而使货币政策传导机制完成了在金融领域的传递过程。但是货币政策的传导并没有结束，货币供给的变动最终会影响到币值稳定、经济发展、就业状况以及国际收支平衡。这就是货币政策信号在实务领域中传导的基本内容。在这过程中，我们以名义收入水平代表货币政策最终目标变量，以最终支出代表各经济主体（企业部门和个人部门）的购买和需求。这样，货币政策在实务领域的传导就可表示为：

货币供给→最终支出→名义收入→最终目标

任何货币政策的运用都必然反映在货币供给量的变动上，而货币供给变动首先会影响各经济主体的投资行为和消费行为，表现在各经济主体对自己的资产进行调整和重新组合上。各经济主体持有的资产形式一般包括货币资产、实物资产和金融资产（债券、股票等有价证券），每一种资产都有其收益率，经济主体随着货币供应量的变化而比较收益率并及时调整资产的结构。根据经济学原理，当调整到各种资产的边际收益率相等时，经济单位的总收益最大，这时即达到一种均衡状态。资产组合的调整过程将影响经济总量目标。

假设最初各种资产组合处于均衡状态，即各种资产给持有者带来相等的边际效用，若中央银行调整货币政策增加货币供应量，从而导致货币供应大于货币需求，货币的边际收益率下降，资产结构的均衡便遭到破坏。为恢复等量的边际收益率，各经济主体就会重新调整其资产结构。人们首先会将多余的货币用于购买价格尚未上涨、收益率尚未下降的债券资产，结果使债券的价格提高、收益率下降。这时人们又转向购买收益率相对较高的股票所有权资产，于是股票需求将增加，股票价格上涨、收益水平会降低。最后人们逐渐转向厂房、设备、消费品等实物资产，并促使实物资产的价格普遍上涨，这时进行实际投资，扩大生产则有利可图。投资增加，使就业量也增加，经由乘数作用使总收入增加，而总收入增加，又使货币需求增加，结果就会消除货币的超额供给，并使整个社会的资产结构逐步趋向新的平衡。

可见，货币供给通过促使资产结构失衡和不断调整、选择机制实现了社会总支出的扩张。这种由于货币供应量的变化使社会公众对资产的组合进行调整，以收益高的资产代替收益低的资产而引起的收入变化的过程，就是资产结构调整效应，有时又叫作资产替代效应。

## 第四节 货币政策效应

货币政策效应（Efficiency of Monetary Policy）是指货币政策操作通过货币政策的传导机制作用于总支出，最后实现最终目标所取得的效果。西方对货币政策效应的理论探讨主要是看货币政策能否影响产出，也就是货币是否中性的问题。衡量货币政策效应，一是看效应发挥的快慢；二是看发挥效力的大小。由于影响货币政策效应的因素很多，所以孤立地判断某一货币政策的效应几乎不可能，而必须通过分析较长时期的时间序列数据，才能得出货币政策是否有效的总体判断。

## 一、西方对货币政策总体效应理论评价的演变

西方古典经济学通过价格、工资及利率具有完全的伸缩性等一系列理想化假设，推导出完全竞争的市场经济能通过经济当事人的最优选择行为迅速地自行调整到充分就业均衡状态的结论。货币被认为只是一层面纱，在经济中仅仅发挥交易媒介的功能，在宏观上只是起着决定价格水平的作用。货币供应量的增加对实际产出等实际经济变量没有影响，其唯一的结果是导致价格上涨。这种货币中性论意味着货币政策完全无效。

20 世纪 30 年代的美国大萧条从实践上否定了古典经济学的理论假说以后，凯恩斯根据边际消费倾向递减、投资内涵收益率的不确定性和流动性偏好三大假说提出有效需求不足理论。凯恩斯认为，有效需求不足必须由国家干预经济生活予以补足。理论上而言，国家干预可以采用财政政策，也可以采用货币政策。就货币政策而言，增加货币供应量在一定条件下能降低利率，从而扩大投资，进一步通过乘数作用提高总支出水平。但是货币政策可能受到流动性陷阱的制约，当经济极度萧条时，利率已经降到极限，增加货币供给并不能继续降低利率，也就不能扩大投资和总支出。据此，凯恩斯为货币政策的有效性做出了理论说明。

凯恩斯主义在第二次世界大战后有了进一步的发展。新古典综合派将产出与通货膨胀具有替代关系的飞利普斯曲线吸收进来，丰富了凯恩斯主义的总供给理论，说明货币政策能通过工资—价格机制作用于总支出，通货膨胀率降低必然导致产出下降，增加产出必然以通货膨胀率上升为代价。

到了 20 世纪 70 年代，新古典综合派因为无法解释“滞胀”局面，即通货膨胀与经济停滞和失业问题并存，而受到货币学派的强烈攻击。以弗里德曼为代表的货币学派根据对历史数据的分析，说明货币供应量的变化对产出有显著的影响，货币供应量的变化是经济波动的根源，得出“货币最重要”的结论。该学派又依据自然失业率假说提出附加预期的飞利普斯曲线，并根据稳定的货币需求函数和广泛的货币政策传导机制，从理论上说明货币政策长期无效，从而得出货币短期非中性和货币长期中性的结论。货币学派认为，凯恩斯学派推崇的国家干预阻碍了市场自我调节机制作用的发挥，从而造成经济紊乱。就货币政策来说，凯恩斯学派主张实施“逆风向”调节的相机抉择的方针，经济过热，相机采取紧缩措施；反之，则采取扩张措施。货币学派认为，相机调节货币供给的金融政策，由于要在长期时滞之后才能生效，而在这段时滞当中，各种影响经济波动的因素都可能发生变化，这就要求货币当局密切监视各种可能导致经济波动的因素，并及时做出准确的政策反应，而这种要求是货币当局无法达到的，因为只要货币当局的预测不够精确，政策操作不够及时、不够灵活、不够准确，多变的货币政策就只会加剧经济的波动。他们论证，货币需求函数的变动从长期看是相当稳定的，因而他们的货币政策主张保持货币供给按照“单一规则”增长。

随后，理性预期学派完善了货币政策无效说的理论基础。以卢卡斯等人为代表的理性预期学派号召“建立宏观经济模型的微观基础”，重新确认西方古典经济学关于经济生活中的主体是“理性人”的假设。所谓理性人，是指经济主体都会尽力收集有关信息，进行合理的预测，并按效用最大化和利润最大化的原则做出决策。模型依据不完全信息假设，建立了完全竞争市场经济的卢卡斯供给曲线，以不完全信息为基础调和了货币短期非中性和货币长期中性的难题。具体而言，在短期内，厂商的价格信息和货币供应量信息不充分，当货币当局增加货币供应量时，厂商可能把总体价格上涨带动的自身产品价格上涨误认为市场对自身产品需求的增加，从而增加产出；但是厂商是理性的，不可能总是犯错误，理性的厂商在学习过程中会不断修正对货币供应和相对价格的错误预期，不断调整产出，长期来看实际产出将位于潜在产出的均衡水平。理性预期模型的政策含义是，被预期到的货币政策无效，只有超出微观主体预料之外的货币政策才会影响实际产出。虽然当货币当局的实际操作结果大于微观主体的预期时，产出的反应与货币当局的意图是一致的，但是如果货币当局的操作结果小于微观主体的预期，即“预期过度”，则将产生与政策意图相反的结果。因此，如果货币当局企图依据这种操作思路实施货币政策，就必须能准确地把握公众的预期程度，不断地制造超过微观主体预期程度的意外，才能保证货币政策产生合意的结果。事实上，货币当局可能难以把握公众的预期，在这种情况下，相机抉择的货币政策只会增加宏观经济运行的“噪声”，给微观主体带来更多的不稳定性，从而加剧经济波动。要消除这种经济波动的根源，货币当局必须不折不扣地依规则行使货币政策，建立货币当局的威信，提高公众对其的信任程度，以稳定公众的预期。理性预期理论的深刻含义将货币学派“按单一规则行事”的政策主张推进了一大步。

20 世纪 80 年代初产生的实际经济周期模型（Real Business Cycle Models）更是把货币政策无效说推到极致。一般的实际经济周期模型，除了采用所有市场都是出清的、价格灵活变动、信息完全充分、理性经济人（家庭或厂商）、根据效用最大化原则进行决策等古典假设以外，还假设生产函数受到随机的技术冲击，强调供给冲击对经济增长和波动的影响，将经济增长和经济短期波动理论结合起来，把产出波动完全归之于技术冲击等实际供给因素，经济周期的调节则通过劳动者提供劳动的高度跨期替代弹性自行调整，货币不影响产出或其他真实经济变量。根据实际经济周期模型，货币政策不仅无效，而且根本就是可有可无，因为产出波动被认为是实际经济周期波动的结果，纯粹与货币无关。

货币政策无效说指出了政策操作的难点，但是实际经济生活中无论如何也不能没有政府宏观经济政策的适时和适度调控。为了向宏观政策的适度干预提供理论基础，20 世纪 70 年代末 80 年代初逐步发展起来的新凯恩斯主义者采取了较为折中的立场，他们同意货币政策有时滞，也同意公众的预期对宏观政策有重要影响，但是他们不同意价格变量是完全弹性的。他们认为市场是不完全的，这种不完全性可以表现在许多方面，除了卢卡斯提出的宏观信息不完全之外，商品市场、劳动市场和信贷市场都可能存在信息不对称，而且各种市场可能都存在不同程度的不完全竞争或者垄断等。商品市场、劳动市场和信贷市场的各种不完全性可能导致工资、价格和利率等变量在短期内具有一定的刚性，货币扰动借助这些微弱的刚性，通过特殊的传导机制被放大，就能影响实际经济变量的变化，从而得出货币政策有效的命题（比如在货币政策传导机制一节中介绍的信用传导就是一例）。新凯恩斯主义者认为，因为市场的不完全性在长期内可以得到修补，所以所有的价格变量在长期中都具有伸缩性，因而也同意货币长期中性的观点，即货币政策长期无效。据此，新凯恩斯主义者的政策含义是，预料之中的货币政策也有效，但是其效果比预料之外的货币政策小。虽然新凯恩斯模型否定了被预期到的货币政策无效的观点，不排除相机抉择货币政策可能产生有益的稳定作用，但是这种政策同样受到预期因素的影响，如果货币当局不能准确地把握公众的预期，货币政策仍然可能产生负面影响，增加经济的不稳定性。

自由资本主义时期的货币政策要求创造稳定的金融环境，以保证市场机制发挥作用。凯恩斯主义的货币政策要求主动通过金融工具逆风向地调节有效需求，认为在其他政策配合下可以克服经济波动。现代批判凯恩斯主义的各流派则是在凯恩斯主义政策虽然曾一度取得某种成功但是也同样陷入困境的背景下，反对相机抉择的政策，主张货币政策按“单一规则”行事，并相信只有依靠市场机制才能走出困境。新凯恩斯主义者从一定程度上挽救了政府适度干预的论点，但是货币政策操作可能产生的反作用一直是关注的焦点。这个反复可以提醒我们正确地估量货币政策总体效应的复杂性。

## 二、影响货币政策效应的主要因素

### （一）货币政策时滞（Time Lag of Monetary Policy）

货币政策时滞是指货币政策工具操作经由操作目标和远期中介目标的传导，作用于总支出，达成最终目标的这段时间。时滞分为内部时滞和外部时滞。

1. 内部时滞

内部时滞是指从政策制定到货币当局采取行动这段时期，包括认识时滞和行动时滞两个阶段。认识时滞，即从经济形势发生变化需要货币当局采取行动到货币当局认识到这种需要的时间距离；行动时滞，即从货币当局认识到需要采取行动到实际采取行动这段时间。显然，内部时滞的长短取决于货币当局对经济形势发展的预见能力、制定对策的效率和行动的决心等方面。

2. 外部时滞

外部时滞是指从货币当局采取行动开始直到对政策目标产生影响为止的这段时间，又称为影响时滞。不论是货币供应量还是利率，它们的变动都不会立即影响到政策目标。比如企业是扩大还是缩减投资，要做出决策，要制订计划，然后付诸实施。因此，外部时滞主要由客观的经济和金融条件决定。

时滞是影响货币政策效应的重要因素。时滞越长，货币政策的效果越难预料。假定政策的大部分效应需要较长的时间，在这段时间内，经济形势可能已经发生了很多变化，此时很难证明货币政策的预期效应是否已经实现。

### （二）货币流通速度的影响

货币政策有效性的另一个主要限制因素是货币流通速度。假设按照货币当局的预期，国民生产总值将增长15%，根据以前年份有关数据的实证分析，只要包括货币流通速度在内的其他条件不变，货币供给的等比增加即可满足国民生产总值增长对货币的追加需求。但是如果货币流通速度在预测的期间加快了10%，不考虑其他条件的变化，货币供给则只需增加较少的比例就足够了，如果货币当局没能预见到货币流通速度的这种变化，而是按原来的流通速度进行决策，增加货币供给15%，那么新增的货币供给量则必将成为助长经济过热的因素。因此，对于货币流通速度一个相当小的变动，如果政策制定者未能预料到或预计出现了小的偏差，都可能使货币政策效果受到严重影响，甚至有可能使本来正确的政策走向反面。

然而，在实践中，对货币流通速度变动的估算很难做到不发生误差，因为影响它发生变动的因素太多了，这当然也就限制了货币政策的有效性。

### （三）微观主体预期的抵消作用

对货币政策有效性产生影响的另一个重要因素是微观主体的预期。一项货币政策的提出，往往会使各种微观经济主体根据预测货币政策的后果从而很快地找出对策，这其中极少有时滞。卢卡斯提出的理性预期理论说明，如果货币当局的政策被微观经济主体完全预期到，货币政策可能归于无效。例如，政府拟采取长期的扩张政策，人们通过各种信息预期到社会总需求会增加，物价会上涨，在这种情况下，工人会通过工会与雇主谈判，要求提高工资；企业预期工资成本增大而不愿扩展经营，最后的结果是只有物价的上涨而没有产出的增长。根据理性预期理论，只有在货币政策的取向和力度没有或没有完全为公众知道的情况下，才能生效或达到预期效果。但是这种可能性不大，货币当局不可能长期不让社会知道它将要采取的政策。即使采取非常规的货币政策，不久之后也会暴露在人们的预期之内。假如货币当局长期采取非常规的货币政策，就将导致微观经济主体做出错误判断，并会使经济陷入混乱之中。但是实际的情况是，公众的预测即使是非常准确的，实施对策即使很快，其效应的发挥也要有个过程。这就是说，货币政策仍可奏效，但是公众的预期行为会使其效应大打折扣。

### （四）其他经济、政治因素的影响

货币政策的效果也会受到其他外来的或体制的因素所影响。由于客观经济条件的变化，一项既定的货币政策出台后总要持续一段时间，在这段时间内，如果生产和流通领域出现始料不及的情况，而货币政策又难以做出相应的调整时，就可能出现货币政策效果下降甚至失效的情况。例如，在实施扩张性货币政策中，生产领域出现了生产要素的结构性短缺。这时纵然货币、资金的供给量充裕，由于瓶颈部门的制约，实际的生产也难以增长，扩张的目标即无从实现。又如，中央银行实施紧缩性货币政策以期改善市场供求对比状况，但是在过程中出现了开工率过低、经济效益指标下滑过快等情况。这就是说，紧缩需求的同时，供给也减少了，改善供求对比的目标也就不能实现。

政治因素对货币政策效果的影响也是巨大的，由于任何一项货币政策方案的贯彻都可能给不同阶层、集团、部门或地方的利益带来一定的影响，这些主体如果在自己利益受损时做出较强烈的反应，就会形成一定的政治压力。当这些压力足够有力时，就会迫使货币政策进行调整。在西方国家，突出的表现是“政治性经济周期”对货币政策的影响。为了获得选票，执政党在大选之前力图刺激经济，以促进经济高增长和低失业，而新政府则一般在大选后采取收缩政策，使国民经济平稳下来，由于政府与中央银行的目标存在矛盾，所以货币政策的效果必然受政治性经济周期的影响。在发展中国家，突出地表现为政府所定高增长目标对货币政策的影响。发展中国家财政收入状况不好，资金短缺，在高增长目标的推动下，政府往往通过各种方式，公开或隐蔽地从中央银行融资，给中央银行控制通货膨胀带来极大的压力，有时候还可能导致通货膨胀失去控制。

### 三、货币政策效应的衡量

衡量货币政策效应，一是看效应发挥的快慢，前面关于时滞的分析已经涉及；二是看效力发挥的大小，这或许是更主要的方面。

对货币政策效应大小的判断，一般着眼于实施的货币政策所取得的效果与预期所要达到的目标之间的差距。以评估紧缩政策为例，如果通货膨胀是由社会总需求大于社会总供给造成的，而货币政策是以纠正供求失衡为目标，那么这项紧缩性货币政策效应的大小或是否有效，就可以从以下几个方面来考察：

第一，如果通过货币政策的实施，紧缩了货币供给，从而平抑了价格水平的上涨，或者促使价格水平回落，同时又不影响产出或供给的增长率，那么可以说这项紧缩性货币政策的有效性最大。

第二，如果通过货币供应量的紧缩，在平抑价格上涨或促使价格水平回落的同时，也抑制了产出数量的增长，那么货币紧缩政策有效性的大小则要视价格水平变动率与产出变动率的对比而定。若产出数量虽有减少，但减少规模还不算大，而抑制价格水平的目标接近实现，可视为货币紧缩政策的有效性较大；若产出量的减少非常明显，而抑制价格水平目标的实现并不理想，货币紧缩的有效性就较小。

第三，如果货币紧缩政策无力平抑价格上涨或促使价格回落，却抑制了产出的增长甚至使产出的增长为负，则可以说货币紧缩政策是无效的。

当然，衡量其他类型的货币政策效应，也可采用类似的思路。由于货币政策存在时滞，而且在现实生活中，宏观经济目标的实现往往有赖于多种政策如收入政策、价格政策等的配套进行，因此要准确地评估某一项货币政策操作的效应极其困难。

## 第五节　货币政策与财政政策的配合

货币政策与财政政策的配合历来是宏观经济政策中最为核心的内容，这是因为货币政策和财政政策都是直接作用于经济运行的。所有的宏观经济学家和经济学流派可能不一定研究和说明货币政策与其他经济政策的配合，但是一般会对货币政策与财政政策的配合问题做出说明和交代。

## 一、货币政策与财政政策的关系

研究货币政策与财政政策的最佳配合问题，首先要理清这两大政策的关系。

### （一）两者的共性

第一，货币政策与财政政策作用于同一个经济范围，即本国的宏观经济方面。

第二，货币政策与财政政策均由国家制定，即出自同一个决策者。

第三，货币政策与财政政策的最终目标是一致的，都是通过自己的政策工具和传导机制影响社会总需求，从而影响整个社会的产出水平。

第四，货币政策与财政政策都是国家重要的宏观调控经济的工具。可以说，无论在计划经济体制下还是在市场经济体制下，货币政策与财政政策都应是国家宏观调控经济的重要工具。只不过在计划经济体制下，国家更重视计划和财政作用，更愿使用行政手段来调控经济，而忽视货币政策以及通过经济手段调控经济的重要作用。

### （二）两者的区别

1. 政策的实施者不同

财政政策由政府财政部门具体实施，而货币政策则由中央银行具体实施。尽管某些西方国家的中央银行在名义归属于财政部领导，但是其中绝大多数在实施货币政策方面由中央银行独立操作。

2. 作用过程不同

财政政策的直接对象是国民收入再分配过程，以改变国民收入再分配的数量和结构为初步目标，进而影响整个社会经济生活；货币政策的直接对象是货币运动过程，以调控货币供给的结构和数量为初步目标，进而影响整个社会经济生活。

3. 政策工具不同

财政政策所使用的工具一般与政府的收支活动相关，主要是税收和政府支出以及转移性支付等；货币政策使用的工具通常与中央银行的货币管理业务活动相关，主要是存款准备金率、再贴现率或中央银行贷款利率、公开市场业务等。

## 二、货币政策与财政政策配合的必要性

从上面的分析可知，货币政策与财政政策出自同一决策者却由不同机构具体实施；要达到同一目标却又经过不同的作用过程；作用于同一个经济范围却又使用不同的政策工具。货币政策与财政政策的共性决定了它们之间必须密切配合的客观要求。但是货币政策与财政政策又是独立而有区别的，所产生的效应是相互交叉的且存在着作用机制复合的可能性。货币政策与财政政策的协调与配合，就寓于两者政策的复合效应之中。

一般来说，财政政策的直接对象是国民收入再分配过程，以改变国民收入再分配的数量和结构为初步目标，进而影响整个社会经济生活，适用于公共性和难以取得直接回报的项目。货币政策的直接对象是货币运动过程，以调控货币供给的结构和数量为初步目标，进而影响整个社会经济生活。货币政策需要通过商业银行以及整个金融

体系作用于社会，适用于那些在比较短时间内能够得到直接回报的项目。因此，货币政策与财政政策只有紧密配合，才能扬长避短，共同促进经济全面、协调、稳定发展。

## 三、货币政策与财政政策的配合

### （一）两者主辅关系的确立

研究货币政策与财政政策的配合问题，首先要解决的是两种政策之间主辅关系如何确立的问题。众所周知，在经济学流派中，在相当长的一个时期里，凯恩斯学派一直强调财政政策重要而货币政策不重要；货币学派则相反，认为货币政策重要而财政政策并不重要。随着各自理论的发展，两大学派在这个问题上彼此针锋相对的争论逐步减弱，但是理论本身对于两者地位轻重的基本判断还是没有改变。从政府的角度来说，不同的政府在偏重货币政策与偏重财政政策上有很大的差别。不过作为政府，也不再完全依靠单一的货币政策或财政政策，而是在强调某一方面政策的同时，充分考虑另一方面政策的配合。

### （二）特定经济运行状况的要求

货币政策和财政政策两者在一定时期如何配合还取决于一定时期的经济形势，而经济形势不外乎社会总供给与总需求的关系状况和产业、产品结构的平衡情况。对于这两种关系状况以及总量和结构关系状况，一般情况下并不特殊地要求一定以哪项政策为主来对其失衡进行调节和矫正。这里问题的关键是这种失衡产生的具体原因以及货币政策和财政政策可能被运用的程度，这是决定两种政策之间主辅调节关系的一个基本因素。在总量失衡的条件下，如果是总需求过度膨胀，那么首先要了解的问题是这种膨胀是怎么造成的、谁在总需求膨胀中扮演主要角色，对这种原因以及推动因素的分析正确了，问题的症结就找到了。下一个问题就是以哪一项政策为主来矫正失衡，抑制总需求过度膨胀。例如，我国1984年第四季度银行信贷的失控，立即导致了社会总需求的过度扩张。既然银行信贷是总量失衡的根源，那么只要收紧银根就可以使这种总需求膨胀导致总量失衡的状况得到解决。但是假如情况不是这样，而是总量失衡并不明显，产业产品结构上却存在着严重的不平衡状况。具体举例来说，假定一个时期内的基本建设投资增长过快，而这种投资又主要是由预算内投资构成的，那么显然如果依靠货币政策来控制这种局势的发展就有些力不从心，只有用削减预算中的基本投资支出和调节预算支出结构的办法才能有效地解决这种投资结构失衡的问题。也就是说，应以财政政策作为主要的调节手段。

### （三）两者的配合模式

货币政策和财政政策的配合还有一个需要考察的问题就是两种政策的配合模式问题。从逻辑上看，财政政策与货币政策有四种配合模式：紧缩的财政政策与紧缩的货币政策的配合，即通常所说的“双紧”政策；宽松的财政政策与宽松的货币政策的配合，即通常所说的“双松”政策；紧缩的财政政策与宽松的货币政策的配合，即通常所说的“紧财政、松货币”政策；宽松的财政政策与紧缩的货币政策的配合，即通常所说的“松财政、紧货币”政策。

两种政策间的“双紧”或“双松”的配合形式，一般来说，只有在社会总需求过度膨胀或极度疲软的情况下才采用。在并未出现社会总需求过度膨胀或极度疲软时，“双松”的政策搭配虽然能够起到迅速提高总支出水平、扩张生产规模的作用，但是往往要引发通货膨胀。采取“双紧”政策搭配，虽然可以有效地抑制通货膨胀，但是很容易引起生产停滞或经济衰退。这种“双紧”或“双松”的政策搭配对经济产生副作用的经验与教训，无论在西方国家还是在我国，都是出现过的。国内外的实例都说明“双紧”或“双松”的政策搭配一般情况下应避免采用，如果采用了也应注意这种政策搭配实施的时间不能太长。在货币政策和财政政策间，采取“一松一紧”的搭配形式，是当一定时期内的社会总需求水平偏高，就可根据货币政策或财政政策工具变量与调节目标的密切联系程度选择政策手段，以这一手段为主，采取紧缩的调节措施，而另一辅助政策手段采取适度放松的调节方法，以使主要政策措施“软着陆”，避免造成较大的经济震荡。

（四）两者的配合手段

货币政策和财政政策之间配合应解决的另一个问题是配合手段问题。从财政政策来说，其发挥作用的形式主要是税率变动和支出的扩张或削减，这两种方法实际上都是以强制为基础的。但是税率的升降或税种的增减手段对经济的影响又比财政支出结构或总量的变动手段对经济的影响要间接一些。而货币政策发挥作用的形式则比较多，既可以通过行政的、计划的直接强制手段来发挥作用，也可以通过经济的、间接的利益调节手段发挥作用。比如说，信贷规模管理及存款准备金中的变动等手段就是较为直接的、强制性的控制手段，而再贴现贷款利率和买卖政府债券的办法就是一种间接的控制手段。

一般情况下，采用直接的、强制的、行政的手段对经济控制容易收到立竿见影的效果，在较为紧急和严重的经济形势下，采取这类措施是十分必要的。只是用过于强烈的行政和强制办法搞“紧急刹车”或急剧扩张容易产生一些副作用，即由经济运行的惯性效应决定，在“紧急刹车”时容易在总需求增长受到控制的同时引起再生产的萎缩。而经济的、间接的，即通过对微观经济主体的经济利益进行宏观经济调节的办法，其对最终目标变量的影响时滞固然比直接的、行政的手段要长，但是其负效应也较小。因此，采取间接的、经济的办法对经济总量和结构的失衡进行调节，可以避免直接的、行政的手段可能给经济运行带来的震荡性影响，达到所谓“软着陆”的目的。

从这些手段发挥作用的特性来说，在货币政策和财政政策配合时，似乎应该尽量做到一方直接的、行政的手段与另一方间接的、经济的手段交错运用，这样才能收到既缩短单一政策时滞，又能减少同向同性手段调节可能对经济造成的震荡性影响。

无论是货币政策措施还是财政政策措施，它们对于总支出、产量和物价发挥影响总要有一定的传导时滞。在相同的经济条件下，两种政策工具变量的时滞长短如果有区别，时滞较短的就可以称为快变量，时滞较长的则称为慢变量，快慢变量之间只有恰当地进行配合，才能收到理想的经济调节效果，如果快慢变量之间配合不当，就可能影响货币政策和财政政策的配合效果，有时还可能带来相反的经济调节作用。

## 本章小结

1. 货币政策是指中央银行为实现其特定的经济目标，所采用的各种控制和调节货币供应量或信用量的方针和措施的总称。货币政策是包含着政策目标、达到目标的措施、运行机制、效果衡量等一系列内容在内的一个广泛的概念。

2. 货币政策划分为两个不同的目标层次，即最终目标和中介目标。一般认为，货币政策的最终目标包括物价稳定、充分就业、经济增长和国际收支平衡。作为货币政策的中介目标必须具备三个条件，即符合可测性、可控性以及与最终目标的相关性这“三性”原则。可以作为货币政策中介目标的金融变量主要有三种，即利率、货币供给量和存款准备金。

3. 货币政策工具可分为一般性政策工具、选择性政策工具和其他补充性政策工具三类。一般性货币政策工具主要包括：法定存款准备金政策、再贴现机制和公开市场业务。选择性货币政策工具和其他货币政策工具是中央银行针对个别部门、企业、领域或特殊用途的信用而采用的政策工具。选择性货币政策工具主要包括证券市场信用控制、消费信贷控制、不动产信用控制等。

4. 关于货币政策的传导机制，西方经济学界存在凯恩斯学派和货币学派两种主要理论。凯恩斯学派认为，货币政策的传导是在两个领域中进行的，即金融领域和实务领域，其传导过程共经历三个阶段。货币政策传导机制有利率、货币乘数和资产结构三种传递效应。

5. 西方对货币政策效应的理论探讨主要是看货币政策能否影响产出，也就是货币是否中性的问题。衡量货币政策效应，一是看效应发挥的快慢；二是看效力发挥的大小。由于影响货币政策效应的因素很多，所以孤立地判断某一货币政策的效应几乎不可能，而必须通过分析较长时期的时间序列数据，才能得出货币政策是否有效的总体判断。

6. 财政政策与货币政策既有共性，又有区别。货币政策与财政政策出自同一决策者却由不同机构具体实施；要达到同一目标却又经过不同的作用过程；作用于同一个经济范围却又使用不同的政策工具。两者的共性决定了它们之间必须密切配合的客观要求。财政政策与货币政策的配合主要包括主辅关系确立、配合模式与配合手段等内容。

## 复习思考题

1. 简述凯恩斯学派与货币学派在货币政策传导机制理论上的分歧。
2. 什么是货币政策中介指标？主要包括哪几项？
3. 简述存款准备金政策的优缺点。

4. 简述再贴现政策及传导机制。

5. 简述公开市场业务的含义、作用、特点。

6. 选择性政策工具主要包括哪些内容?

7. 中央银行的一般性货币政策工具有哪几种?它们分别是如何发挥作用的?各自的优缺点分别是什么?

8. 试述货币政策和财政政策配合的必要性,并联系实际分析如何才能实现更有效的配合。

9. 试述货币政策目标的内容,并谈谈如何协调货币政策目标之间的相互关系。

10. 试述影响中央银行货币政策效果的主要因素。

## 附录一:我国货币政策目标的选择

从中华人民共和国成立到20世纪80年代初期,在高度集中统一的计划经济模式下,货币和银行的作用被削弱了,它们只不过是计划经济的附属物,我国没有名副其实的中央银行,也就没有现代意义上的货币政策。当时的货币(或信贷)政策附属于国家计划,其根本目的是发展经济。1984年中央银行体制确立后,中国才有了运用政策工具调控货币供应量和利率进而影响社会总需求的货币政策。但是在1993年以前,中央银行很少公开、明确地宣布各个阶段货币政策的最终目标。从实际的政策措施看,在相当长的时期内,中国货币政策追求的是经济增长和稳定物价的双重目标,两者孰重孰轻,在不同的经济形势下有所侧重,但是经济增长往往占据主导地位。也正是由于这种双重目标,中国中央银行的货币政策操作一直在平衡与妥协之中艰难地运作。对于中国这样一个资金短缺、投资需求旺盛、企业和政府相互严重依赖的发展中国家,在货币政策上实行双重目标,几乎总会牺牲货币的稳定,以过度的货币发行来支撑经济的暂时增长。其结果往往会诱发较高的通货膨胀,到了一定阶段就不得不停下来进行调整,这时治理通货膨胀、平抑物价又成了中央银行的主要政策目标。由此必然导致国民经济周期性的振荡和强制性调整。这一教训促使理论界和货币当局重新审视中国的货币政策目标。

1993年之后,我国中央银行的货币政策目标终于发生了变化。1993年12月25日,国务院在《关于金融体制改革的决定》中首次明确地将宏观调控的目标定为“保持货币稳定,并以此促进经济发展”。1995年3月,全国人大八届三次会议通过了《中华人民共和国中国人民银行法》,正式以法律的形式重申了这一提法。在某种意义上可以说,我国中央银行的货币政策目标已经实现了由双重目标向单一目标的转变。

资料来源:李琼. 中国货币政策目标的选择[M]. 北京:社会科学文献出版社,2009.

## 附录二:公开市场操作:美联储是如何执行的?

一位重要的纽约联邦储备银行官员对一个假设的联邦储备公开市场交易进行了如下的描述:

现在的时间恰好是感恩节前的星期二中午之前。地点是纽约联邦储备银行8楼的交易大厅。美联储公开市场账户经理已经做出决策，他指示他的副手买进5亿美元的即期交割的美国国库券。

决策制定后，主办职员即在电话交换台前通知与30来位美国政府债券交易商要保持联系的10位职员和债券代理商。他说："我们需要所有国库券的现售报价。"之后，每一位职员或代理商都迅速地与2~4位证券交易商进行电话联系。

琼是纽约联邦储备银行的一位代理商，她按下自己面前的电话交换台按钮，与一位政府债券交易商进行了小声的通话。

"杰克，"琼说，"我们正在寻求以现金交割方式购进全部的国库券。"

杰克说："我尽快答复你。"杰克是某代售公司的代表，他立即跟客户们联系，询问他们是否愿意出售国库券。同时，杰克和自己公司的负责人商定了他应如何使本公司拥有的政府债券处于最有利报价的策略。

10分钟后，杰克回电话："琼，我可以向你出售500万美元收益率为5.85%的1月5日到期的国库券，1 000万美元收益率为5.90%的1月26日到期的国库券，2 000万美元收益率为6.05%的3月23日到期的国库券和3 000万美元收益率为6.14%的5月30日到期的国库券。"

琼回答："这些报价可否让我在几分钟后确定?"

杰克："当然可以。"

几分钟后，这一往返磋商完成了。代理商们把同各个债券交易商联系后得的报价都填入事先印制好的专门表格上。主办职员就把每一个债券交易商的报价，按顺序标在柜台上方的斜板上。最后，记录牌上显示出，债券交易商已经提供了总量为18亿美元的国库券的报价，而且要求成交日即以现金交割。

然后，主办职员开始用红笔圈出每一笔拟出售国库券中的最佳的，即收益率最高的报价。他从U形柜台后面的大幅行市牌上可以查出这些国库券在这一电话交易之前的市场收益率，一个助手不断地记下将买进的国库券的累计数额。在他已选足预定的数额时，就把这些报价单退给代理商，再由各个代理商立即打电话通知有关交易商。

琼说："杰克，我们将以现金购进500万美元收益率为5.85%的1月5日到期的国库券和3 000万美元收益率为6.14%的5月30日到期的国库券，其他的不要。"

做出最初决定的45分钟后，所有的电话交易都结束了。联邦储备银行购进了5.23亿美元的国库券，剩下的仅仅是划账工作。代理商签发单据，以便给联邦储备银行的政府债券部门作为对购进的特定国库券进行划账的主要证明。办理债券交易商交割的银行即清算银行，有权把这些国库券从它们在联邦储备银行的账户上扣除，与此同时它们在纽约联邦储备银行的准备金账户就被贷记相同的金额。

联邦储备银行立即贷记债券交易商往来银行的账户，从而为美国的银行体系增加了5亿多美元的准备金。

资料来源：蒋远胜. 金融学［M］. 成都：西南财经大学出版社，2009.

# 第十二章　金融发展与金融改革

## 第一节　金融发展理论

### 一、金融发展与经济发展

严格来说，金融发展理论所要研究的应是一切有关金融发展与经济发展关系的理论。所谓金融发展（Financial Development），主要包括金融资产的发展、金融机构的发展以及金融市场的发展。所谓经济发展，则是指各种实际经济因素的发展，如物质财富的增加、生产技术的进步以及经济制度的健全等。在金融发展与经济发展的关系分析上，以美国的约翰·G. 格利和爱德华·S. 肖以及戈德史密斯的理论最为著名。

格利和肖认为，金融的发展与经济的发展之间有着非常密切的关系，经济发展是金融发展的前提和基础，而金融发展是推动经济发展的动力和手段。

在格利和肖看来，所谓金融的发展，主要是各类金融资产的增多以及各类金融机构的设立。在各类金融资产中，货币只是其中的一种；而在各类金融机构中，银行也只是其中的一种。随着经济的发展，金融也随之发展，这种发展不仅表现在各种非货币金融资产的涌现及其数量的增多，也表现在各种非银行金融中介机构的建立和发展。具体作用表现在以下方面：

#### （一）初始经济与金融限制

为了说明金融发展对经济发展的影响，格利和肖对初始经济进行了分析。他们指出，初始经济的增长能力受其金融制度的限制。在只有货币没有其他金融资产的情况下，储蓄、资本积累和从储蓄到投资的有效配置都受到抑制，这种抑制又滞缓了产出与收入的增长速度。也就是说，初始经济对实际产出增长设置了严重的金融限制。不成熟的金融制度本身就是经济进步的羁绊。

按照格利和肖的分析，实际产出的增长能力来源于两个方面：一是资本存量的规模；二是资本存量的分配。

资本存量的规模取决于储蓄的规模。然而初始经济的金融制度向私人支出单位只提供一种金融资产即货币来引致储蓄。它不允许企业发行自己的金融工具来引致消费者储蓄，也不允许政府发行非货币债务。金融制度也不试图通过提供不同种类的金融资产或者允许金融资产用各种利率来刺激私人储蓄。结果可以想象，在消费者和企业之间收入分配既定的条件下，储蓄倾向和资本增长率都是比较低的。可见金融资产的单一化还限制了储蓄的规模，从而也限制了投资的水平。不仅如此，金融资产的单一化还限制了储蓄的投向，从而使既定的储蓄不能根据投资效益的高低实行最有效、最合理的配置。

总之，初始经济的金融制度是缺乏效率的，因为既没有任何会刺激储蓄的金融资产，也没有提供任何竞争性地把储蓄分配向投资的金融市场。初始经济的困难在于，它提供了一种金融资产，并且没有充分地利用金融对储蓄的推动力，也没有充分利用在各个投资机会之间使储蓄有效地分散出去的金融媒介作用。

（二）金融创新与金融技术

格利和肖认为，在任何经济社会，要克服由金融制度的缺陷造成的困难，支出单位就必须有能力冲破现存金融格局的限制与束缚。他们指出，在金融发展的初期，一些不发达国家曾采用过各种不同的金融办法来弥补现存金融制度的缺陷，这些办法包括组成合伙企业和互助社团、发行彩票、政府向私人部门提供转移性支付、提高货币需求以及土地和其他现存实物资产的转移等。这些办法的应用，既缓解了金融限制、促进了经济增长，又为金融制度的创新和发展奠定了基础。

在格利和肖看来，由初始的金融制度向成熟的金融制度的发展，首先表现为金融资产的增多。这种增多既包括金融资产种类的增多，又包括金融资产数量的增多。就金融资产的种类而言，首先出现的是由私人投资者为筹措资金而发行的初级证券。初级证券的发行，使私人投资者的投资超过其自身的储蓄，同时也使消费者获得新的、有利息收入的金融资产。随着初级证券数量的增多，初级证券的交易市场应运而生。同时，作为金融中介机构的银行也参与初级证券的买卖。这样私人投资者既可以直接向消费者出售初级证券，也可以向银行出售初级证券，而银行则通过发行间接证券即货币，来筹措购买初级证券的资金。在这两种形式中，前一种是直接融资，后一种是间接融资。直接金融把初级证券倒入消费者的资产篮子，而间接金融则用货币代替消费者资产篮子中的初级证券。间接金融的出现，使消费者既可以用初级证券储蓄，又可以用货币余额储蓄。因此，金融机构的介入是金融资产多样化的必要条件。同时，由金融中介机构介入的间接金融也比直接金融更为有效。

格利和肖指出，在不发达社会，可贷资金的交易是在极不完善的市场里由最终贷款人与最终借款人面对面地磋商完成的。在比较成熟的社会里，这种分割成细小部分的市场上的个人贷款只是全部发行量的较少部分。金融技术的发展创造了代替面对面贷款的方法，从而使借款人和贷款人或者双方都能从可贷资金的交换中获得利益。

根据格利和肖的分析，金融技术主要有两种：一种是分配技术；另一种是中介技术。所谓分配技术，是指便于初级证券的发行和交易的技术。它包括证券市场的发达与完善、多种交易形式的采用以及各种便利措施的提供等。所谓中介技术，是指由金融中介机构介于最终借款人和最终贷款人之间，以间接金融资产代替初级证券，从而使储蓄的转移更为顺畅，是金融资产更为多样化的技术。分配技术和中介技术都能扩大可贷资金的市场广度，提高资金分配效率，从而提高储蓄和投资的水平，最终使经济增长率也得以提高。随着资金分配技术的发展，尤其是中介技术的发展，不仅银行得到进一步的发展，各种非银行金融中介机构也得到发展。这些非银行金融机构通过发行非货币的间接金融资产而发挥中介融资的职能。于是金融资产的种类进一步增多，金融资产的总量进一步上升。

(三) 经济增长与金融积累

格利和肖认为，在经济增长过程中，随着人均收入的提高，金融资产的增长率将超出产出或实际收入的增长率。在任一时间的两个国家之间，以及在一个国家的两个发展阶段之间，金融积累不仅对产出的水平敏感，而且对产出的增长率敏感。因此，金融资产对国民生产总值的比例，可以在相当程度上反映一个国家的经济发展程度。

## 二、金融结构与经济发展

雷蒙德·戈德史密斯是美籍比利时经济学家、现代比较金融学的奠基者。在 1969 年出版的著作《金融结构与金融发展》中，戈德史密斯运用统计资料，对金融结构和金融发展进行了横向的国际比较和纵向的历史比较，从而揭示了金融发展过程中带有规律性的东西。

戈德史密斯的金融发展理论提出了一个重要的量化指标，即金融相关比率（FIR），该指标从数量上论证了金融发展与经济增长之间的关系。所谓金融相关比率，是指金融资产价值与全部实物资产（即国民财富）价值之比。全部实物资产大致可以用当期国民生产总值表示，而金融资产主要包括金融部门、非金融部门和国外部门发行的金融工具。在一国经济发展过程中，金融相关比率变动的基本趋势是上升的，有时甚至会发生迅速上升的“爆发运动”，但是达到一定程度时，这一比例会逐步稳定。金融相关比率的变动反映了金融上层结构与经济基础结构之间的规模上的变化关系。随着经济和金融的发展，金融结构也会发生相应的变化，金融机构发行的间接金融工具比重会逐渐下降，而非金融机构发行的直接金融工具的比重会逐步上升，它大致反映了金融发展的一个基本特点。

通过大量的比较分析和统计验证，戈德史密斯总结出了以 12 个金融发展的要点：

第一，在一国的经济发展进程中，金融上层结构的增长比国民财富所表示经济基础结构的增长更为迅速。因而，金融相关比率有提高的趋势，期间还会发展迅速提高的“爆发运动”。

第二，一国金融相关比率的提高并不是无止境的，一旦达到一定的发展阶段，特别是当金融相关比率达到 1~1.5 时，该比率就将趋于稳定。

第三，经济欠发达国家的金融相关比率比发达国家要低得多。根据戈德史密斯的考证，经济欠发达国家目前的金融相关比率多在 0.66~1，相当于美国和西欧在 19 世纪后半期就已达到并超过了的水平。

第四，决定一国金融上层结构相对规模的主要因素是不同经济单位和不同经济集团之间储蓄与投资功能的分离程度。归根结底，金融相关比率是由一国经济结构的基本特征决定的，如生产的集中程度、财富的分配状况、投资刺激、储蓄倾向以及产业活动与家庭经营活动的分离等。不了解这些基本特征，就无法研究储蓄和投资的性质。

第五，随着经济发展水平的提高，大多数国家金融机构发行和拥有的金融资产的比重在不断加大，即使金融相关比率的变动已趋于平衡，这种比重变化的现象仍然会持续存在。

第六，储蓄与金融资产所有权的机构化（Institutionalization）倾向，必然使金融机构和金融工具向多样化发展。一般来说，债权的机构化比股权的机构化取得了更长足的进展，长期债权的机构化要高于短期债权的机构化水平。许多国家的政府债券、公司债券以及抵押票据的 50%以上由金融机构持有，甚至有些国家的这一比重已接近 100%。发达国家中金融机构持有公司股票的比重高于发展中国家，并出现比重上升的趋势。不过总的来说股票由私人购买仍占主要部分。

第七，现代意义上的金融发展都是始于银行体系的建立以及法定货币的发行。铸币和银行券占国民财富的比重开始是呈上升趋势，但是之后会出现持平或下降的倾向。隐含货币（支票存款）也将经历相同的变化过程，但是时间相对会晚些。

第八，随着经济的发展，银行体系在金融机构资产总额中的比例会趋于下降。而其他各种新型的金融结构的这一比例却相应上升。在有些发达国家，其他金融机构的金融资产总额已超过银行资产总额。

第九，对大多数国家而言，估计金融活动在经济发展的某些时候起着关键点的作用，如国外融资作为国内不足资金的补充或作为国内剩余资金的出路，这取决于一国的对外开放程度。

第十，国际资金转移的重要形式是资金从发达国家向发展中国家的流动，金融机构和金融工具的国际化会便利资本与技术的转移。对发展中国家来说，引进国际化的金融机构甚至比引进一些资金更为重要。

第十一，金融发展水平越高，融资成本（包括利息与各种费用）越低。在金融发达国家，包括利率和其他费用在内的融资成本要明显低于经济欠发达国家。偶然出现的例外是由于通货膨胀的影响，在这种情况下，金融体系的作用会向相反方向变化。

第十二，从长期看，各国金融发展与经济发展大多存在着平行关系。经济发展与金融发展之间的因果关系，即到底是金融因素加速了经济增长，还是金融因素仅仅反映了由于其他因素推动的经济增长，现在还无法证明。

戈德史密斯的基本结论表明，金融发展与经济发展有着密切的联系，并且发达国家与发展中国家在金融发展中存在着明显的区别。关于这两个问题，戈德史密斯从理论和历史两个方面进行了分析。

从理论上看，金融机构对经济增长的效用必须从总体以及储蓄与投资的分配这两个方面进行探讨。戈德史密斯认为，金融机构的存在与发展可能有效地增加储蓄与投资的总量。因为一方面，在许多情形下，通过金融机构的间接融资比通过发行初级证券的直接融资要更有效些。例如，在没有金融机构的条件下，那些小额贷款者将因没有适当的金融工具可选择而只得进行较少储蓄。而从另一方面看，金融机构的介入还能有效地将既定的资金分配给收益率较高的投资项目，从而使平均投资效率得以提高。显然，金融机构这两方面的作用都能有效地促进经济的增长和发展。同时，戈德史密斯指出，在某些情况下，金融机构的存在和发展也许会给经济增长带来消极的影响。例如，金融机构的存在与发展将大大便利政府的借款，从而使金融工具成为政府弥补财政赤字、筹措经费的重要工具。这样，政府在储蓄总量中所占的比重将增加。当政府将这一增加的份额用于各种非生产性的支出时，经济增长必然受到不利的影响。因此，从理论上看，金融发展对经济增长的影响是难以确定的。

从历史经验来看，戈德史密斯发现，在不同国家之间或在同一国家的不同时期之间，金融发展对经济增长的影响也极不相同。

总之，戈德史密斯认为，在金融理论尚未沿着分析金融发展过程及其与经济增长的关系这一方向深入发展之前，在尚未使用这样的理论框架对不同代表性的国家和时期的情形进行大量精确细致的实例研究之前，对于金融发展与经济增长的因果关系是无法得出明确的结论的。

## 三、金融发展理论

鉴于麦金农和肖的金融深化理论所引发的巨大反响，金融发展理论研究掀起了新的高潮，许多经济学家纷纷提出对金融发展问题的新见解。

总结20世纪70年代以来的金融发展理论，大致可分为两个阶段。

第一阶段为20世纪70年代中期到80年代末期，主要研究内容是金融深化理论的实证和扩充，主要代表人物有加尔比斯（Vicente Galbis）、卡普（Basant K. Kapur）、马西森（D. J. Mathieson）和弗莱（M. J. Fry）等。他们扩大了金融深化理论的研究框架，在吸收当代经济学最新研究成果的基础上，建立了宏观经济模型，扩大了金融发展理论模型的分析视野和政策适用范围，使之能不断适应经济增长、金融体制日益完善的发展中国家的实际情况。例如，卡普摒弃了麦金农关于实际货币与实物资本的互补性假说，通过论证银行向生产企业供应流动资本的过程来说明金融对实际经济增长的影响。这种分析更强调发展中国家在通过金融改革促进经济发展的过程中保持经济稳定的重要性，因而对确立货币政策目标以及治理通货膨胀政策具有很强的指导作用。加尔比斯用两部门模型修正和补充了麦金农的一部门模型，认为只有技术落后的部门才存在自我融资现象，而技术比较先进的部门则可以获得银行贷款支持，并且两部门的资源转移可推动金融中介的作用，用两部门的投资效率差异来说明资源转移对经济增长的作用，这样的分析比麦金农的分析更深入且结论更令人信服。弗莱在金融发展模型中加入了动态调整参数，建立了动态金融发展模型，用于分析通货膨胀与经济增长的关系。

除扩展理论模型外，第一阶段的研究成果还包括大量的实证研究。这些实证研究肯定了金融深化理论的结论从而说明该理论可用于指导发展中国家的经济实践。不少学者实证考察了发展中国家推行金融自由化成功的经验和失败的教训，对金融发展政策进行了补充和扩展。他们认为金融改革应具备五个前提条件：建立完善的金融监管制度；有稳定的价格水平；强化财政纪律；建立竞争性的金融体制；有运转良好的税收体系。

第二阶段从20世纪90年代开始到现在，主要代表人物有艾伦（F. Allen）、摩洛、莱温纳（R. Levine）、辛格（Ajit Svingh）、戴蒙特德斯（Panicos O. Demetuiades）、金（R. G. King）、福知高雄等。针对20世纪80年代以后发展中国家金融深化改革暴露出的一些问题，金融发展理论在继承已有金融发展思想的基础上，不断拓展研究领域，将金融稳定与金融危机理论、国际金融政策、证券市场发展等纳入金融发展研究框架。尤其是针对发展中国家金融自由化失败的教训，强调了对金融发展政策的实证研究，着重于金融发展的外部环境与发展顺序等有关金融发展成败的政策组合研究。

这一阶段的研究成果重视金融中介的作用，通过建立在内部增长模型基础上的金融发展理论，对家庭资产组合行为进行了详尽的分析，阐明金融体系可以使个人增加其持有的非生产性实物资本，将储蓄改为生产性投资；改善投资资金的分配，提高资本的平均报酬率；可以进行长期投资，减少风险项目投资，鼓励人们只拥有资本的所有权；对某些创新活动可通过评估投资项目和预期利润来扩大投资。这种金融体系可以引导资产组合倾向于生产性投资，从而提高生产性投资的质量。

这一阶段的金融发展理论在政策上强调金融体制改革的全面性与渐进性。他们援引中国台湾地区和韩国的例证，说明金融自由化不仅是将实际利率提高到接近市场均衡利率水平，而且需要推行全面的金融体系改革，如改善银行管理、稳定物价、改革汇率等。在利率改革上也应采取渐进政策，虽然利率太低会抑制储蓄，减少生产性投资的资金来源，但是如阿根廷、智利等国的完全自由化导致的实际利率急剧上升的“繁荣昌盛”也会带来灾难。政府可以采取先提高利率进行干预，等到物价稳定、银行监督完善后再进一步改革的方式。他们也指出，完全充分的金融自由化不一定是经济快速增长的先决条件（拉丁美洲经济可以证明），关键是实际利率应接近市场均衡利率。至于市场均衡利率的确定，由于发展中国家缺乏完善的金融市场，因此建议采用公开拍卖国库券的形式来确定市场利率。建立货币市场，以银行拆借、回购协议、商业票据作为货币市场工具，也是确定市场利率的好办法。发展中国家的货币政策可以采用再贴现率、公开市场政策和法定准备金率三大工具，并加以灵活政策，在建立货币市场的基础上制定公开市场政策，然后逐步完善资本市场。在开放经济条件下，利率与汇率政策应协调一致。对开放资本账户应持谨慎态度，除非金融市场稳定和国内利率市场已经形成，否则不宜开放资本账户，可实行货币自由兑换。过早开放资本账户会助长资金流动，扰乱经济和金融秩序。

## 第二节　我国的金融改革

中国金融体制改革始于党的十一届三中全会以后。30 多年来我国的金融改革遵循了一个以市场为取向的、渐进化的改革逻辑，改革的巨大成就体现在从整体上突破了传统的计划金融体制模式，基本建立起了一个符合现代市场经济要求的市场金融体制。回顾我国金融体制改革的历史进程，从总体上可以分为四个阶段。

### 一、金融初始化改革（1979—1984 年）

1979—1984 年既是我国金融业的全面恢复时期，也是金融业开始突破传统的计划经济体制模式的时期。

### (一) 重构金融组织改革，初建中央银行体制

1978年10月，邓小平同志提出“要把银行作为发展经济、革新技术的杠杆，要把银行办成真正的银行”后，我国正式开始了恢复金融、重构金融组织体系的工作。1979年，我国相继恢复了中国农业银行和中国人民建设银行，并分别作为主要办理农村金融业务和从事中长期信贷业务的专业银行；改革了中国银行经营体制，使其作为主要经营外汇、办理外汇信贷业务的专业银行；成立了主管从国外筹资用于国内投资信贷的中国投资银行；1984年1月，成立了中国工商银行，成为办理原由中国人民银行承担的城镇工商企业存贷款及城镇居民储蓄业务的专业银行，从而在我国建立起了一个完整的专业银行体系。同时，非银行金融机构也得到了初步发展。我国成立了中国国际信托投资公司等一批信托投资公司；恢复了中国人民保险公司国内保险业务；成立了城市信用合作社，并在全国普遍发展了农村信用合作社。金融对外开放迈出了新的步伐。从1979年外资银行在我国设立代表处开始至1982年，在我国的外资金融机构发展到31家。1983年9月，国务院发布《关于中国人民银行专门行使中央银行职能的决定》，确立了中国人民银行作为中央银行领导和管理全国金融事业的国家机关的性质与地位，从而标志着我国中央银行体制的初步建立。

### (二) 初步改革信贷资金管理体制，开始探索运用间接金融宏观调控

1979年，我国在部分地区试行“统一计划，分级管理，存贷挂钩，差额包干”（简称“差额包干”）的信贷资金管理办法，并于1981年在全国正式实行。这一方法扩大了各级银行相对独立经营的自主权，有利于促进信贷资金管理水平的提高。随着中央银行的建立，1984年，中国人民银行首次在金融机构中推行了存款准备金制度，增强了中央银行宏观调控能力。

### (三) 金融市场初步形成

在“大一统”的银行体制下，我国是没有金融市场的。1979年以后，随着金融组织体系的构建，以银行为中介的间接融资市场首先发展起来。同时，以货币市场和资本市场为基本结构的直接融资市场也悄然出现了。

1. 货币市场

20世纪80年代初，随着我国商业信用范围的不断扩大，出现了商业信用的票据化，以此为基础，一些城市开始探索商业票据承兑贴现业务。1981年，上海市首先试办了同城商业承兑汇票以及异地（跨省市）银行承兑汇票贴现业务，并于1982年在全国开始普遍试办这一业务。

2. 资本市场

1981年，我国恢复了自1958年以来停止了长达23年的国债发行，并形成了国库券每年发行的制度。1982年，中国国际信托投资公司在日本发行了100亿日元的金融债券，拉开了我国金融机构在国外发行金融债券的序幕。1984年，一些地区还发行了企业债券。1984年，北京天桥百货股份公司以及上海飞乐股份有限公司在国内率先发行股票，同时其他一些省市也开始了股份制和发行股票的试点工作，为我国证券市场

的发展开创了一个良好的开端。

（四）初步改革了外汇管理体制

1979 年，国家开始实行外汇留成制度，从 1980 年起，还开始了外汇调剂业务，一改过去“大一统"的外汇指令性计划管理与分配制度。

## 二、发展金融和整体推进金融改革（1985—1993 年）

1985—1993 年是我国金融业全面繁荣时期，也是计划金融体制向市场金融体制过渡的重要时期。

（一）金融组织体系按市场取向原则蓬勃发展

1985 年以后，国家按照市场化运作原则，组建了一批商业银行和非银行金融机构。1986 年，国务院重新组建了交通银行，使其成为我国第一家全国性股份制商业银行。之后，又相继成立了中信实业银行、中国光大银行、华夏银行三家全国性商业银行和一批区域性商业银行。同时，开始探索专业银行向商业银行转轨，专业银行开始向综合化方向发展的道路。同期的非银行金融机构得到了全面发展，金融对外开放步伐加大。

（二）进一步改革信贷资金管理体制，金融宏观调控机制进一步向间接调控过渡

1985 年，我国开始实行“统一计划，划分资金，实贷实存，相互融通”（简称“实贷实存”）的信贷资金管理体制，将各银行与中央银行的关系变为借贷关系，改变了各家银行在信贷资金使用上“吃大锅饭”的状况。中央银行加强宏观调控能力的进程被大力推进，中央银行通过调整存款准备金率以及再贴现率间接调控金融走势从而调节经济运作。

（三）金融市场特别是证券市场迅速成长，初步建立起金融市场的基本框架

1. 货币市场进一步发展

1984 年，中国人民银行颁布了《商业汇票承兑贴现暂行办法》，并从 1985 年 4 月开始在全国范围内全面推行商业票据承兑贴现业务。1986 年，中国人民银行对专业银行正式开办了商业票据再贴现业务，标志着票据承兑贴现市场的初步形成。另外，1985 年“实贷实存”的信贷资金管理体制的实行，允许并提倡金融机构之间以有偿方式相互融通资金。1993 年 7 月，中国人民银行着手建立全国统一的、公开的、高效的同业拆借市场。

2. 证券市场快速发展，并从一级市场发展到二级市场

1985 年，中国工商银行率先在国内发行金融债券，企业债券也开始纳入规范化发行轨道。1991 年，国债在全国 400 个地市级以上的城市开始流通转让，国债柜台交易基本在全国展开。1993 年开始引进国债一级自营商制度，从而在一定范围内改革了过去通过行政分配认购国债的方法。

股票市场初具规模。除人民币普通 A 股外，1991 年之后还相继发行了人民币特种股票 B 股、H 股和 N 股，此外还发行了 70 余家投资基金。1990 年年底和 1991 年，上

海证券交易所和深圳证券交易所分别成立，标志着股票集中交易市场的形成。

1992 年 10 月成立了国务院证券委员会和中国证券监督管理委员会，国务院同时还颁布了《股票发行与交易管理暂行条例》等一系列证券管理法规，为证券市场的规范运作奠定了初步基础。

（四）外汇管理体制有了新的进展

1987 年下半年和 1988 年上半年，深圳和上海建立了外汇调剂中心，实行竞价买卖，允许价格自由浮动，产生了外汇调剂市场汇率。1993 年年底，全国 80%的外汇资源实现了由外汇市场配置。

## 三、完善金融和全面深化金融改革（1994—1998 年）

1994 年以来，我国金融业在完善的基础上继续发展，金融体制进入全面深入改革的关键时期，并初步建立起社会主义市场金融体制的基本框架。

（一）一个相对完善、规范的金融组织体系基本形成

1. 中国人民银行的中央银行地位确立

1995 年 3 月，《中华人民共和国中国人民银行法》正式颁布实施，中央银行的职能转换取得了实质性进展，中国人民银行不再对非金融部门发放贷款，不再对财政融资；在国务院的领导下，独立制定和实施货币政策，保持币值稳定；金融机构实行严格的监管，保证金融体系安全运行。中国人民银行作为国家中央银行的性质、地位和职能第一次有了坚实可靠的法律依据。

2. 商业性金融与政策性金融相分离，专业银行商业化迈出实质性步伐

1994 年，我国成立了三家政策性银行，即国家开发银行、中国进出口银行和中国农业发展银行，承担原来由国家专业银行办理的政策性信贷业务，实现了政策性金融与商业性金融的分离。1995 年，随着《中华人民共和国商业银行法》的正式实施，四大国有专业银行改组为国有独资商业银行，专业银行商业化也进入了实质性实施阶段。

3. 非银行金融机构进一步发展和规范化

1994 年以来，保险业的改革步伐加快。中国人民保险公司完成了财产险、人寿险和再保险业务的分离工作，改组设立中国人民保险（集团）公司；太平洋保险公司改制为独立的股份制商业保险公司；平安保险公司将 6 家子公司改组为直属分公司；中国人民银行还批准设立了大众、天安、华泰、永安、华安　泰康、新华等一批新的保险公司。1995 年，《中华人民共和国保险法》实施，为保险机构合法、规范经营提供了法律保障。1995 年，加强金融治理取得了进展。中国人民银行对非银行金融机构进行了重新登记，按照“分业经营、分业管理”的原则进行了国有独资商业银行与所属信托投资公司的脱钩工作，并关闭了一批信托投资公司，规范了市场。

4. 金融对外开放步伐明显加快

1994 年，经国务院批准，允许北京、沈阳等 11 个内陆中心城市设立营业性外资金融机构。1997 年，国务院还批准了 9 家外资银行在浦东新区试办人民币业务。1998 年 8 月，国务院又决定增加部分外资银行在上海经营人民币业务，并批准深圳作为第二个

允许外资银行试点经营人民币业务的地区。

### （二）信贷资金管理体制取得突破性进展，中央银行间接金融宏观调控体系基本建立

1994 年，中国人民银行缩小了信贷规模的控制范围，对商业银行实行贷款限额控制下的资产负债比例管理，并从第三季度开始，按季公布货币供应量分层次监控目标。1997 年年底，中国人民银行颁布了《关于改进国有商业银行贷款规模管理的通知》，决定从 1998 年 1 月 1 日起，取消对国有商业银行贷款限额的控制，在推进资产负债比例管理和风险管理的基础上，实行“计划指导，自求平衡，比例管理，间接调控”的新的管理体制。

### （三）金融市场在发展中不断完善

1. 货币市场进入发展新阶段

首先，全国统一的同业拆借市场开始形成。1996 年 4 月，商业银行同业拆借中介机构全部撤销，全国统一的银行同业拆借市场交易网络系统正式投入运行，标志着中国同业拆借市场进入了一个发展新时期。

其次，商业票据贴现和再贴现市场得到了较快的发展。1994 年以后，商业汇票在全国大部分地区特别是一些沿海经济发达省市被广泛使用。1996 年，《中华人民共和国票据法》的正式实施对有效规范票据行为，促进票据的正常使用和流通提供了可靠的法律保证。此外，1996 年 4 月，中国人民银行正式开办了公开市场业务。1997 年 6 月，银行间债券回购业务在中国外汇交易市场网络上正式展开。

2. 证券市场在发展中日趋完整化、成熟化

首先，债券市场全面发展。1994 年财政金融体制改革的一项重大措施是财政停止向银行透支，而通过向社会公开发行国债来解决预算赤字问题。同时，国债市场推行了一系列改革措施，包括国债无纸化发行，招标拍卖发行，新增贴息、零息、附息国债，提高短期国债比重，以及扩大可上市国债数量和品种等。一个品种丰富、完整，期限结构合理的国债市场基本形成。1997 年，《可转换公司债券管理暂行办法》颁布，首批发行规模 40 亿元，选择了 500 家重点国有企业中的未上市公司进行试点。此外，政策性银行成立后，还发行了政策性金融债券，从而也丰富了金融债券的品种。

其次，股票、基金市场取得了长足的发展。1998 年，我国上市公司已经达到 800 余家，并有 30 余家公司股票在中国香港和美国纽约上市。1997 年，国家对新股上市实行了“总量控制，限报家数”政策，重点支持了基础产业和高新技术产业。自 1993 年淄博基金上市以来，先后有 20 多只基金直接或通过互联网在沪深证券交易所上市。

### （四）外汇管理体制进入深化改革的新阶段

1994 年，我国对外汇管理体制进行了重大改革。一是对官方汇率和外汇调剂市场汇率并存的“双重汇率”实行并轨，建立以市场供求为基础的、单一的、有管理的浮动汇率制度；二是对境内机构外汇买卖实行银行结售汇制度，并建立全国统一的银行间外汇市场。1996 年 7 月，外商投资企业买卖外汇也纳入了银行结售汇管理，实现了外汇资源的市场配置，也使外汇调剂市场退出了历史舞台。1990 年 12 月，我国正式接

受《国际货币基金组织协定》第八条款，实现了人民币经常项目下的可兑换。至此，新外汇体制的基本框架得以建立。

（五）金融业和金融市场发展纳入法制化、规范化管理轨道

1. 加强金融立法，强化金融机构的监管

1995 年以来，我国先后颁布了《中华人民共和国中国人民银行法》《中华人民共和国商业银行法》《中华人民共和国票据法》《中华人民共和国担保法》《中华人民共和国保险法》五部法律以及《全国人民代表大会常务委员会关于惩治破坏金融秩序犯罪的决定》，建立了一套相对完整的规范金融企业发展的法律体系。同时，加强了对金融机构设置和经营活动的监督。

2. 加强证券市场的监管

1994 年以来，国家颁布实施了《中华人民共和国公司法》《禁止证券欺诈行为暂行办法》《证券市场禁入暂行规定》等一系列规范证券市场的法律法规。同时，提出了规范证券市场的“法制、监管、自律、规范”八字方针。1996 年，为了遏制市场过度投机，清理了证券市场违规资金，实行了股价涨跌停板制度，落实了证券行业禁入制度。1997 年，中国证券监督管理委员会接收并直接管理沪深证券交易所，初步形成了一个全国统一的证券监管体系。1999 年，《中华人民共和国证券法》开始实施。

## 四、现代金融制度建设时期（1999 年至今）

（一）金融机构改革取得阶段性成果

2003 年，中国人民银行最大的变化集中表现为“一个强化、一个转换、两个增加”，即强化与制定和执行货币政策有关的职能；转换实施对金融业宏观调控和防范与化解系统性金融风险的方式；增加反洗钱和信贷征信业务职能。

国有独资商业银行股份制改革试点展开。2003 年 12 月 30 日，国家决定动用外汇储备分别向中国银行和中国建设银行注资 225 亿美元，正式启动了两行股份制改革的试点工作。在财务重组的基础上，中国银行、中国建设银行分别于 2004 年 8 月 26 日、9 月 21 日由国有独资改组为股份有限公司，建立了现代公司治理结构的基本框架，公司治理机制开始发挥作用。2006 年 6 月 1 日、7 月 5 日，中国银行先后在中国香港联合证券交易所和上海证券交易所成功挂牌上市，成为首家 A+H 发行上市的国有商业银行。2007 年 9 月 25 日，中国建设银行回归 A 股市场。2007 年 12 月 9 日，中国工商银行在 A 股及港股市场同时上市。在 2009 年国际金融危机的大背景下，中国工商银行、中国建设银行、中国银行在全球银行市值排行榜上居前三位。

2003 年下半年，农村信用社改革试点在山东、吉林、浙江、贵州、江西、陕西、江苏、重庆 8 个省市全面展开。2004 年 8 月，国务院同意北京、天津、河北、山西、内蒙古、辽宁、黑龙江、上海、安徽、福建、河南、湖北、湖南、广东、广西、四川、云南、甘肃、宁夏、青海、新疆 21 个省（区、市）作为进一步深化农村信用社改革试点地区。截至 2004 年年底，参加扩大试点工作的 21 个省（区、市）农村信用社管理体制改革基本到位，产权制度改革、内部经营机制转换等工作稳步推进。

保险公司改革取得重大突破，中国人民保险公司、中国人寿保险公司和中国再保险公司三家国有保险公司改制工作基本完成。2003 年 7 月，中国人民保险公司正式更名为“中国人保控股公司”，并发起设立了中国人民财产保险股份有限公司和中国人保资产管理有限公司。同年 8 月，中国人寿保险公司正式重组为中国人寿保险（集团）公司和中国人寿保险股份有限公司。同年 11 月，中国人民财产保险股份有限公司在中国香港联合证券交易所以 H 股挂牌上市，成为我国第一家在境外上市的国有重点金融企业，随后在 12 月 17 日、18 日，中国人寿保险股份有限公司在美国纽约和中国香港两地同步成功上市，创造了 2005 年全球资本市场首次公开发行融资额的最高纪录。中国人寿、中国平安、太平洋保险三大中资保险巨头在 2007 年先后以 A 股上市。

中国金融业对外开放步伐加快。2002 年，中国人民银行受理了 8 家外资银行设立分支行的申请，批准其筹建；批准 5 家外资银行开办网上银行业务。批准 19 家外资银行在华设立代表处；批准 23 家外资银行机构经营人民币业务。2006 年 12 月 11 日，我国金融业正式对外资全面开放。开放后，我国金融机构改革得到进一步深化，截至 2014 年年末，涉农贷款（本外币）余额 23.6 万亿元，占各项贷款比重 28.1%，同比增长 13%。

### （二）利率市场化改革基本实现既定目标

2003 年，党的十六大报告提出稳步推进利率市场化改革，优化金融资源配置。1996 年 6 月 1 日，中国人民银行放开了银行间同业拆借利率；1997 年 6 月，放开了银行间债券回购利率。1998 年 8 月，国家开发银行在银行间债券市场首次进行了市场化发债。1999 年 10 月，国债发行也开始采用市场招标形式，从而实现了银行间市场利率、国债和政策性金融债券发行利率的市场化。1998 年，中国人民银行改革了贴现利率生成机制，贴现利率和转贴现利率在再贴现利率的基础上加点生成，在不超过同期贷款利率（含浮动）的前提下由商业银行自定。再贴现利率成为中央银行一项独立的货币政策工具，服务于货币政策需要。1998—1999 年，中国人民银行连续三次扩大金融机构贷款利率浮动幅度。

2004 年 1 月 1 日，中国人民银行再次扩大金融机构贷款利率浮动区间。2004 年 3 月 25 日，中国人民银行实行再贷款浮息制度。实行再贷款浮息制度是稳步推进利率市场化的重要步骤，有利于完善中央银行利率形成机制。2004 年 10 月 29 日，中国人民银行决定不再设定金融机构（不含城乡信用社）人民币贷款利率上限。同时，中国人民银行决定允许金融机构人民币存款利率下浮。至此，基本实现了对金融机构人民币贷款实行下限管理、存款实行上限管理的利率市场既定目标。

2005 年 3 月，中国人民银行放开金融机构同业存款利率，修改和完善人民币存、贷款计息和结息规则，允许金融机构自行确定除活期和定期整存整取存款外的其他存款种类的计息和结息规则。2006 年 9 月，国家开发银行与中国光大银行完成首笔人民币利率互换交易，标志着人民币利率衍生工具在中国金融市场正式登场。2007 年 1 月，中国货币市场基准利率（Shibor）开始正式投入运行，我国利率市场化进程又前进了一大步。

2014 年，中国金融体制改革进入攻坚阶段，利率市场化是其中的重要一环。11 月 21 日，央行宣布自 11 月 22 日起下调金融机构人民币存贷款基准利率，同时将存款利率上浮区间扩大到 1.2 倍。公开数据显示，2014 年 1 月至 10 月，同业存单发行总规模超过了 5 800 亿元。

（三）加强制度建设，积极推动金融市场发展

发行制度日趋市场化。2003 年年底，中国证券监督委员会发布了《证券发行上市保荐制度暂行办法》《股票发行审核委员会暂行办法》和《中国证监会股票发行审核委员会工作细则》，这为保荐制度的正式启动做好了法规准备。2004 年 1 月 1 日，保荐制度正式启动。为使我国证券发行制度最终向注册制转变，2008 年证监会修订了《证券发行上市保荐制度暂行办法》，并将修订后的办法定名为《证券发行上市保荐业务管理办法》，该管理办法主要针对保荐机构的内部控制、保荐代表人责任意识以及监管措施三方面进行了强化和完善。

资本市场开放加快。2003 年 1 月 12 日，国内首家中外合资基金管理公司——招商基金管理有限公司在深圳正式开业；2 月 18 日，湘财荷银基金公司三只行业类别基金获准一次性同时发行，伞形基金开始登陆中国；4 月 25 日，首家中外合资证券公司——华欧国际在北京宣布成立；5 月 27 日，瑞士银行、野村证券成为首批 QFII（合格境外机构投资者）；7 月 9 日，瑞士银行率先下单，标志着 QFII 正式入市。截至 2009 年 5 月，我国共有 82 家 QFII，批准的投资额度达到 126 亿美元。在资本市场没有完全放开的情况下，为积极参与国外市场，2007 年 9 月我国设立首只 QDII（合格境内机构投资者）产品——南方全球精选。到 2009 年年初，我国已发行 44 款 QDII 产品，截至 2014 年年末，2014 年基金公司 QDII 额度使用率已达 40%。

2004 年，为促进货币市场发展，保证货币市场基金的顺利推出和规范运行，中国证券监督管理委员会和中国人民银行制定和发布了《货币市场基金管理暂行规定》，支持基金管理公司开办货币市场基金业务，截至 2009 年，已经设立 56 只货币市场基金。

银行间债券市场继续快速发展。2002 年，在完善债券市场制度框架方面，中国人民银行主要做了三件事：一是 2002 年年初调整了银行间债券市场的准入制度，将银行间债券市场的准入由审批制改为备案制；二是颁布了《商业银行柜台记账式国债交易管理办法》，组织实施记账式国债柜台交易试点，将银行间债券市场交易主体扩大到居民个人；三是颁布了《中国人民银行关于中国工商银行等 39 家商业银行开办债券结算代理业务有关问题的通知》，将商业银行债券结算代理业务的服务对象由金融机构扩展到非金融机构，即将银行间债券市场交易主体扩大到企业法人。2003 年，简化银行间债券市场债券上市审批程序，对于在全国银行间债券市场发行的国债、政策性银行债券，中国人民银行授权中央国债登记公司和全国银行间同业拆借中心公布每期债券的上市日期。2005 年，中国人民银行发布了《全国银行间债券市场金融债券发行管理办法》，自 6 月 1 日起施行。该管理办法就政策性银行、商业银行、企业集团财务公司及其他金融机构等金融机构法人在全国银行间债券市场发行金融债券的申请与核准、发行、登记、托管与兑付、信息披露、法律责任等方面做出了明确规定，规范了金融债

券发行行为，有利于促进我国债券市场发展，拓宽金融机构直接融资渠道，优化金融资产结构。2009 年 3 月，中国人民银行颁布《全国银行间债券市场债券交易管理办法》，明确银行间债券市场向基金公司专户理财业务开放，丰富了市场投资品种。

2014 年 4 月，中国人民银行发布了《中国金融报告（2014）》，对 2013 年中国金融体系的稳定状况进行了全面评估。报告指出，2014 年是深入贯彻党的十八届三中全会精神、全面深化改革的第一年，也是完成“十二五”规划目标任务的关键一年，需增加宏观调控的前瞻性、针对性和协同性，把改革创新贯穿于经济社会发展各个领域各个环节，着力激发市场活力。

### （四）外汇管理改革迅速发展，完善人民币利率形成机制

2003 年，中国人民银行采取了一系列深化外汇管理体制改革、保持人民币汇率稳定、促进国际收支平衡的措施。一是完善经常项目管理，便利企业和个人外汇收支，切实满足企业、个人合理的经常项目用汇需求；二是稳步推进资本项目对外开放，放宽企业购汇限制，实施境外投资外汇管理改革试点，逐步拓展资本流出渠道，支持“走出去”战略的实施；三是扩大远期结售汇业务试点，允许开办外债项下的远期业务，加快外汇市场建设，逐渐完善人民币汇率形成机制。

改革完善人民币汇率形成机制。自 2005 年 7 月 21 日起，我国开始实行以市场供求为基础、参考一篮子货币进行调节、有管理的浮动汇率制度。人民币汇率不再盯住单一美元，形成了更富弹性的人民币汇率机制。

## 本章小结

1. 金融发展理论实际研究的是一切有关金融发展与经济发展关系的理论。对于发展中国家而言，由于其货币化程度低，金融与经济的关系与发达国家的情况存在很大的差异。这种差异不仅表现在经济环境、经济结构和经济发展水平方面，而且在货币金融领域也存在着大不相同的特征。因此，有关金融发展的理论即使完全适用于发达国家，也未必适用于发展中国家。金融压抑论和金融深化论对此进行了详尽的分析，并对发展中国家的政策选择提出了建议。

2. 以发展中国家体制为分析背景的金融抑制论和金融深化论对中国金融改革和发展有重要作用。中国长期以来存在着严重的金融抑制现象，金融改革的过程也就是金融深化的过程。虽然中国的金融改革已取得明显成效，但是面临的问题和困难也不少，解决问题的根本出路仍然是按市场规律的要求不断深化改革。

## 复习思考题

1. 导致发展中国家出现金融抑制的主要原因是什么？
2. 金融深化是如何量化的？

3. 金融深化是否对经济的影响都是积极的？如果不是，请综合分析金融深化对经济的影响。

4. 如何观察和度量金融发展的水平？请查阅有关我国金融发展水平的数据，并试对我国的金融发展水进行总体评估。

5. 在计划经济体制下有金融抑制，在市场经济体制下也有不少国家存在金融抑制；在发展中国家，金融抑制问题较为普遍，但是在发达国家，也并非完全不存在金融抑制问题。这些无不涉及国家对金融事业的干预，对于这样的问题，你认为如何认识才较为全面？

6. 应如何领会发展中国家在金融自由化改革中的经验和教训？联系 20 世纪末亚洲金融危机对我们的启示，在中国今后的金融改革中应如何处理好利率改革、汇率改革、资本市场开放及对外资金融机构的准入和监管？

# 第十三章　金融创新与金融监管

## 第一节　金融创新

中国自加入世界贸易组织以来，为了应对国际挑战，在激烈的市场竞争中生存与发展，各市场主体只有继续深入进行经济体制改革，不断创新，提高自身竞争力，才可能在竞争中立于不败之地。金融是经济的核心。金融业的存在和发展对经济的影响是深远的，而金融业的竞争又是异常残酷的，因此各市场主体通过不断地金融创新来维持竞争力。频繁的创新对金融监管提出了新的要求，金融监管为了适应这一变化也在不断调整。

### 一、金融创新的概念

金融创新这一概念是20世纪初美籍奥地利经济家约瑟夫·熊彼特（Joseph Schumpeter）首次提出的。熊彼特使用“创新”一词是用来定义将新产品、工艺、方法或制度引用到经济中去的第一次尝试。20世纪70年代以来，金融领域发生了革命性的变化，人们将金融领域的这些变化称之为金融创新。但是金融创新真正成为金融领域一种引人注目的现象并成为研究的对象，则是20世纪80年代的事。虽然金融创新是一个普遍接受并广泛使用的概念，但是直到目前为止，金融创新一词在学术界依然没有形成统一的认识。

阿诺德·希尔金（Arnold Heertje）认为，创新总的来说指所有种类的新的发展，金融创新则指改变了金融结构的金融工具的引入和运用。显然，这个定义主要论及金融工具创新。大卫·里维林（David Lliewellyn）对金融创新做了如下定义，即金融创新是指各种金融工具的运用、新的金融市场以及提供金融服务方式的发展。这个定义包括了金融创新的几个方面的内容，即工具的创新、市场的创新以及服务的创新。我国著名经济学家厉以宁教授从目前中国的情况来谈金融创新。他指出，金融领域存在许多潜在的利润，但是在现行体制下和运用现行手段无法得到这个潜在利润，因此在金融领域必须进行改革，包括金融体制和金融手段方面的改革，这就叫金融创新。

从以上论述中我们可以看到，随着人们对金融创新认识的深入，金融创新的定义也在发生变化，这种变化主要体现在金融创新的外延，即金融创新的分类上。综上所述，金融创新是指会引起金融领域结构性变化的新工具、新服务方式、新市场以及新体制。

### 二、金融创新的分类

金融创新这一概念从不同的角度可以进行不同的类型划分。从金融创新产生动因的角度来划分，可以将金融划分为两类：一类是为规避监管而进行的创新，我们可以把它称为消极金融创新；另一类是因金融机构为提高自身竞争力而进行的创新，我们可以把它称为积极金融创新。从金融创新的历史看，金融创新是“放松管制”要求的产物，因此绝大多数金融创新都可归纳为消极金融创新，但是也不应忽略了积极金融创新，由于新技术的发展和应用以及竞争的压力，积极金融创新已越来越多的产生出来，区分积极金融创新与消极金融创新也有利于我们采取不同的监管制度，以充分利用金融创新的益处而尽量减少其弊端。

## 第二节　金融创新与金融监管的关系

### 一、金融监管的概念

金融监管是指政府通过特定的机构（如“一行两会”）对金融交易行为主体进行的某种限制或规定。金融监管本质上是一种具有特定内涵和特征的政府规制行为。综观世界各国，凡是实行市场经济体制的国家，无不客观存在着政府对金融体系的管制。

### 二、金融创新与金融监管的关系

金融创新是金融自由化的必然产物，而金融监管则是国家干预主义在金融业的逻辑延伸。经济发展史表明，绝对的自由化和绝对的政府干预的作用都是有限的。因此，当代大多数国家都采取“自由”与“干预”相结合的经济体制。至于是“自由”多一点还是“干预”多一点，则取决于各国的历史、文化背景和现实经济发展水平等综合因素。从理论根源上讲，金融创新与金融监管的关系就如同“自由”与“干预”一样，是动态的博弈过程。金融发展一方面需要金融创新作为动力，另一方面又需要加强金融监管以维护金融安全，以利于金融业持续、健康、稳定的发展。金融创新与金融监管就这样互相作用，作为一对矛盾统一体，在自身发展的同时，共同促进金融改革的深化。

#### （一）金融创新对金融监管的影响

1. 金融创新改变了金融监管运作的基础条件，客观上需要金融监管机构进行适当调整

金融创新不断涌现使银行业与非银行金融业、金融业与非金融业、货币资产与金融资产的界限正在变得越来越模糊。这必然使得金融监管机构的原有调节范围、方式和工具产生许多不适性和疏漏，需要进行重新调整。与金融创新的发展保持同步，已成为监管机构的一个主要挑战。

2. 金融创新在推动金融业和金融市场发展的同时，也在总体上增大了金融体系的

风险，从而极大增加了监管的难度

金融创新是将诸多风险以不同的组合方式再包装，这种组合后的风险相对于传统金融业务显得更加复杂，使金融监管机构难以控制货币及信贷量，从而使货币政策的执行复杂化，一旦风险触发，可能会导致金融体系的危机。20 世纪 90 年代的墨西哥金融危机和东亚金融危机就是最好的例证。金融创新工具的大量繁衍使得金融市场更加捉摸不定，一些金融创新工具最初的目的是为了防范和化解汇率、利率波动的风险，但是在实际运用中投机性越来越强。英国巴林银行倒闭和日本大和银行纽约分行的破产都是因为交易员从事金融期货炒作导致巨额亏损引发的。金融创新的高速发展给市场主体提供了巨额利润来源，因此常被一些冒进的金融机构滥用，也常被不法分子利用，给金融业带来混乱。但是我们不能因噎废食而禁止金融创新，只能相应地调整我们的监管手段，加强防范和化解系统性金融风险的能力。

3. 金融创新导致金融监管主体的重叠与缺位并存

现行分业监管过程中，大都采取机构性监管，实行业务审批制。这样当不同金融机构业务日益交叉时，一项新业务的推出通常需要经过多个部门长时间的协调才能完成。此外，有的新金融业务处于不同金融机构业务边缘，成为交叉性业务，如储蓄保险是一种既包括储蓄功能又包括保险功能的业务品种，对于这些金融创新，既可能导致监管重复，又可能出现监管缺位。

4. 金融创新导致金融监管制度出现重大创新

金融创新使传统监管制度失去了赖以存在的基础。各国监管制度出现重大创新。这种创新主要体现如下：

第一，监管方式上，从机构监管过渡到功能监管。由于金融机构的全能化发展，传统的以机构为监管对象的方式便不再适应，而应以功能为基础进行监管。

第二，监管标准上，从资本监管到全面性的风险监管。传统监管以资本充足率为标准，这种监管主要是针对信贷风险的，但是金融创新使金融机构面临着其他各种风险，仅仅对信贷风险进行监管难以实现有效监管的目的。对信用风险、市场风险、利率风险、流动性风险等各种风险实现全面风险管理，已经成为各国及国际监管制度发展的一个重要趋势。

第三，内部控制制度的加强。传统监管制度注重外部控制制度，随着金融创新的发展，各国及国际监管机构对金融内部控制制度的健全性、有效性越来越给予高度重视。

### （二）金融监管对金融创新的一般影响

1. 积极方面

许多学者尤其是经济学家侧重于指出金融监管的消极影响，实际上，金融监管对金融创新亦有十分重要的促进作用。有学者指出，金融监管对金融创新的产生和发展有保护作用，这一方面的监管可称之为保护性监管。这种保护性监管主要体现在以下几个方面：

（1）可以减少交易的风险。在金融市场，交易商品的质量不能经常为所有交易当事人立即了解，确立监管框架，规定共同标准，保持最低可信度，可能会减少交易的风险。可以想象，如果没有必要的监管制度，金融创新工具的发展就会受到很大阻碍。

（2）某种金融资产的市场组织本身就是公共机构，这样可以更好地、公平地执行其职能。现在大多数证券及期货交易场所采用会员制形式，它们不再作为一家私人公司来担负其市场职责。作为公共机构的市场组织不仅是监管制度的设计的组成部分，同时亦承担着重要的监管职责。

（3）监管可以减少损害新市场发展的过度竞争。这种联系是显而易见的，比如美国早期对证券发行与交易不加管制，结果出现了出售“蓝天”的投机现象，而对上市公司的不加管制更是导致了整个股票市场的崩溃，因而很多创新往往要求同时引入一个监管框架。

（4）监管本身对金融创新有刺激作用。例如，在美国，有许多对银行的特定管制，但是却缺乏一个全面集中的公共机构，这种特殊结构构成了美国银行特殊的创新环境。

（5）监管的变化甚至可以导致创新的产生。外汇和资本管制的废除是导致银行选择海外发展和拓展国际业务的一个明显例证。由于利率上限对银行存款的限制，在美国还创立了货币市场互助基金。

2. 消极方面

事实上，金融监管经常被用来解释金融创新的原因，甚至是主要的原因。哈林顿在谈到美国的金融创新时认为，美国的银行传统上受到很多限制，许多限制在其他地方并不存在，而现代技术使金融在形式上和地理上更容易变化，因此在美国，新技术便难以避免地用于市场设计规避有关条例和限制跨州银行的管制的方式。事实上，国际市场的许多早期发展可以用美国银行想在国外从事在国内受到限制的业务来解释。金融监管对金融创新的消极影响是多方面的，几乎所有的金融监管都曾被解释为某种金融创新的理由，欧洲债券市场的发展以及美国早期的金融创新工具——存款凭证都是很好的例子。

### （三）金融监管对积极金融创新的影响

积极金融创新是金融机构为提高自身竞争力和获利能力，而在现有的法律框架范围内，针对金融市场需求，主动进行的创新行为。电子计算机等技术的广泛应用和激烈竞争的压力迫使金融机构积极进行金融创新。通过金融创新，发展多种金融机构，形成大批互相竞争的市场主体；推出新的具有吸引力的金融资产，使市场工具多样化。只有市场主体和交易工具的发育成熟，才能有助于建立一个发达的金融市场。对于积极金融创新，作为国家干预的金融监管应“消极”应对，尽可能地给金融机构创造更多“自由”空间，采取各种激励措施，鼓励积极金融创新。但是应当注意，积极金融创新也存在产生风险的可能性。因此，金融监管机构不能完全放弃监管，任其为所欲为，无约束的“自由”是产生金融风险以至爆发金融危机的根本原因。对于我国这样一个正在进行市场经济构建的国家来说，金融创新还停留在初级阶段，发展潜力巨大，在金融深化过程中，必须处理好风险防范与金融创新的关系，既不能以风险为由抑制金融创新，也不能为创新而忽视风险防范，同时还要有效利用金融创新的风险防范功能。

### （四）金融监管对消极金融创新的影响

金融监管是一个公益性的管制问题，既有利于受监管的产业（金融业），又有利于不受监管的产业（非金融业），但是这种公益性是就整体和宏观意义而言的，从单个或微观金融机构看，金融监管总是通过限制性的方式出现的，在特定条件下，金融制度和体系中的微观金融机构作为一个特殊的企业和市场主体总是倾向于生产更多的“金融产品”，以求得更多的利润。受获利冲动的驱使，金融机构会通过创新的金融工具或经营方式以逃避监管，寻求新的盈利机会，扩大生存空间。这种“个人理性”行为规则在无约束的条件下就可能导致单纯市场调节的失败和金融体系的灾难性危机，即引起整体的“非理性”。其结果必然是：消极金融创新部分抵消了某些金融监管的预期效果，但是随之而来的是另一种内容和结构的金融监管政策。金融监管的公益性决定了金融监管对消极金融创新必须采取积极抑制或规范的对策。否则，金融监管也就失去了存在的必要和理由。

简言之，对消极金融创新应采取“积极”的监管措施，而对积极金融创新则应“消极”监管。

### （五）我国金融监管对金融创新的应对

第一，金融监管制度的制定要有前瞻性。金融监管政策措施要适应金融业未来发展和变化趋势。为了防止金融风险和金融危机，金融监管当局在制定金融机构稳定性指标和有关措施时，要考虑未来金融市场创新和金融机构资产的可能变化等。此外，要建立金融监管的预警系统，加强对金融体系安全性的监测，保证金融体系的稳健运行。

第二，以鼓励积极金融创新，抑制消极金融创新为原则。

第三，模式的选择上，应由侧重于外部监管模式向既重视内部监管，又重视外部监管模式转变。从世界范围来看，金融监管无外乎三种类型：一是侧重于外部监管的美国模式，其特点是金融监管主体可以站在超然的地位监管金融活动，避免部门本位主义，协调部门的立场和目标；二是侧重于内部监管的英国模式，其特点是政府除按必要的国家立法行事以外，较少干预金融活动，对金融业的日常监管主要由金融行业协会等组织来进行；三是侧重于内部监管与外部监管相结合的德国模式。金融创新具有复杂性以及危机隐蔽性强的特点。金融监管机构对金融创新的弊端的反应往往较迟钝，而金融行业协会则反应灵敏，因此对金融创新的有效监管需要更多地依赖于内部监管。内部监管是第一道“防火墙”，外部监管是第二道“安全网”。

总之，随着金融的日益深化，特别是金融创新和开放程度的加深，金融系统风险和个别风险的概率也会相应提高，因此适时调整金融监管以适应金融创新的不断发展成为金融监管的迫切任务。金融监管机构应时时掌握创新动态，促进金融业的发展。

## 本章小结

1. 创新是金融业发展的动力与源泉，金融业的发展就是一部金融创新的史书。对中国金融业而言，创新是实现快速发展的动力，是保持市场活力的源泉。近年来，国际金融业创新步伐不断加快，市场体系、基础制度、产品设计等的创新日新月异，在创新中快速发展已经成为国际金融业成功的必由之路。我国金融业改革发展的实践经验同样表明，创新在发展中扮演了重要角色，为我国金融业快速发展提供了强大的动力。从金融业自身持续发展的角度来看，积极稳妥的创新也是深入推进金融业改革发展、化解金融业发展中的难题、不断提升金融业发展水平的内在要求。

2. 金融创新和金融监管具有辩证统一的关系，既有矛盾的一面，也有统一的一面。监管在保证创新朝着正确的轨道发展时往往又会因监管过严而压制创新，创新在推动金融业持续发展的同时又会因钻监管的漏洞或是监管不力而给金融体系带来巨大风险。因此，积极推进我国金融业创新，应进一步加强监管，在兼顾创新效率和金融安全的同时，完善并创新金融监管机制。

## 复习思考题

1. 请阐述金融创新的分类。
2. 请阐述金融创新对金融监管的影响是什么？
3. 金融监管对积极金融创新的影响是什么？
4. 金融监管对消极金融创新的影响是什么？
5. 请你谈谈我国金融监管对金融创新的应对措施的认识？

### 附录一：东南亚金融危机

东南亚金融危机始于泰国货币危机，而泰国货币危机早在1996年已经开始酝酿。当年，泰国经常贸易项目赤字高达国内生产总值的8.2%，为了弥补大量的经常项目赤字和满足国内过度投资的需要，外国短期资本大量流入房地产、股票市场，泡沫经济膨胀，银行呆账增加，泰国经济已显示出危机的征兆。1997年以来，由于房地产市场不景气和未偿还债务急剧上升，泰国金融机构出现资金周转困难，并且发生了银行挤兑的事件。5月中旬，以美国大投机家乔治·索罗斯的量子基金为首的国际投资者对泰铢发动猛烈冲击，更加剧了泰国金融市场的不稳定性。7月2日，泰国货币危机终于全面爆发，并由此揭开了亚洲金融危机的序幕。危机导致东南亚国家和地区的外汇市场和股票市场剧烈动荡，大批企业、金融机构破产和倒闭。例如，泰国和印度尼西亚分别关闭了56家和17家金融机构，韩国排名居前20的企业集团中已有4家破产，日本则有包括山一证券在内的多家全国性金融机构出现大量亏损和破产倒闭，信用等级普遍下降。泰国发生危机一年后，破产停业公司、企业超过万家，失业人数达270万，印度尼西亚失业人数达2 000万。同时，导致本国大量资本外逃等一系列严重的后果。

对于此次危机，众多媒体将责任归结到索罗斯等国际投机者身上，但是究其根本原因，仍是金融自由化、国际化改革过快的结果。

## 附录二：2014年中国十大金融创新案例名单

1. 钱方QPOS（来自：北京钱方银通科技有限公司）

钱方QPOS服务的主要服务对象是中国没有安装POS机的小微商户。商户只需将智能手机或平板电脑与他们提供的刷卡器相连，就能将其变成一台移动POS机，随时随地提供刷卡服务。钱方为小商户提供企业级的经营管理工具，解决了商户收款效率的问题。

2. 微信支付（来自：深圳市腾讯计算机系统有限公司）

微信支付是一款在微信平台上的移动支付方式。2014年，以微信公众号+微信支付为基础，“微信智慧生活全行业”解决方案致力于帮助传统行业将原有商业模式“移植”到微信平台，并为亿万网友带来智慧生活方式。

3. 众筹网（来自：网信金融集团）

互联网金融的核心是风险控制。众筹网平台上的项目发起人会在项目初期得到一部分预付资金，完成货物的交付、等用户确认后才能收到其他的款项。这对消费者或者投资人都是很好的保护。如今，风险控制也成了互联网产品体验中的重要一环。

4. 广发银行“24小时智能银行”（来自：广发银行）

作为广发银行自主研发并获得国家设计专利的产品，广发“24小时智能银行”通过应用先进的自助金融服务机具，有效整合远程视频、身份识别、传统自助机具等元素，创造出一种崭新的金融服务模式。实现了从“服务为王”向“体验为王”的升级。

5. 南方创投网（来自：深圳互联网投融资服务平台）

作为中国首家政府主导的非营利性高科技领域O2O股权债权众筹平台，南方创投网凭借深圳高科技创新中心定位与宽松活跃的创投氛围环境，开创了国内政府互联网服务O2O的先河。

6. 安心牛（来自：深圳市小牛电子商务有限公司）

在优质的P2P平台上，项目风险可控、收益高，经常一发布即被抢购一空。小牛在线为帮助对流动性有不同需求的理财人获取较高的投资收益，推出了安心牛理财计划。只需操作一次，投资资金便会自动投向平台项目，最大限度地提高用户的资金利用率。安心牛理财计划帮助理财人摆脱“僧多粥少”的困局，将项目和理财人进行了科学的对接和分配。

7. 招商银行咖啡陪你（来自：招商银行）

招商银行联合韩国咖啡连锁品牌——咖啡陪你（Caffebene）启动创新合作，在国内推出咖啡银行。该案例再次探索了银行业零售化经营的可能性，并成为股份制银行另一种形式上的网点扩张。从银行业发展的趋势来看，未来银行的“零售化经营”将成为一种全新的尝试。

8. 阿里小额贷款（来自：浙江阿里巴巴小额贷款股份有限公司）

浙江阿里巴巴小额贷款股份有限公司首创了从风险审核到放贷的全程线上模式，向通常无法在传统金融渠道获得贷款的弱势群体批量发放小额贷款。通过阿里巴巴、淘宝等电子商务平台，收集客户积累的信用数据，并进行量化处理。“阿里小贷”因其独特的平台优势在同类服务中具有不可复制性。

9. 88 财富（来自：中科创金融控股集团）

作为引领互联网金融 2.0 时代的全球资产配置门户网站，88 财富网首创“B2C+O2O”的互联网金融模式，以“固定+浮动”+“纯浮动”收益类产品方式进入资本投资领域，为客户提供全球资产配置的定制理财服务。

10. 橙 e 网（来自：平安银行股份有限公司）

橙 e 网搭建了一个电商云服务平台，让中小企业的订单、运单、收单、融资、仓储等经营性行为都在上面跑，同时引入物流、第三方信息等企业，为企业提供配套服务。纵观银行与互联网金融的融合创新，该平台使银行首次在模式上不再跟随互联网金融，是“不一样”的创新。

资料来源：2014 中国十大金融创新案例[J/OL].http://china.huisou.com/news/2014_11_10/253936_0/.

# 参考文献

[1] 卡尔·E. 瓦什. 货币理论与政策 [M]. 王芳，等，译. 北京：中国人民大学出版社，2001.

[2] 米什金. 货币金融学 [M]. 刘毅，等，译. 北京：中国人民大学出版社，2005.

[3] 迪恩·克罗绍. 货币银行学 [M]. 吕随启，译. 北京：中国市场出版社，2008.

[4] 迈克尔·G. 哈吉米可拉齐斯，卡马·G. 哈吉米可拉齐斯. 货币银行与金融市场 [M]. 聂丹，译. 上海：上海人民出版社. 2003.

[5] 胡海鸥. 货币理论与货币政策 [M]. 上海：复旦大学出版社，2004.

[6] 曹龙骐. 金融学 [M]. 北京：高等教育出版社，2003.

[7] 曹龙骐. 商业银行业务经营与管理 [M]. 2 版. 广州：华南理工大学出版社，1999.

[8] 陈野华. 西方货币金融学说的新发展 [M]. 成都：西南财经大学出版社，2001.

[9] 陈忠阳. 金融风险分析与管理研究 [M]. 北京：中国人民大学出版社，2001.

[10] 戴国强. 货币金融学 [M]. 上海：上海财经大学出版社，2000.

[11] 戴国强. 商业银行经营学 [M]. 北京：高等教育出版社，1999.

[12] 戴相龙. 中国人民银行五十年 [M]. 北京：中国金融出版社，1998.

[13] 弗雷德里克·S. 米什金. 货币金融学 [M]. 7 版. 郑艳文，译. 北京：中国人民大学出版社，2006.

[14] 富兰克林·艾伦，道格拉斯·盖尔. 比较金融系统 [M]. 朱春燕，等，译. 北京：中国人民大学出版社，2002.

[15] 黄达. 货币银行学 [M]. 北京：中国人民大学出版社，2001.

[16] 黄达. 金融学 [M]. 北京：中国人民大学出版社，2004.

[17] 黄宪. 货币金融学 [M]. 武汉：武汉大学出版社. 2003.

[18] 殷孟波. 货币金融学 [M]. 北京：中国金融出版社，2004.

[19] 于敏. 解析金融改革发展的热点与实践 [M]. 武汉：湖北人民出版社，2006.

[20] 约翰·G. 格利，爱德华·S. 肖. 金融理论中的货币 [M]. 贝多广，译. 上海：上海三联书店，1988.

[21] 约翰·马歇尔，维普尔·班赛尔. 金融工程 [M]. 宋逢明，等，译. 北京：

清华大学出版社，1998.

［22］中国人民银行. 金融知识国民读本［M］. 北京：中国金融出版社，2007.

［23］朱孟楠. 金融监管的国际协调与合作［M］. 北京：中国金融出版社，2003.

［24］兹维·博迪，罗伯特·C. 莫顿. 金融学［M］. 欧阳颖，等，译. 北京：中国人民大学出版社，2000.

［25］俞天一. 中国金融运行机制转换研究［M］. 北京：中国金融出版社，1999.

［26］刘宇飞. 国际金融监管的新发展［M］. 北京：经济科学出版社，1999.

［27］王延科. 现代金融制度与中国金融转轨［M］. 北京：中国经济出版社，1995.

［28］王中华，万建伟. 国际金融［M］. 北京：首都经济贸易大学出版社，2000.

［29］陆泽峰. 金融创新与法律变革［M］. 北京：法律出版社，2000.

［30］李琼. 金融学教程［M］. 成都：西南财经大学出版社，2010.

［31］秦凤鸣. 金融大震——全球金融角逐与金融制度变迁［M］. 济南：济南出版社，2008.

［32］尚明. 新中国金融五十年［M］. 北京：中国财政经济出版社，2000.

［33］刘建波. 金融学概论［M］. 北京：清华大学出版社，2006.

［34］苏平贵. 金融学［M］. 北京：清华大学出版社，2006.

［35］佟玉凯. 金融学［M］. 北京：经济科学出版社，2010.

［36］曹龙骐. 金融学［M］. 2 版. 北京：高等教育出版社，2006.

［37］董金玲. 金融学［M］. 北京：机械工业出版社，2010.

［38］张晓晖，吕鹰飞. 金融学［M］. 北京：经济科学出版社，2011.